地方院校师范生
信息素养教育研究

DIFANG YUANXIAO SHIFANSHENG
XINXI SUYANG JIAOYU YANJIU

薛春艳 陈晓华 皇甫军 ● 主编

·北京·

图书在版编目（CIP）数据

地方院校师范生信息素养教育研究 / 薛春艳，陈晓华，皇甫军主编. — 北京：文化发展出版社，2023.6
ISBN 978-7-5142-3570-8

Ⅰ．①地… Ⅱ．①薛… ②陈… ③皇… Ⅲ．①地方高校－师范教育－信息素养－教学研究 Ⅳ．① G254.97

中国版本图书馆 CIP 数据核字 (2021) 第 172703 号

地方院校师范生信息素养教育研究

主　　编　薛春艳　陈晓华　皇甫军

出 版 人：宋　娜	
责任编辑：朱　言	责任校对：岳智勇　马　瑶
责任印制：邓辉明	封面设计：郭　阳

出版发行：文化发展出版社（北京市翠微路 2 号　邮编：100036）
发行电话：010-88275993　010-88275710
网　　址：www.wenhuafazhan.com
经　　销：全国新华书店
印　　刷：中煤（北京）印务有限公司

开　　本：710mm×1000mm　1/16
字　　数：375 千字
印　　张：20.5
版　　次：2023 年 6 月第 1 版
印　　次：2023 年 6 月第 1 次印刷

定　　价：78.00 元
ＩＳＢＮ：978-7-5142-3570-8

◆ 如有印装质量问题，请与我社印制部联系　电话：010-88275720

本书编委会

主 编

薛春艳　赤峰学院

陈晓华　赤峰学院

皇甫军　内蒙古医科大学

副 主 编

孙　友　赤峰学院

李艳丽　外交学院图书馆

金莉荣　内蒙古医科大学

参 编

李　琪　赤峰学院

刘明洁　赤峰学院

谭宏利　赤峰学院

前言 Preface

2004年12月15日,教育部印发的《中小学教师教育技术能力标准(试行)》中指出,教学人员、管理人员、技术人员均需具备"掌握信息检索、加工与利用的方法"的基本技能,能够收集、甄别、整合、应用与学科相关的教学资源以优化教学环境。中小学教师专业标准要求教师具有适应教育内容、教学手段和方法现代化的信息技术知识,有将现代教育技术手段整合应用到教学中的能力,能够主动收集分析相关信息,不断进行反思,改进教育教学工作;能够针对教育教学工作中的现实需要与问题,进行探索和研究;能够制定专业发展规划,积极参加专业培训,不断提高自身专业素质。

2017年11月教育部印发了《普通高等学校师范类专业认证实施办法(暂行)》,规范引导师范类专业建设,建立健全教师教育质量保障体系,不断提高教师培养质量。师范类专业认证的核心是保证师范生毕业时的知识能力素质达到标准要求,目的是推动师范类专业注重内涵建设,聚焦师范生能力培养,改革培养体制机制,建立基于产出的持续改进质量保障机制和质量文化,不断提高专业人才培养能力和培养质量。

2019年3月教育部发布的《关于实施全国中小学教师信息技术应用能力提升工程2.0的意见》中提到,通过实施全国中小学教师信息技术应用能力提升工程,教师应用信息技术改进教育教学的意识和能力普遍提高，但仍然存在信息化教学创新能力不足、乡村教师应用能力薄弱、支持服务体系不够健全等问题，同时大数据、人工智能等新技术变革对教师信息素养提出了新要求。实施过程中的主要措施之一，即为创新信息素养培训资源建设机制。

本书以普通高等学校师范类专业认证为研究背景，并以教育部规定的中小学教师专业标准和能力发展要求为目标指向编写。编者在多年信息素养教育实践和相关课题研究的基础上，以教育部相关文件规定为依据，通过深入调研分析师范生信息素养现状，针对中小学教师信息素养实际和地方院校师范生信息素养教育实际，指出了在信息素养教育实践中存在的问题，提出了较为切合实际的解决方案。

本书内容可供师范教育工作者和研究者参考，同时对地方院校师范专业教师、学生、从事信息素养教育的工作人员，以及图情专业相关管理人员具有一定的理论和实际价值。我们真切希望此书能够为地方院校师范生信息素养教育工作的改革和发展起到应有的作用，能够为师范生信息素养的提高起到进一步促进作用。由于编者能力有限，难免有错误和疏漏之处，敬请批评指正。

编者
2021 年 7 月

目录 Contents

第一部分 地方院校师范生信息素养概述 ... 001

第一章 信息素养教育背景 ... 002
1.1 师范类专业认证的背景 ... 002
1.2 中小学教师专业和能力发展要求 ... 004
1.3 中小学教师信息素养的现状与问题 ... 005
1.4 培养师范生信息素养的重要性 ... 008

第二章 师范生信息素养教育基本内容 ... 012
2.1 师范生信息素养的内涵及构成要素 ... 012
2.2 信息素养教育现状及存在的问题 ... 015
2.3 影响师范生信息素养的因素 ... 023
2.4 师范生信息素养教育的标准 ... 028
2.5 地方师范生信息素养教育的目标 ... 030
2.6 地方院校师范生信息素养培养策略 ... 031
2.7 图书馆在信息素养教育中的角色 ... 036
2.8 师范生信息素养教育主要方法和形式 ... 041

第三章 地方院校师范生信息素养教育课程与培训新探索 ... 053
3.1 师范生信息素养教育课程 ... 053

3.2　地方院校师范生信息素养培训 ... 056

第四章　师范生信息素养教育评价 ... 060

  4.1　重新认识师范生信息素养内涵 ... 060

  4.2　师范生信息素养评价指标体系构建原则 ... 061

  4.3　师范生信息素养评价指标体系的构建 ... 062

第二部分　地方院校师范生信息检索通识课程设计 ... 069

第五章　课程目标、内容构建及教学模式 ... 070

  5.1　信息检索课课程目标的构建 ... 071

  5.2　信息检索课课程目标 ... 074

  5.3　信息检索课课程目标的具体表述 ... 076

  5.4　课程内容及确定依据 ... 077

  5.5　信息检索课教学模式的选择 ... 082

第六章　信息的认知 ... 091

  6.1　信息（Information） ... 091

  6.2　信息资源 ... 093

  6.3　信息检索 ... 106

  6.4　信息检索语言 ... 110

  6.5　信息检索步骤 ... 116

  6.6　检索工具 ... 119

第七章　计算机信息检索 ... 121

  7.1　计算机信息检索原理 ... 121

  7.2　数据库 ... 122

  7.3　计算机信息检索方法 ... 123

  7.4　信息需求与表达 ... 131

  7.5　检索效果评价 ... 138

  7.6　专业信息服务机构 ... 140

第八章　搜索引擎 ... 150

  8.1　搜索引擎的概念 ... 150

8.2 搜索引擎的发展阶段 ... 150

8.3 搜索引擎的分类 ... 151

8.4 搜索引擎的组成模块及工作机制 ... 152

8.5 综合性搜索引擎 ... 154

8.6 中外文学术搜索引擎 ... 161

8.7 学科信息门户 ... 162

第九章 国内常用的综合性信息检索系统 ... 167

9.1 中国知网（CNKI） ... 167

9.2 万方数据知识服务平台 ... 177

9.3 维普经纶知识组织服务平台 ... 191

9.4 中国高等教育文献保障系统（CALIS） ... 195

9.5 国家科技图书文献中心（NSTL） ... 200

9.6 CADAL 数字图书馆 ... 205

9.7 馆际互借和文献传递系统 ... 206

第十章 国外常用的综合性信息检索系统 ... 211

10.1 Web of Science ... 211

10.2 Scopus ... 213

10.3 ProQuest ... 216

10.4 其他常用数据库 ... 221

第十一章 开放获取与学术社交网络 ... 223

11.1 定义 ... 223

11.2 开放获取主要模式 ... 223

11.3 开放存取的实现方式 ... 224

11.4 开放存取的优势 ... 225

11.5 合理使用制度 ... 225

11.6 国内外开放获取平台、系统 ... 226

11.7 国内外免费学术资源获取 ... 230

11.8 典型实例 ... 231

11.9 馆藏图书的检索（OPAC 检索） ... 233

11.10 学术社交网络 ... 235

第十二章 文献综述 ... 239
 12.1 文献综述概述 ... 239
 12.2 文献资料的查询 ... 241
 12.3 文献资料的整理 ... 243
 12.4 文献综述的写作 ... 245
 12.5 注意事项 ... 249

第十三章 学术论文写作与工具 ... 254
 13.1 学术论文的定义、特点与类型 ... 254
 13.2 论文的一般结构 ... 257
 13.3 论文写作步骤 ... 259
 13.4 论文的投稿 ... 263
 13.5 学术规范 ... 267
 13.6 文献统计分析工具 ... 271
 13.7 文献管理工具 ... 277

第十四章 专业网站 ... 296
 14.1 数值类信息资源的检索 ... 296
 14.2 资讯—事实类信息检索 ... 303
 14.3 事实—资讯类信息检索工具介绍 ... 309

参考文献 ... 312

第一部分
地方院校师范生信息素养概述

第一章 信息素养教育背景

1.1 师范类专业认证的背景

2017年11月，教育部印发了《普通高等学校师范类专业认证实施办法（暂行）》，该办法旨在规范引导师范类专业建设，建立健全教师教育质量保障体系，不断提高教师培养质量。师范毕业生是中小学教师队伍的主要来源，师范类专业办学质量水平直接决定中小学教师队伍整体水平，是影响中小学教育质量的关键因素。近年来，我国教师教育改革取得了积极进展，为基础教育和职业教育发展提供了强有力的师资保障。与此同时，教师教育综合改革也面临着开放化背景下的教师教育质量保障制度亟待建立、综合化背景下的教师教育特色亟待强化、教师教育内涵式发展亟待引导等新情况和新问题。党的十九大明确提出要"加强师德师风建设，培养高素质教师队伍"。2014年9月，习近平总书记在北京师范大学视察讲话时强调指出，要加强教师教育体系建设，加大对师范院校的支持力度，找准教师教育中存在的主要问题，寻求深化教师教育改革的突破口和着力点，不断提高教师培养培训质量。《国家教育事业发展"十三五"规划》提出，加强教师教育体系建设，办好一批师范院校和师范专业，改进教师培养机制、模式、课程，探索建立教师教育质量监测评估制度。以习近平新时代中国特色社会主义思想为指导，建立师范类专业认证制度、健全教师教育质量保障体系，是推动教师教育综合改革"牵一发而动全身"的突破口和着力点，是从源头上建设高素质教师队伍的一项重要举措[①]。

《普通高等学校师范类专业认证实施办法（暂行）》要求对照教师专业标准与行业需求进行"反向设计，正向施工"，以毕业要求为准绳，综合评价培养质量，培育未来的好教师。师范类专业认证，是专门性教育评估认证机构依照认证标准对师范类专业人才培养质量状况实施的一种外部评价过程，旨在证明当前和

---

① 教育部教师工作司、高等教育教学评估中心负责人就《普通高等学校师范类专业认证实施办法（暂行）》答记者问[EB/OL]. http://www.moe.gov.cn/jyb_xwfb/s271/201711/t20171108_318641.html.2017.

可预见的一段时间内，专业能否达到既定的人才培养质量标准。认证的核心是保证师范生毕业时的知识能力素质达到标准要求，目的是推动师范类专业注重内涵建设，聚焦师范生能力培养，改革培养体制机制，建立基于产出的持续改进质量保障机制和质量文化，不断提高专业人才培养能力和培养质量。

师范生专业认证标准中的以学生为中心。师范类专业认证标准要求以学生为中心，不仅仅体现在"学生发展"这一个指标项上，也体现在其他七个指标项中。以学生为中心，强调遵循师范生成长成才规律，要求师范类专业把培养目标和全体学生的毕业要求达成情况作为评价的核心；培养目标应该围绕师范生毕业时的要求以及毕业后一段时间所具备的从教能力设定；课程与教学、合作与实践、师资队伍和支持条件等方面的建设均要以有利于师范生达到培养目标和毕业要求为导向；各种质量保障制度和措施的目的是推进师范类专业质量的持续改进和提高，最终目的是保证师范生培养质量满足从教所需的知识能力素质要求。

师范生专业认证标准中的产出导向。基于产出导向的教育是目前国际高等教育倡导的一种先进理念，也是新时代我国开展师范类专业认证的核心理念。师范类专业认证标准正是按照这一理念来设计和制定。以产出为导向，就是强调以师范生的学习效果为导向，对照师范毕业生核心能力素质要求，评价师范类专业人才培养质量。关注师范毕业生"学到了什么"和"能做什么"，而非仅仅是"教师教了什么"。要求专业按照"反向设计，正向施工"的基本思路，面向基础教育改革发展需求，以培养目标和毕业要求为出发点，设计科学合理的培养方案和课程大纲，采用匹配的教学内容和教学方法，配置足够的软硬件资源，要求每个教师明确自己在课程教学中的主体责任，最终通过课程目标、毕业要求和培养目标的定期评价和持续改进保证师范毕业生核心能力素质要求的达成。

师范生专业认证标准中持续改进的体现。认证标准指标内容贯穿了质量持续改进理念，强调聚焦师范生核心能力素质要求，对专业人才培养活动进行全方位、全过程的跟踪与评价，并将评价结果用于人才培养工作改进，形成"评价—反馈—改进"闭环，建立持续改进的质量保障机制和追求卓越质量文化，推动师范类专业人才培养质量不断提升。一方面，设置了独立的"质量保障"指标，从保障体系、内部监控、外部评价、持续改进四个方面对"评价培养目标是否达成以及持续改进"提出要求；另一方面，在"课程与教学""合作与实践"设置"评价"二级指标，在"师资队伍"部分设置"持续发展"二级指标，要求专业建有的各种机制、制度和措施，最终都要落实到执行、跟踪、评价与改进。

师范类专业认证标准强调建立毕业生和用人单位跟踪反馈与社会评价机制。师范类专业认证的根本目的就是使其所培养的师范毕业生能够持续满足基础教育改革发展需求，用人单位满意度和毕业生实际就业情况成为师范类专业办学质量的重要评判指标之一。因此，认证标准在"质量保障"指标项中，专门设有"外部评价"二级指标，要求专业建立毕业生跟踪反馈机制以及基础教育机构、教育行政部门等利益相关方参与的社会评价机制。它是师范类专业收集信息，对"培养目标"达成情况进行定期评价的必要渠道，也是在"课程与教学""合作与实践""师资队伍""支持条件""学生发展"方面开展持续改进工作的重要基础。

当前专业认证已逐步在全国范围内推广，各师范类院校也以师范专业认证为目标指向进行教育教学改革，未来能够切实承担起服务基础教育改革发展的时代使命。

1.2 中小学教师专业和能力发展要求

1.2.1 中小学教师专业标准

中小学教师专业标准基本内容主要包括职业理解与认识、对学生的态度与行为、教育教学的态度与行为、个人修养与行为、教育知识、学科知识、学科教学知识、通识性知识、教学设计、教学实施、班级管理与教育活动、教育教学评价、沟通与合作、反思与发展等，要求教师具有适应教育内容、教学手段和方法现代化的信息技术知识，有将现代教育技术手段整合应用到教学中的能力，能够主动收集分析相关信息，不断进行反思，改进教育教学工作，能够针对教育教学工作中的现实需要与问题，进行探索和研究，能够制定专业发展规划，积极参加专业培训，不断提高自身专业素质[①]。

在《专业标准》的实施建议中提到，要根据中学教育改革发展的需要，充分发挥《专业标准》引领和导向作用，深化教师教育改革，建立教师教育质量保障体系，不断提高中小学教师培养培训质量。完善中小学教师培养培训方案，科学设置教师教育课程，改革教育教学方式，制定中小学教师专业发展规划等。

1.2.2 中小学教师教育技术能力标准

2004年12月15日，教育部印发的《中小学教师教育技术能力标准（试行）》

---

① 教育部关于印发《幼儿园教师专业标准（试行）》《小学教师专业标准（试行）》和《中学教师专业标准（试行）》的通知[EB/OL].http://www.moe.gov.cn/srcsite/A10/s6991/201209/t20120913_145603.html.2012.

中指出，教学人员、管理人员、技术人员均需具备"掌握信息检索、加工与利用的方法"的基本技能，能够收集、甄别、整合、应用与学科相关的教学资源以优化教学环境。要求教学人员能向学生示范并传授与技术利用有关的法律法规知识和伦理道德观念，即信息道德，管理人员要努力加强信息道德的宣传与教育，努力规范技术应用的行为与言论，具有技术环境下知识产权保护的意识，并能够以实际行动维护这种知识产权。

2019年3月教育部发布《关于实施全国中小学教师信息技术应用能力提升工程2.0的意见》中提到，2013年以来，通过实施全国中小学教师信息技术应用能力提升工程，教师应用信息技术改进教育教学的意识和能力普遍提高，但仍然存在信息化教学创新能力不足，乡村教师应用能力薄弱，支持服务体系不够健全等问题，同时大数据、人工智能等新技术变革对教师信息素养提出了新要求。实施过程中的主要措施之一，即为创新信息素养培训资源建设机制。具体内容为，"以信息化教学方法创新、精准指导学生个性化发展为重点，创新机制建设教师信息素养培训资源。各地教育行政部门依据应用能力标准和本地教师信息技术应用的实际水平，统筹指导教师信息素养培训资源建设。面向社会汇聚教师信息素养提升的教育大资源，积极引入大数据、云计算、虚拟现实和人工智能等前沿技术支持的实物情景和实训操作等培训资源，尤其是职业教育课堂与实训室数字化教学相关资源，以及一线优秀教师参与研发的微课、慕课、直播课等视频培训课程资源"。

1.3 中小学教师信息素养的现状与问题

2020年4月13日，北京师范大学新媒体传播研究中心发布了《新冠肺炎疫情期间全国中小学教师的在线教育认可度调查报告》，该研究通过网络数据实验平台"极术云"于2020年3月8—12日调查了全国2377名中小学教师使用的在线教学平台类型、对在线教育技术的接受度以及对在线教育的认可度等情况。报告表明，总体上中小学教师对新冠肺炎疫情期间的在线教育有一定认可度，就平台使用、技术接受度对在线教育认可度的影响关系而言，教师对在线教育技术的接受度与在线教育认可度之间存在显著的正向关系；教师使用综合辅导型平台对在线教育认可度有正向影响显著；但教师使用社交工具型、公共资源型和学科内容型平台对在线教育认可度的负向影响显著。具体看花费时间、投入精力、身体劳累、交流便利、教学压力、课堂呈现、教学效果和学生认可这八个维度，教师对八项维度的评分均值表明相比于线下教学，在线教育在这八个维度均较有优势。

陈卓《新冠肺炎疫情防控背景下江苏高职网络教学工具调查与分析》有关在新冠肺炎疫情期间在线教学效果的调查显示，超半数（59.79%）的研究对象认为这一模式能够较好地达到教学目的，而 40.21% 的师生认为难以达到教学目的，可以看出此次疫情中大范围的在线教学模式的效果并不尽如人意，但在调查中认为"疫情过后还会继续使用在线教学方式"的人数占 85.93%，可见师生对目前教学效果并不完美、支持措施尚不完善的在线教学模式仍抱有极大的期望。

2021 年 2 月 3 日，中国互联网络信息中心（CNNIC）在北京发布第 47 次《中国互联网络发展状况统计报告》，报告显示，截至 2020 年 12 月，我国网民规模达 9.89 亿，较 2020 年 3 月增长 8540 万，互联网普及率达 70.4%，我国在线教育用户规模为 3.42 亿，占网民整体的 34.6%。用户对在线教育的接受度不断提升。

在线教育不仅是疫情防控期间的需要，也是今后深化中小学教育信息化改革的重要内容，全面推进线上线下混合式教学将是大势所趋。对于中小学教师来说，这次疫情既是挑战也是机遇，促使教师不得不思考如何提升自身信息素养以适应新的教育模式。基于已有文献与相关调查结果，将教师信息素养存在的问题归纳为以下三方面[①]。

（一）意识层面：中小学教师信息意识欠缺

信息意识作为教师信息素养的前提，对于信息素养的养成不可或缺。余胜泉认为，信息意识是人们在信息活动中产生的认识、观念和需求的总和，决定着人们捕捉、判断和利用信息的敏锐程度。信息意识包括对信息的敏感性、利用信息技术开展教学的意识、信息安全意识和数据意识，以及信息质疑意识和信息责任感。一些教师并未意识到信息技术的价值和重要性，对信息技术缺乏敏感性和开放性，然而开展在线教育，实施在线课程正需要这种信息的敏感度和高度的信息意识。此外，一些年轻教师虽然善于接纳新鲜事物，但由于对数据的敏感程度不高，而不能筛选出有利于培养自身信息素养的信息，无法将信息技术与教育教学有机融合。胡钦太、刘丽清和张彦在《教育信息化 2.0 时代教师信息素养提升路径》一文中，以 2018 年基础教育信息化发展水平调查数据为基础，该数据来源于该省 21 个地级市、252 所中小学。调查发现中小学教师缺乏信息批判意识，在被调查的 252 所中小学中，仅 18.1% 的教师对网络上提供的信息的准确性表示质疑。信息意识还要求教师能够具有高度的社会责任感，引导学生健康使用信息资源，

---

① 姜安琪，孔凡贵，梁宇晨，李建新. 中小学教师信息素养：问题与策略 [J]. 世界教育信息，2020，33（8）：57-63.

然而当前教师在线教育仅停留在关注学生学习效果、掌握网络教学技术的层面。中小学教师信息素养的培养可划分为两种来源形式：一是自下而上来源于教师自身的需求；二是自上而下来源于国家或时代的需求。当下的中小学教师信息素养的来源主要是由于国家或时代的需求，而自身需求较低，这一矛盾会引发教师认知冲突，导致信息素养的培养困难重重。

（二）文化层面：中小学教师的信息知识储备不足

信息知识是培养教师信息素养的基础。中小学教师需要具备的信息知识包括信息基本知识、信息化教学理论知识、教学设计知识、信息技术与学科融合知识。李兆义在《"互联网+"背景下农村中小学教师信息素养现状及对策研究——以固原市农村中小学教师为例》一文的调查中发现，被调查教师对指导教学和学习的理论"熟悉"的占47.4%；对信息技术与学科整合知识"熟悉"的占53.9%；对信息化教学设计知识"熟悉"的占58.2%；对网络安全知识"熟悉"的占64.6%；对"互联网+"知识"熟悉"的占44.6%。他认为，固原市农村中小学教师对信息知识的理解不够深刻，处于中下水平，还需进一步加强。新冠肺炎疫情的暴发使得大部分教师在线上教育经验缺乏、线上授课、知识储备不足的情况下加入了在线教育的行列。在教学设计、应用和实施中难以真正将信息化技术与教育知识相融合，不能充分理解网络直播课堂与传统课堂教育不同的互动方式特征，以致还未充分挖掘"随堂练习""及时反馈""在线交流"等网络互动的优势，信息化与教育教学"两张皮"的现象仍然存在。信息素养的缺失使得教师不能借助网络获取更多教学资源，增进教学效果，提升自身专业发展。

（三）技术层面：中小学教师信息技术应用于教育的能力欠佳

信息能力是培养教师信息素养的核心和关键。信息能力主要包括信息工具的使用能力、信息获取能力、创造能力、评价管理能力、整合交流能力等。当前在线教育中，多数教师使用的是直播教学的方式，然而教师面临的第一个挑战就是对于直播平台、工具和软件的使用，由于先前技术储备不足，对于这些设备不够熟悉，以致在直播教学中状况百出。李兆义在上述文章的调查中发现，被调查教师中仅有50.4%对于文字处理软件（Word、WPS）、42.2%对于电子表格软件（Excel）、51%对于演示文稿软件（PowerPoint）的使用是熟悉程度，仅有7%的教师对于微课制作软件表示熟悉。同时，中小学教师对于网络资源的收集与学习的使用率偏低，教师信息获取能力有待提高。被调查教师中"经常"使用网络资源进行学习的占41.3%；能够快速找到自己所需要的网络资源的占45.1%；对网络搜索引擎高级功能、中国大学MOOC网、爱课程网"熟悉"比例不足

40%。总体来说，信息收集与管理的能力还比较薄弱，有待进一步提高。被调查教师中 36.1% 的教师会"经常"在课前进行信息化教学设计；在课堂上使用多媒体教室、交互式电子白板等设备开展教学的教师只有 39.7%；"偶尔"和"从不使用"的高达 60%；"很少"甚至"不会"利用信息工具来激发学生学习兴趣的教师高达 70%；在课后，高达 70% 的教师不利用信息技术手段来布置作业、答疑和教学反思。总体来看，被调查教师的信息评价、交流及处理能力比较薄弱，有待进一步提高。另外，信息能力敏感度不够使得教师无法依据信息数据及时对学生个体进行诊断与分析。除了技术掌握方面的障碍，如何促进技术与教育的融合，增强教师、学生、信息资源之间的互动，以及提升师生利用技术解决问题的思维方式等都是当前教师信息素养提升面临的挑战。各级教育行政部门对于教育信息化实施了不同的举措，如中小学教师继续教育工程、教育资源建设、西部农村远程教育工程、三通两平台、一师一优课等工作，但从实际收益来看，目前对这些项目和计划做出评价还为时尚早。在信息能力的培养中最常见的情况是投入与产出比较低，究其根本就在于教师的信息素养问题，尤其是教师借助信息工具解决实际问题的能力。

随着计算机网络技术与多媒体技术在教育教学中的普遍应用，信息技术与学科教育教学越来越融合，这对当代教师的信息技术素养提出了更高的要求。师范生是国家基础教育师资力量的主要来源，其素质水平直接关系到未来基础教育的整体发展质量水平。师范生的信息素养水平是其素质水平的一个重要方面，将影响到基础教育信息化教学的开展。提高师范生信息素养水平，有助于改善中小学教师专业能力结构，能较好地满足基础教育的需求。

1.4 培养师范生信息素养的重要性

教育信息化已成为衡量一个国家教育现代化水平的重要杠杆，教师教育信息化是教育信息化的重要内容，也是加快教育信息化建设步伐的重要力量。中共中央、国务院印发的《关于全面深化新时代教师队伍建设改革的意见》（以下简称《改革意见》）、《中国教育现代化 2035》等文件明确提出，要"大力推进教育信息化，健全以高师院校为主体的中国特色教师教育体系，培养一批高素质、专业化、创新型的教师队伍。""全面提升教育信息化水平和师生信息素养，推动教育组织形式和管理模式的变革创新，以教育信息化带动教育现代化。"教育部印发的《关于推进教师教育信息化建设的意见》《教育信息化 2.0 行动计划》（以下简称《2.0 计划》等文件明确提出："支撑引领教育信息化发展要大力推进教师教育信息化建设，要重视以提高师范生信息素养和信息化教学能力作为教师教育信息化发展的内生变量。"可见，师范生信息素养的培养既是信息时代提升"未来教师"队伍综合素质的必然要求，也是推动教师教育信息化建设的必由之路[1]。

信息素养是教育信息化2.0时代师范生核心素养的重要组成部分。《2.0计划》明确指出，新时代赋予了教育信息化新的使命，也必然带动教育信息化从1.0时代进入2.0时代。教育信息化2.0行动计划是推进"互联网+教育"的具体实施计划。人工智能、大数据、区块链等技术迅猛发展，将深刻改变人才需求和教育形态。智能环境不仅改变了教与学的方式，而且已经开始深入影响教育的理念、文化和生态。在"实施行动"部分中明确提出了"信息素养全面提升行动"，并要求"充分认识提升信息素养对于落实立德树人目标、培养创新人才的重要作用，制定学生信息素养评价指标体系，开展规模化测评，实施有针对性的培养和培训"。《2.0计划》明确提出基本目标，即"通过实施教育信息化2.0行动计划，到2022年基本实现'三全两高一大'的发展目标，即教学应用覆盖全体教师、学习应用覆盖全体适龄学生、数字校园建设覆盖全体学校，信息化应用水平和师生信息素养普遍提高，建成'互联网+教育'大平台，推动从教育专用资源向教育大资源转变、从提升师生信息技术应用能力向全面提升其信息素养转变、从融合应用向创新发展转变，努力构建'互联网+'条件下的人才培养新模式、发展基于互联网的教育服务新模式、探索信息时代教育治理新模式"。

1.4.1 教育信息化2.0要求全面提升师范生信息素养

我国教育部2018年4月印发的《教育信息化2.0行动计划》明确要求"全面提升师生信息素养，推动从技术应用向能力素质拓展，使之具备良好的信息思维，适应信息社会发展的要求，应用信息技术解决教学、学习、生活中问题的能力成为必备的基本素质"。并将"信息素养全面提升行动"作为八项实施行动之一。信息素养教育是信息化社会核心素养（Key Competencies）教育的核心要义，我国教育界近五年来一直积极探索核心素养教育，本质即是在系统的学习中通过体验、认识及内化等过程逐步形成相对稳定的思考问题、解决问题的思维方法和价值观，实质上是培育认识世界和改造世界的世界观和方法论。师范生信息素养的培育与全面提升，既是新时代对教育工作者与合格公民的基本要求，也是我国教育领域将教育与劳动生产和社会实践相结合这一指导原则的具体要求。

大力提升职前教师信息素养。贯彻落实《中共中央国务院关于全面深化新时

---

[1] 郭柏林. 师范生信息素养培养的价值、构成及策略 [J]. 教育评论，2019（6）：115-121.

代教师队伍建设改革的意见》，推动教师主动适应信息化、人工智能等新技术变革，积极有效开展教育教学。启动"人工智能+教师队伍建设行动"，推动人工智能支持教师治理、教师教育、教育教学、精准扶贫的新路径，推动教师更新观念、重塑角色、提升素养、增强能力。充分认识提升师范生信息素养对于落实立德树人目标、培养创新人才的重要作用，创新师范生培养方案，完善师范教育课程体系，加强师范生信息素养培育和信息化教学能力培养。师范院校作为培养未来教师的摇篮，应该把信息素养教育纳入专业技能考核的标准，对已有信息素养教育课程进行改革，制定师范生数据素养能力培养标准，构建师范生信息素养课程体系，培养师范生信息素养，使其适应大数据时代教育教学的发展需要。

1.4.2　培养师范生信息素养具有重要的现实意义

在加快推进教育现代化、建设教育强国进程中，认真分析师范生信息素养培养的价值和意义，厘清师范生信息素养的内涵所指、构成要素，探讨其培养策略具有重要的现实意义。

（一）培养师范生信息素养，是推进教师教育信息化建设的必由之路

教师教育信息化既是实现教师教育跨越式发展的必然追求，也是我国教育改革的重要课题。《意见》明确指出："通过教育信息化推动教育现代化，通过教师教育信息化带动教育信息化，必须将积极推动教师教育信息化建设作为一项紧迫、重要的教育改革任务。"为此，2003年教育部印发了《关于实施全国教师教育网络联盟计划的指导意见》，旨在加快教师教育信息化建设的步伐。政府支持、鼓励各地各级教师教育机构形成"联盟"，优劣互补，整合资源，共同进步。在这些文件的指导下，我国教师培训取得一定成绩，但距离实现教师教育跨越式发展还有差距。为此，教育部印发的《教育信息化十年规划（2010—2020）》及《2.0计划》继续指出，加快推动教育信息化要以教师教育信息化为根本，从指导思想、战略目标、基本原则、主要任务、实施措施和保障制度等做全方位部署。教师教育信息化的核心是要提升教师的信息素养，推动教师教育信息化发展不能仅停留在技术层面上对在职教师的培训，更要从教师的职前培养抓起。故师范生信息素养的培养既是教师教育信息化的重要内容，也是推进教师教育信息化的关键力量和必由之路[1]。

---

[1] 郭柏林.师范生信息素养培养的价值、构成及策略[J].教育评论，2019（6）：115-121.

（二）培养师范生信息素养，是培育新时代"卓越教师"的必然要求

培育新时代"卓越教师"既是教师教育的现实诉求，也是国家对提升教师队伍整体素质的迫切渴望和重要举措。《改革意见》中"教师是发展教育的核心资源，是加快教育强国建设步伐的重要力量，必须培养一批综合素养高、专业化能力强的创新型教师"。教育部《关于实施卓越教师培养计划2.0的意见》（教师〔2018〕13号）中"围绕教育现代化的时代新要求，形成以师范生为核心的教师教育新形态，塑造一批高素养、高水平、强能力的新时代'卓越教师'"。这些内容都表明，信息素养是教师综合素养的关键部分，更是新时代"卓越教师"的典型表征。新时代"卓越教师"还被赋予新的内涵，其中在知识技能上表现为适应新时代信息化的教育环境，具有良好的信息化教育技术能力和较高的信息素养。作为培养"卓越教师"源头的高校，更应该注重师范生的信息素养的培养，这是培育新时代"卓越教师"的必然要求。

（三）培养师范生信息素养，是培养未来创新型人才的必要前提

创新型人才指具有创新理念与意识、创新精神与意志、创新品质与能力、创新动机与热情并从事创造性实践活动，为人类社会创造价值和贡献的人。创新型人才具有终身学习的能力、良好的生理素质和超强的心理素质，更重要的是具有奉献人类社会的责任担当。学校作为培养创新型人才的摇篮，离不开创新型教师。《改革意见》明确指出："加快现代化创新型国家建设，需要培养一批高素质的创新型教师队伍。"中小学生是"未来创新型人才"的希望，学校及教师的培养是其成为未来创新型人才的基础条件，师范生是未来创新型教师的生力军，也是培养"未来创新型人才"的人才[①]，师范生信息素养的培养影响着中小学生核心素养的落实和发展。

---

① 郭柏林. 师范生信息素养培养的价值、构成及策略[J]. 教育评论，2019（6）：115-121.

第二章 师范生信息素养教育基本内容

2.1 师范生信息素养的内涵及构成要素

信息素养是公民适应信息化时代生存、生活的一项基本素养。"信息素养"（Information Literacy）概念最早在 1974 年由时任美国信息产业协会主席保罗·泽考思基（Paul Zurkowaski）提出，他认为："信息素养即运用信息工具和资源来解决信息问题的技能。"随着后继学者们研究的深入，"信息素养"的内涵不断得到完善和丰富。例如，有学者认为："信息素养是在遵守法律的前提下利用各种信息工具（如网络、多媒体技术）为手段确定、获取和应用信息，以达到特定目的的技能。它具体包括信息意识、信息能力和信息伦理，而核心是信息能力。"也有学者认为："信息素养是对信息的获取、加工、评价、传播、应用的能力，它包括信息意识、信息道德、信息传播及信息应用。"综上，师范生信息素养指师范生为了实现未来教育教学目的，合理合法、充分地利用各种信息资源（教育教学资源），借助信息技术工具（如多媒体、网络技术）以解决教育教学中存在的问题的技术和能力。它分为三层，具体包括信息意识与态度、信息知识与文化、信息技术与能力、信息道德与情感及信息行为，其关系模型如下图所示。

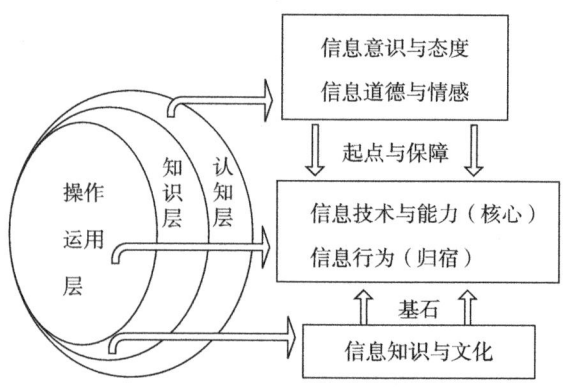

（一）信息意识与态度是师范生信息素养的起点

"意识"是人脑对客观物质世界的自觉能动反映，是感觉、知觉、想象、思维等心理过程的综合。唯物辩证主义认为，意识具有预见性、计划性、目的性和能动性，它能反作用于物质，从而指导人们的实践活动。信息意识与态度也属于"意识"的范畴，它是信息素养的起点。信息意识与态度的内涵具有生理学、心理学、哲学等多种含义，有学者认为："信息意识与态度源于'情报意识'，就是指信息在人脑中的集中反映，是信息主体对信息产生的认识、观点与理论的综合，进而利用现代化的工具去判断、加工、利用信息的意识。"也有学者认为："信息意识与态度是个体对各种信息的自觉能动反映以及对信息地位、作用、价值和功能的认识过程，包括对外界信息环境变化的生理、心理反映过程。"综合以上观点，师范生的信息意识与态度基于其信息素养的认知层面，是其在信息化环境中对各种教育教学信息资源、活动的认知、能动反映的过程。它包括对教育信息资源的捕捉、搜寻、获取、评价、判断、整合、利用以及对外界信息环境变化的能动反映。它主要表现在师范生对信息及信息活动的敏感度、持久的注意力和洞察力。教育过程包含对信息的识别、整合、传播及应用，师范生应当具备信息意识与态度。

（二）信息知识与文化是师范生信息素养的基石

信息知识与文化是基于师范生信息素养知识层面的素养，是构成师范生信息素养的基石。它既包括传统知识文化也包含现代信息知识文化，是两者间的有机融合。师范生应具备的传统知识文化包括本学科知识文化和跨学科的知识文化。本学科知识文化是师范生未来从教的资本，核心素养时代下还要求师范生必须具备跨学科知识文化，这是师范生胜任未来教师工作的保障和前提。当然，师范生还应具备现代信息化知识与文化。即师范生在具备一定信息化知识的储备前提下，充分利用现代信息技术工具丰富完善信息、拓宽信息传播途径、提高信息利用效果的认识与经验的综合。师范生具备的信息化知识文化包括了解计算机的基本知识、了解各种信息技术基本知识及工作原理、了解各类网络工具的使用以及深入掌握多媒体教学设备的知识和操作。

（三）信息技术与能力是师范生信息素养的核心

信息技术与能力是基于师范生信息素养操作运用层面的素养，是构成师范生信息素养的核心。信息技术与能力包括一般的技术能力和信息技术能力，一般的能力即传统的读、写、算等能力，这是生活在社会中的所有公民都要求具备的能力。信息技术能力则指在信息系统中对信息进行辨别、收集、筛选、加工整合并创造性的运用的技术和能力。师范生应具备的信息技术能力包括：一是对信息化的教育教学资源（主要指各种类型的数字化教育教学素材，包括经典的案例、优质的课件、丰富的文字素材和图片等）的筛选能力，即师范生能识别对教育教学正确、健康、有用的信息，能在海量的信息群去粗取精、去伪存真，筛选出有助于实现教学目标、达到教育教学效果的信息；二是对信息资源的获取能力，即师范生知道获取资源的途径，如各种搜索引擎，并通过这些途径在较短的时间内获取想要的资源；三是对信息资源的整合加工能力，即师范生将收集到的信息按照一定方式分门别类地归档，并将不同类型的数字化资源进行有效的整合或者将融合的信息资源进行分离；四是对信息资源的创生和应用能力，即师范生在收集到的信息上为达到既定的教育教学目的进行个性化的创造，并能有效地运用收集到的信息，以解决实际教育教学活动中的问题；五是能够熟练地操作信息软件的能力，如利用软件制作课件，熟练地操作多媒体教学设备等。此外，还包括信息化的教育教学活动设计、实施、组织、管理、监控及评价等能力。

（四）信息道德与情感是师范生信息素养的保障

信息情感与道德是基于师范生信息素养认知层面的素养，是师范生信息素养的保障。信息道德是师范生在识别、评价、获取、整合、传播、创生和利用信息化教育教学资源过程中必须遵循的伦理、规范、标准和规则，它包括信息道德观念、情感、意志、信念和理想等。概言之，它是调节信息创造者与信息使用者间相互关系行为规范的综合。信息情感是师范生对信息化教育教学资源在认知上的感受和意向，生理上对信息行为目标的评价反应和体验过程，信息情感是师范生适应信息化环境的心理工具，它是促进信息交流、传播的"隐形通道"，它能激发信息行为的动机。信息情感具体表现为师范生对信息化教育教学资源及信息活动的喜欢、憎恶、美感等。在网络化时代，"信息泡沫""信息快餐""信息异化""信息污染"引发了许多信息道德失范、信息情感缺失的问题。例如，利用数据信息牟利而侵犯他人隐私，盗用、篡改、伪造信息侵犯知识产权，传播虚假信息以至于社会责任感缺失，信息交流中缺乏情感沟通等。相较于一般的大学生而言，师范生的信息道德与情感素养应有更高的要求，这是由其未来职业特性所决定。教师良好的信息道德与情感素养需要从其职业的摇篮培养，师范生是未来信息文明使用的"示范者"，应掌握与信息有关的法律、道德知识，且在信息化教育教学资源的评价、获取、传播、利用过程中应遵守法律法规、伦理标准。

（五）信息行为是师范生信息素养的归宿

信息行为是师范生信息素养的最终归宿和外在表现。最终归宿是师范生作为未来教师和信息资源用户在对信息获取、加工和利用的一种内在的、相对稳定的最终状态，而外在表现是师范生在获取信息资源的过程中为了达到利用信息资源的最终状态所表现出来的外显行为。结合教师职业的特性，教师的信息行为是教师为了完成预定的教育教学任务、达到预设的教学效果、实现教育教学目标，根据自身对学科性质的理解及学校相关规定，合理合法地利用信息技术手段对信息化资源进行识别、筛选、加工整合和利用等所有活动的总和，也可以说使信息化资源变的有使用价值的一系列行为的总和。可见，师范生信息行为的原动力一方面是由于其未来职业中教育教学的需要，在教育教学工作中，他们需要收集具有发展性、教育性、能辅助实现教学目标和解决教育教学问题的多样化的信息资源。另一方面是师范生作为教师专业发展、自我完善的需要，传统的信息资源（如教科书）已经难以实现教师综合素质、能力的提升。信息化时代，教师应该与时俱进，借助现代化的设备将传统信息和多样化的现代信息化资源有机融合，不断丰富自身知识结构、发展自身综合能力。此外，师范生信息行为也是检验其信息素养高低的标准之一，只有不断发现、分析并纠正师范生信息行为中出现的问题，才能促使其做出相应的改善，从而深化其信息素养的提升[1]。

2.2　信息素养教育现状及存在的问题

2.2.1　师范生信息素养现状

李琪《地方院校师范生信息素养调查研究》一文，以本校教师教育专业学生为对象，面向各个专业、各个年级的师范生发放调查问卷400份，有效回收392份。调查数据显示，在信息意识方面，当有信息需求时，71.45%的师范生能够根据自身信息需求主动进行查找并获取信息。在日常学习和生活中，平均每天使用网络的时间在3～5小时，在与亲友联系、浏览新闻和网上购物等方面占用的时间和精力最多，分别为26.01%、24.28%、20.81%，查阅学习资料或进行线上学习的人数占比只有16.18%，仅高于选择游戏的人数比例，当问及是否会通过网络经常关注自己专业及相关方面的消息时，选择"总是"的占8.67%，选择"经常"的占29.34%，选择"较少和从来没有"的达61.99%。但在信息获取时，53.67%的师范生习惯于利用手机搜索引擎查阅资料，其次是询问身边人，而能够想到利用专业书籍和网站查询信息的人数所占比例最小。在查阅资料的方式和途径选择

---

[1] 郭柏林.师范生信息素养培养的价值、构成及策略[J].教育评论，2019（6）：115-121.

上，更多地使用百度这类网络搜索引擎，选择使用中国知网等数据库的人数最少，且只有1.73%。以上数据说明该校师范生对专业性强的全文数据库（知网、万方等）和专业网站等不太熟悉甚至感到陌生。在问到是否能够准确地从杂乱信息中获取所需信息时，经常能够准确获取信息的占36.48%，而59.18%的人只是偶尔能够获得准确信息。通过这项数据能够看出学生的信息检索策略及技巧方面的知识不系统、不全面，对学习过的知识掌握得不扎实，虽然数据显示学生的信息意识整体较好，但他们对科学知识的获取意识较弱，信息获取能力偏低。在信息评价与使用方面，引用或转载他人的文章或学术观点时，64.29%的学生选择会标明出处，从调查数据看，学生信息评价和使用的整体情况比较乐观，但根据多年的信息素养教育工作实际和其他调研方式如访谈，项目组讨论后一致认为这个调查数据存在一定的偏差。综上，师范生虽然具备较强的信息意识，但信息评价及利用信息的能力还有待加强；了解信息合法使用的概念，但在具体应用方面有所欠缺；对休闲娱乐的信息需求相对较高，专业信息意识不强；信息检索能力有待提高，对专业的网站及专门数据库缺乏深入的了解和认识，依赖于简单的垂直搜索引擎进行信息查找，缺乏信息检索方面的知识储备；信息道德意识仍需注重加强引导。

韦素莹等《广西地方本科院校师范生信息素养现状调查研究》一文，在广西师范大学、南宁师范大学、玉林师范学院、广西民族师范学院、广西科技师范学院，五所广西本科院校，各个年级本科师范生中分层随机抽样，发放调查问卷430份，回收400份。调查结果显示，66%的学生认识到寻求信息是解决问题的重要途径之一；当需要查询某一条信息时，73%想到能利用搜索引擎搜索答案；67.5%会借助手机等电子设备随时随地学习；45.1%认为了解自己所学专业的前沿信息；48.8%经常关注或订阅自己所学专业的信息。62.8%的学生能够明确表达信息需求；63.9%经常使用搜索引擎或数据库检索中的高级检索功能；分别有65.4%、71.5%、34.4%通过中国知网、百度文库、相关专业软件查找信息；仅35.6%熟练应用常见网络学习平台（如专题学习网站、Sakai等）进行学习；48.8%能通过三种或三种以上途径了解自己所学专业学科领域的前沿信息。68.3%的学生主要依靠自身经验对网络信息进行判断；54.9%在搜索时经常注意到信息的发表时间；62.3%能够从所收集的信息中提取、概括主要观点与思想；仅29.6%平均每周使用网络向教师提问或与其他同学展开学习讨论三次或三次以上。43.5%的学生经常使用软件工具（印象笔记等）对信息进行管理；61.5%有对收集到的信息进行归纳、分类等习惯；仅58.8%熟练使用Office软件；9%对Office软件的熟练程度一般；仅40%非常或者比较熟练使用视频处理软件；

60.4%知道针对不同汇报内容选择合适的软件工具。在信息管理方面，超过半数师范生对信息有归纳行为，但不到半数师范生使用信息工具辅助收纳，超过半数的学生能够针对不同的内容选择适合的表达工具，但只有半数师范生熟悉最常用的办公软件以及不到半数师范生熟悉其他软件工具。仅19.8%的学生非常熟悉使用电脑、网络所涉及的伦理及法律问题，44%比较熟悉，27%选择一般；78.6%在使用移动支付或扫码支付时非常注意使用的安全性；65.7%遇到网络攻击等行为自己会及时制止；44.9%使用过盗版软件，29.8%没有使用过盗版软件；仅27.6%引用他人文章或者观点时总会注明出处，33.5%自己引用他人文章或者观点时偶尔注明出处。综上，这几所本科院校代表的师范生中，多数师范生了解简单常用的信息安全和道德知识，即有信息安全和道德意识，但对涉及信息的法律知识了解较少，出现该现象的原因可能是学生在校缺少信息安全与道德知识的视听，家庭以及社会信息安全与道德的氛围较淡薄。这几所本科院校为代表的师范生基本意识到信息的重要性，半数师范生能明确自己的信息需求，有多种信息获取途径，对信息有一定识别能力和批判意识，能进行简单管理，对日常经常接触的软件会简单操作，但也有不容忽视的问题，如信息的重要性认识尚浅，在信息评价方面，多数学生限于自身经验，信息交流意识较弱，缺乏自觉性等。

  陈永光《地方师范院校师范生信息素养提升的实践探索》一文，选取河南省洛阳师范学院、周口师范学院、安阳师范学院三所地方师院8个师范教育专业的学生作为调查样本。调查采取分层随机抽样的方式，共选取480名师范生进行问卷调查和访谈。累计发放调查问卷480份，回收问卷465份，从每个专业中随机选取3～5名调查对象进行访谈。调查结果显示，在是否关心生活中的教育信息方面，选择比例为，"非常关心"14.7%，"比较关心"31.6%，"不大关心"41.3%，"从不关心"12.4%。在调查是否了解本专业的最新成果与发展动态时，回答"非常了解"的仅15.3%，"比较了解"的占27.6%，"不太了解"与"不了解"的分别有45.7%与11.4%。通过访谈发现，学生了解自己专业最新成果与发展动态的主要途径是上网检索、教师介绍、查看专业期刊等，并且能给出这些回答的大部分是大三和大四的学生。涉及"能否积极掌握最新信息技术工具并用来探究全新学习方式"时，"经常学"的学生只占到24.3%，还有63.1%的学生"偶尔学"，12.6%的学生"从来不学"。学生使用网络的主要目的，42.7%的学生选择上网主要是查找资料来解决学习问题，48.9%的学生是在休闲娱乐，35.2%的学生选择了网络购物及其他，27.8%的学生浏览新闻，处理电子邮件的有12.4%。对"信息概念"一词"非常了解"的只有34.6%，对"信息污染"与"网络法规"非常了解的分别仅占25.3%与27.5%，在访谈中发现，很多被调查学生对相关概念与术语的理解比较片面，有些学生到最后自己也说不清楚。师范生大多能够熟练掌握文字处理软件、电子表格制作、计算机系统组成、简单搜索引擎、即时交流软件等信息知识，比较了解数据库管理软件、网络论坛、多媒体制作软件等，而对基本程序设计、网页设计软件、图形处理软件、文件传输等方面知识了解较少。能够快速确定信息类型和范围的比例为56.8%，对于能否表达信息需求情况和高效利用信息技术解决实际需要方面，回答偶尔能和不能的人数比例超过了一半，"能否熟练处理数字化图形、文本等，将其从最初场所迁移到一个全新的情境"与"能否利用不同的技术管理所获取和组织的信息"两个问题的回答中，不能做到的学生均超过了30%。相对于其他信息处理能力的问题，在"是否能将新知识与已有知识对比，把握新信息中新增的特点或其他问题"、"是否能从所获取的资源中凝练出其思想要点"与"是否能综合分析、研判信息资源的价值"三个问题中，表示肯定的回答均超过了30%，不能做到的人数也均不足20%。按照新版《教师教育标准》和新课程改革的要求，具备信息技术与课程整合能力是信息时代教师的基本教学能力，而46.9%的师范生不能根据教学目标和教学内容自行设计信息化教学方案。另外，在访谈中还发现，绝大多数师范生认为信息技术在教育教学中仅仅是作为演示工具、提供教学资源以及简单的信息获取与加工工具，很少有师范生真正意识到它可以帮助学生自主探索、协作交流。在交流能力和自主学习意识的调查中，45.7%的学生表示遇到学习困难时获取信息的主要渠道是向同学求助，37.5%的学生主要通过网络或者到图书馆寻求需要的信息，只有9.2%的学生向老师或专家咨询请教。在学生展示研究成果、交流思想观点方面，选择自我欣赏的学生占了58.4%，选择网络方式（BBS、博客、个人空间、即时通信工具等）展示的占51.3%，选择电子邮件交流的47.8%，而选择集体活动或者小组讨论的只占了22.6%，在刊物上发表的只有10.9%。在访谈中发现，大多数学生习惯于在网络平台上大胆展示自己的研究成果及发表自己的观点。他们表示这样没有压力和顾虑，不用害怕想法不成熟而招来别人的议论。在能否主动抵制黄、毒、赌、反动言论等不良信息方面，有72.9%的学生表示"能够自觉抵制"，但仍有17.1%的学生"偶尔能抵制"和"不能抵制"。在是否熟悉使用信息技术所涉及的伦理及法律等方面，"非常熟悉"的学生只有5.6%，"一般了解"的学生有43.8%，而表示"不太清楚"的学生占到了50.6%。如在"在引用他人作品如文章或书籍内容时是否加上标注"方面，回答"从不"和"很少"的学生分别占14.3%和27.6%，选择"总是"的只有18.7%。通过后期访谈发现，有部分学生不是不尊重别人劳动成果，而是不懂得成果引用的规范标准，也有一些学生表示由于引用比较麻烦，所以就对他人研究成果不够尊重。在"是否在参与网络讨论时曾经恶意攻击别人""是否传播和制作不健康信息""是否发送垃圾邮件"等方面，绝大多数同学都表示从来没有。在"在未付费的情况下复制或使用盗版软件、书籍或其他资料"方面，还有39.3%和42.1%的学生选择"总是"和"经常"。学生表示国家对于侵犯知识产权行为应该给予打击，但是如果资料内容对自己有用，且价格便宜，自己还是会倾向于购买盗版软件与信息资料。该文作者在调查结果的基础上认为，大多数师范生对新的信息技术工具学习意识不够强烈，还不能利用信息工具构建全新的学习方式。学生有实施网络学习的意图，但是实际自制力与使用效果比较差。大多数师范生的实践操作知识比较欠缺，对系统学习过的信息技术课程和自己感兴趣的知识比较了解，而对课堂教学以外稍微复杂的计算机技术、网络技术与通信技术等掌握得不够扎实。信息处理能力不足仍然是师范生面临的主要问题。只有部分同学掌握了自主学习的方法，多数学生自主学习意识还比较差。学生信息免疫能力还需提高，多数师范生对于使用信息技术所涉及的法律与伦理知识比较模糊。师范生的信息伦理道德整体状况较好，大多数人能够文明规范地使用网络，具备较好的自制能力和意识，能够较好遵守相关的道德规范和法律法规，部分学生的表现呈现出不够尊重他人的劳动成果，学生知识产权意识仍需加强。

综上所述，地方院校师范生信息素养现状及存在的问题如下：

1.信息意识现状及存在的问题。作为未来的教育工作者，如果师范生都能认识到信息和信息活动的重要性，能认识到信息技术在基础教育发展和改革进程的重要作用，并且学会发挥信息的功能，就一定能提高学习效率和学习效果。但大多数师范生信息意识薄弱，他们在面对复杂的教育信息内容和类型时，不具备充分的专业甄别和评判能力，缺乏对利于专业学习和发展信息的敏感性，尤其是低年级学生，他们还没有意识到未来职业与学习的信息需求，很多学生都是被动地接受相应的知识，缺乏主动获取知识的能力和意识，不能利用便捷网络寻找有关专业深入理解的有价值信息，也不善于从海量信息中发现有价值的信息。对信息尤其是网络信息的关注主要集中在自己业余爱好相关的内容上，专业知识限于课本范围，缺乏使用信息技术解决教学设计和案例分析等的意识。高年级学生因为考研选择专业方向或者做本科毕业设计，必须详细研究自己专业的情况，信息意识相对较为明确，但面对海量信息，也经常会感到无所适从，甚至难以判断有效信息。很多师范生对于存在于图书馆网络信息中的宝贵教育资源，如数据库资源、网络电子文献、虚拟资源等的价值和作用缺乏认识，不能够正确地对待和理解信息，专业信息意识和科研意识薄弱。

2.信息知识现状及存在的问题。信息知识可分为信息基础知识、信息理论知识和信息技能知识，师范生能否熟练掌握信息知识与理论将会直接对信息意识、技能和道德规范产生影响，而地方院校师范学生掌握常用信息素养相关基本概念的情况让人忧心。很多学生对相关概念与术语的理解比较片面，有些学生到最后自己也说不清楚。大多数师范生对基础信息知识的掌握较好，但大多数人只能通过网络查找一些有关作业的资料，阅读简单的外文文献，对自身专业以外的文献和师范专业资料比较陌生。在信息理论知识方面，大多数师范生对信息本质、特点及其演变规律缺乏清晰的认识，缺少对有关专业热点问题争议的各种信息综合和分析能力。在信息技能知识方面，由于《教育技术学》和师范生课件制作等方面学习和训练，师范生针对学习和实践活动中遇到的问题，能够找到适当的信息源对之加以认识并据此探寻解决办法，但很少有师范生具备处理专业信息、加工专业信息及生成专业信息的能力，缺乏系统了解信息检索的相关知识和理论。

3. 信息能力现状及存在的问题。面对浩瀚的网络信息资源，师范生应该掌握高效获取信息的工具与手段，合理地分类、管理和整合复杂的信息，以提高其学习质量和效率。而现实情况是，师范生信息能力整体偏低。

首先，信息获取能力整体偏低，且差距较大，能够掌握信息收集方法及工具的人非常少，具备良好检索与收集各种信息能力的人较少，能够熟练获取各类信息、掌握各类信息源的获取途径的人不多，能够准确解读获取各种形式数据的格式、类型和特点等的人亦不多。比如，一些师范生能熟练使用"专业搜索引擎"搜索所需信息，但有的不知道如何利用学校网络中丰富的网络资源，仅习惯于利用传统纸质文献。有的师范生的技术能力并不理想，技术基础掌握和应用能力较弱，尤其在多功能交互式多媒体设备与教学融合的设计与使用上。师范生虽然能熟练地操作计算机，使用互联网、通用软件等常规的软硬件系统，独立完成 PPT 多媒体课件基本技术操作，但不能灵活操作常用的交互式多媒体教学系统或平台。有的师范生对信息技术与中小学课程深度融合时感到力不从心，主要体现在教学设计的理论基础、教学准备技术和经验等方面不足，致使课后评价无从下手。

其次，信息分析和处理能力不足，仍然是师范生面临的主要问题。如果师范生缺少信息资源的基本处理能力，将在信息化社会中难以开展数字化学习。对于师范生而言，小至电脑软硬件基础知识、Office 应用，继而至利用网络查找并解决问题，利用教育技术、数字图书馆等各类资源开展教学学科交流，最终到树立科学的信息观念、合理使用各类信息化平台及数字化工具保障教学科研的能力。然而，能够利用常用统计软件如 Excel 进行分析和处理原始数据的师范生不多，能够利用专业统计分析软件如 Spss 对获取数据做合适统计分析的师范生寥寥无几，能够结合文献与实际对统计分析结果做准确解释的师范生较少，其中最主要的原因是高校开设统计分析软件的课程较少,师范生只能通过自学来掌握这些软件;即使学校开设了这些课程,师范生也很难熟练掌握这些软件。

最后,信息评价综合应用水平处于偏低状态。大部分院校为了提高师范生信息能力,会选择开设计算机基础课程、文献检索课程等。这些课程可以帮助学生获得基础知识,也在某些程度上使学生信息素养得到提高,但是却在信息素养与其他学科相结合方面有所忽视,导致难以培养学生的创新能力和综合实践能力。

4.信息道德行为现状及存在的问题。信息道德是伦理道德对信息技术领域提出的新要求。信息道德水平不高也是师范生信息素养需要面对的主要问题。多数师范生信息道德水平体现其信息活动目标与社会整体目标不相协调,对于使用信息技术所涉及的法律与伦理知识比较模糊,不明确其在信息获取和使用方面相应的责任和义务,不清楚其在信息获取方式上尊重他人的知识产权,在教育大数据背景下,师范生所掌握数据往往包含很多个人隐私信息。调查结果显示,数据在采集、使用、分享时,师范生对数据使用的安全性重视程度不够,对教育教学中使用的数据不够负责,不能以严谨认真的态度对待教育教学中产生的数据。师范生中了解数据采集、使用、分享中所涉及的道德和伦理问题,尊重他人的数据隐私并能有效保护自己的数据隐私的师范生数量不多。多数师范生对网络信息安全的相关法律法规,包括知识产权、个人隐私、信息安全等法规文件的了解非常少。一些师范生缺乏对网络信息的辩证认识,不能够有效利用合适信息提升自身教师教育素养,辨别教师教育等一些言论信息和相关评价,不能正确认识信息道德对专业发展和个人成长的作用。

2.2.2 师范生信息素养教育现状

地方院校师范生的信息素养教育仍存在一定差距。当前,对师范生信息素养教育存在多方面的问题,最主要的有三点,一是随着教育大数据在师范院校的广泛应用,师范院校教师的信息素养教育取得了显著进步,但针对师范生信息素养培养的目标却不明确;二是当前师范院校培养师范生的过程中,针对师范生信息素养培养的课程体系还未完全形成;三是师范生在校接受的信息素养教育主要是面向信息技术方面,针对伦理道德、大数据思维和数据文化方面的教育还远远不够。同时还存在以下问题:

(一)教育理念更新滞后,对信息素养教育重视不够

伴随着"互联网+"行动计划的实施,信息技术正越来越深刻地影响着基础教育,信息素养已经成为教师综合素质与教师职业标准的重要内容。教育部印发的《教育信息化2.0行动计划》中明确指出,"创新师范生培养方案,完善师范

教育课程体系，加强师范生信息素养培育和信息化教学能力培养"。"加强学生信息素养培育。加强学生课内外一体化的信息技术知识、技能、应用能力以及信息意识、信息伦理等方面的培育，将学生信息素养纳入学生综合素质评价。"教育部高校图工委信息素养教育工作组《关于进一步加强高等学校信息素养教育的指导意见》（以下简称《指导意见》）指出："《指导意见》是高等学校组织实施信息素养教育的指导性文件，高等学校应将信息素养教育纳入人才培养体系中。"在一些地方师范院校，师范生的信息素养培养尚未引起足够重视，对于师范生信息素养水平不高的现实情况，仍缺乏有力的政策层面的措施。例如，不少地方师范院校没有针对师范生制订科学规范的信息素养教育专门计划，也没有将信息素养水平纳入师范生综合评价体系。在课程的系统设置时，将信息素养教育简单化，有的认为在某些课程中讲讲如何撰写论文就是信息素养教育，还有的甚至以与计算机相关的信息技术教育代替信息素养教育。

（二）教育信息化对当代教师素质提出了更高要求

教师应主动提高自身信息素养，和学生一起在教学中积极获取、处理和创造信息，潜移默化培养学生的信息素养。部分教师的信息素养水平不高，对学生缺乏示范表率作用，而且对学生的信息素养要求也不高，对于提升学生信息素养的主动性和能力不强。很多地方师范院校对于教师的信息素养的提升并未纳入教师发展计划、教师素质提升计划，不少学校的教师并未充分意识到教师信息素养的作用以及融入教学的重要性，未能将其与学科教学进行有效融合。

（三）课程的设置不适合师范生信息素养教育，课程的内容针对性不强

信息素养教育的重要课程"文献检索课"面临着尴尬的处境，图书馆安排专任教师，每个学期开设一门通识教育公共选修课，供全校本科生选修，这样的课程设置既不能保证课程的如期开设，而且对师范生的信息素养教育无法做到有针对性地做好课程的设计和教学。师范生信息素养教育必须落实到专业信息素养教育目标上来，但实际上，课程设计和教学缺乏信息素养育人目标，没有关注师范生的个性和质疑能力，没有引导师范生去积极探索未知世界，特别是在立德树人的情感态度价值观方面，对师范生的不同学习阶段所需要的专业信息意识和专业信息道德方面缺乏教学要求，相关课程内容不足。

教学内容不新，与专业结合少。师范生对专业信息检索的知识、专业信息的价值特点，以及一些信息基本知识，如对网络知识产权的认识程度偏低。事实上，每个师范院校都开设了"计算机基础知识"课程，但计算机的教学内容简单，注重实践操作能力，强调形式化训练，将计算机操作课程视同为信息素养课程。一

些师范生也把信息素养教育简单化，以为自己使用智能手机和电脑就是信息技术能力和信息素养。图书馆员在讲授信息文献搜索和获取知识时，也是仅限于操作方法的演示，至于专业信息存放和来源以及使用，鉴于专业知识所限，也做不到深入探讨专业信息。而专业教师在讲授有关信息素养知识时往往也浮于表面，与专业课程结合不多，造成师范生对信息知识的理解浅显。个别专业课教师会在自己的课程内容设计中，加入针对本课程的论文写作相关内容，即认为信息素养教育工作完成，这些都不同程度地制约着师范生信息素养的提高。可见，师范院校信息素养教育缺乏理论和政策框架的指导，较少与专业学科结合。

教学方法单一，创新不足。2018年4月教育部印发《中小学数字校园建设规范（试行）》，要求中小学校园要教育教学数字化。面对社会信息化为宗旨的信息高速公路建设，师范生专业信息素养教育在教学方法上也应紧跟形势发展。然而，一些师范院校未能紧跟时代发展，教育方式方法未曾改变或者改变不大，对于学生的学习兴趣和疑问设置等方面不做深入探讨，对于整个教学过程缺乏足够的重视程度，忽视管理部门、学院和图书馆在信息素养培养中的协调作用。

（四）针对师范生的培训工作还需不断改进

信息素养培训是高校图书馆较早开展的工作，从师范生入学开始，以新生入馆教育为开端，师范生的信息素养教育就已经开始，近年来，新生入馆教育的内容和形式已经有了很大改观，学生实际参与度也有明显提高，但实际效果并没有因此有明显改变。对于日常的信息素养培训，越来越难以组织，读者参与积极性并不高。虽然对图书馆的培训有需求的读者较多，但实际参加培训的读者却不多，师范生同样如此。相关的问题和因素很多，既有宏观社会环境的影响，也有培训组织管理的问题，还有培训内容和形式的问题。例如，由于信息化环境不完备、缺乏足够的软硬件资源，培训只有演示没有实践操作；缺乏激励机制，教师组织和开展培训的积极性不高；师范生本身对信息素养认识不够、自主学习意识差，没有可行的激励机制，学生参与的热情也不高。

2.3 影响师范生信息素养的因素

（一）信息技术教育对师范生信息素养提升的影响

随着教育现代化的推进，信息技术在教育中不断地得到普及与发展。如今信息素养已经成为师范生素质结构中必不可少的组成部分。国家在不同文件与政策中多次强调师范生信息素养的培养问题。例如，《教师教育振兴行动计划（2018—

2022年）》明确提出制定师范生信息技术应用能力标准，提高师范生信息素养和信息化教学能力；《教育信息化 2.0 行动计划》中指出加强师范生信息素养培育和信息化教学能力培养。

从利用信息技术支持教学角度，师范生信息素养主要指能在教学实践中运用信息知识、技术及工具，通过恰当的途径去解决实际教学问题的能力，主要包括教学资源选用素养、教学过程设计素养、教学实践实施素养。无论是职前的师范生还是职后的教师，信息素养培养的起点都是教师教育培养培训方案中的信息技术教育。师范生信息素养最直接的影响因素是信息技术的课程设置模式、教学方式、学习内容及其用途。

信息技术教育对师范生信息素养有显著影响。在信息技术教育过程中，三种课程设置模式对师范生信息素养影响都显著，但是垂直模式和混合模式有着较强的影响，横向模式影响力微弱；教学方式中行为主义和建构主义对师范生信息素养都有很强的影响；学习内容中不论是基本技能、中等技能还是高级技能对师范生信息素养都有着很强的影响，随着技能水平的提高，影响程度不断地增强；在个人生活中和专业活动中使用信息技术对师范生信息素养有着不同的影响，相比而言，用于专业活动的影响程度更大。

对信息技术在教育中的价值缺乏明确、共同的看法是信息素养提升缓慢的原因之一。价值认知是人行为改变的起点。对信息技术价值有一个清晰的认识，可以帮助师范生创造一个关于信息技术在教育中作用的愿景，如果缺乏对信息技术在教育中的作用、价值和效力清晰一致的认识，师范生不清楚在技术使用方面应走向何方，会导致出现毫无根据或误导的阻力。信息技术教育过程中，师范生需要知道如何使用或利用信息技术来实现其教育教学的特定目标，如果认识到信息技术在学校发展、师生成长中的重要性，认识到信息技术在改善教与学、促进和创造新的学习机会的价值，师范生就会明确自己在教育领域中使用信息技术的去向，就有可能主动选择提升信息素养；在此过程中他们可能会感觉到自己的权利和义务，感到自己是受到重视和支持的。

在师范生信息素养形成过程中，主动权和自主权是成功的关键，但支持是必不可少的。支持资源不仅需要信息技术课程实施的硬件资源，还有培养和提升师范生信息素养的软件资源，包括技术支持和帮助。客观支持力量不够，缺乏相应的各类外部资源，会在一定程度上制约师范生信息素养的形成与提升。学校管理部门通过提供大量的支持资源来吸引师范生实践信息素养。信息技术课程实施所需的硬件资源是师范生信息素养形成与提升的必要前提之一。支持和帮助是人们在任何变革环境下的持续需求，预期变革的成功取决于适当的援助及其质量。学校一般是通过人才培养方案来表明他们的承诺和支持的。在教师教育方案实施过程中，师范生没有足够的知识和经验，甚至大多数师范生也不知道方案中的信息技术课程设置的意义和价值是什么。所以，与技术基础设施相比，技术引领的影响力更大。定期交流和分享经验来持续不断地提供技术支持和帮助，能缩小教师教育方案中师范生预期培养目标与现实培养之间的差距，为师范生信息素养提升提供机会。

学校文化的独特性在任何教育变革过程中都有着不容忽视的作用。对于师范生而言，信息素养形成与提升的阻碍因素主要来源于抵抗外来干预、时间问题、缺乏技术的支持、自我感知等因素，这些因素揭示了学校对师范生信息素养形成与提升的外界引导不足。外界引导力量的增强一定程度上能确保学校信息技术教育的利益最大化。因此，需要创建体现群体价值追求的学校文化氛围，积极的文化氛围中，师范生可能把教学中的信息技术作为一种综合资源，而不是一种额外的或附加的资源。从这个意义上讲，创建鼓励提升信息素养的学校文化氛围是高校师范生培养过程中不可或缺的一部分。如果从信息技术课程实施领导者到信息技术教师，所有人都不仅帮助、鼓励和支持师范生，而且自身也积极提升信息素养，师范生就会自然、自主、自愿而且能够有效地实现信息素养提升。

信息技术教育影响师范生信息素养过程中，价值认知、支持资源、文化氛围是三个重要的中介因素。师范生对信息技术及其在教育中的价值认知越清晰，中介作用越大；学校的信息技术教学设备与环境越好、师资水平与能力越高、技术指导与支助越到位，中介作用越大；学校中信息技术使用范围越广、鼓励使用信息技术氛围越浓，中介作用越大。从三个变量的中介作用的大小来看，学校文化氛围起到的作用最大[①]。

（二）泛在知识环境影响师范生信息素养

泛在知识环境为高校图书馆发展带来了深刻影响，同时也对高校学生所具有的信息素养提出了更高要求。泛在知识环境概述泛在知识环境是一种科技知识基础结构，这一结构的构成要素包括互联网设施、信息资源、软硬件以及人，在这种知识环境下，互联网技术、计算机技术、通信技术的发展能够为人提供便利，从而促使各类资源能够充分发挥出自身作用。泛在知识环境呈现出了四个明显的特征：一是知识的泛在化。即依托互联网、计算机技术以及各类现代化的设备与

---

① 于海英，关洪海，李树平.地方高校信息技术教育如何能促进师范生信息素养的提升？——基于价值认知、支持资源、文化氛围的多重中介效应分析[J].教育与经济，2020，36（4）：90-96.

终端，知识需求者可以随时随地获取自身所需求的信息与知识。二是学习的终身化。即泛在知识环境将大量的信息资源呈现在社会大众面前，而不断更新自身知识是社会大众适应时代发展的关键，为此，终身学习成了泛在知识环境对社会大众提出的重要要求。三是体系的协同化。即在泛在知识环境下，知识服务工作的开展需要对人力资源、信息资源、技术资源等进行整合，从而为知识服务水平的提升构建保障。四是服务的智能化。即智能化的技术与设备为知识服务工作提供了强有力的支撑，在此背景下，知识服务系统可以对受众的知识需求做出识别，并依据受众的知识需求为其提供个性化的服务。

在泛在知识环境下，信息素养教育体系的构建与完善，对于充分发挥高校图书馆的教育职能、确保人才素养与泛在知识环境下的人才要求实现良好对接以及提升高校创新型人才培育水平具有重要意义。因此，高校图书馆需要抓住机遇，从教育内容、教育方式、保障措施几个方面，为信息素养教育体系的完善提供良好保障。

一是信息素养教育内容的优化。泛在知识环境对学生所具有的信息素养提出了更高的要求，信息素养教育内容要着重关注以下教育内容。首先是信息意识教育内容。围绕这一内容所开展的信息素养教育能够促使学生认识到信息以及信息素养所具有的重要性，从而激发学生提升自身信息素养的积极性，进而为学生信息敏感度的提升以及信息捕捉、判断、分析和利用能力的提升奠定良好基础。在教育过程中，教师需要对泛在知识环境做出介绍，并对这一环境下信息素养的价值做出讲解与呈现，从而有效强化学生的信息意识。其次是批判思维相关内容。围绕这一内容所开展的信息素养教育能够有效提升学生对信息资源进行判断以及对信息资源开展创造性运用的能力。在教育过程中，有必要引导学生使用批判的眼光对问题进行看待与思考，强化学生所具有的认知欲、认知成熟度以及求真意识。最后是信息道德素养与信息法律方面的内容。在信息资源的获取与利用中，信息获取与利用主体需要遵守伦理道德以及法律法规，为此，有必要在信息素养教育中渗透信息道德素养与信息法律内容，确保学生能够了解自身需要遵守的伦理道德与法律法规，进而自觉约束自身信息获取与利用行为，避免出现与伦理道德和法律法规相悖的思想与行为。另外，图书馆需要推动教育内容与时俱进，重视对教学内容开展持续的补充与优化，从而确保教学内容适应泛在知识环境的发展。

二是信息素养教育方式的创新。服务的智能化是泛在知识环境所具有的重要特征，为此，在信息素养教育工作中，有必要抓住泛在知识环境所带来的机遇，适时引入现代化的技术与设备，为教育工作成效的提升提供助力。当前，在互联网技术、计算机技术迅猛发展的背景下，现代信息传播技术与现代教育技术也呈现出了较快的发展速度，而在高校图书馆依托这些现代化的技术开展信息素养教育工作的过程中，主要应从两个方面入手。第一，是做好信息素养宣传工作。传统的信息传播技术与信息宣传载体在开展信息宣传的过程中都呈现出了一定的局限性，如纸媒的出版时间具有滞后性、广播则欠缺直观性，而如果依托互联网、新媒体等开展信息素养宣传，则不仅能够有效提升信息素养宣传工作效率，而且能够促使信息宣传工作呈现出更强的吸引力与渗透性，进而促使学生更好地接受信息素养教育内容，为信息素养教育工作成效的提升奠定良好基础。第二，是做好信息素养教育工作。在以讲座等形式对学生开展集中培训过程中，多媒体教育技术、微课教育技术等都具有较大的应用空间，为此，高校图书馆工作者需要认识到现代教育技术在信息素养教育的优势与价值，强化现代教育技术与教育实践深度融合的意识，积极探索现代教育技术在信息素养教育工作中的运用方法与运用技巧，进而为现代教育技术作用的充分发挥提供良好保障。

三是信息素养教育的保障措施。泛在知识环境下的信息素养教育工作，离不开完善的图书馆管理体制、优秀的图书馆人才队伍、充足的信息素养教育经费以及良好的信息素养教育环境作为支撑，为此，高校图书馆有必要从以下几个方面，为信息素养教育工作有序有效的开展提供保障。第一是完善图书馆管理体制。针对信息素养教育工作，成立专门的工作小组，构建行之有效的激励机制与约束机制，从而确保信息素养教育能够具有良好顶层设计作为支撑，促使图书馆工作人员在信息素养教育中展现出更大的热情与积极性。第二是建设图书馆人才队伍。根据泛在知识环境下信息素养教育对图书馆工作人员所提出的要求，开展图书馆岗位胜任力标准建设工作，并以此为依据开展人才招聘、人才培训等工作，确保图书馆人才队伍所具有的信息素养教育理念、信息素养教育能力等与泛在知识环境下的信息素养教育工作需求实现良好对接。第三是加大教育经费的投入。经费不足直接制约信息素养教育工作的有效开展，高校图书馆需要在阐明信息素养教育必要性的基础上，争取学校为图书馆提供充足的资金支持与设备支持，从而为信息素养教育工作成效的提升奠定良好基础。第四是优化信息素养教育环境。良好的教育环境能够为信息素养教育工作的有效开展提供明显助力，为此，高校图书馆需要强化宣传工作，争取高校教职工、学会群体对信息素养教育工作的支持力度，并通过完善信息素养教育技术、教育资源共享机制、教学经验交流机制等，有效推动信息素养教育工作的持续发展[①]。

总之，高校需要重视了解图书馆在信息素养教育工作中重要性和实际需求，

---

① 吴松. 泛在知识环境下高校图书馆信息素养教育体系构建策略探索 [J]. 产业与科技论坛，2020，19（22）：242-243.

并有针对性地完善信息素养教育保障措施。

综上，泛在知识环境下，对于信息素养教育体系的构建，高校图书馆有必要对信息素养教育内容进行优化、对信息素养教育方式进行创新，并为信息素养教育有序有效开展提供保障措施，从而为信息素养教育工作成效的提升奠定良好基础。

另外，师范生信息素养还与其自身因素关联密切，可以称之为内因。从技术层面看，师范生需要学会基本的操作技能、写作技能，具备一定的运算技能。这方面，师范生要有意识地去学习和提高自身的能力，去充分利用信息技术课程，认真系统学习相关知识，也可以利用课外小组活动、社团活动等涉及这方面技能学习的机会，认真学习。从智力层面看，师范生需要提高自身快速获取信息、加工处理信息、生成表达信息能力。这个方面，师范生要有意识地多进行知识管理类的练习，学习并掌握如何整合常见的知识查找途径、方法，以及知识整理方法。要提升这方面的能力，还可以多阅读一些有关知识管理方面的书籍，借鉴优秀人士的成功经验。因此，在认识、态度层面，要不断提高自身的道德修养、信息意识。这方面就要求师范生自己意识到加强自身道德修养的提升的重要性和必要性，自觉主动接受良好文化熏陶，主动抵制不良行为文化。

2.4 师范生信息素养教育的标准

信息素养标准是信息素养教育的培养标尺。师范生信息素养是信息素养的子部分，师范生信息素养标准要更具体化，突出师范生的特性。我国学者借鉴国内外信息素养标准，从师范生的自身特点出发，开始建构师范生信息素养标准体系。从学者们对师范生信息素养评价指标和能力标准的研究来看，大多数学者都认可师范生信息素养应该要凸显师范生的特征。研究的内容主要是从信息素养的四个方面，如信息意识、信息知识、信息能力和信息道德，从师范生的角度进行扩充和具体化，提高师范生信息素养标准的可操作性和实效性。

陈文勇、杨晓光通过对信息素养能力进行分类和确定信息素养核心能力后，编制高等院校学生信息素养能力标准，包含九项标准：标准1：能够识别和表达信息需求。标准2：能够识别和选择适当的信息源。标准3：能够系统地提出和有效地执行适合于信息源的检索提问。标准4：能够解释和分析检索结果并选择相关信息。标准5：能够从全球信息环境的各种信息格式中查找和检索相关信息。标准6：能够批判性地评价所检索到的信息。标准7：能够对所使用的信息查找过程进行自我评价。标准8：了解信息环境的结构以及学术性与普及性信息的生产、组织和传播过程。标准9：了解影响信息查找和利用的公共政策及伦理问题。

黄英慧在《谈高校师生信息素养教育的能力标准》中指出：信息社会高校师范生应具有：①信息意识，即信息主体对信息在社会交流活动中的地位、价值、功能和作用的认识程度。②信息知识，即应具备信息的本质、特性、信息运动的规律、信息系统的构成及原则、信息技术、信息方法等基本知识，这是具备信息素质的基本条件。③信息技能，即对信息技术的理解和实际应用的能力，也就是对信息的获取、理解、分析、加工、处理、创造、传输的应用能力，这是大学生信息素养的重要内容。④信息道德，即师范生要懂得与信息技术有关的道德、文化和社会问题，负责任地使用信息，具有较强的信息免疫力。

归纳起来可以发现，我国学者普遍认可师范生毕业时应该具有的信息素养能力包括：

（1）基础的信息素质能力，即基础计算机应用能力；

（2）通用的信息素质能力，即在不同学科中进行识别、检索、评价信息的能力；

（3）相互衔接、循序渐进的信息素质能力以及拥有合理使用信息的道德规范。

与此同时，从学者的研究也可以看出师范生信息素养与非师范生信息素养之间存在的异同。师范生和非师范生都是高校学生群体的组成部分。师范生除了具备非师范生所应具有的一般信息素养，还需要突出师范性的特点。一般的信息素养包含信息意识、信息知识、信息能力和信息道德四个方面。一般的信息素养主要是指在信息环境下，能够有效地、合理地、安全地获取、选择、使用信息解决问题，并能够对这样的过程进行判断和评价。师范生是未来教师的预备军，这就要求师范生还要能够灵活地展示和利用信息知识与技术进行日后的教育教学活动，并能培养学生的信息素养，在这个过程中还能够不断地提升自我。教师信息素养由信息意识与道德、信息知识与能力、教育大数据思维、学习与科研、学科与教学构成。师范生是未来的教师，因此师范生的信息素养中也应包含以上构成要素。同时，师范生还具有专业方向的指向性，所以，师范生信息素养还具有学科性。师范生的师范性与学科性是师范生信息素养区别于非师范生信息素养的主要原因，这样引起师范生信息素养培养的工作者的重视。高校在培养师范生信息素养时，还应结合目前我国学者对于21世纪高等教育学生提出的信息素养能力教育和培养观点以及教育部颁布的《中小学教师信息技术应用能力培训课程标准（试行）》，在培养师范生与传播者互动能力途径上下功夫，更好地提出师范生信息素养的培养标准，切实提高师范生信息素养水平。

2.5 地方师范生信息素养教育的目标

在科学制定师范生信息素养教育策略、开发师范生信息素养教育课程体系之前，首先要明确其培养目标以及相应的课程目标。师范生信息素养教育的总目标就是培养具有较高信息素养水平，能在日后的教育教学工作中合理地利用信息技术支持教学，且能担负起培养学生信息素养的合格教师。

随着科技的不断发展，信息化遍及各行各业，信息素养也逐渐成为新时期高校学生应具备核心素养的重要方面。同时，教育信息化的发展和教学评价方式的变革对教师信息素养的要求越来越高。教师教育相关专业大学生扮演着学习者和未来的知识传授者的角色，其信息素养水平的高低，将直接影响到他们未来在教师职业岗位上的教学效果和培养学生的质量。尤其是在"互联网＋"背景下，行业与行业之间的联系日益紧密，信息资源的种类和数量也与日俱增，并借助互联网渠道实现快速传播，信息素养教育也呈现出新特点。如何在纷繁复杂的信息中识别、分析、利用信息，成为人们必须面对的新课题。因此，重视教师教育相关专业大学生职前的学习能力培养，提高他们的信息素养，乃至核心素养，不仅对其自身专业和职业的发展，也对高校人才培养质量的提升具有重大的现实意义。

（一）地方院校师范生信息素养教育的培养目标

培养具有较高的政治思想和道德素养，具备扎实的信息素养和教育专业理论知识，掌握较强的现代信息技术，具备高效获取信息、正确分析信息和评价信息、利用信息进行创新的能力，在学生毕业前将他们的信息素养教育培养到专业层次，从而能胜任基础教育教师及相关工作的应用型、复合型、创新创业型的专业人才。

当前的"互联网＋"背景赋予师范生信息素养教育目标新的内涵。在信息素养意识方面，"互联网＋"背景下，师范生信息素养显得更为重要，而当前存在的信息素养认识不到位，缺乏必要的信息处理能力的现状，使得信息素养教育必须有针对性地帮助师范生树立信息素养意识，了解信息素养的重要性，主动参与信息素养教育，积极提升信息素养水平，了解并掌握信息获取和利用技能。在信息获取能力方面，师范生的信息获取能力亟待提升，信息获取能力主要表现为信息检索，因此，帮助师范生熟悉图书馆的资源和服务，掌握资源的利用方法，并能对各类资源进行分析和整理，使他们熟悉在线信息检索的常用工具和基本渠道，提高他们准确检索、识别和获取信息的能力。在信息应用能力方面，可通过开设课程和讲座，引导用户将获取的信息和学习、教学、科研相融合，明确获取信息的目的在于将信息应用于实践；还可开设信息资源处理技能课程，帮助用户熟练掌握资源的删减、排列、加工等技能，从而提升用户对资源的再利用能力，实现对信息资源的高效利用。

（二）师范生信息素养教育的培养要求

信息素养主要包括信息意识、道德、知识和能力四个方面。信息意识是指客观存在的信息和信息活动在人们头脑中的能动反映，表现为人们对所关心的事或物的信息敏感力、观察力和分析判断能力及对信息的创新能力。信息道德是指在信息领域中用以规范人们相互关系的思想观念与行为准则。信息知识是指一切与信息有关的理论、知识和方法。信息能力指理解、获取、利用信息能力及利用信息技术的能力。根据以上四个方面，以及不同阶段师范生的需求，培养要求分别为：

1. 基础信息素养：培养重点是大一新生，目标是使学生具备高效获取信息的基本技能，拥有合理使用信息的道德规范；

2. 通用学习信息素养：培养重点是大二、大三时期的学生，目标是使学生具备对专业信息的分析、检索和评价能力；

3. 专业学习信息素养：培养重点是大四或研究生时期的学生，目标是使学生能利用信息进行创新。

师范生接受系统的信息素养教育，需达到以下能力：

1. 信息意识：具备信息敏锐度、认知能力和思维习惯，可根据自身需求主动查找、获取信息。

2. 信息伦理道德：具备信息道德和安全意识，树立版权意识，重视知识创造，加深对学术引用的规范性认识。

3. 信息获取：培养教育教学过程信息记录习惯，能够利用网络获取专业及相关信息，利用专业书籍、数据库和网站查询所需信息，具备系统、全面的信息检索策略及技巧。

4. 信息评价和使用：能够准确判断检索到的信息的真实性和准确性，面对参差不齐的网络信息，有较好的鉴别能力，能对信息进行分类、编码，具备在复杂数据中查找和处理信息的能力，能够较好地整理和总结相关教学信息，运用技术手段开展教学。

2.6　地方院校师范生信息素养培养策略

基于对《大数据时代师范生数据素养教育创新策略研究》《师范生信息素养培养的价值、构成及策略》《师范生信息素养课程体系建构研究》等师范生信息素养教育相关文献的研究，以及教育部《教育信息化2.0行动计划》等相关文件的研读，地方院校师范生信息素养培养策略构建完善如下。

（一）引导树立师范生信息素养现代化教育理念，注重提升师范生数据文化素养

教育理念对教育活动具有导向、规范作用，师范生信息素养培养的核心要以现代化的教育理念为指导。信息化时代，互联网、人工智能运用于教育领域已是必然。地方师范院校作为培养中小学教师的摇篮，必须提高认识，重视对师范生信息素养的培养。受传统师范生教育理念的影响，师范生信息素养以学科知识传授为核心，忽视师范生信息知识与文化的培养，也忽视其信息化教学能力的锻炼。现代化的教育理念要以促进全体学生的全面发展为目标，更加突出"以生为本"的价值理性。现代化教育理念认为师范生信息素养培养不能简单的等同于"互联网化"的概念，既要避免走入将教学内容简单地"移植"到电子课件中"照本"播放的认识扭曲，也要避免过分追求多媒体课件制作精美吸引学生眼球而忽视实际内容和教学目标的形式主义，更要避免过度依赖多媒体教学设备而陷入新一轮"填鸭式""灌输式"的教学模式。现代化的教育理念要求教师角色要从传统的知识传授型向教育服务型、学习资源的组织者、策划者，学生发展的引导者等转变。现代化的教育理念应将传统的教育教学资源与信息化资源、现代化的教学设备有机结合，更加注重教学实际效果。既要关注师范生信息意识与态度的转变、信息知识与文化的增长、信息技术与能力的锻炼，也要关注师范生信息道德与情感的培养和信息行为水平的提升。总之，院校、教师及师范生都要有紧迫感和危机意识，真正由外在的现代化理念向内在的传统理念转变[①]。

同时，还应重视提升师范生数据文化素养。前文已经提到，现在已经进入大数据时代，数据素养是信息素养的拓展，正在成为信息素养教育发展的重要方向。数据文化素养是数据素养教育的重要组成部分，主要包括数据道德和数据意识。大数据时代，师范生应该具备基本的数据道德和安全意识以及对数据的认知能力和敏锐度，地方师范院校更应该重视师范生数据思维习惯的培养，让师范生熟练掌握大数据的基本概念、特点及功能，了解大数据在教育领域广泛应用的相关案例，具备基本的计算机及网络安全知识，严格遵守信息安全法律法规，做好信息安全及个人隐私的保护。提升师范生的数据文化素养是培养其数据素养的先决条件，且是一个长期过程，与教师的教学信息化水平以及学校的信息化环境密切相关。师范院校的图书馆具有信息组织、信息分析、数据挖掘和学科服务等基本能

---

① 郭柏林. 师范生信息素养培养的价值、构成及策略[J]. 教育评论，2019（6）：115-121.

力，作为师范院校数据素养教育的重要施教部门之一，具备开展师范生数据文化素养教育的先天优势，是师范生数据文化素养培养的能动主体。大数据时代，数据素养教育成为图书馆的一项主要职能。因此，加快师范院校的信息化建设步伐，充分发挥师范院校图书馆培养师范生数据文化素养方面的先天优势，有利于培养师范生良好的数据素养能力[①]。

（二）构建师范生信息素养教育评价体系，做好师范生信息素养教育质量监测

科学的评价标准能为师范生信息素养的培养提供明确的指南和努力的方向，它既可作为师范生信息素养评价的基本依据，也可作为师范生信息素养培养中课程和教学工作的指导原则。自教育部印发《中小学教师信息技术应用能力标准（试行）》（以下简称《能力标准》）以来，很多师范院校（尤其是地方师范院校）的师范生信息素养水平提升成效并不明显。一是因为《能力标准》中没有对师范生信息素养内涵所指、构成要件、培养内容和评价标准进行界定或细化，可操作性不强。二是《能力标准》中很多表述没有可测量的硬性指标。因此，很多院校只能将师范生的信息技术能力培养委托给信息学院（系）培养。而信息学院（系）的学生信息技术能力培养方案中的课程设置、培养模式、教学方式及评价标准都未考虑到师范生的独特性，从而导致在培养中缺乏针对性。为此，师范院校必须结合本校师资、设备等实际情况，制定一套在《能力标准》指导下且适应师范生特点的信息素养评价标准。将评价标准作为师范生培养方案的一部分，并与课程标准等密切契合。评价标准的设置应分阶段分层次，低年级师范生的初、中级和高年级的高级。此外，细化师范生信息知识、技能等评价指标，评价体系的构建做到科学性、灵活性、人本性、适应性、全面性、可行性、可量化。

在建立评价标准的同时，还要做好师范生信息素养教育质量监测。师范生信息素养的培养能否取得良好成效，是否有科学合理的制度机制非常重要。因此，学校应建立健全有效的质量监测机制和制度，保障师范生信息素养培养的规范性、有效性和有序性。在教师层面，将师范生信息素养教育教学质量评价纳入教师考核体系。在学生层面，将信息素养评价纳入师范生综合素质评价体系，还要围绕《意见》《2.0 计划》《中国学生发展核心素养》等文件编制和优化师范生信息素养培养方案并监督落实。

（三）构建师范生信息素养教育课程体系，拓展信息素养教学方式

构建师范生信息素养课程体系是师范院校开展师范生信息素养教育的核心。

---

① 伍海波. 大数据时代师范生数据素养教育创新策略研究 [J]. 大学图书情报学刊，2020，38（3）：18-20+124.

师范院校应针对师范生信息素养教育需求,制定师范生信息素养教学标准,构建师范生信息素养教育课程体系,提升师范生的信息素养能力。该课程体系,一方面是指课程教学内容的更新,即紧跟时代发展,在原有课程基础上增加适应社会发展、适应师范生发展的拓展教学内容,如可增加常用的应用软件专项训练;另一方面是指课程教学形式的革新,即紧跟技术发展,将新的形式引入课程教学,如可引入讨论组相互讨论学习的形式、在线课程教育形式等新的方式,其中"参与式"教学方式是国际上普遍倡导的教学方法,其核心即是以学生为主体,以学生需求为中心开展教学实践活动。新一代信息技术与教育的快速融合,正在促使教育模式发生深度的变革。在机构设置上向更加细分的协作小组转变,在管理机制上向反应更加快速的扁平化转变,在运行方式上向更加高效灵活的柔性服务模式转变。科学的学科建设是培养优秀人才的核心,信息素养教育中的教育学科化和加强课程体系建设是必然阶段,同时其也有独特的发展特点。当前我国学生培养的主流模式依然以"讲解示范"的教学模式为主,教师的知识更新不够及时,学生对知识的实践运用力度不够,相较于现有学科的工具性和知识性,信息素养教育更强调价值和能力,其核心理念是以学生为主体,培养其信息思维方式、技能技巧、信息管理的综合能力[①]。

(四)整合师范生信息素养培养的信息化教学资源,打造信息资源支撑平台

师范生信息素养课程体系的构建应结合图书馆丰富的馆藏资源,充分利用信息化设施革新教学形式,应用先进的新技术更新教学手段,结合评价和质量监测机制,提升师范生信息素养。师范生信息素养的培养以丰富的教学资源为重要基础,在整合信息化教学资源时,不但要注重"物理资源",即通用教材、参考资料以及针对本校师范生信息素养教育开发的校本教材等,更要注重"网络空间资源",即教学资源库,借助互联网的海量储备及各种智能终端便利的优势,将各种经典的案例、情境化的图片、视听资料置于网络空间,方便师范生随时随地地学,弥补传统师范生培养受空间、时间限制的不足。两类教学资源各有优势,相互补充,通过打造优质的"综合课程"教学资源库,将信息素养教育内容有机融入学科课程教学中去,实现教学内容的模块化、项目化、分组化,根据师范生培养的阶段性开设不同的课程,由浅至深、循序渐进。

鉴于此,需在学校层面打造信息资源平台,高校图书馆是教学研究领域信息

---

① 赵志辉. 高校师生信息素养缺失问题及对策研究[A]. 中国计算机用户协会网络应用分会. 中国计算机用户协会网络应用分会2020年第二十四届网络新技术与应用年会论文集[C]. 中国计算机用户协会网络应用分会:北京联合大学北京市信息服务工程重点实验室,2020:5.

资源的聚集地，多年来已经在信息素养教育中形成了丰厚积淀，具备提供优质信息资源、传播信息素养技能的先天优势，已在开发嵌入式信息素养教育、营造知识共享与开放式的信息素养培训环境、打造信息素养数字化学习与交流平台领域开展实践。基于信息素养教育的特性，以新技术应用为依托，以信息资源为基础，构建以信息素养教育为主的信息资源平台，应对信息素养教育新挑战，与学科建设、学生培养互为补充，协同发展。

（五）创设师范生信息素养培养环境

为师范生创设良好的信息素养教育软硬件环境，有利于其信息素养的提升。"硬环境"一方面指包含信息化教学资源在内的各类信息资源，另一方面指教学和实践必备的硬件基础设施，如计算机、视听器、投影仪多媒体教学设备等。当前教学环境多为非情境化，加之教学方式以个体化、非实践性为主，较为单一，学生多设备不足，师范生实践锻炼机会少，信息素养提升效果不理想，应完善多媒体教学设施，为师范生提供充足的信息化教学资源与实训条件。当然，"硬环境"的完善并不意味着就能实现师范生信息素养提升的目标，在条件和目的间还需要一座"桥梁"，即"软环境"的创设。"软环境"的创设是培养师范生信息意识与态度、信息道德与情感的重要途径，除了通过开设专门的课程来引导师范生树立正确、安全的信息观，还应通过文化育人来培养师范生高尚的信息道德情操，如营造良好的教学风气、和谐的校园文化，还可以通过举办各种竞赛，为师范生提供各种锻炼信息能力、提升信息行为水平的机会。总之，在开展师范生信息素养教育过程中，应该加强环境创设，把教育理念尤其是大数据环境下信息素养教育理念和方法，贯穿于整个师范生的培养过程中。

（六）提高艺体等学科师范生的学习要求，推动信息技术与学科特色融合创新

第一，重视对艺体等学科师范生信息素养的培养，强化信息素养相关课程的学习要求，提高师范生的重视程度；第二，充分认识学科特色，结合艺体等学科特点优化信息素养培养方案，建设个性化培养内容与模式，促进信息技术与特色学科教育的融合创新。

其他方面，加强地方师范院校教师信息素养的提升，"以教促学"，潜移默化地提高师范生信息化教学能力；加强地方师范院校信息技术与教学整合的课程体系建设与应用，借鉴部属师范院校的成功教学模式和教学经验，薄弱学校可先从教育信息技术的使用入手培养，再逐步深入技术与学科知识、教学法的整合教育；加强地方师范院校实习基地的建设，与具有信息化特色的中小学联合育人，为地方院校师范生提供充分的实践学习机会。

综上所述,《教育信息化 2.0 行动计划》为我国教育信息化的发展提出了更高的要求,当前我国高校师生中存在信息意识、信息技能、信息化思维与网络道德缺失现象,这些都是信息素养缺失的体现,阻碍了我国教育信息化的发展。构建合理的师范生信息素养教育体系,培养师范生信息素养。同时,图书馆作为信息素养教育的重要基地,在培养师范生信息素养过程中有举足轻重的作用,图书馆应紧跟社会发展,多方面营造更好的信息素养教育环境,为培养新一代适应社会发展的师范生做出贡献。

2.7 图书馆在信息素养教育中的角色

2.7.1 信息素养教育是高校图书馆的重要使命

(一)教育职能是图书馆的基本职能

高校图书馆的发展面临新的形势和考验,也促使高校图书馆随之发生工作机制和运行体制的变革,新的业务部门和工作任务应运而生。如何提高大学生的信息素养,助力高校人才培养,成为高校图书馆的重要教育使命。助力高校人才培养和科学研究一直是高校图书馆的重要使命之一。教育部印发的《普通高等学校图书馆规程》(2015 年修订)中明确规定:"图书馆应重视开展信息素质教育,采用现代教育技术,加强信息素质课程体系建设,完善和创新新生培训、专题讲座的形式和内容。"

(二)高校图书馆开设信息素养相关课程是实现教育职能的重要举措

信息素养相关课程是高校图书馆发挥教育功能的重要阵地。在教育部高校图工委、各省市图工委、各高校图书馆等的多年共同努力下,目前已经建立起了一支专职和兼职相结合的教师队伍,其中专职队伍还在逐年增加。而信息素养教育相关课程的水平也在不断提升。随着大批教材、教学参考书等信息素养教育专门教材的问世,信息素养教育课程逐步走向规范化、体系化。

信息素养教育是新时期高校人才培养的重要内容。《教育部 2019 年工作要点》中提出,要"推进信息技术与教育教学深度融合",其目标任务是"推动教育信息化转段升级,提升师生信息素养"。2018 年教育部发布的《教育信息化 2.0 行动计划》中明确指出,要充分认识提升信息素养培育的重要意义,提升学生的信息素质。高校图书馆在高校人才培养中具有重要作用。高校图书馆应重视开展信息素质教育,采用现代教育技术,加强信息素质课程体系建设[①]。

2.7.2 协同信息素养教育

信息素养是一种综合的能力素养,是信息化社会中人们的基本生存能力之一。Bayram 和 Comek 以及 Mohagheghzadeh 等的研究表明,良好的信息素养对于大学生学业及将来的职业发展都具有积极的影响。当前的信息素养教育应着重将信息素养概念引入各学科专业的教育过程中,把相关的信息运用技能注入教学大纲,从而使信息素养教育融入学生的整个学习过程中。这样,就需要学院与图书馆相互协作,立足人才培养需求,共同探讨协同式信息素养教育的体系及实践途径。

2015 年 2 月,美国大学与研究图书馆协会(Association of College and Research Libraries,ACRL)在美国图书馆协会网站发布《高等教育信息素养框架》(以下简称 ACRL《框架》),这是最新的指导高校图书馆开展信息素养教育工作的指导性文件。ACRL《框架》在"附录:框架实施"中明确建议鼓励学院和图书馆合作,促进信息素养教育在学生专业学习中发挥作用。

协同式信息素养教育实践探索。开展将信息能力、信息素养的培养与提升拓展为科学能力、科学素养的训练与提升的协同式信息素养教育,并将信息素养教育贯穿于师范生四年学习的全过程。

(一)针对一年级新生主要采用引导型信息素养教育

这个阶段,以学院为主、图书馆为辅。在学院层面,主要通过开展专业介绍等工作,引导学生了解学科特点、专业培养目标、课程设置等基本情况,向学生推荐学科相关书籍并联合图书馆建立科普库。在图书馆层面,通过现场参观式教学使学生熟悉图书馆的空间布局与服务模式;通过集体观看相关视频,使学生对信息的创建过程和价值属性有感性的认识;结合教师提出的基础性文献需求,使学生掌握利用图书馆获得所需信息的基本方法,通过形式多样的信息素养教育使新生了解不同类型文献信息和功能;协助院系专业信息素养测试平台的建设及素养的测试工作。该阶段的协同信息素养教育旨在帮助大一学生理解专业学习与文献信息的关系,从而实现从被动学习向自主学习的转变。

(二)针对二、三年级学生开展提升型信息素养教育

这个阶段,学院与图书馆共为主体。主要是开展嵌入式教学。一种形式是学

---

① 王雪莲,陈红岩,孙波,吴北丹,周秀霞."2019 年教育部高校图工委信息素质培训研讨会"综述 [J].大学图书馆学报,2020,38(1):13-17.

院根据教学理念改革教学方向和内容，在专业课教学活动中联合图书馆创新信息素养教育，图书馆以专业需求为线索，将信息素养教学内容与学生的专业学习、实践活动紧密衔接。例如，结合专业课学习中老师布置的作业、专题报告、文献综述等重能力的学习任务，教学馆员与专业老师共同设计有针对性的嵌入教学内容。另一种形式是将图书馆专业型信息素养课程纳入各专业人才培养计划。在教学内容设计上，与专业教师共同设计综合型教学案例，加入信息素养教育的"信息意识、信息获取、信息评价、信息利用和信息道德"等重要内容，增加学习社群、专业数字工具、文献阅读工具等适应学生发展的内容。该阶段的信息素养教育注重系统培养和提升学生在学习和研究过程中提问、调查、批判、总结、应用文献以及系统地利用本专业权威信息资源进行专业知识学习和自主探究的能力。

（三）针对大四学生开展综合型信息素养教育

这一阶段，以学院为主、图书馆为辅，紧密配合院系的毕业设计和毕业论文工作来进行，分选题阶段、研究阶段和毕业答辩三个阶段：第一个阶段的教学内容包括选题的原则与途径、文献综述的结构、撰写注意事项和中外文资料的收集与选用；第二阶段以专业某课题为例，围绕如何选择检索工具、如何高效检索、如何筛选检索结果、常用文献管理软件、参考文献选用标准等来组织内容，其中的文献选用标准涉及该专业的权威信息源，需要专业老师给予把握；第三阶段是毕业设计定稿及毕业论文答辩，是毕业设计和毕业论文工作最后的一个关键环节，也是一个增长知识、交流研究成果的过程。定稿及答辩阶段的教学内容围绕参考文献、注释、图表等规范以及论文检测标准、课件制作技巧等来组织，培养学生端正的学习态度、信息道德以及操作常用数字工具的能力，答辩阶段的研究成果展示、回答提问问题等环节则是综合考查学生的学术水平和素质的关键环节。具体的教学内容是以案例的形式展示答辩流程、常见问题类型（如检测真伪、探测水平、弥补不足）、答辩细节（仪态、风度、心态语言）等，同时教育内容还包括论文成绩的评定标准，使学生能客观地评价个人的研究成果和不足。毕业设计各阶段的信息素养教育是对技能、思维、实践能力的综合培养，各项能力内在之间相互交叉、紧密联系。该阶段的协同信息素养教育对学生的学术思维及规范进行系统的综合训练，培养学生初步具备解决复杂专业问题的学术研究能力和提升专业信息素养水平，进而提升大学生的自主学习和终身学习能力[①]。

以上三种类型的信息素养教育贯穿于大学四年人才培养的全过程，理念的灌

---

① 杜少霞."学院——图书馆"协同式大学生信息素养教育实践探索[J].四川图书馆学报，2020（5）：47-50.

输是交叉、递进式的，比如在设计"信息是有价值的"教学内容时，从低年级阶段的重点认识资源类型到大二、大三阶段有选择性地利用各种资源再到毕业论文撰写阶段综合分析、利用能力的培养，注重循序渐进融入教学内容中，使学生的信息素养得到持续的、和谐的发展。

学院与图书馆协同信息素养教育模式贯穿于大学生不同的学习阶段，力求将信息素养教育中的知识、技能、思维与专业需求融合，通过实践环节实现各种能力的融会贯通，进而提升自主学习和终身学习能力，使之真正支撑人才培养目标的达成。

2.7.3　合作机制中的图书馆员

图书馆员进行信息素养教育有3种方式：独立、嵌入和合作，而与专业学科教师合作所进行的信息素养教育效果最好。为了确保这种合作的有效性，需要院校层面政策支持，需要院系层面的支持以及专业学科教师和图书馆员的良好合作。专业学科教学融入信息素养教育内容，开展MOOCS多媒体教学方法改革，专业实践课程要求师范生会制作课件或训练多媒体使用，在教学过程中渗透信息对知识学习和科研能力提高的作用认识。而图书馆员必须确定信息教育服务范围和要求，对不同学习阶段的师范生给予比重不同的"基本信息素养和专业信息素养"信息素养教育，满足其专业发展阶段的信息需要。图书馆员对于新生进行图书馆文献检索、信息搜寻和网络安全和文明使用等基本信息教育为主，随着师范生年级升高对其进行专业信息搜索、与专业学科相关的网络课程和前沿专业会议的国内外网站应用、毕业实习阶段相关实习视频材料等以专业信息素养教育为主，充分发挥图书馆员信息搜索、使用和开发的优势，对师范生提供服务性的信息素养教育，使得图书馆员的任意服务变成固定任务。

师范生专业知识结构需要专业信息素养成分。一般地，图书馆员和专业教师分阶段地进行信息意识、信息知识、信息能力和信息道德等信息素养教育。在大一阶段，信息技术教师可以通过"计算机基础知识"课程进行信息技术能力培养，而专业基础课教师利用MOOCS等形式开展课程教学培养师范生信息意识和信息能力。进入大二阶段，专业课教师在理论课程教学中采用多种多媒体技术配合使用，在实践教学中培养师范生多媒体使用技能，使得学生认识到多媒体教学的优越性。进入大四阶段以后，专业教师在教学中引导学生学会收集信息来理解专业知识，引导学生学会针对不同信息源做出判断，会利用网络进行专业信息的搜索，会利用网络来进行专业课题的研究。图书馆员和大一阶段、大二至大三阶段、大四阶段不同专业教师相配合对师范生的专业信息素养意识、知识、能力和道德等方面有侧重地有计划教育，使得师范生按阶段发展专业的信息分析和创造能力，具有信息批判性思维和解决教育教学实践能力。

图书馆员与专业教师合作进行师范生信息素养教育要遵循师范生信息素养教育规律，考虑图书馆员和专业教师工作特点，两者合作还应遵循几个原则：（1）图书馆员依据 2015 年教育部修订的《普通高等学校图书馆规程》的"信息素养教育"开设要求，以及 2017 年教育部高校图工委信息素养教育工作组《关于进一步加强高等学校信息素养教育的指导意见》，有计划、有步骤地对师范生进行信息素养教育，有独立的目标体系；专业基础课教师和专业课教师从教学目标高效达成的角度，利用信息技术收集、归纳和评价各种信息提高分析解决问题能力，提高师范生专业学习反思能力。（2）图书馆员了解师范专业发展需要的信息素养要求，专业教师熟悉本专业发展需要的信息素养要求并了解图书馆员的信息素养教育资源优势；师范生专业培养系统和过程的每一部分及环节所需要的专业素养教育，要能够及时地补充上来。（3）通过合作进行师范生素养教育，有利于专业教师的信息素养进一步提升，利用信息增强科研能力，有利于图书馆员更加了解师范专业学科发展特点；而且通过两者合作进行师范生信息素养教育，使得师范生早日成为"专业形成，首岗胜任，有信息素养潜力的师范专业人才"。

师范专业培养方案的定位和目标中应明确师范生信息素养教育具体要求，不但课程设置中有师范生基本信息素养教育的内容，而且更重要的是在专业课程内容及其呈现方式上也需要体现出来。师范生信息素养，从内容形态可分为显性知识技术形态和隐性意识道德形态。如显性知识技术形态，PPT 设计及教学应用，Word 的教学应用，用 Excel 挖掘教学信息等；而如教育变革中的技术力量，MOOCS 与个性化学习，微课程及教学应用，虚拟实验与未来教学，网络信息安全，学术道德规范等属于隐性意识道德形态内容。前者靠图书馆员和专业教师的指导训练，后者靠图书馆员和专业教师的引导体悟。在专业理论课程学习阶段，图书馆员针对专业基础课和专业模块课给专业教师提供网上资源供师生线上线下选择，提高师范生利用信息资源的专业学习意识。图书馆员和专业教师各自发挥优势，可以合作编写一些阶段性的信息素养学习材料。在专业实践课程学习阶段，图书馆员针对师范生教学技能训练的学习、模仿、借鉴和创新等阶段特征，在训练初、训练中和训练末提供可供师生使用的网上视频案例、专业技能比赛和教师资格证考试等视频资料，以及一些基础教育新课程改革的教学典型案例，《基础教育学科课程标准》和《中小学教师专业标准》解读的相关信息，发挥信息在师范生教师教育职业能力提升中的作用，从而培养师范生信息素养。在毕业论文设计阶段，图书馆员根据师范生的选题有类别地进行资料信息收集、归纳和判断等主题讲座，专业教师引导师范生学会利用信息内涵来分析问题和解决问题，由此共同帮助师范生增强科研信息意识、知识能力、信息法制观念和知识产权尊重等。

图书馆员与专业教师合作进行师范生信息素养教育的主要方法是问题任务驱动和案例法。图书馆员根据师范生学习的不同阶段的信息需要以及专业教师对师范生信息素养了解情况，启发式地开展信息素养教育，以一个优秀中小学教师所需要的信息素养引导师范生加快信息素养形成，提供一些优秀毕业生案例供在校师范生学习和思考。专业教师引导师范生关注教育资源信息，联系自己实践经验，启发师范生学会教学反思，借助案例进行学科教学中信息技术应用，以及教学环节的优化等。图书馆员要从专业角度提出一些信息素养问题，如师范生学习《学科教学论》需要哪些信息资料？教学技能训练需要看多少视频？毕业论文设计需要查阅多少篇科研论文才合适？怎样查找这些资料信息呢？启发学生学会有目的、高效率的专业信息搜索。为了强化师范生信息道德修养，可以提供一些本专业方面的反例，供师范生对比思考评判。同时，专业教师在组织课堂教学和论文设计时，要有意识地从专业信息素养角度提出一些问题和任务驱动学生学习，比如，讲解了学科教学原则后，让师范生上网查找相关信息内容加深理解，并问同学们这些原则内容的说法有多少？价值是哪些？为什么我们课本上只选一部分教学原则呢？帮助学生思考知识内容的时效性、典型性和概括性，从中培养师范生信息的专业评价能力。例如，在毕业论文设计阶段，专业教师启发学生根据自己专业兴趣点学会收集相关信息确立课题，以及利用和引用他人成果的路径和方法。

师范生信息素养教育不仅包含传统意义上图书馆教育，还包含现代意义下的专业信息素养教育。它需要高校政策支持、教师重视和信息文化氛围营造等，更需要图书馆员和专业教师相互配合，共同研究具有师范专业特点的信息素养教育模式，将专业信息功能更大更强地发挥出来，培养适应当前课程改革的兼有信息素养和专业能力复合型的幼儿园中小学优秀教师[①]。

2.8　师范生信息素养教育主要方法和形式

随着信息技术不断发展，移动互联网时代已经来临。在这个时代，信息和信息的获取更加多元化，师范生信息素养水平的提升就显得更为重要。基于时代特

---

① 王秀兰，谢辉，梁建荣，宋占茹.图书馆员与专业教师合作下的师范生信息素养教育模式研究[J].江苏科技信息，2018，35（34）：13-16+24.

点，师范生信息素养的培养方法也随之变得更加多样性。我们将信息素养教育与道德教育、课堂教学、创新创业、移动终端等相结合，可以使得培养方式趋于多元化，可以使信息素养教育体系更加全面丰富。在实际应用过程中，我们需要根据师范生教学计划、学习层次、课程特点等多项内容，依托现代通信网络技术，采用丰富的在线教育等教学手段，如可以借助微信、QQ、客户端、网站等实现信息素养在线教育，引入MOOC、微课、翻转课堂等多种形式，使得教学形式更加多样，并且将其灵活引用到当前教育过程中，可以进一步提高师范生信息技术检索、网络技术等能力，提高学生信息分析能力、解决问题能力，最终更好地提高师范生信息素养。

2.8.1 慕课 MOOC

MOOC（Massive Open Online Courses）一般指大型开放式网络课程，它主要是借助互联网平台汇聚全球名校名师的优质资源为在线学习者打造了通过视频学习、在线讨论、随堂测试等新的网络在线教育技术。学习者只要注册，就可以在任何网络终端进行学习和讨论，它是信息网络技术应用于教育领域的一种新的尝试，也是互联网教育的必然趋势。

MOOC本身的特点使之成为信息素养教育新支点。MOOC基于互联网的关联学习理念突破了信息素养课程以教材为中心、以检索为主题的单一学习内容，丰富了学生的学习资源，拓展了学生的思维空间。再者，基于双向互动的课程设计和生生互评的评估方式更是有效改善信息素养教育中存在的僵化现象。另外，基于知识建构的学习方法更是将学习建立在自身需求的基础之上，融入了自身的学习意识和观念认识，为信息素养目标偏向于技术应用的培养增添了活力和自觉意识，从而提升了教育目标的层次，即并非应用性学习而是自身需求的学习[①]。

MOOC的交互式学习和交流方式。MOOC将特定知识点的讲解与即时测试反馈紧密结合，从而提高了学习者与学习对象之间的交互性，对作业的批改也是交互式的，MOOC中的每位学员既是试题的作答者，也是试题的批改者。在学员间进行试题的交互式批改，可以通过不同侧面、不同视角加深对所学内容的认识和了解，而且对试题批改的互动与交流将不同学员联系成一个整体，相互扬长避短、相得益彰，使学习不再拘泥于老师的一言堂，每位学员可以根据自身的状况来选择如何掌握知识。MOOC支持学习者之间的交流，使学习环境不再受限于课堂，通过交互式交流，提升学员的学习参与度，分享学习成果和学习经验，

---

① 董岳珂. MOOC视角的信息素养教育探析 [J]. 现代情报，2016，36（1）.

打破各自为主的学习模式，使学习由个体学习变为社区学习。通过平台的学习交流将主题置于更宽泛更多样性的环境中去讨论和认识，使信息素养教育更加务实、灵活，摒弃了俗套和呆板。交互式学习提升了素质培养的灵活性，从学习实践的角度出发来不断完善素质教育。

MOOC的问题驱动式学习。这种学习方式能够激发学习者对知识的需求，使学习者在问题的解决中学习了知识。其中，每个问题涉及知识中具体的某个方面，在不断地面对问题，解决问题，再次面对新问题的过程中来建立对知识的整体认识，而且通过社交网络平台，使MOOC的学习扩展为网络社区的学习。从自身学习的角度出发，依托网络学习交流，来构建自身新的认知方式。

MOOC应用于信息素养教育的新特点。

一是简单的教学形式。MOOC教学中选课的学生是唯一的主体，课程内容是基于学习者的反馈来构建的，在课程设计、教学编排上是围绕学生需求来进行的。学生根据自己的兴趣在网上选修课程，不受学分的限制，自由学习，没有课程负担。从这个角度来讲，MOOC教学既简单又实用，对信息素养教学推广提供了便捷性、高参与性。

二是多样化的课程资源。MOOC的课程资源可以来自教材，也可以来自互联网，课程内容不仅包括知识的陈述，讲解，也包括适当场景、实例的穿插，在课程设置上既包括专业老师的参与设计，也包括非专业人士的献计献策，共同制作。与传统教学相比，MOOC不拘泥于指定教材的取材限制，或教师权威性的课程设计。MOOC从易用、易学、易教、易懂的层面来选择课程资源，设计课程和教授课程内容，完全从学习者的角度出发来考虑课程的制作。基于信息素养教育的综合性、全面性，MOOC多样化的课程资源将为素质教育提供更宽泛、更广阔的学习资源和学习空间。

三是个性化信息素养的培养。学习者通过课程相关内容，结合该领域的话题讨论，互动交流以及深层次思考来获得知识。学习者根据自身的知识背景，学习方法、理解方式来构建新知识。所以MOOC课程是鼓励学习者在现有知识的基础上有所创新，并根据自己的理解和想法形成新的学习内容。另外，碎片化教学方式更适合个性化学习。MOOC多为5~10分钟的视频，短小精悍，易下载、易扩充，课程之间的独立性强，与传统的系统化、结构化教学课程相比，碎片化教学从内容和时间上更方便大众群体的学习，学习者利用零星空闲时间即可完成课程的学习，而且可以随时开始或继续学习，自由学习。MOOC的碎片化教学将更有利于信息素养开展普及性教育。

利用MOOC对信息素养教育活动进行创新，如新生入馆教育可以借鉴

MOOC 的碎片化和交互性等元素,将一些专题讲座做成 MOOC 的形式,放在网上,供需要的学生自行学习和使用,这些新颖的方式一方面可以使学生在愉快的学习环境中了解和利用图书馆,另一方面也可以减轻图书馆馆员的工作压力,避免重复劳动。

2.8.2 微课

微课（Microlecture）是指运用信息技术按照认知规律,呈现碎片化学习内容、过程及扩展素材的结构化数字资源。它是一种为支持翻转学习、混合学习、移动学习、碎片化学习等多种新型个性化学习方式和网络教研方式,以短小精悍的微型流媒体教学视频为主要载体,针对某个知识点或教学环节而精心设计开发的一种情境化、趣味性、可视化的辅助教学资源。微课资源以学习者中心为核心设计理念,由教学微视频及相关教学设计、多媒体课件（素材、源文件）、练习测试、学生反馈、教师反思、同行或专家评价等构成。微课资源避免了单一微视频的局限,有利于分享、交流、重用、迭代更新和二次开发。

微课应用于信息素养教育的新特点。基于微课上述特点,它能够在短时间内调动学习者的学习兴趣,并通过练习测试与教师点评实现教学互动,这种方式极大地丰富了信息素养教育的形式,可以有效地弥补信息素养教育中的不足。微课内容主题突出,指向明确,符合信息素养教育实践目标。信息素养教育是以信息检索技能训练为基础,培养学生的信息意识,获取信息的能力以及利用获取信息解决问题的能力,信息检索技能易于被分解成若干个教学模块,每一个教学模块又可以划分为若干个技能目标,将技能目标分解得越小,实践的基础就越扎实,微课教学目标单一,教学内容精练,有利于大学生在信息素养教育实践中对学习内容的快速掌握,微课短小精悍,方便使用,能够实现信息素养教育的泛在化,微课视频情景真实,资源容量小,视频格式多为流媒体格式,再加上移动互联、智能终端等技术的发展,无须专门组织学生进行集中授课,学生可以随时随地在线观看教学资源,也可以将资料下载保存到移动终端设备上,以实现随时随地的移动学习和自主学习,实现信息素养教育的泛在化[①]。

利用微课平台开展文献检索教学,能有效地提升信息素养教育的普及率。微课时间短,教学资源丰富多样,学生可以根据自身的时间和实际需要选择学习的时间和内容,学习氛围轻松,学生可以随时再现某个知识点的教学情境,能有效地弥补文献检索教学中普遍存在的课时不足、缺乏实践操作的问题。而且微课半结构化的框架设计具有开放性交互性强等特点,随着教学需求和资源应用环境的

---

① 贾晓彦. 微课理念下的信息素养教育实践方案设计[J]. 图书情报导刊,2016,1（6）.

变化，教师和学生都可以对微课资源随时调整，优化教学内容，使信息素养教育更具有针对性。当然，在实践中，必要时可以为学生提供面对面的指导、答疑，还可以通过微信等实时通信工具加强在线交流。

2.8.3 翻转课堂

翻转课堂是由 Flipped Classroom 翻译而来，也被译为颠倒课堂，是一种较为新型的教学模式，指的是在信息化环境中，教师给学生提供以视频为主的学习资源，让学生在课前完成交流互动、合作探究以及作业答疑等活动的教学模式。在该模式下，学生在课后完成知识的学习，将课堂变成学生与学生以及教师与学生之间交流互动的场所，其中包含了答疑解惑以及知识的运用等，以此取得更好的教学效果。由于它具有短小精悍、方便快捷以及清晰明确的特点，较为满足信息素养教育的需求，将这种教学模式运用在信息素养教育中，让学生借助互联网技术使用这些优质资源，让教师有更多的时间和精力来引导读者使用图书馆以及解答学生的问题。

1. 课前自主学习与探索

翻转课堂注重学习自主性，需要学生在上课前根据教师提供的各种资源开展自主学习。从学生的角度来说，学习资料的完整性以及提取、呈现的方式会直接影响到学生对于知识的理解与掌握。从高校图书馆的角度来说，学习资料的收集、制作以及发布等是翻转课堂信息素养教育的开展基础。因此，高校图书馆应当建立一个独立的在线信息素养教育平台，把入馆教育、讲座培训、课堂教育、嵌入式教育以及馆员培训有机整合到该平台上，同时建立完善的信息素养教育视频资料库。在资料库中要包含课前给学生提供的学习视频资源、读者入馆前对本馆规章制度、检索流程的学习视频资源等。这样一来，不但将馆内各种分散的资源进行了有机整合，还在一定程度上节省了人、物力，有利于学生提取学习资源，促进翻转课堂的顺利开展。为了能够有效地增强学习的针对性以及学生的问题解决能力，就需要教师在上课前合理设计课程教学，结合专业特点设置相应的问题，让学生带着这些问题进行学习，还可以根据学生的实际情况将学生划分为若干个学习小组，让各个小组通过小组探讨以及分工合作等形式来解决教师提出的问题并作出报告。

2. 课中知识的理解与深化

在这个阶段中，需要学生进一步地理解知识。在课堂教学中，教师不再反复讲述知识点，而是让学生分析和解决在自主学习过程中的问题。在这个过程中，教师可以让学生通过小组合作等方式来完成报告，以此进行知识的理解与深化。

这样不但能够帮助学生建立完善的信息知识体系，还能够让学生在这个过程中提升自身的信息素养。就入馆教育而言，学生在自主学习中通过馆内在线信息素养平台的视频、下载相关的培训资料以及完成自测试题等，来了解馆内的基本情况。在课堂教学中，教师可以给根据学生的自测试题的情况来设计教案，将学生分为若干个小组，在课堂上集中解答学生的问题并给出针对性的指导。此外，对于入馆培训中较为重要的问题，如馆藏资源的检索和排架，教师应当以分析案例以及布置作业的形式帮助学生理解和深化。对于实践性较强的馆员信息素养培训，如馆内的编目排架、馆内自动化系统的操作等，则可以采取翻转课堂的形式开展教学，通过学生的自主学习以及实践操作，增强学生的学习积极性，帮助学生建立完善的信息素养知识体系。

3. 课后知识的巩固与延伸

信息素养教育不能局限在有限的课堂教学中，由于信息素养教育包含的内容较广，需要学生在课堂结束后进行反思和补充。这就需要根据实际情况采取相应的措施：首先，在课堂教学中，如文献信息检索课堂等，教师应当设置完善的评价体系，把学生自评、教师评价、生生互评与平时成绩、实践成绩等有机整合再进行评价。学生可以通过这些评价进行接下来的学习，教师也可以通过课堂教学效果进一步完善教学模式，从而取得更加理想的教学效果。其次，对于短期培训，如讲座培训和馆员培训等，高校图书馆应当构建集教师、学生、培训以及馆员教育为一体的信息素养教育平台，完善在线评价系统、公众微信平台以及 qq 群等，让学生能够及时地反馈问题与建议，尽可能满足学生的学习需求，使学生更好地在课后进行自主学习。

随着网络的快速发展，各种轻便型的网络终端如手机、平板电脑的普及使用，使得全民教育面对一个前所未有的机遇与挑战。慕课的大规模发展，确实使名校的优质课程可以为大众共享，但是慕课存在的问题也是显而易见的，比如教师对学生的学习质量控制不够，作为慕课的一个分支翻转课堂的教学模式从某种程度上规避了慕课的缺点，它对学生具有一定的强制学习的要求，由于面授课的存在，对教学质量也有一定的掌控，但是却又少了慕课最大的优点，就是大规模开展教学，使更多人受益[①]。

2.8.4 微视频

基于微视频创新信息素养教育是图书馆与其他行业跨界融合的积极探索。微

---

① 陈爱秋. 翻转课堂在信息素养教育中的实践研究 [J]. 科技风, 2020（14）：97-98.

视频主要是指时长较短、形态多样、适合碎片化传播的视频短片。与慕课、微课以及翻转课堂所利用的在线课程不同，微视频在形式上更碎片化，在内容上更具有针对性，在利用上更便捷。基于微视频创新信息素养教育的基本逻辑是：从信息泛在时代对终身学习和信息素养的基本要求出发，基于视频网站、网络社群和自媒体，依靠社会公众力量打造一个旨在提升用户信息素养的开放式信息素养教育微视频案例库，强化信息素养教育生态中相关主体的连接，促进信息素养教育与资源建设、资源推广以及资源利用的融合，实现信息素养教育模式的重构与创新。

具体包括以下几种方式：一是通过网站、相关社群、自媒体等渠道向社会公众发布邀请；二是对于比较重要的人物单独发邮件或电话邀请；三是与信息检索、视频制作等课程的任课教师合作，鼓励、引导或要求（如作为作业）这类课程学生的参与；四是以微视频大赛的形式吸引外部力量的参与。

微视频应用于信息素养教育的新特点。基于微视频进行信息素养教育是对传统教育模式的重构，其目的是破解效率低下、得不到重视等传统信息素养教育模式的发展困境，提高信息素养教育的效率，扩大信息素养教育的影响，提升用户的信息素养和终身学习能力。基于微视频进行信息素养教育，一方面是形式上的创新，基于微视频的在线信息素养教育突破了时空限制，用户可以根据自己的喜好，利用碎片化的时间灵活地学习，信息素养教育更为高效。另一方面是内容上的创新，信息素养教育的内容突破传统观念的桎梏，从信息素养与终身学习的角度规划信息素养教育资源的内容，而不是仅仅局限于图书馆资源利用这样的狭隘范围[①]。

与传统的信息素养教育模式相比，基于微视频的信息素养教育模式更为人性化，主要体现在以下几个方面：一是微视频更符合移动互联时代用户的碎片化学习习惯。通过微视频学习不需要专门的时间和地点，用户可以随时随地通过互联网获取教育资源，并可以根据自己的兴趣选择适合自己的内容；微视频较短的时长有利于用户保持足够的注意力，有利于碎片化时间的利用。二是微视频制作的众包模式为个体的自我实现提供了展示的平台。来自民间的草根高手可以通过这个平台发挥自己的长处，在为图书馆和视频网站提供高质量视频资源、为社会贡献力量的同时实现自身价值，尤其是看到自己的努力得到他人的反馈后会得到更多的精神满足。信息素养教育微视频案例库中的资源在内容和形式上具有通用性，在使用权上没有设置任何障碍，诸如优酷、爱奇艺等视频网站作为开放式视频平

---

① 周建芳，刘桂芳，沙玉萍．"互联网+"视角下基于微视频的信息素养教育创新研究[J]．图书情报工作，2016（1）．

台在相当程度上降低了资源共享的成本，提升了资源共享的效率，任何图书馆都可以根据需要从这个案例库中选择合适的内容用于自身的信息素养教育工作。

2.8.5 特点分析

1. MOOC 的特点及优劣势

MOOC 是一种大规模、开放式的网络在线课程，因此，MOOC 的特点主要是：规模性较大，开放程度高，能够实现全世界教学资源的共享，具有极强的网络性。

MOOC 的优势主要体现在：（1）MOOC 是一种公平性的教学模式，没有地域、年龄和国界的限制。（2）MOOC 是一种能够终身学习的教育形式。（3）MOOC 的革新性和普及性较高。

MOOC 的劣势主要体现在：（1）MOOC 的支撑体系是网络平台，因此虚拟性较高，难以形成良好的学习成长氛围。（2）难以进行个性化、差异化教学。（3）教学评价有效性低，缺乏主观评价。（4）MOOC 适用范围有限，不适合实验、实践以及技能类的课程。

2. 微课的特点及优劣势

微课的教学载体是视频，视频内容的设计主要针对某一知识点或某一教学环节，其主要特点是：教学时限短，一般在 5～10 分钟，教学内容精练、简短，教学主题明确、具体，趣味性高，能够进行多样化的教学传播。

微课的优势主要体现在：（1）对教师而言，不仅能够设计出满足学生学习需求的教学内容，还能够为学科教学小组成员提供借鉴、交流和学习的机会。（2）对学生而言，微课不仅能够对学生的课堂学习起到补充、拓展的作用，而且还能够帮助学生更好的查缺补漏。

微课的劣势主要体现在：（1）知识点之间缺乏连贯性和系统性，由于微课只针对某一个知识点，所以，碎片化、教学片段化严重，不利于学生逻辑思维的培养。（2）适用性有限，复杂化学科、实践性学科均不使用此法。（3）单项互动突出，难以自成体系，仅可作为教学辅助手段。

3. 翻转课堂的特点及优劣势

翻转课堂是一种以教学视频作为互动学习资源的教学模式，学生利用课下时间自主学习视频知识，然后教师再借助课堂教学来和学生互动、探讨教学内容。其特点主要表现在：教学视频精简浓缩，教学重点突出，便于学生复习。

翻转课堂的优势主要体现在：（1）学生能够清楚地认识到自身的不足，进而带着问题参与到课堂互动之中。（2）能够帮助教师更好地根据学生学习情况，制订下一步的教学计划。（3）加强了师生间的互动和交流，提高了学生的主体地位。

翻转课堂的劣势主要体现在：（1）多学科翻转课堂会加大学生的学习压力。（2）教师工作量加大，不仅要录制视频，还要提高课堂问题的应对能力。（3）适应性有限。

4. 微视频的特点及优劣势

微视频应用于教学工作中，能够有效地活跃课堂氛围，增加教学的互动性，但是由于微视频缺乏专业的教学设计，所以其教学内容难成体系，而且也不具有广泛的适用性。

2.8.6 关联性分析

1. 信息技术依托

MOOC、翻转课堂、微课及微视频等新型教学理念、教学模式的兴起同网络信息技术的发展息息相关，因此，MOOC、翻转课堂、微课及微视频都是建立在移动互联网、智能数据和信息技术上的教育产物。几种形式的完善与发展离不开大数据、学习分析技术的融合和运用，运用这几种形式开展教学活动过程中，都需要网络信息技术的支持和辅助。

2. 核心构成要素

微视频在教学工作中具有良好的传播价值。由于教学内容的设计都是以某个知识点作为辐射点进行开展的，因此，教学的核心环节具有短暂性，因此，MOOC、翻转课堂、微课的核心构成要素都是微视频。就MOOC而言，其开放性程度较高，规模较大，其教育形式是微视频+在线教育；就翻转课堂而言，其强调的是教学视频的提前预习性和课堂互动性，因此，翻转课堂的核心也是微视频；就微课而言，其视频内容的设计紧紧围绕某一知识点，因此，内容量少，针对性强，其核心要素仍为微视频。

3. 内在本质关联

在微视频教学过程中，微课是点，MOOC是线，翻转课堂是面，但是微课不等同于微视频，系列化或专题化的微课近似于MOOC，MOOC+课堂教学近似于翻转课堂。

微课为点，但微课≠微视频。教学微视频是一种单一化的教学资源，针对性和系统性不够突出，微课的核心要素虽然是微视频，但是微课是经过教学设计的，是围绕教学环节、教学某一知识点而展开的集中化课程，因此，二者最大的区别在于微课有完备的教学设计和评价体系，而微视频不具备这些要素。

MOOC是线，系列微课或专题微课≈MOOC。首先，微课的特点是知识点零散，系统性较差，但是如果微课的发展方向呈现系列化或专题化，那么系列化的微课与MOOC之间就近似一致了。其次，MOOC与微课之间具有共同性，一是MOOC和微课在教学构成要素上基本一致，都涵盖了微视频、教学活动、教学设计、教学目标、教学评价以及教辅材料等要素；二是MOOC和微课都泛属于网络教学课程，只是MOOC的网络覆盖范围更庞大而已。最后，MOOC与微课之间具有差异性，一是MOOC的规模庞大，而微课规模有限；二是MOOC的开放性突出，微课具有局限性和排他性，多为校内学习资源；三是MOOC多为免费性质的，而微课的免费较为狭义化。

MOOC+课堂教学~翻转课堂。据李明华教授的研究，MOOC的类型可以细分为：完全网络模式、网络+学生自助互动、网络+课堂教学，其中网络+课堂教学近似于是翻转课堂，因为融合了线上+线下的教学模式，从而使内核式的MOOC更贴近于翻转课堂教学模式。

4. 发展适用前景

MOOC、翻转课堂、微课及微视频的发展及适用前景主要集中在课外教学、线上教学和网络视频课程教学。就MOOC而言，目前很多学者都认为其完成效率低下，且学习者流动性大，退出频率较高，由此并不看好MOOC的整体前景。另外，还有一部分人认为MOOC、翻转课堂、微课及微视频的实用性较低，难以撼动传统教育的价值和地位，但是仍然会推进教育实践的改革，因此，其发展空间仍然集中于课外和网络上。

5. 教育优势

MOOC、翻转课堂、微课及微视频的共同特点是灵活性高、传播迅速、互动性强，内容精简有效，可以重复使用和长期使用，因此，MOOC、翻转课堂、微课及微视频教学具有传统教学无法比拟的独特优势。首先，灵活性高，能够有效地提高课堂利用效率；可重复性和长期性，能够有效地缓解学生听不懂、理解不透等问题。其次，内容精简有效，能够凸显重点，缓解学生注意力不集中等问题。最后，传播广，互动强能够提高优质资源的使用率，加深学生的理解力。

综上所述，MOOC、翻转课堂、微课及微视频之间既相互关联，又相互独立；既有相同点，又有差异性。因此，教师在选择MOOC、翻转课堂、微课及微视频的过程中，要从学科特点和教学目标出发，不断推进教育体系的改革和发展。

2.8.7 嵌入式信息素养教育模式

嵌入式信息素养教育，即嵌入式教学，是指将信息素养教育嵌入专业课教学中，在支持教学的同时达到提高学生综合信息素质的目的。目前，国内外很多高校针对嵌入式信息素养教育开展实践，该教学模式通过图书馆与学院教学部门合作的方式，由图书馆员、专业课教师和学生共同承担信息素养教育的任务，使信息素养教育不流于表面，深层次地渗入学生的知识层面。国内目前嵌入式信息素养教育的几种模式有：

1. 基于慕课的嵌入式信息素养教育。慕课，大型开放式网络课程（Massive Open Online Courses），简称 MOOC。2013 年北京大学、清华大学等国内高校相继推出慕课课程，开启了"中国慕课元年"。慕课的出现为嵌入式信息素养教育提供了新的模式，不少高校的图书馆通过慕课平台将信息素养课程嵌入专业课。这种嵌入式信息素养教育以慕课作为平台，网络作为媒介，学生根据不同的专业、不同的课程分组，在 MOOC 平台交流讨论、相互学习，教师则可以在线布置作业、答疑反馈，通过这种灵活的互动方式提高学生的兴趣和自主性，开发学生的主观能动性，加强信息教育的效果。学科馆员可以在学生使用 MOOC 平台的过程中记录学生的学习习惯，针对学生在利用信息资源以及使用过程中的问题，在专业课学习的过程中推送相应的课程资源与资源利用指导。例如，通过 MOOC 平台与学生交流答疑，布置作业，推送相关数据库及使用方法，嵌入案例等。MOOC 的嵌入式教学方式通过宽泛自由的泛在化教育形式，实现培养学生掌握一定的信息利用能力和科研方法，并运用于专业学习的教学目的，使信息素养教育的嵌入更具自主性。

2. 基于小组合作学习的嵌入式信息素养教育。小组合作学习的信息素养教育的运作模式是将学生组成兴趣小组，专业教师和图书馆员作为小组指导人员，在小组成员合作完成学习任务的过程中予以指导，并依据小组表现进行奖励。小组合作的学习模式主要培养学生自我的信息素养，以小组的形式互相帮助、团结协作，首先从信息资源中检索出需要的资源，整理资源并选取与课题密切相关的信息资源。整个过程首先要求学生具有一定的信息发现能力，因此图书馆员作为指导老师要注重培养和引导学生的信息发现能力，如何将专业课题拆分，提取关键词，组合检索式等。其次要培养学生的信息获取能力，如何选择数据库进行检索并从大量的检索结果中找出课题相关的资源。最后要提高学生的利用信息解决问题能力，如何通过对信息的分析，利用检索出来的相关资源中包含的信息解决课题中的问题。了解小组内部与小组之间的差异，针对不同的学生给出合理的建议，并在每一个阶段提出有针对性的指导，对于表现优异的小组给予一定的奖励，这样既可以鼓舞优异小组的积极性，也可以激励其他小组的进步。

3. 基于翻转课堂的嵌入式信息素养教育。翻转课堂是近年新兴的课堂教育模式，是信息素养教育中颇具优势的模式。翻转课堂是指学生利用课堂前的自由时间通过教学视频和课前资料先了解学习课堂内容，而老师利用课堂时间帮助学生答疑、批改作业，借此帮助学生巩固知识并指导学生如何利用知识。作为实践为主的信息素养教育课程，与翻转课堂有相当高的合作前景，将二者深层结合，既可以改善传统教学的单调枯燥，也可以提高学生的学习积极性，从而在信息素养教育方面取得显著的成效。翻转课堂的嵌入式信息素养教育有着独特的优势：①组织嵌入的方式灵活多变，其深度和方式都可以根据实际情况随时改变；②提高专业课合作教师的主动性，比较传统的信息素养教育，专业课老师只需要准备课前学生学习的课件和资料，实际应用的检索与写作等工作可以交由图书馆的老师完成；③开展该模式的形式和渠道多种多样，除了课堂授课，在线咨询、微信微博互动、FAQ 服务等都可以为翻转课堂的嵌入式信息素养教育服务。

4. 基于移动学习的嵌入式信息素养教育。随着移动电子设备的功能越来越强大，基于移动学习的嵌入式信息素养教育也开始蓬勃发展，这种教育模式以便携移动终端如手机、平板电脑为媒介，通过移动网络为学生进行教学内容的信息推送与传输共享，并通过交流 App 实现教师与学生的互动，完成答疑、作业等教学任务。该嵌入模式不受时间和空间的限制，学习的学生不局限于专业和年级，包容性更强，学生可以在学习的过程中获取资料，与其他参与课程的同学甚至老师通过平台进行随时随地的交流互动。

基于移动学习的嵌入式信息素养教育能充分调动学生的积极主动性，以学生的自愿学习为基础，不同的专业需求可以选择符合自身专业课和文献检索课，并根据课件进行个性化学习，自主掌握学习进度，随时与专业课老师和文献检索课的老师进行交流。该模式对技术平台和电子设备都有较高的要求，进行该项嵌入式学习的学生具备一定的信息素养基础。嵌入式信息素养教育是一种有针对性的教育模式，高校图书馆通过研判、沟通、交流、调查，分析院系教师的信息要求，分配图书馆员直接嵌入课堂或网络教学平台，与各个专业的教师进行协作，使教师和学生能够尽快掌握各类信息课程知识，同时相关部门应在队伍建设、合作模式等方面加强管理与建设，提升教师整体信息素养教育水平，从而有效提升学生的信息素养水平。

第三章　地方院校师范生信息素养教育课程与培训新探索

3.1　师范生信息素养教育课程

（一）课程体系构建思路

第一，实现多方面教学融合。多方面教学融合包括信息化环境建设与教学的融合、学科教学与教育技术的融合以及教学实训与理论教学的融合。师范生作为未来教师的主力军，切实提高其信息素养水平是他们顺利胜任本职工作的必要条件。综合前面的相关论述，在地方院校师范生信息素养教育中，要重视校园教育信息化环境建设，将校园网、数字化图书馆、多媒体等现代化信息技术与教学结合起来。同时，摒弃过去师范教育中存在的将信息技术教育与学科教学相互独立的弊端，实现学科教学与教育技术教学的融合，真正提高师范生应用信息技术手段进行教学的能力。

第二，体现学科的特点。对于不同学科的师范教育，有不同的理论与研究领域，需要学习的主干和分支课程也有明显的差异性。所以信息素养课程也应该依据不同的学科给予相应的培养目标，使其体现出专业特点。同时，教师在授课时要充分考虑学生的个体差异，因材施教，让学生在潜移默化中提升自身能力，满足自身专业需求。

第三，满足社会的需求。随着互联网和计算机在各专业领域的日益深入，网络信息技术已经成为各行各业人员必备工具，信息素养已经成为各专业人才适应信息社会需求的基本素养。在师范教育中，信息素养教育也必然成为师范生不可或缺的重点学习课程。信息素养教育应该以培养师范生熟练运用信息技术为重点，以使其具备解决专业教育领域中的问题为最终目标。师范生的信息素养状况不仅对师范生个人专业发展和能力提高有着重要影响，对于未来教育事业也起着至关重要的作用。因此，信息素养教育应以满足未来教育事业和社会需求为指导思想。

（二）课程建设原则

第一，实践性原则。作为师范生信息素养的核心要素，信息能力的掌握与否关系着师范生其他所有信息素养要素的养成，而信息能力必须通过大量的实践才能完成。所以，信息素养课程应以实践贯穿始终，在实践中，为学生提供良好的学习环境，培养师范生的操作能力和应用能力，从而提升师范生的信息素养水平。

第二，创新性原则。创新是引领发展的第一动力。师范院校也应将创新作为师范生信息素养课程设置的指导原则，深化课程改革，根据时代变化推陈出新，充分培养学生自主创新能力，提升学生信息素养，在研究和学习中不断迸发新的灵感，为解决复杂环境下的各种问题打好基础。

第三，发展性原则。信息技术作为飞速发展的一门应用技术，信息素养教育也要与时俱进，紧跟时代的发展。师范院校的信息素养课程应结合学生个体因素以满足教育信息化时代教育领域对教师的需求为目的，以发展的眼光看待师范生，培养师范生的信息素养，这样师范院校的培养质量才能不断提高，从而培养出更出色的适应现代化教育的高等人才。

第四，系统性原则。师范生信息素养的培养是循序渐进的，不能一蹴而就。师范生信息素养教育应该配备一套系统的、整体的、关联密切的课程体系。因此，师范院校应重新审视原有单一的信息素养课程，重视学科、信息技术、教学环境、实践操作的多方深度融合，以及课程之间的连贯性和层次性，开发出一套满足师范生四年职前学习的、系统的信息素养课程培养方案。

（三）课程教学改革

为了在师范生毕业时能够达到卓越教师应该具备的信息素养水平，实现我们所预设的培养目标，除了采用以上提到的多种信息素养教育方法和形式，还应改革原有文献检索课，开设师范生通识课程，在课程目标、课程内容、教学方式等方面进行调整或者重新设置。在地方师范院校作为通识教育课程之一的文献检索课程，其目标通常分解为3个方面：知识目标包括系统掌握文献信息检索理论知识、基本原理和基本方法等；能力目标包括具备扎实的信息素养和教育专业理论知识，掌握较强的现代信息技术，掌握文献信息资源检索与获取技术，能运用工具书或数据库，解决实际问题，能正确分析信息和评价信息，利用信息进行创新；素质（价值）目标包括培养信息意识、信息道德、自主学习、学会学习和终生学习、培养良好师德师风等。因此，信息检索课在教学目标的确定上，应实现由培养检索技能型向培养信息素养型的转变；在教学模式的选择上也要与时俱进，不断进行修订和完善；在教学内容上更新理念，根据社会需求、学科发展需求和学生需求进行新一轮选择。

要提高文献检索课的教学效果，教学内容要与时俱进，同时加强实践教学环节。教学内容应最大限度地契合学生学习、生活和职业发展的实际需要。因此，信息检索课在教学内容上需要大胆改革。首先教学内容要突显信息素质标准、信息能力、信息道德、信息检索技术、信息评价、信息安全、信息伦理提升方法。教育学生不用死记硬背概念术语，重在掌握检索技术，包括布尔逻辑、截词、字段限制等。熟练掌握常用工具书的使用方法、网络信息检索（搜索引擎技巧）、中文数据库检索、特种文献检索和信息资源综合利用方法。其次要大力加强实践教学环节。在总学时的安排上，可让实践学时比例达到百分之五十，实践课内容上可围绕学生专业知识和师范生未来职业特点进行教学。实践教学过程中必须密切结合学生专业实际，如毕业设计、学科前沿动态等，使学生在实习中能够检索到大量本学科专业信息，以利于其专业论文的撰写。另外，教师要做好实习课题检索失败或结果不精准的教学预案，教会学生如何寻找出错的原因，怎样调整与改进检索策略，从而吸取教训，避免误检与漏检。这样学到的知识才是实用的。

要提高文献检索课的教学效果，发挥学生的主动性非常重要，这就需要转变教学模式，以学生为中心，培养学生对知识的主动探索，激发学生"我要学"的积极性，由传统的教师单向讲授转变为师生、学生之间的双向互动与启迪式教学，引导学生积极思考并乐于实践。可以根据自身情况，尝试使用以下方法：

一是可以在信息检索课的理论课堂上增加学生现场检索演示环节，通过学生的演示，能增强课堂的直观性，也能加深学生对知识点的理解。

二是可以引入"翻转课堂"教学模式，把课堂交给学生，让学生分组进行专题讲述，然后小组讨论，教师最后来答疑解惑，该模式能促使学生对知识点的自主学习。

三是可以借鉴MOOC教学模式。教师在课上抛出问题，让学生通过网上自主学习的方式来解答问题。还可以采用微课、微视频等形式来辅助教学。

四是采用专题讲座的形式，由多个老师共同完成课程教学。比如，A老师负责讲解文献检索基础知识；B老师负责讲解数据库检索技巧；C老师负责实践教学等。教学方法的多样化，既能激发学生主动学习的热情，又能激发学生的思维能力，使学生学习能力得到提高，应用能力也得到了实际锻炼。

同时，要注重将思政教育融入文献检索。习近平总书记提出"使各类课程与思想政治理论课同向同行，形成协同效应"。针对学生学习自主性与积极性不高、学习途径不够丰富的问题，以及步入社会从教过程中师德师风的问题，尝试通过其信息素养的提升，提高学生的批判性思维和创造能力，通过专业文献查阅认识问题，通过最佳的检索策略找到解决问题的方法，通过提高信息道德保证学术科研过程的严谨性，深刻认识到学术是严肃且可敬的，学术底线不可逾越。在演示案例及实践课程中，恰当嵌入育人教育，展示一些与经典文献相关的内容，如采用微课的形式展示著者、作品、背景等，在学生掌握文献检索理论知识、方法技能的同时，突显积极向上的氛围，传播正能量，提升学生的人文素养，使学生在学习认识和行为上产生积极改变。

尝试探究式文献检索教学，在教学中融入案例。无论是课堂演示，还是实践课教学，都要注重案例教学，必要时可以模拟科研过程，将立体式教学方法应用于文献检索教学中。从学生感兴趣的话题或者实时热点问题代入，让学生转变视角、拓宽思维，通过主动获取、利用信息来证实疑问、解决问题，最终通过实践过程充分提高学生科研素养。在实践操作方面重点培养学生解决现实问题的能力。

同时，在考核方式上，改变传统的书面测试方式，将上机操作、完成课题检索报告、实习作业等均加入测评内容，形成多元化的考试方式，注意合理分配课程考核比例，加大过程考核成绩在课程总成绩中的比重，努力完善学生学习过程监测、评估与反馈机制，积极探讨健全能力与知识考核并重的多元化学业考核评价机制。

3.2 地方院校师范生信息素养培训

信息素养培训是高校图书馆的一项重要工作，是提高馆藏利用率和读者信息获取能力的有效途径。当前泛在知识环境下，用户获取信息的方式和渠道日趋多元化，获得信息的手段更加便捷。如资源日趋云端化、获取手段移动化，4A（Anyone，Anytime，Anywhere，Anydevice）的学习方式开始出现，但包括师范生在内的大学生用户在文献信息资源获取利用方面依然存在障碍，而高校图书馆的信息素养培训却出现少人问津的现象，读者参与热情不高。针对这些情况，任化梅在《泛在知识环境下高校图书馆信息素养培训探索与实践》一文提出，以读者的需求为主线，加强培训的"前、中、后"过程化管理，把培训的前期策划、中期组织、后期总结工作进行细化管理，建立完善的信息素养培训体系。结合笔者多年的信息素养培训实践探索和思考，认为：

信息素养培训是高校图书馆较早开展的工作，但现在读者信息素养培训越来越难以组织，读者参与积极性并不高。相关的问题和因素很多，既有宏观社会环境的影响，也有培训组织管理的问题。从根本上讲，泛在知识环境下用户的信息需求和信息获取行为及途径发生了变化。用户希望提供的服务更加个性化、专业化、开放化、主动化、多样化、可视化、人性化和知识化。而现实情况是，高校图书馆的读者培训变成一种常规化工作，培训的组织管理变得程式化、流程化，缺少对泛在知识环境的研究及对读者的需求变化分析，组织的培训与读者之间的需求差距越来越大，最终使得培训流于形式化。对比之下必然会出现，对图书馆的培训有需求的用户较多，但实际参加培训的却不多，师范生这一群体同样如此。目前信息素养培训参与率低已是普遍现象，培训宣传力度不够、形式单一、时间安排不合理、师资人员素质等问题是导致最终培训效果不理想的主要问题。为了提高师范生信息素养培训的参与度和培训效果，有必要改进、细化培训各环节的组织和管理。

1. 针对培训时间、形式和内容。笔者对多个学校图书馆的培训安排进行了网络调研，很多图书馆选择"一小时培训"的模式，结合本校具体情况，选择最佳时段，并根据实际情况进行动态调整，以适应不同类型的读者需求。关于培训讲座频率，一般每周1次或每月2次，时间相对固定，2020年新冠肺炎疫情期间，各高校图书馆多采取在线培训。培训的形式有"讲课+上机"的授课模式、线上直播+线下课程、线上微课堂、网上自学课件，还有的根据不同群体的需求，通过预约培训的方式，定制培训内容。培训内容越来越丰富，新生入馆教育相关内容，中外文全文数据库使用，纸本馆藏检索与利用，OA开放获取学术资源利用，资源共享讲座，原文获取，以及Endnote、NoteExpress等文献管理与写作软件使用、Python、Spss等软件使用等。还有的图书馆开展了有关计算机应用讲座，如PPT设计制作，办公软件Word、Excel、WPS等使用尤其是学习科研中的使用等。针对师范生的信息素养培训除了通用的内容，还应根据师范生"高校学生"和"未来教师"的双重属性设计培训内容。

2. 培训信息发布的渠道与形式。培训信息多通过网络进行信息发布，如网站、微信、E-mail推送等。有针对性的培训和普遍性的培训辅以电话通知、纸质的通知、纸质宣传页等手段也有一定受众。目前，新媒体平台的广泛应用，使用图书馆微信平台推送培训通知的形式比较普遍，而且推文内容简洁、文风清新，贴近学生，很受学生欢迎。有的学校在发布讲座通知时，会在图书馆官微、学校官微、电子屏发布电子通知的同时，在图书馆、培训教室门前、宿舍餐厅等处张贴通知、海报。在师范生信息素养培训的推广宣传中，应广开思路，拓宽信息发布的渠道与形式，让更多的人知晓并参与其中。

另外，信息素养培训讲座可面向具体院系开展，使培训更具针对性，参与度和培训效果更好；院系把参加信息素养培训作为本科生课外或第二课堂考核内容之一，学生参加培训的积极性会更高。在培训讲师的选择上，要有审核和遴选机制，培训内容也要严格把关，条件允许的情况下，安排专人全程跟听，了解并记录培训情况。

1. 培训前管理

读者培训前的策划、组织管理非常重要，主要涉及培训内容与讲师选择、培训讲座形式与安排、培训宣传与推广等。打造一支责任心强、业务能力精的培训团队，认真策划，制订学期培训计划，在每个学期初发布，在执行时根据培训实际不断完善与修订。

（1）培训内容与讲师的选择。培训内容的选择要贴近读者的需求。读者需求的获取要求图书馆员经常深入一线，采取交流、调研等方式获取需求信息，积极开展培训课堂的反馈，收集第一手资料。围绕读者需求，以信息素养教育内容为基础，依托图书馆资源优势和培训师资优势，制定面向需求的体系化培训课程，融入读者学习和科研全程。如面向泛在知识环境的知识获取特点，强化部分技能类课程，如文献信息检索技能（如各类文献检索平台、发现平台、文献传递平台）、文献信息管理与写作（如 Endnote 文献管理与写作、知网研学平台、论文排版等）、科研辅助技能（如 PPT 制作、影像处理）等。注重遴选优秀的培训讲师。培训讲师要求专业，熟悉培训内容，同时讲课生动风趣，贴近培训对象，避免生搬硬套。

（2）培训讲座的形式与时间安排。培训讲座的形式可根据实际的软硬件情况，做优化设计。考虑的因素主要有学生每周排课情况，每学期初进行课程策划安排，制定本学期的培训课表，并提前公布；学生特定学习阶段，如毕业设计；与专业课教师合作情况下，根据课程进展情况等。个性化需求的培训则与需求单位共同订制内容、形式和时间；开展学科嵌入式培训，面向具体学科团队或项目团队进行专场培训，使得培训更具针对性。必要时，可安排集中的信息素养培训周、培训月以便进行资源集中推介。安排好培训时间和形式的同时，还要做好培训场地的安排与保障。

（3）培训的宣传与推广。培训的宣传推广直接影响读者参与率，所以，要优化培训信息的宣传，尝试多种宣传渠道。在学期初，将培训计划设计成精美的彩页、展板、海报等，在不同地点发布，图书馆网站和微信公众号同步发出培训计划；具体到某一次培训，提前 1～2 天在校园网发布公告，图书馆网站和微信公众号当天或提前 1 天发布通知，同时 E-mail 精确推送，重点目标群体辅以电话通知，在固定区域张贴通知、海报。另外，提前 2 天提醒讲课老师也是十分必要的，避免讲师因遗忘而引起失误。

2. 培训中管理

培训中的管理，主要涉及培训教室的准备、培训前的引导以及培训课堂的配合。培训教室预定，要求有负责培训组织的馆员专门负责。馆员需要提前半小时到达指定教室，调试好相关设备，如投影、音响系统、电脑网络等，避免在课程中，突然出现设备故障。然后要做好读者入场前的准备，对于大型培训讲座或有变动的培训要提前做好提示牌，并张贴于教室门口或海报板上，同时做好读者入场的引导工作。组织馆员需协助讲师快速熟悉教学环境和相关设备的使用，维护课堂秩序，简要介绍课程及讲师，引导课程开始。在讲师的讲解过程中，组织馆员要做好拍照等记录，同时关注课堂动态，协助讲师进行上机辅导、课堂互动等，形成和谐的读者培训氛围，使读者和讲师感受到温馨的气氛，从而提升培训的效果。

3. 培训后管理

培训结束后的总结工作非常重要。信息素养课程培训结束后，组织馆员需要做好两个方面的工作。一是做好课程调研和反馈。可以随机发放一些课堂反馈问卷，问卷应简单直观，如对课程内容、讲师讲授情况及建议做一些调查。也可以与读者进行互动，提问读者的所在学院、身份以及获得培训信息的渠道等。这些培训后的反馈，可为后期培训组织工作和接下来培训工作的改进提供依据。二是做好课后服务工作。课程结束后，往往有很多学生想获取老师的课件，过去采用的 U 盘或邮箱传递的方式，已不适应泛在知识环境下的快速传播需求。可以通过网络获取，如网盘、指定网址、微信群、QQ 群等。注意提示同学带好各自物品等细节管理，并整理好教室。三是填写培训记录表，记录培训内容、时间、地点、参与人数等，为培训总结提供依据。

综上所述，泛在知识环境下，信息的高速增长，获取手段的多元化，社会节奏的加快，图书馆的信息素养培训工作要紧跟时代，不断适应环境变化，积极探索创新，建立健全信息素养培训体系，并在实践中不断完善。如开展读者需求分析与调研，重视读者研究，开展信息素养教育培训绩效评估，探索微课程、个性化定制、学院联合签到制等方式，都十分必要。信息素养培训与其他信息素养教育方式共同发挥作用，不断提升师范生信息素养教育成效[①]。

---

① 任化梅，胡以涛.泛在知识环境下高校图书馆信息素养培训探索与实践[J].江苏科技信息，2020，37（15）：9-12.

第四章 师范生信息素养教育评价

2020年10月，中共中央、国务院印发的《深化新时代教育评价改革总体方案》中提到："改进师范院校评价，把办好师范教育作为第一职责，将培养合格教师作为主要考核指标。""树立科学成才观念。坚持以德为先、能力为重、全面发展，坚持面向人人、因材施教、知行合一，坚决改变用分数给学生贴标签的做法，创新德智体美劳过程性评价办法，完善综合素质评价体系，切实引导学生坚定理想信念、厚植爱国主义情怀、加强品德修养、增长知识见识、培养奋斗精神、增强综合素质。"师范生信息素养是一种多元的综合能力，是评价师范生综合素质的一项重要指标，它强调批判思维、自主和终生学习，内涵延伸至全球视角、创新思维、协作发展等。评估信息素养是自我认知的过程，发掘学习兴趣与动机，同时提升学习效果。师范生信息素养的发展与培养需要科学的测评引领，从而明确其内涵价值、内容结构及评估实践等系列问题。

4.1 重新认识师范生信息素养内涵

国内外师范生培养模式及角色定位不同，对师范生信息素养的认识存在一定差异。在以美国、日本为代表的"开放式"教师培养模式中，高校学生通常在完成综合性大学的学历教育后再接受由专门机构提供的教师专业化训练。因此，国外对师范生信息素养的要求更多的是以满足其未来教育工作需求为主，侧重职前教师的信息技术素养培养，主要包括在未来学术工作和教学活动中所需具备的信息获取能力、信息分析能力、信息加工能力、信息创新能力、信息评价能力、信息应用能力以及信息伦理意识等方面。而在我国"封闭式"的教师培养模式中，师范院校学生要在大学期间完成学历教育和教师教育双重任务，师范生兼具"高校学生"和"未来教师"双重属性。基于此，我国师范生信息素养的内涵增添了师范生特殊的"双重角色"属性要求，即作为高校学生的"服务学习发展"和作为未来教师的"服务教学专业发展"。

我们尝试将教育信息化2.0时代下师范生信息素养定义为，师范生能够根据社会和教育发展要求，恰当利用信息技术来获取、整合、管理和评价信息，在此基础上理解、批判、建构和创造新知识，发现、分析和解决问题以服务自身学习与教学专业发展的意识、态度、能力及思维习惯。

4.2 师范生信息素养评价指标体系构建原则

（一）关注指标体系的引领作用

我国经济文化发展日新月异，师范生信息素养测评标准应该走在现有经济文化发展水平、信息技术发展水平的前列，成为推动师范生信息素养培养体系变革的动力引擎，成为引领其培养方向的导航仪。当前我国已有的测评标准多针对现有知识或技能的考察，对师范生未来信息化教学能力需求的关注不足，发展性、引领性创新评价指标构建理念缺位，难以培养出适应未来经济社会发展所需要的师资群体。因此，本研究将充分考虑我国网络化信息社会变化，智能化信息技术发展以及创新型、复合型、应用型人才培养要求等因素，把握信息技术与教学深度融合的未来发展趋势，以发展的、前瞻的视角构建师范生信息素养评价指标体系，突出评价指标体系的引领性价值与评价理念。

（二）关注2.0新时代人才发展要求

在大数据、云计算、互联网、人工智能等信息科学与技术快速发展的新时代背景下，以批判思维、问题解决、协作学习等能力为基础的分析性、交互性技能成为我国教育信息化2.0时代人才培养的重要关注点。教育部副部长杜占元在2018年全国教育信息化工作会议上特别指出，我国特色社会主义建设新时代正处在与信息时代的历史交会期，新时代和信息时代的人才培养同频共振，国家所需的是兼具创新能力、协作精神、国际视野、堪当国家建设重任的多样性人才。同时，国际社会提出的21世纪人才发展要求，如2007年美国"21世纪技能框架"、2012年经济合作与发展组织（OECD）的十大核心技能等，发现国际社会对21世纪人才培养要求集中于创新创造能力、批判性思维、问题解决能力、交流协作能力、社会责任以及自主学习能力方面，与2016年中国学生发展核心素养中强调的人才培养核心要素基本相通，且基本契合我国信息化2.0时代人才建设要求。可见，我国教育信息化2.0新时代人才培养所重视的创新能力、批判思维、问题解决、自主学习协作学习、社会责任等重要关注点与21世纪信息化教育发展背景下国际社会人才发展需求导向不谋而合。因此，评价体系应遵循"关注2.0新时代人才发展要求"的指标构建原则，整合21世纪人才技能发展的共同关注点。

（三）关注师范生双重角色定位

师范生兼具信息化社会的学习者和教育教学者双重角色已成为国内学者的共同认知。在学生角色上，信息素养是 21 世纪人才培养的重要关注点，对师范生的学习发展起着重要作用，且在学生学习过程中形成的较为稳定的信息素养也会通过"一定的"迁移作用对其今后信息化教学产生持续影响。因此，学生角色下的师范生信息素养是我们关注的重点。在未来教师角色上，教育技术能力始终是教师专业素养的重要部分。我国信息技术基础设施与环境建设日益完善，教师信息技术应用能力已取得大幅提升，教育部对教师教育技术能力的关注转向了信息技术支持下的教育教学创新。2014 年 5 月，教育部印发的《中小学教师信息技术应用能力标准（试行）》明确指出要进一步提升教师对信息技术的整合应用能力，促进信息技术与课堂教学的深度融合。因此，应用信息技术整合教学能力成为信息化 2.0 时代背景下师范生在教师角色上信息素养的重点内容。

4.3 师范生信息素养评价指标体系的构建

李毅在《教育信息化 2.0 时代下师范生信息素养评价指标体系研究》一文构建的评价指标体系极具代表性和普适性，完全可以用于地方院校师范生信息素养评价。作者首先通过梳理师范生信息素养内涵及国内外评价标准初步构建评价指标体系，再通过征求教育技术、教师教育、教育测评及信息科学领域 14 名专家意见，修订完善指标体系。最终确定师范生信息素养测评指标体系包括"基本信息素养""支持学习的信息素养""支持教学的信息素养"三个一级维度，九个二级指标和 27 个观测点。三个一级指标紧密联系，相辅相成，共同构成师范生信息素养整体。"基本信息素养"是师范生信息素养的基础，"支持学习的信息素养"和"支持教学的信息素养"是在"基本信息素养"基础上分别立足师范生学生角色和未来教师角色信息素养需求的进一步发展。具体而言，"基本信息素养"指师范生解决信息化学习生活和教学实践过程中的基本问题所需具备的信息态度与能力，包括"信息意识与需求""信息道德与安全"以及"信息知识与技能"三个二级指标"支持学习的信息素养"是充分融合了 2.0 时代特征与新时代人才培养的要求，指师范生作为学生主体在学习和发展过程中，与学生发展核心素养密不可分的信息素养部分，包括"科学精神"、"学会学习"以及"研究创新"三个二级指标；"支持教学的信息素养"则强调师范生作为未来教师在信息化教学环境中所要具备的教师专业信息素养，包含"教学信念"、"教学技术"和"教学整合"三个二级指标。在此基础上，提出了五个引领性指标，具体指标及阐释如下表所示。

教育信息化 2.0 时代下师范生信息素养评价指标体系表[①]

一级指标	二级指标	观测点	指标阐释
基本信息素养	信息意识与需求	信息需求	能够明确自己教与学中的信息需求，并能够准确表述出来。（1）能够依据自身实际情况明确自己学习和教学所需信息；（2）能够准确表述己所需信息的特征、类型等
		信息意识	能够明确认识到信息在信息化教与学环境中的价值和作用，并具有敏锐的信息感知力，能够捕捉重要信息。（1）能够认识到信息是做出科学决策的依据和基础，是进行信息化教与学的重要资源；（2）能够敏锐感知周围的信息，在已有信息中捕捉重要信息；（3）能够认识到信息具有时效性、需要根据实际情况不断更新信息
	信息道德与安全	信息道德	能够在使用信息及信息技术工具时，了解并自觉遵守信息社会中公认的行为规范和道德准则。（1）了解信息使用常识，能够识别隐私信息，不窥探他人隐私信息；（2）尊重他人知识产权、版权等相关法律法规；（3）遵守信息道德规则（如网络安全准则），不接触、不发布、不传播网络上的有害信息
		信息安全	能够学习并遵守信息使用的法律和法规，维护他人及自身信息隐私和安全。（1）了解信息使用的法律法规，具备一定的信息安全常识，维护他人及自身信息隐私和安全；（2）通过正当途径获取信息，具有分辨健康与有害信息的能力，避免接触不良有害信息
	信息知识与技能	信息知识	能够了解信息与信息技术的相关科学知识，了解信息技术的应用模式与使用方法。（1）能够了解信息科学与技术的相关概念、原理与种类；（2）能够了解信息技术的发展历程、基本现状与未来趋势；（3）能够了解各种信息技术在学习、生活中的应用模式与使用方法
		信息获取	能够借助信息技术工具高效地检索、选择、获取教与学所需信息。（1）能够通过图书馆、网络搜索引擎等方式检索教与学所需信息；（2）能够对检索的信息进行识别，选择教与学所需信息；（3）能够使用适当的信息技术快速获取有效信息
		信息评价	能够对获取信息的可靠性有效性进行判断。（1）能够判断所获信息是否真实可靠；（2）能够判断所获信息是否能有效解决教与学的问题
		信息管理	能够依据实际需求对信息进行组织、加工和整理。（1）能够根据需要有效地对信息进行分类、存储、调取；（2）能够依据实际需求对信息进行加工、整理
		信息交流	能够通过多种途径与同学、老师等主体进行信息交流与共享。（1）能够通过多种信息化渠道、利用多种手段与外界交流；（2）能够包容理解他人观点，与同学、老师等进行顺畅交流分享
		信息使用	能够应用信息解决教与学中的问题。（1）能够利用所获信息为学习提供支持和辅导；（2）能够利用所获信息为教学开展提供帮助
		信息创造	能够将新旧信息进行对比重组，并整合进入原有认知体系，形成新认识。（1）能够对新旧信息进行对比，并进行整合与重组；（2）能够将新信息融入原有知识体系，形成新的认知体系

---

① 李毅，何莎薇，邱兰欢. 教育信息化 2.0 时代下师范生信息素养评价指标体系研究 [J]. 中国电化教育，2020（6）：104-111.

续表

一级指标	二级指标	观测点	指标阐释
支持学习的信息素养	科学精神	理性思维	能够运用科学的思维方式认知学习中的信息，提出并解决问题。（1）能够从事物本质与规律出发客观理性地认识与查明学习过程中的信息与问题；（2）能够运用逻辑思维对信息进行分析、判断和推理，以解决问题
		批判质疑	能够多角度、辩证地分析信息，敢于对已有权威信息或观点提出质疑。（1）能够从不同角度认识同一学习信息，并对其进行辩证性的分析；（2）对待教科书或者专家学者的权威信息，敢于提出质疑、进行批判
	学会学习	自主学习	能够运用信息技术进行自主学习，对自身学习生活进行合理计划、监督调节、反思评价。（1）能够使用信息技术工具（如时间管理、学习管理等软件App）协助学习规划与记录；（2）能够使用信息技术工具对自身学习进度与方式进行监督与有效调节；（3）能够运用信息技术工具对自身学习过程及结果进行评价与反思
		合作学习	能够在信息化环境中主动运用信息技术与同伴、教师等主体进行分工协作，高效达成学习目的。（1）能够使用信息技术与同伴、教师约定协作规则；（2）能够自觉遵守协作规则，运用信息技术工具促进有效协作；（3）能够利用信息技术工具开展小组互评，提升协作效果
	研究创新	研究能力	能够善于发现问题、利用信息技术工具科学分析与解释问题，并进行合理判断与推测，形成解决方案。（1）能够通过观察和实践在多元信息中发现问题，并转化为研究问题；（2）能够利用信息技术工具收集数据，对数据进行分析、阐释；（3）能够根据数据分析结果，合理进行判断、总结和预测
		创新发展	能够运用信息技术设计开发原创性作品，创造性地解决问题。（1）能够根据学习要求，合理运用信息技术设计开发原创性作品；（2）能够基于已有知识，合理运用信息技术创造性地解决专业学习中的问题
支持教学的信息素养	教学信念	学生中心	树立以学生为中心的信息化教学信念，尊重学生身心发展规律，重视学生自主探究能力和学习兴趣的培养。（1）认为信息化教学要尊重学生身心发展规律；（2）认为信息化教学应注重学生学习兴趣培养；（3）具备利用信息化教学工具营造探究情境以促进学生自主探究、进行知识建构的教学意识
		技术价值	认可信息技术在教学中的作用与价值，并愿意使用信息技术服务学生个性发展。（1）相信信息技术有助于改善教学效果、提高教学效率等；（2）渴望使用信息技术工具服务教学
	教学技术	设备操作	了解教学操作常用硬件设备的功能及特点，并能熟练应用。（1）了解教学常用硬件设备（如多媒体计算机、电子白板、触控电视等）的功能、特点及所适用的教学情境；（2）熟练掌握教学操作常用硬件设备的操作，并能解决常见操作问题
		软件应用	了解与教学相关的通用软件及学科软件的功能及特点，并能熟练应用。（1）了解通用软件（如办公软件、音频剪辑软件、即时交流软件）及学科软件（如几何画板、听力训练软件、虚拟实验室）的功能与特点，知道各教学软件适宜解决的教学问题；（2）熟练运用通用软件及学科软件进行教学资源的组织、加工等
		平台使用	了解常用网络教学平台的功能及特点，并能熟练应用。（1）了解教学常用的网络教学平台有哪些，知道各平台的功能与特点；（2）熟练应用网络教学平台（如网络资源平台、网络互动平台、课程管理平台、在线测评系统、在线教学与学习空间）支持教学

续表

一级指标	二级指标	观测点	指标阐释
支持教学的信息素养	教学整合	资源准备	能够根据真实或模拟的教学要求，合理使用信息技术工具准备教学资源。（1）能够根据预设的教学情境，合理使用软件对教学资源进行加工编辑；（2）能够根据教学备份、分享的需要，合理选用技术工具管理数字教学资源；（3）能够根据预设的教学需要，主动运用合适的信息资源和技术工具进行教学资源设计和开发*
		教学设计	能够根据预设的教学情境，合理使用信息技术对学生与教学目标进行分析，并对教学方法、教学材料、教学进度、课程评估等做出系统设计。（1）能够合理使用常规信息技术（如测评问卷、电子档案袋、学习分析系统等）对学生学习情况进行收集、分析、预测；（2）能够根据预设的教学情境，选择合适的信息化教学内容和教学方法；（3）能够合理使用信息技术设计教学实践活动，预估教学进度；（4）能够依据课程标准、学生情况、教学条件等，科学地选择或设计信息化教学评价方法；（5）能够合理运用大数据追踪、数字资源共享等信息技术服务于学情分析、个性化教学、创新性教学活动设计、教学进度预评等教学设计过程*
		教学实施	在真实或模拟的教学情境中，能够运用信息技术实施教学。（1）在真实或模拟的教学情境中，能够合理使用信息技术呈现教学内容；（2）在真实或模拟的教学情境中，能够使用信息技术工具和资源流畅地衔接各个教学环节；（3）在真实或模拟的教学情境中，能够结合虚拟现实技术、AI教学助手、远程互动平台服务等信息技术支持教学实践*
		教学管理	在真实或模拟的教学情境中，能够利用信息技术合理组织、调控、管理课堂教学。（1）在真实或模拟的教学情境中，能够合理利用信息技术有效调整教学行为，调控教学进程；（2）在真实或模拟的教学情境中，能够灵活使用信息技术维持良好的课堂秩序与教学氛围；（3）在真实或模拟的教学情境中，能够有选择地运用信息技术促进师生共同体的建构；（4）在真实或模拟的教学情境中，能够综合使用新兴信息技术（如移动设备、云平台、情感计算、学习分析等）组织以学生为中心的教学，并提供个性动态化学习管理，实现促学者与助学者的角色转变*
		教学评价	能够综合利用信息化资源和评价工具进行学生评价与自我评价。（1）能够综合利用评价工具（如评价量规、观察记录表、档案袋等）对学生进行过程性与终结性评价；（2）能够综合利用信息评价技术工具（如微格录课工具、教师专业发展评价量规）对自身教学表现进行记录和评价；（3）能够综合使用新兴信息技术工具（如大数据追踪记录、电子档案袋、学分银行、区块链评估系统等）对教学活动进行记录、分析、评价*

注：* 为引领性指标

（一）基本信息素养

该信息素养评价指标体系概括为信息知识与技能、信息意识与需求以及信息道德与安全三个层面。其中"信息知识与技能"层面包含信息知识、信息获取、信息评价、信息管理、信息创造、信息使用、信息交流七大观测点，占主要地位；"信息意识与需求"层面包含信息需求与信息意识两个观测点；"信息道德与安全"

包含的信息道德与信息安全两个观测点，是关乎师范生信息时代背景下社会化发展的重要内容。由此确定"基本信息素养"包括"信息知识与技能""信息意识与需求""信息道德与安全"三个二级指标。

（二）支持学习的信息素养

诸多国际组织发布了 21 世纪学生发展核心素养框架，以回答 21 世纪到底需要培养什么样的人的问题。2007 年美国"21 世纪技能框架"提出批判性思维与问题解决能力、交流与合作能力、创新能力是新时代学生需掌握以实现创造性学习的关键技能。2012 年 OECD 的报告指出 21 世纪学生必须掌握批判性思维、学会学习、沟通交流与团队合作、创造与创新等十大核心技能。2014 年 UNESCO《全民教育全球监测报告》明确提出 21 世纪学生作为全球公民应具备的批判性思维、沟通能力、问题解决、创新意识等可迁移技能。2016 年我国发布的《中国学生发展核心素养》也提出了学生应具备理性思考与批判质疑的科学意识、乐学善学与勤于反思的自主学习能力以及进行创意转化与方案优化的创新能力等。可见，21 世纪学生学习发展的能力与素养有三点共同核心要求：第一，都强调科学的态度与思维：批判性思维、理性思维、反思精神等；第二，都强调学习能力：自主学习、合作交流、终身学习等；第三，都强调创新能力：问题解决与创造创新能力等。师范生作为高校学生以及未来的中小学生学习的引导者，科学的思维品质、有效的学习能力以及创新能力也是其发展信息素养的必然要求。因此，该指标体系提取"科学精神""学会学习""创新发展"作为"支持学习的信息素养"下的三个二级指标。调研发现，绝大部分专家认同在 2.0 时代下支持学习的信息素养应强调师范生思维习惯的转变与培养，形成理性思维、批判性思维、创造性思维，掌握应对复杂问题的自主学习、交流合作等可迁移能力。另外，86% 专家指出目前我国师范生创新创造能力有待提高，科研能力也普遍偏弱，不利于我国科研型教师队伍建设。因此，该指标体系将"创新发展"指标改为"研究创新"，最终确定"支持学习的信息素养"三个二级指标为"科学精神""学会学习""研究创新"。其中，"科学精神"指标包括理性思维与批判质疑两个观测点，强调学生在网络信息爆炸增长、价值观念多元发展的时代下进行价值判断时所需具备的独立思考和批判质疑的科学品质；"学会学习"包括自主学习与合作学习两个观测点，关注学生在信息化环境下对自身学习生活进行合理计划、监督调节与反思评价的能力，以及信息交互性环境下主动运用信息技术与同伴、教师进行信息交流分享与协作学习的能力；"研究创新"包括创新发展与研究能力两个观测点，强调师范生在学习过程中的信息创新创造和问题解决能力。

（三）支持教学的信息素养

教师的专业信息素养主要表现为教师应用信息技术教学的能力，特别是有效整合信息技术与课程，并营造出充分体现学生主体地位的教学环境的能力。有学者结合"互联网+"时代背景，认为教师应具备信息品质、信息知识与信息能力。还有学者认为教师应具备对信息技术融于教育的态度与信念。桑国元整合国内外教师信息素养基本内容，提出"互联网+"时代下教师信息素养应包括"教师的基本信息素养""教师关于信息化环境下学生学习和发展的信念""教师关于信息技术的态度与信念""整合技术的学科教学知识"四大部分。由此，该指标体系提取"教学信念""教学技术""教学整合"作为"支持教学的信息素养"下的三个二级指标。其中，"教学信念"指师范生在个性化、民主化、信息化的教学发展进程中应具备的对学生学习发展以及对教育信息技术的态度和信念，包括学生中心与技术价值两个观测点；"教学技术"指根据《中小学教师信息技术应用能力标准》确定师范生进行信息化教学所需掌握的基本软硬件及网络平台，包括设备操作、软件操作以及平台应用三个观测点；"教学整合"指师范生需具备的利用信息技术进行资源准备、教学设计以及预备教学环节中的教学实施、教学管理与教学评价五个观测点。专家普遍认同师范生除基本信息素养外还需要具备支持教学的专业信息素养，同时80%的专家还指出师范生与在职教师在现实教学情境及教学能力要求等方面仍有区别，针对"教学整合"指标，并不能完全以中小学在职教师标准对其整合教学能力进行要求。因此，为使指标更符合师范生教学整合的能力要求，指标体系中"教学整合"指标更多是融合师范生所受教师教育内容与培养目标要求。

（四）引领性指标设计及阐述

评价指标体系既是当前师范生信息素养的测评工具，更应成为未来师范生信息素养培养的指挥棒。为更好地应对未来以人工智能为核心的信息技术与教学整合的创新变革，未来教育工作者的培养无疑将面对更高的要求与挑战。因此，该指标体系在已有指标研究基础上，进一步联系未来信息技术与教学整合发展趋势，在"教学整合"二级指标的五个观测点资源准备、教学设计、教学实施、教学管理、教学评价上分别提出引领性指标，以期为未来师范生的培养方向提供引导。第一，"资源准备"。师范生不仅要选择和使用信息技术进行现有课程资源的加工管理，更强调师范生能根据预设的教学需要，主动运用合适的信息资源和技术工具进行多样化、多层次的教学资源设计和开发。第二，"教学设计"。师范生应积极利用信息技术进行"促进学习者中心设计"，合理运用大数据追踪、数字资源共享等信息技术服务于学情分析、个性化教学、创新性教学活动设计、教学进度预评等教学设计过程。第三,"教学实施"。强调师范生在真实或模拟的教学情境中,能够结合虚拟现实技术、AI教学助手、远程互动平台服务等信息技术创设优质的教学环境。第四,"教学管理"。强调师范生在真实或模拟的教学情境中,能够利用新兴信息技术,如情感计算、学习分析等,组织引导学生开展合作式、探究式教学活动,对学生需求和表现进行及时反馈并灵活调整教学步调,实现动态化教学管理。第五,"教学评价"。师范生不仅要使用评价量规、观察记录表、微格录课工具等传统信息资源和评价工具,更应充分发挥如大数据追踪记录、电子档案袋、学分银行、区块链评估系统等新兴信息技术工具在教学活动记录与评价中的优势进行智能化、综合化、个性化的分析和评估[1]。

---

[1] 李毅,何莎薇,邱兰欢.教育信息化2.0时代下师范生信息素养评价指标体系研究[J].中国电化教育,2020(06):104-111.

第二部分
地方院校师范生信息检索通识课程设计

第五章　课程目标、内容构建及教学模式

"有效的信息是竞争取胜的关键因素。"（比尔·盖茨语）为了获取知识信息，古人崇尚"皓首穷经"，赞赏"博闻强记"。而如今现实生活中，人们往往陷入这样的苦恼：一方面信息量急剧增长，呈现出"信息爆炸"态势；另一方面人们却茫然失措，不能准确及时地获取所需要的信息，出现检索困难。有人做过这样的描述："现在光浏览一下世界上一年内发表的有关化学的论文和著作，一个化学家如果他每周看40个小时，也要读上48年。"一个人的阅览能力是有限的，这与信息总量激增的反差，已呈几何级数增长。如何有效地获取与选择信息，已经成为人们学习、工作和生活的基本功。人们必须掌握信息检索知识，提高信息检索能力，才能适应信息社会的要求。

劳动智力化和以人力资源为依托是社会信息化高度发展的必然要求。信息化社会对人才素质提出了具有时代特征的新要求，即新型人才要具有信息方面的知识和能力，能不断自我更新知识结构，有创造性和应变能力。基于知识的信息产业是竞争最为激烈、变化最为急剧的产业。只有具备敏锐的信息意识，以最有效的方法去获取和利用各种信息，才能适应信息发展的瞬息万变，在竞争中立于不败之地。

为了能适应信息社会的需要，新型人才必须具有很强的信息素养，亦即能以最为有效的方法和最高的效率去获取、分析、加工和传递信息。正如著名的未来学家尼葛洛庞蒂所说的："计算机不再是只和计算有关，它决定我们的生存。"信息化、信息方面的知识与能力已和体现传统文化基础的"读、写、算"方面的知识和能力一样重要，不可或缺。"缺乏信息方面的知识与能力就相当于信息社会的'文盲'，就将被信息社会所淘汰。"

信息检索课是作为培养大学生信息素养而开设的一门课程，它注重培养高校学生获取信息能力，增强知识自我更新能力和科研创新能力。本章从信息检索课所涉及的一些相关概念的分析入手，对信息检索课的性质与学科地位进行了探讨，指出必须改革传统的以图书馆利用为内容的文献检索课，开展信息检索课的课程研究及教学实践活动。从课程理论出发，对信息检索课的课程目标及确定依据、课程内容及组织原则、教学模式及选择运用等进行了初步探讨，并以师范院校为研究对象，构建具有师范特色的新的课程目标和内容体系，同时对网络环境下信

息检索课的各种教学模式做了尝试性研究。

要培养出适应信息社会需要的新型人才，传统的教师角色必须发生变化，即教师必须由过去单一的知识传授者变为学生的导师、课程的设计者和开发者、研究者、合作者、终身学习者，同时，教师还应具备良好的信息素养、人文精神和创新精神。作为职前教师培养基地的师范院校，在培养未来教师信息素养方面将起着举足轻重的作用。

5.1 信息检索课课程目标的构建

课程目标是课程改革、设计、实施和评价各个活动环节的重要指导原则。对课程改革者来说，课程目标是设计新型课程的首要一环；对教师来说，课程目标是施教的依据；对学生来说，课程目标是引导学习的指南；对一般社会和教育人士来说，课程目标是评估教学质量的准绳。课程的开发是有设计、有系统的活动，从决定课程目标开始，随后依据目标产生有组织的行为和实际活动。课程目标是课程开发的理想，也是课程评价的标准。因此，在课程开发活动中，课程目标的确定占有非常重要的地位。信息检索课课程目标的确定，对信息检索课程内容的确定、信息检索课的实施与评价都将产生直接影响。

课程目标确定的依据

信息检索课是一门以培养大学生信息意识和信息获取能力为主要目的，以培养学生信息素养为最终目的的课程。"课程目标是课程改革、设计、实施和评价各个活动环节的重要指导原则。对课程改革者来说，课程目标是设计新型课程的首要一环；对教师来说，课程目标是施教的依据；对学生来说，课程目标是引导学习的指南；对一般社会和教育人士来说，课程目标是评估教学质量的准绳。"课程的开发是有设计、有系统的活动，从决定课程目标开始，随后依据目标产生有组织的行为和实际活动。课程目标是课程开发的理想，也是课程评价的标准。因此，在课程开发活动中，课程目标的确定占有非常重要的地位。

课程目标的基本来源是学习者的需要、当代社会生活的需要、学科的发展。信息检索教育课程目标与其他课程目标一样，取自学科发展的需要、当代社会生活的需求和学习者的需要。作为信息检索课，其课程目标也离不开这三个基本维度。

1. 学科自身的发展需要重新定位课程目标

很多学校的文献检索课程仍然停留在方法传授与技能培训的层次上，教学内容偏重于技能训练，忽视对信息意识的培养，远远未上升到信息素养教育层面。

课程自身的教学观念落后，或者说目标定位失误是课程发展缓慢的内因。从文献检索课的发展历程看，理想的课程目标与国际上信息素养教育的内涵要求是基本一致的，这为课程的发展指明了方向，而现代教育技术进步与图书馆自动化、网络化也为课程的改革与发展提供了广阔的空间。

2. 信息社会要求大学生提高信息素养

当今社会是信息化社会，要求培养具有信息素养的新型人才。除了要向学生传授科学文化知识，更要让学生感受、理解知识产生和发展的过程，培养学生收集处理信息的能力、获取知识的能力、分析和解决问题的能力。在信息社会中，对知识信息的获取和加工处理已逐渐成为生产和工作的主要活动，知识经济的发展直接依赖于知识和信息的积累和利用，因此要求当代大学生必须具备良好的信息素养。

目前世界高等教育发展的趋势是由专才教育转向通才教育，培养"复合型"人才。学生不仅要接受知识，更重要的是要学会求知。信息化社会要求受教育者应具备的基本的素质之一，就是具有高度的信息意识和获取知识的能力。只有具备了这种素质，才能在他的一生中，永远保持对信息、知识的敏感性和洞察力，时时处处密切关注与自己日常生活、学习、工作有关的世界上最新的科学知识、最先进的技术，才能随时随地按照社会需求，按照自己的意愿自觉主动地学习吸收新知识、新技术，不断改善、调整、更新自己的知识结构，促进各方面能力的发展，才能永远不落伍。因此，给学生以打开知识宝库的钥匙，使他们获得继续自我教育的基础，将会使他们受益终生。

3. 教育信息化要求开展信息素养教育

教育信息化已成为世界范围内教育现代化的重要标志。未来社会需要信息化人才，而信息化人才的培养，有赖于教育的信息化。教育信息化是教育从观念、思想、理论到手段、方法、模式等的根本性变革，开展信息教育，培养学习者的信息意识和信息能力成为当前教育改革的必然趋势。这场变革能否顺利进行并取得成功，关键在教师。这正如联合国教科文组织的文件所指出："教师是变革的动力，是塑造新一代性格和思想的积极参与者。人类从来没有像今天这样痛切地感悟到教师在这些方面的重要作用。""在传授人类积累的关于自身和自然知识方面以及在开发人类创造力方面，教师将始终是主要的责任者，始终起主导作用的决定因素。"因此信息教育的开展，首先需要教师具备相应的信息素养。

教师具备良好的信息素养，表现在教师应具有良好的信息意识，能主动从大量的信息资源中感知、发现、获取和利用各种有关信息；教师应具备良好的信息处理和获取能力，掌握信息的检索技术。能通过科学的方法，尽可能在有限的时间内获取最有用的知识信息；教师应具有教学媒体的选择能力和整合能力，具有崇高的信息道德观念和健康的信息心理。

当今，在世界范围内，各国都将师资建设作为推进教育改革、提高教育质量的一个重要方面，十分重视教师的素质培养。1996年联合国教科文组织在发表的教育报告中指出："对教师素质的重要性再怎么强调也不会过分，各国政府尤其要重视基础教育师资的质量作为自己的重要职责。"教师的信息素养是教师整体素质的重要部分，无论是从顺应时代发展考虑，还是从适应信息教育开展的需求着想，抑或从教育系统本身的改革、发展出发，教师的信息素养培养都应得到充分重视。

新型教师的培养来源于教师教育。职前师范教育作为培养师资的工作母机，直接关系到基础教育师资队伍建设。师范教育要从过去只重视知识储备训练，转变为以能力的培养、综合素质的提高，以及情感和态度的养成为重点。师范院校培养的毕业生是信息工作者，获取信息能力的高低更是他们进入社会后能否发挥职业信息工作者职能的重要素质。

当前，实施对未来教师的信息素养教育，就是要按国家教育部有关文件要求开好师范院校信息检索课。因为信息检索课的内容与信息素养教育的内容基本一致，信息检索课程教学的目标也就是信息素养教育要达到的目标。通过设置专门的课程进行系统学习，对职前教师进行规范的信息素养教育，这是培养、提高教师信息素养的最根本的办法。

4. 学习者的终身教育对信息素养的要求

终身学习是21世纪生存概念，每一个人必须终身持续不断地学习，终身教育贯穿于人的一生。1972年5月联合国教科文组织下设的国际教教育发展委员会，在发表了著名的报告《学会生存——教育界的今天和明天》中提出了终身学习观，指出"唯有全面的终身教育才能够培养完善的人……我们再也不能刻苦地、一劳永逸地获取知识了，而需要终身学习如何去建立一个不断演进的知识体系——'学会生存'"；"科学技术的时代，意味着知识正在不断的变革……教育应该较少地致力于传递和储存知识，而应该更努力寻求获得知识的方法（学会如何学习）"。1989年又提出"学习应当越来越成为学习者主动和推动的过程""学习应当是一个不断取得能力的过程""学会怎样学习，以便为终身学习打下基础，包括开发批判地评估自己的学习能力""终身学习是通过一个不断的支持过程来发挥人类的潜能，它激励并使人们有权利获得他们终身所需要的全部知识、价值、技能与理解，并在任何任务、情况和环境下有信心、有创造性和愉快地应用它们""学校应进一步赋予学生学习的兴趣和乐趣，学会学习的能力以及对知识的好奇"。美国未来学家托夫勒指出：未来的文盲不再是不识字的人，而是没有学会学习的人。

终身教育的基本含义就是指人在其一生的不同发展阶段都要接受不同形式不同内容的教育。个人从学校所获得的知识不再可能受用终身，人们只有不断地学习，才能跟上社会和时代的步伐。终身教育观念是对传统的一次性终结教育观念的彻底革新。终身教育是一个内涵深刻而外延广泛的概念，它反映的是一种与传统教育观念完全不同的新的教育理念和教育思潮。

现代教育，更注重的应是学生能力的培养。未来的教师都将是终身学习者，只有这样的教师才会从自己的生命体验中懂得终身学习的价值，努力在自己的教育实践中培养学生对学习的兴趣、习惯和技能。从根本上讲，具有信息素养的人是那些知道如何进行学习的人。他们知道如何进行学习，是因为他们知道知识是如何组织的，知道如何去寻找信息和如何去利用信息。从学习的角度来看，终身学习的本质核心是学习者的信息素养的培养，"'学会学习'意味着受过教育的人将会知道从哪儿能很快地准确找到他所不知道的东西"。这也正是信息素养的内涵。

综上所述，当代信息化社会和教育信息化的需要、大学生素质教育的开展和学习者的终身教育的要求，都是构成信息检索课课程目标的来源和依据。信息检索课正是一门以培养学生信息素养为目标的课程，是回应素质教育、终身教育，适应信息社会发展的最直接、最有效的途径。

5.2 信息检索课课程目标

信息检索课以培养学生信息素养为总目标。每一项课程目标的制定，都基于人们对信息素养含义的理解。信息素养本质上包含意识、道德、知识与能力四个方面，信息检索课课程目标也从这四个方面来制定。

1. 信息意识的培养

信息意识是人脑的机能和属性，是信息主体对信息的认识过程，也是其对外界信息环境变化的一种能动的反应；因此，信息意识对信息主体的信息行为必然起着控制作用，信息意识的强弱直接影响到信息主体的信息行为效果。在信息检索与利用中，信息意识具有强大的能动性作用，主要表现在：信息意识影响用户的信息需求及其表述，支配信息检索者的行为，推动信息主体创造新的知识信息。

从个体信息意识的表现形式来看，信息意识包括信息主体意识、信息获取意识、信息传播意识、信息保密意识、信息守法意识、信息更新意识等，它们都是个体适应环境、实现自我发展的重要基础,是信息素养的重要组成部分。

信息意识教育是一个比较抽象的概念,可理解为时时、事事、处处敏锐地收集与工作、学习、生活有关信息的一种意识感悟力。有了信息意识,才会有学习、掌握检索技能的主动性,才会在课题研究时,随时随地关注与己有关的信息,并且有目的地收集这些信息。

2. 信息能力的培养

信息能力的培养包括以下几方面的能力:

(1)主动获取信息的能力。具有敏感主动的信息意识,能够根据自己的学习目的去发现信息,有效地收集各种学习资料与信息,能熟练地运用阅读、访问、讨论、参观、实验、检索等获取信息的方法。

(2)运用信息工具的能力。能熟练使用各种信息工具,掌握从图书资料的检索到计算机信息处理软件和网络浏览器、网络通信工具软件的灵活使用。

(3)善于处理信息的能力。能够从丰富的信息中选择和鉴别自己所需要的信息;能够明白易懂地表达自己的研究成果和传递给他人;能够充分运用信息工具进行学科知识的学习和研究。

(4)信息的创新能力。通过对众多信息的归纳、综合、抽象、直觉、评价等思维活动,找出倾向性、法则性、相关关系、因果关系等规律,得出创新的结论,从而创造新信息,达到收集信息的终极目的。

3. 信息知识的培养

信息知识即对信息的认识。包括对信息的属性问题的认识,信息源的认识,信息产生过程的辨析,信息系统构成的了解,信息传递与运动的理解,以及信息产生利用过程中的组织与管理的认识。

注重应用性信息科学知识的培养。即对信息科学基本知识的了解,和对信息源以及信息工具方面的知识的掌握。信息学科知识,包括文献学、信息学;信息技术技能知识,包括计算机在信息检索中的应用、信息检索语言、信息检索技术与方法;信息相关背景知识,包括信息与治学、信息与社会、信息安全、信息策略;网络知识等。

4. 信息道德的培养

信息道德是指在整个信息交流活动中具有的道德品质。信息道德是信息创造者、信息服务者和信息使用者之间相互关系的规范的总和。

其主要内容包括:信息交流与传递目标与社会整体目标的协调一致;承担相应的责任和义务;在信息活动中坚持公正、公平原则;尊重他人知识产权;不非法摄取他人的秘密,不制造和传播伪劣信息;正确处理信息创造、信息传播、信息使用三者之间的关系，恰当使用与合理发展信息技术；遵守各国各信息系统的信息传播和使用的各种规定和法律，抵制违法信息行为等。

要培养学生遵循信息应用的伦理道德规范，具有新型的协作意识，形成正确的世界观和人生观，不搞非法活动，预防信息犯罪等。

5.3 信息检索课课程目标的具体表述

总目标：培养学生的信息意识，增强学生对信息的检索、获取、分析和评价能力，提高信息知识水平，增进学生的信息道德修养。

目标1：认识并且清晰地表述对信息的需求。
（1）基于信息需求，简洁陈述相关问题；
（2）识别描述信息需求的关键性概念和术语；
（3）精练和修改信息需求，找到易于操作的关键点；
（4）用分析的和创造性的思想认识对信息的需求。

目标2：熟悉信息的设计、存储和组织的方式。
（1）定义信息源；
（2）确定信息的形式；
（3）描述信息的组织方式。

目标3：识别和选择最合适检索方法或信息检索系统。
（1）确定所需要信息的类型（如文献信息、事实还是数据）；
（2）选择最适当的检索工具。

目标4：制定并实施有效的检索策略。
（1）明确表述一个有效的检索策略；
（2）使用适当的检索工具进行检索；
（3）评价检索结果，并根据需要修订检索策略。

目标5：识别、定位并且检索信息。
（1）记录相关的信息和它的来源；
（2）确定信息所在的位置；
（3）充分利用各种形式的信息；
（4）合法地、合乎伦理地获取和使用信息。

目标6：分析、评价和合成信息。
（1）检查信息的内容和结构；
（2）清楚地表达和运用信息、信息源的评价标准；

（3）合成信息，构造新的观念。

目标 7：有效地使用信息达到特定的目的。

（1）在产品的创造中将新的信息和已有的知识结合起来；

（2）将这个产品（信息）与其他人进行有效沟通；

（3）承认对信息源的使用。

目标 8：评价信息检索过程和信息产品。

（1）对成功的、失败的和可供选择的检索策略进行反思；

（2）在信息需求的前后关系内，评价信息检索的过程和产品。

5.4 课程内容及确定依据

所谓课程内容，是指"各门学科中特定的事实、观点、原理和问题，以及处理它们的方式"。课程内容与课程目标具有关联性和互动性，课程目标为课程内容的选择提供了方向性的指导，而课程内容又反过来影响着课程目标的实现。因此，对课程内容的认识需要充分考虑课程目标的属性和要素。

在师范院校开设信息检索课，必须考虑到课程内容的问题，即当我们的课程目标确定之后，应该选择组织哪些内容来更好地体现课程目标。

5.4.1 课程内容确定的原则

课程内容与课程目标具有高度的一致性，信息检索课课程目标的来源是社会、文化以及学生个体经验的综合。从教育学、心理学、社会学角度出发，根据课程理论和高师教育的特点，以提高师范生信息素养为目标，构建具有师范特色的信息检索教育课程体系。课程内容的选择应体现以下原则：

1. 综合性原则

信息检索课是一门公共基础课，它的这一特点决定课程内容的综合性。信息检索课的特点是综合性强，包括多学科的知识。它综合利用再现了图书馆学、情报学、目录学、分类语言学、文献学、计算机科学、各类工具书使用法等知识。信息检索是获取知识的科学方法，属知识之知识。它不是上述各学科内容的简单罗列，而是根据信息检索课的实际需要，找出各学科之间的内在联系，形成重点突出，结构严密的有机知识体系，培养学生比较全面的综合能力。

科技的发展，社会的进步，各学科知识的交叉结合，决定现代人需要的是综合的知识，综合的能力。在今天新知识、新学科、边缘学科、交叉学科层出不穷。知识大量生产和迅速老化，信息量极为丰富。

作为现代人，未来的中学教师需要具有多方面的智慧和才能，需要具有广阔的视野和科学思维的头脑，才能适应现代生活和现代社会。就知识而言，教师具备广博的知识面和较强的获取信息能力，远比具备精深的专业知识更重要。尤其是中学教育的复杂性，工作的多样性，要求教师是个多面手、"通才"。因此师范院校的信息检索课，不仅要注重传授给学生从事教学所需信息检索基本知识和技能，而且还应注意培养学生运用信息检索知识不断获取方方面面知识，从事教学教育实践比较全面的综合能力。

贯彻通用性原则，注重综合性，适当照顾专业性。合理安排检索工具书的综合与专科介绍。将各学科必须涉及的综合性书刊的利用和查检集中加以介绍，还应注意将专业资料的检索融进检索知识，检索工具的讲述中。

2. 突出师范性原则

一名合格的教师不仅需要某一学科的专业知识，更要具备相当的教育科学素质、教育教学方法和技能。教育专业教育是高师教育所独有的，并由此构成了高师教育特色的特色，即师范性。从师范院校毕业的学生，不管他所学专业是什么，走上工作岗位后都要从事教育工作，要用到教育学、心理学以及种种相关知识，要进行教育教学的研究。遵循师范性的原则应是师范院校信息检索课与其他类型院校信息检索课的重要区别。师范院校要根据自身的性质在信息检索课教学中侧重教育学、心理学和教学法等学科门类以及中学教育书刊资料等信息检索知识的介绍。在信息检索课教学中要注重介绍能体现师范特色的检索工具和信息源。

师范院校的教学，还十分重视培养学生从事教学实践的能力。因为师范教育所研究的主要不是某些知识的本身，而是研究如何把知识传授给学生。信息检索课不仅要体现注重培养学生的检索能力，还要体现注重培养学生具有普及信息教育的能力。掌握信息教育的方法、技能和技巧，才能在将来更好地对学生进行信息教育。所培养的收集利用信息的技能是学生终身需要的，这些能力和技能内化成为大学生知识结构中不可或缺的一部分。可以说，分析问题、解决问题等能力和检索技能的提高对于师范生来说有着更深远的意义。

3. 实用性原则

信息检索课要紧密结合各学科专业，利用学生比较熟悉和热爱的本专业特点，提高学生的学习兴趣。在讲授检索知识和检索工具时，要注重实用性。

所谓实用性，根据学生的学科专业特点或学生感兴趣的课题，介绍最有实用价值的信息源和信息检索工具。介绍相关学科最有代表性的检索工具和数据库。要讲清在遇到什么样问题、在什么情况下利用什么样的信息检索工具。这种实用性不仅针对学生自身的专业特点，也考虑到学生走向社会后所从事工作的性质。

要选择与师范生今后的工作、学习和科学研究活动中密切相关的检索工具加以介绍。尤其是要培养学生的信息意识，教会学生运用所掌握的信息检索知识和技能判断如何利用最合适的信息源，选择最有效的信息工具，进行教学工作组织和自我知识的更新。

4. 时效性原则

课程内容要体现出新颖性的特点，注重时效性。新知识、新学科不断涌现，新的信息瞬息万变。要及时把握最新的科研成果，随时补充新的内容，反映最新信息，以适应不断发展形势的需要。要保持课程内容的先进性，及时更改教材或补充最新内容，让学生了解学科发展前沿状况。重视相关学科文献的介绍，介绍新出版的工具性书籍和预告文献编纂的新成果。教材还要及时把最新的信息技术介绍给学生。

增加利于培养学生信息分析、综合处理、创新等能力方面的内容，教会学生在获取大量的原始信息后，进行鉴别、筛选，加工分析综合出更新更有指导意义的信息，然后将新的信息应用于自己的学习研究或指导社会实践。增加信息交流与传播的内容，以增加学生交流、传播信息的意识与能力。增加最新的有代表性数据库和网络知识。

5. 实践性原则

信息检索课的知识特点是，实践性和可操作性很强，这就要求课程内容的选择要遵循实践性与理论性相结合的原则。

信息检索课程内容所显示的不仅是检索工具使用的常识和技术，它同时所显示的是一种学习、思维、科研方法，在教材中要充分展示文检理论的深度和广度，深入揭示文检知识的规律，将信息检索的基本理论、基本原理、基本方法表述透彻。在深入揭示理论知识规律的基础上，设计科学的检索实习题，让学生通过系列训练应用理论巩固知识。让学生感到对检索知识真正学懂会用。

在课程内容中，要注意处理好理论和事实、观点和材料的关系。既要提出基本概念、原理、规则等科学知识，又要列举实例、规定观察、实习、参观等项目以丰富学生的感性认识。所论述的理论知识，应该是精练出来的具有规律性的基本原理和基本概念，学生理解掌握了它们，就能用其共性的规律来指导千差万别不断变化的具体检索实例。要体现"知用结合，以用为主"的原则，有针对性设计好与检索技能训练有关的内容，巧妙地运用理论知识学会检索方法。使学生能在检索理论的指导下，以学习检索实例基础达到熟练地使用各种检索工具的目的。要特别注意加强事实信息的检索。学会熟练检索人物、事件、典故等。学生边学理论边实践，动脑又动手，理论和实践有机结合，就取得事半功倍的效果。

除了上述的几个原则，信息检索课还将新信息技术的应用放在课程内容的重要位置。学习信息知识、掌握信息技术、运用信息资源，将成为高等学校培养的跨世纪人才必备的知识与技能。信息检索课是与信息密切相关的课程，是大学生学习信息知识、运用信息资源必不可少的基础课程。这就有必要在高师信息检索课教学内容中填充信息技术应用方面的内容，将计算机检索和手工检索结合起来。如今联机检索系统使用十分广泛，光盘数据库种类繁多，网络资源丰富且使用方便，更加强调学生利用计算机和网络来获取信息的能力，计算机信息检索将成为信息检索课的教学重点。此外，新技术的应用还体现在将现代教育技术作为教学手段，如计算机辅助教学，多媒体教学等，网上教学也是信息检索课教学的最新形式。

5.4.2 课程内容的几个方面

1. 信息科学知识内容

信息科学知识包括信息知识、信息的组成与分类、信息检索语言、信息媒体知识等。

信息检索知识结构流程图如下所示：

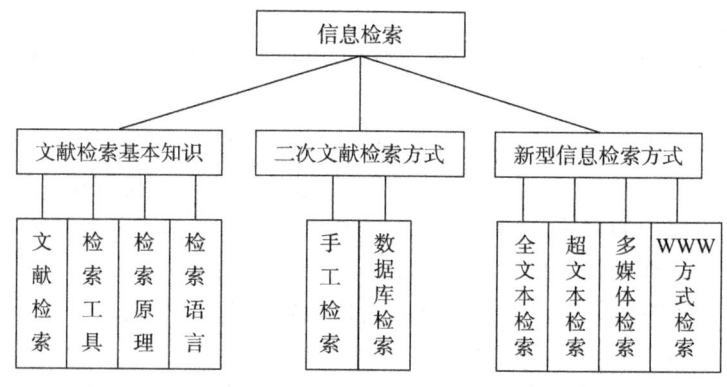

由于网络信息检索具有多样性、灵活性，网络信息资源的范围、数量很大，网络检索工具及检索方法繁多等特点，尤其要重点设计好"网络信息检索"的具体内容。

2. 信息意识教育内容

包括对知识信息的本质及功能认识、个体潜在的信息需求分析、潜在信息意识转化为显在的信息需求等有关内容。

信息意识教育要贯穿于整个信息检索教学的过程中，使学生主动擅长对各类信息源发出的各种与己有关的信息收集，具备信息时代所要求的信息驾驭能力。

在课程内容的安排上，可以将政治、经济、科研等领域发挥作用的典型事例等信息贯穿其中，增强学生的感性认识；在信息检索的授课和实习等教学内容中，时时强调信息的作用。通过对印刷载体和电子媒体信息的检索方法的介绍，强化信息意识的培养，使"信息意识"这一概念借助于教学和实践，形成信息感悟和捕捉能力，对学生进行信息意识的教育。

3. 信息能力教育内容

包括信息认知能力，信息获取能力，信息处理能力和信息利用能力以及对信息的分析评价等。

改变过去单纯传授检索工具的使用方法的做法，建立一种着重介绍检索工具的基本结构、基本原理、基本方法和基本思路的体系，内容包括典型检索工具的剖析，结合印刷型与电子型检索工具，讲授其基本结构、检索原理、检索策略制定（包括检索语言、检索点和检索途径等）和实施检索的基本方法与思路。介绍网络基本知识和基本服务功能，超文本检索、超媒体检索、全文检索，以及WWW等基本网络检索工具的应用。强化实习环节，精心设计实习题目。通过实习，学会综合运用各种检索工具和网上查询工具，使学生掌握检索技能。

要强化信息应用管理能力的教育。因为信息检索教学的最终目的，不单是教会学生怎样去查找所需信息，还要使学生如何将所需信息转变成为个体的知识才能，进而转变成物质文化财富。信息管理教学，即是信息分类、整理、贮存、处理的教学。配合所学专业和一些专题论文撰写，有针对性地指导学生如何收集信息、整理信息、筛选可利用信息，使学生在形成对信息检索的意识和技能的基础上，具备整理和利用自行检索到的知识信息能力。

4. 信息道德教育内容

信息使用的经济、法律和社会问题，承担相应的社会责任和义务。在信息获取和利用时遵守有关的法律、规章制度和行为规范；知识产权知识。正确合法地使用有关信息资源，合理使用或引用等。网络伦理问题，预防信息污染，对各种有害信息的鉴别和安全防范知识，依法治网，以德治网，预防信息犯罪等。

5.4.3 师范院校信息检索课内容构建

根据信息检索课的课程目标和师范院校的培养目标，来组织课程内容，新课程知识体系主要应包括如下内容。

1. 信息的基本知识

包括信息的基础理论和基本知识，图书馆利用知识，信息的组成与分类，文献信息知识和数字化信息基础知识等。

2. 信息检索与信息系统

集中了手工检索和计算机检索的基本知识，印刷型和电子型检索系统的通用排检方式、检索语言的种类等。

3. 检索方法与检索技术

将检索原理、手工检索方法、联机检索技术、光盘检索知识、网络检索类型等按照检索的基础知识体系来组织。

4. 信息源

信息源的类型与特点。将综合型、专业型、单一型、事实型等典型工具的结构、使用方法作简要介绍。重点介绍 Internet 网络资源。

基于上述基本框架和构想，师范院校《信息检索》课程的具体篇章结构如下所示：

（1）文献信息学的基础知识：文献、信息、信息检索的基本概念及类型、信息检索的意义；

（2）信息资源：信息源的概念、信息源的产生与发展、信息源类型和特点、信息源的利用；

（3）信息收集与组织方法：分类组织法、主题字顺组织法、其他常用组织法；

（4）信息检索系统与检索技术：检索系统的类型、检索技术、检索效果、检索步骤；

（5）各种工具书的使用：字典、辞典、百科全书、年鉴、手册、名录、表谱；

（6）书目检索系统：国内外重要的信息系统介绍、各种综合性和专业性数据库的使用；

（7）互联网信息和利用方法：网络信息资源介绍、联机公共检索目录使用方法、网络数据库的使用与评价、网络检索工具类型与检索技术、各种类型搜索引擎的特点及使用；

（8）信息应用能力的开发和信息的分析与评价：信息收集的策略、信息选择的原则与标准、信息开发利用的方法；

（9）网络信息检索的有关问题与对策：信息使用的经济、法律和社会问题，如信息道德问题、信息安全、知识产权保护。依法治网，以德治网，预防信息犯罪等。

5.5　信息检索课教学模式的选择

在信息检索课教学实践中，可以采用多种教学模式和方法。这里仅选几种典型模式及方法加以介绍。

5.5.1 建构主义环境下的教学设计

1. 建构主义学习理论和学习环境

建构主义学习理论以学生为中心,强调学生对知识的主动探索、主动发现和对所学知识意义的主动建构。最早提出这一理论的皮亚杰,他创立了源自儿童认知发展的理论。建构主义学习理论认为,学习环境是学习者可以在其中进行自由探索和自主学习的场所。在理想的建构主义学习环境中,学生可以利用各种学习工具和信息资源(如文字材料、书籍、音像资料、CAI 与多媒体课件以及 Internet 上的信息等)来达到自己的学习目标。学习应当是被促进和支持的,而学习环境则是一个支持和促进学习的场所。

信息检索课的学习环境,应该是一个适合主体性教学的开放性的学习环境。它将不局限于课堂和图书馆检索室或多媒体阅览室等某个实习场地,同时也不局限于上课时间和检索实习时间。学生在这样的学习环境中学习,不仅能得到教师的帮助与支持,而且学生之间也可以相互协作和支持。

2. 信息检索课学习环境的设计

建构主义理论认为,学习是在一定的情境即社会文化背景下,借助其他人(包括教师和学习伙伴)的帮助即通过人际间的协作活动,利用必要的学习资料而实现的意义建构过程,"情境"、"协作"、"会话"和"意义建构"是学习环境的四个要素。

关于"情境"。学习环境中的情境必须有利于学生对所学内容的意义建构。在建构主义学习环境下,教学设计不仅要考虑教学目标分析,还要考虑有利于学生建构意义的情境的创设问题。情境创设是教学设计的重要内容之一。在情境创设中,信息检索课应为学生创设出真实的问题情境,问题的提出应尽量结合教学科研的实际,让学生仿照科研人员解决实际问题的过程开展检索实践,鼓励学生自己提出感兴趣的问题,自己解决问题。

关于"协作"与"会话"。在建构主义学习环境中,协作贯穿于整个学习过程的始终。它对学习资料的收集与分析、假设的提出与验证、学习成果的评价和意义的最终建构,都有着非常重要的作用。协作学习的过程同时也是会话的过程。通过会话,可以使每个学习者的智慧与成果为整个学习群体所共享,这也是学生学习活动意义建构的重要手段之一。信息检索课学习中的协作与会话,既存在于教师与学生之间,也存在于小组学习成员之间,成为一种真正的互动式学习。

关于"意义建构"。这是整个学习过程的最终目标。所要建构的意义是指事物的性质、规律以及事物之间的内在联系。在学习中帮助学生建构意义,就是要帮助学生对当前学习内容所反映的事物的性质、规律及该事物与其他事物之间的内在联系达到较深刻的理解。这种理解在大脑中的长期存储形式就是关于当前所学内容的认知结构。信息检索实践最重要的意义在于分析课题，制定正确的检索策略和检索提问式，运用最合适的检索手段得到最满意的检索结果。

3. 建构主义学习环境下的信息检索课教学设计

（1）教学目标分析

对信息检索课整个课程内容及各个教学单元进行教学目标分析，以确定当前所学知识的主题。将内容分为几个组成部分，比如信息科学知识、信息源分布、信息检索技能、网络信息检索、信息意识与信息道德等。每一部分都有相应的主题，而且各个主题不是孤立的，主题与主题之间相互关联。

（2）情境创设

创设与主题相关的尽可能真实的情境。应结合教学科研实际提出问题，为学生设计与科研人员进行文献调研、信息检索时尽量一致的问题情境，由教师和学生共同设计检索课题。

（3）信息资源设计

确定学习本主题所需信息资源的种类，以及每种资源在该主题学习过程中所起的作用。信息资源设计的意义在于支持学生的自主学习和协作学习。在信息资源的设计中教师应注意对学生创新能力的培养。

（4）自主学习和协作学习

采用"引导—探究学习法"进行信息检索课的教学与实习活动，在个人自主学习的基础上，开展小组成员的讨论、协商。整个协作学习过程均由教师组织引导，学生参与检索课题的制定。自主学习可以发挥学生的首创精神、知识外化和实现自我反馈，有助于提高学生获取信息能力、利用信息和评价信息的能力。协作式学习有助于培养学生的合作精神和科学思维及表达能力。

5.5.2 基于问题学习的教学模式

1. 问题学习的概念和目的

"问题学习"的英文原文是 Problem Based Learning（PBL），也被译为"基于问题的学习"。问题学习指的是，由教师精心设计问题学习单元，要求学生充当复杂问题的解决者。学生通过调查和解决问题的过程，提高对某些主题、概念和知识的理解，养成理解问题、分析问题和解决问题的能力和技能，从而获得解决现实问题的经验。美国的南伊利诺斯大学的霍华德·白瑞斯（Howard Barrows）和安·凯尔森（Ann Kelson）博士给 PBL 下了一个定义："PBL 既是一种课程又是一种学习方式。"作为课程，它包括精心选择和设计的问题，而解决这些问题要求学习者能够获取关键的知识，具备熟练的问题解决技能，自主学习的策略，以及参与小组活动的技能；作为一种学习方式，学习者要使用系统的方法去解决问题以及处理在生活和工作中遇到的难题。

运用问题学习法的目的在于：（1）培养学生独立的思考能力，使学生成为富有成效的思考者；（2）培养学生解决问题的能力，使其能胜任含有复杂问题的工作；（3）培养学生自主学习的能力，形成自主学习的技能。通过不断的自我学习培训，提高适应社会的能力和应变能力；（4）培养学生养成善于综合运用各门学科知识解决问题的用脑习惯；（5）为学生奠定进一步掌握广泛知识的基础，养成围绕概念和主题组织知识的能力，形成深入思考的习惯，促进迁移的能力，具备调查各门学科典型问题的能力。

2. 问题学习教学模式

问题学习教学模式是以认知论为基础，以教学论原理为依托，结合学习的特点和实际概括、抽象出的一种教育方法。它实际包含以下几种因素：（1）由问题产生学习需要；（2）运用已知的知识和经验，构建解决问题的策略；（3）在解决问题实践中深化对知识、技能、技巧的认知和掌握；（4）对问题解决过程进行反思与评价，形成完整、系统和严密的认知结构。

就学生技能、技巧的培养和掌握而言，问题学习教学模式比系统化授课效果更显著。这种模式的典型教学过程是：学生以小组为单位，开始解决一个实际问题；为了解决问题，学生往往需要获得一些必要的专业知识，即所谓的学习议题，学生分头查找资料获取知识，然后相互交流所获得的知识，并讨论如何用所获得的知识来促进问题的解决；如果在讨论的过程中，小组发现还需要研究另外一些新的学习议题，学生们就需要反复循环地产生学习议题、分头查找资料、小组交流并讨论问题解答，直到问题得到解决；问题解决后，学生们还需要对自己的学习过程进行自我反思和评价，总结所获得的知识和思维技能。

问题学习就是要把知识的学习与真实问题情境联系起来，使学生在解决实际问题的实践活动中，创造潜能被最大限度地开发出来。也就是说，建构知识的过程本身就是一个解决问题的过程，一个学会学习的过程。

3. 网络环境下的问题学习模式的特点

所谓网络环境，就是通过建立一个局域网和互联网建立主题学习网站，构建虚拟和现实相结合的学习情境，学生与教师在平台上实现基于丰富资源的交互式学习，进行信息检索与收集的活动。网络环境下"问题学习"教学模式呈现出开放性、多元化、动态性，通过学生内外部世界的积极互动，形成属于他们自己的探究态度。

网络环境下"问题学习"教学模式的教学流程大致如下：

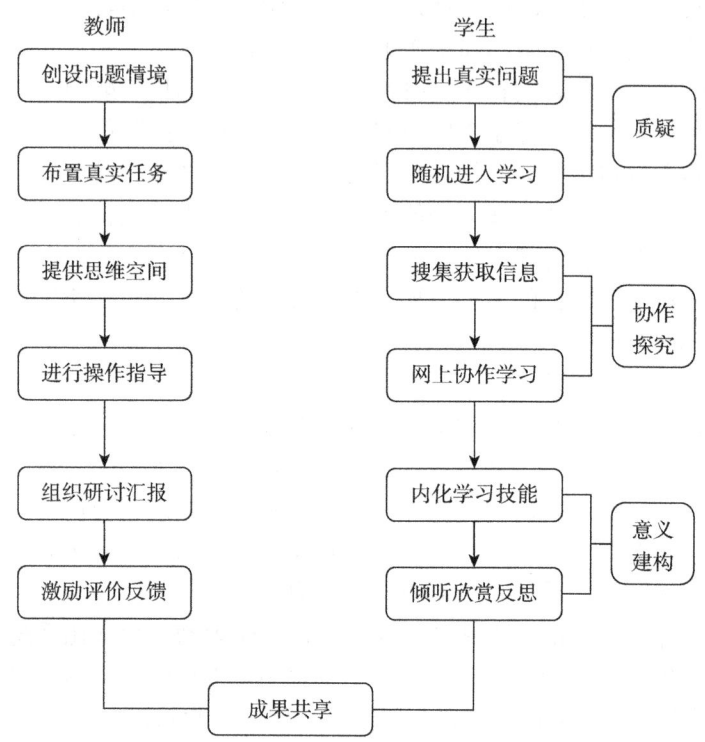

网络环境下"问题学习"教学模式中，问题是重要载体，既是思维的起点，又是思维的动力。问题可以由教师提供，亦可以由学生自己选择和确定；可以是思辨性的，也可以是实践操作类的；可以是已证明的结论，也可以是未知的领域，但最关键的是提出的问题要是学生感兴趣的，是学生经过努力可以完成的。网络环境创设的问题情境，引发出适当的认知冲突，为学生的"问题学习"提供了一个探究的平台。多维的信息传递、交互的尝试学习与快捷的教学反馈，使不同层次的学生都能以适合自己的方式学习感兴趣的内容。与传统教学模式相比，这是一个多源信息网络系统，形成信息源→传播→接收→反馈的传播规律，完成人—机、人—书、师—生、生—生之间的交互和沟通，信息沟通更加频繁活跃。

4. 信息检索课的问题学习教学模式

在网络环境下，将问题学习模式引入信息检索课的教学中。以培养学生信息检索的基本技能为核心，通过灵活的面向信息检索问题的教学方式，培养学生检索利用信息的能力和技巧，使信息检索教育真正发挥应有的作用。这种教学思路和方法我们可以称为"问题学习模式的信息检索教学"。

问题学习教学模式以解决学生面临的信息需求为手段，培养学生的信息检索利用技能。它包括问题提出→问题信息检索→构建解决问题策略→解决问题→过程反思与发展等步骤。在对大学生进行的信息检索教育中，各阶段的教学手段可以不同，提出的问题和任务不同。但要达到的目标是一致的，即培养学生的动手能力和解决实际问题的能力。由于信息检索教育具有技能性、实用性的特点，应用问题学习教学模式有针对性，能激发起学生的学习兴趣，因此会收到较好的教学效果。

在具体的信息检索教育过程中，问题学习模式的信息检索教学要按教学对象的不同层次逐步实现分层的连续教育。对不同层次的学生提出不同的信息技能要求，立足于实用，努力提高学生的信息素质。比如，对大学新生教育的主要内容是图书馆利用教育，要求学生能利用图书馆的参考工具书、馆藏目录、书目检索系统等查找自己所需的文献。对大学二、三、四年级的学生，由于他们要为撰写学期论文和毕业论文收集资料，信息检索的目的就是教会他们掌握必要的信息检索知识和技能，能运用各种检索工具和进行网络信息查询。

问题学习模式引入信息检索课教学，解决了长期困扰我国信息检索教育的教学方法单调、教学内容枯燥、针对性不强、学生学习兴趣不高等难题。尤其是通过网络环境下信息检索课问题学习教学模式的实现，更是给信息检索教学带来了生机与活力，也为信息检索教学研究工作提供一个崭新的研究领域。

5.5.3 "引路者"练习学习模式

"引路者"是美国图书情报学教学单位在讲授"参考工具书"课程时设计的一种辅助性的综合练习，英文名称为pathfinder。"引路者"就是为读者获得某一专题研究资料指明途径。"引路者"练习的具体做法是，在课程开始以后不久就由学生自行选定一个专题，这个专题可以与教学或科研人员的研究项目挂钩，也可以是自己感兴趣的题目，或教师布置的作业等。在随后的一个学期中，要求学生跟随课程进度围绕其选题，步步深入地使用各种检索工具，在课程结束时形成书面形式的专题检索报告，这种报告可以作为引导对此专题感兴趣的其他读者查检文献信息的指南。

在"引路者"练习的学习过程中，信息检索课教师对学生的引导作用非常重要。他们帮助学生分析、确定选题，然后根据学生的共同兴趣、爱好或课题的要求，分成不同的兴趣小组。要求学生随课程的深入，围绕各自的选题，在各阶段学习和掌握不同检索工具、数据库的使用方法，采用不同的检索方法和手段对同一课题进行检索，并形成专题检索报告。检索报告的内容一般包括这样几部分：选题的目的与过程；题目介绍；检索指南；总结、评价等。最终的检索报告是作为考核学生的主要依据之一。

在信息检索课教学中运用"引路者"练习的教学方法，使学生在掌握专业课的基础上，把信息检索的方法运用到专业课程的学习过程，参与教师的科研活动或与课程设计、论文写作相挂钩，把理论与实践、科研相结合，从而激发信息需求。继而运用不同的检索手段、检索途径、检索方法查找有关信息，把查到的信息经过分析并得到有效利用。

"引路者"练习可以有效地使课堂教学与检索实习结合起来，具有很强的针对性和实用性。通过这种方式的学习，不仅能锻炼学生综合运用检索工具的能力，还培养和锻炼了学生的自学能力和创新能力，锻炼了学生进行学术研究和解决问题的能力，同时能提升学生学习信息检索课的兴趣，真正提高了学生的信息素质。

5.5.4 电子化教学和网上自导式教学

1. 运用电子化教学手段

新技术的应用带来了教学手段和教学方式的巨大变化。我们再也不沿用传统的"一块黑板一根粉笔，教师讲学生记"的传统的授课方式，而要将新的计算机技术、多媒体技术运用于信息检索课教学当中。过去的文献检索课是以课堂教学为主，辅之以部分手工检索实习。传统文本检索工具体积大，更替难，翻阅费时费力，使用光盘技术和联机教学实习又只能解决快速查寻问题，并不能全面帮助学生理解和综合运用各种检索基本技巧，更谈不上提高学生的信息素质。因此必须改革传统教学方式，实行电子化教学。运用先进的计算机辅助教学（CAI）、建立多媒体教学课件，可以作为信息检索这门课程实践教学的主要方式。根据信息检索课的特点，CAI设计可以采用表式与图式相结合的方法，配以检索工具、检索途径和检索示例等。这种方法形象直观，形式灵活，易被学生接受。

2. 网上自导式教学

网络技术的发展带来了教学方式方法的变革。信息检索课也开始从传统的电化教学、计算机单机辅助教学步入网络化教学的新阶段。信息检索教育走上网络化的道路，将极大地解放师资，扩大教学规模，并以丰富的多媒体Web形式和不断更新的知识内容提高学生的学习兴趣。

信息检索网上教学的实现，在技术上已经不再是难题。无论是局域网还是广域网都有相关的技术支持。需要关注的最重要的方面，是在教学方案和课件结构的设计上，如何克服传统教学模式的缺点，提高网上教学效果。我们通过浏览国外各种形式的信息网站或专门的用户远程教育网站,发现一个共同的特点值得学习,即教学课件的编制从共性化的教学转向侧重个性化的"自导"。所谓"自导",就是指学生在教学软件的引导下,从教学材料中自主选择学习内容、自主确定学习进度、自我控制学习难度、自我检测学习效果。这种"自导"通过设计周到而又巧妙的导航系统来实现。

借鉴国外网络教学经验,我国的信息检索课网上教学可有以下三种主要形式。

（1）辅导式教学

这是一种个别化的讲授型教学方式,讲授内容分成若干独立而又联系的小单元,每个小单元都可完成教学目标的一部分。系统首先引导学生学习一个单元,然后进行测试,判断是否掌握了该单元的内容。辅导式教学一般以启发性的提问导入,一是为了引起学生的注意和学习兴趣；二是确定学习的起点。起点可由学生自己掌握,亦可由计算机通过提问测定学生的水平后,再向学生提出建议。

（2）咨询式教学

这种教学是通过菜单提示、人机对话的形式让学生选取他要学习的有关内容或查询有关资料。可以分短期和长期课程两种,短期课仅要求学会在网上查找信息,长期课则要求学生会分析、整合、展示从网上获得的材料。课程内容包括引言和综述,主题选择,询问,做摘要,关键词的使用,查找策略,实施网上检索,信息评价,过滤、提取和记录有用信息,认识网址特点,网页设计等。通过这种课程,学生不仅可以了解查找网络信息的基本技术,还能懂得如何利用互联网从事科研。通过一对一的咨询式教学,有助于学生自学,启发学生思维,培养学生独立钻研的能力。

（3）练习式教学

这种教学是根据学习理论,利用电脑给学生提供亲自实践的机会,加深理解文字内容,提高感知和认知水平。这种教学课件由系统提供模拟试题,并利用测验检查学生对知识的掌握程度。在学生对电脑提问应答后,系统对答错者提供补救练习,对答对者给予鼓励。这种教学方式比较适合于对规律性知识的掌握,在教学工作量大,教师不可能个别辅导每个学生时是非常有效的。这种方法可以用来检测学习情况,调整学习进度,巩固新讲授的知识。尤其在讲授网络检索知识时,采用练习有助于真正消化讲授内容。练习式教学要求事先建立题库,准备答案和错答情况下的补救措施。

在个性化、自导式的教学活动中,课件的设计要符合学生的认知规律,按学习过程理论来设计,要兼顾适应差异与统一要求两个方面。强调个性但并不是取消统一要求,以学生为主的自导式学习并不意味着可以完全取代教师的辅导作用,也不意味着排斥通过群体交流来获取知识。学生在网上学习中解决不了的问题仍然要请教教师、网络管理人员、信息咨询人员，或者通过同学之中小组讨论相互启发得到解决。

在师范院校的信息检索课教学中，通过开发设计具有师范院校特色的网络教学软件，选择合适的教学内容，建立起网络课堂。通过网络可以进行多种形式的教学。学生可以不局限于听教师的课堂讲解，自主地选择时间和场所进行学习，还可以根据自己的需求选择不同层次的学习内容，进行个性化、自导式的学习。在网上可以开辟不同专题的讨论区，方便学生和教师、学生和学生之间进行沟通和交流，实现网上答疑、网上布置、提交作业、网上考试等。网络化为信息检索课教学开辟了新的天地。

综上所述，只是对信息检索课的一些主要教学模式做了尝试性的探讨。在实际教学活动中，究竟采用何种教学模式，要根据具体情况确定，而且各种教学模式并不是孤立的，可以在一种教学活动中采用多种教学模式，也就是整合型的教学模式。对信息检索教学模式做更深入的研究，还有待于在今后的学习和实践中进行。

结合本章论述，以 2017 年 7 月教育部高校图工委信息素养教育工作组《关于进一步加强高等学校信息素养教育的指导意见》为依据，对信息检索通识课程的教学内容作如下设计（第六章～第十四章）。

第六章 信息的认知

6.1 信息（Information）

"信息"一词历史悠久，早在两千多年前南唐诗人李中的《暮春怀故人》诗中即有"梦断美沉信息，目穿长路倚楼台"的诗句，其中的"信息"一词也就是消息的意思。作为日常用语，"信息"经常指"音讯、消息"的意思。信息是普遍存在的，一切信息来源于自然界，来源于人类社会，人类的生产、生活、科研以及社会活动都是信息产生的源泉。随着现代社会文明和科技进步，信息已成为时代的重要特征，其内涵和外延在不断扩展，渗透到了众多领域，在人类社会中发挥着重要作用。在信息时代，信息已经与物质和能源一起成为当代社会的三大资源，也是现代文明的三大支柱，是推动科技进步和社会发展的决定因素。

6.1.1 信息的定义

信息普遍存在于自然界、人类社会等领域中，是一个应用十分广泛的概念，对于信息的含义，始终没有公认统一的定义。参考各领域专家学者的研究成果，可以理解为，信息是人们对于知识、思想、情感、新闻、事实、数据等的总称，它是事物运动状态和存在方式的反映。通过信息的获取、传播、利用，人们能够对自然界、人类社会及其意识形态有深刻的认识。在信息社会里，它是有助于国家安全、经济发展、社会进步的重要资源。

6.1.2 信息的属性

信息的主要属性有客观性、传递性、可塑性、共享性和时效性。

1.客观性。信息是现实世界各种事物运动和状态的客观反映，其存在不以人的意志为转移。客观、真实是信息的最重要的本质特征。这一属性使得信息无所不在。在自然界中，随着物质的运动不断生成着信息，这些信息并不依附于人的认识而独立存在，在人类社会中人们时时刻刻都在自觉或不自觉地接收、利用、生成、传播着信息。信息如同根根线索串联起整个物质世界和人类社会。

2. 传递性。信息的传递是在空间和时间两个层面进行的，信息传递的空间效应体现为信息从密度高的地方向密度低的地方流动，受体离信息源越远就越难获得信息；信息传递的时间效应则体现为信息传递速度的快慢，快速传递有助于信息价值的提高和效用的增加。信息依附于一定的物质载体而存在和传递，各种信息都具有通过多种传送装置与系统向外传送的特性。信息可以在时间上或空间上从一点转移到另一点，可以通过语言、动作、文献、通信、电子计算机等各种渠道和媒介进行传播。比如书本、光盘等可存贮型载体可以把各种各类的信息长久保存，并在人类社会中广泛传播。而广播电视信号则是通过不可存贮型载体传递信息，如不能及时贮存或被受体接收，这些信息将永远消失。

3. 可塑性。信息的可塑性指信息可以被接收，可以被加工，可以对其进行各种载体的转换。人们可以通过自己的各种感官去感知、识别和处理信息，形成自己所需要的形式。例如，我们可以通过分类、加工、标引、归纳、压缩、排序等各种处理手段使信息变得更加有序，更加便于使用，我们还可以对信息进行伪造、加密、篡改，以使信息变得不宜被使用。此外，通过更改信息载体可以使信息更易于获取和使用，同时也可以使得某些瞬时信息得以永久保存。人们通过对各类不同的信息展开定量分析，从而促进了各个学科门类的发展。

4. 共享性。共享性是信息有别于物质和能量的重要特性之一。同一内容的信息可以在同时或不同地点被多个用户共同使用，而信息的提供者并不因为提供了信息而失去原有的信息内容和信息量，各用户分享的信息份额也不因为分享人数、分享次数的多少而受影响。信息能够共享是信息不同于物质和能量的最重要的特征。人们可以利用他人的研究成果进一步创造，使信息资源能够发挥最大的效用，避免重复研究。

5. 时效性。信息作为对事物存在方式和运动状态的反映，随着客观事物的变化而变化。有一类信息不会因为时间的延宕而使其自身价值丧失或递减，对某些受体而言，这些信息的价值不会因为时间的久远而失去效用。有一类信息只有在最短的时间内传递给受体，它才是最有效的，在现代社会中，信息的使用周期越来越短，信息的价值实现取决于是否对其及时地把握和利用。如果不能及时利用最新信息，信息的价值就会降低，这就是时间与效能的统一性，即时效性。如果受体不能及时获得相关信息，则会产生两个后果：一是相关信息因为没有及时被接收而彻底消失，再也没有机会获得；二是有些信息会因为受体没有及时获得而造成其价值递减。

6.2 信息资源

6.2.1 信息资源的含义

所谓资源,是指自然界和人类社会生活中一切可以被人类开发和利用的物质、能量和信息的总称。信息是普遍存在的,但并非所有的信息都是资源,信息只有经过人类开发与组织,形成有用的信息集合时才能成为信息资源。

信息资源有狭义和广义之分:狭义的信息资源,指的是信息本身或信息内容,即经过加工处理,对决策有用的数据,包括文献资源或数据资源,或者各种信息集合,如文字、音像、印刷品、电子信息、数据库等;广义的信息资源,指的是信息活动中各种要素的总称,"要素"包括信息、信息技术以及相应的设备、资金和人员等。

狭义的观点突出了信息是信息资源的核心要素,但忽略了"系统"。事实上,如果只有核心要素,而没有"支持"部分(技术、设备等),就不能进行有机的配置,不能发挥信息作为资源的最大效用。从广义的角度来理解信息资源,有助于从总体上把握信息资源的内涵。

归纳起来,可以认为,信息资源由信息生产者、信息、信息技术三大要素组成。

(1) 信息生产者是为了某种目的的生产信息的劳动者,包括原始信息生产者、信息加工者或信息再生产者。

(2) 信息既是信息生产的原料,也是产品。它是信息生产者的劳动成果,对社会各种活动直接产生效用,是信息资源的目标要素。

(3) 信息技术是能够延长或扩展人的信息能力的各种技术的总称,是对声音、图像、文字等数据和各种传感信号的信息进行收集、加工、存储、传递和利用的技术。信息技术作为生产工具,对信息收集、加工、存储和传递提供支持与保障。

从图书馆学的角度来看,信息资源的内涵和外延主要表现在以下几个方面:首先,信息资源应是有用的信息的集合。其次,信息资源应是经过人类组织的、有序的、可存取的信息的集合。这是信息资源区别于其他信息资源的一个显著特征。最后,信息资源应是包括各种文献载体形式,如文字、音像、缩微、数字信息等信息的集合。因此,信息资源应定义为:信息资源是信息的一部分,是经过人类筛选、组织、加工并可存取和能够满足人类需求的各类信息的集合。

6.2.2 信息资源的主要特点

信息资源是人类社会信息活动中积累起来的以信息为核心的各类信息活动要

素的集合，是人们在知识生产中脑力劳动和体力劳动的凝结。信息资源是可利用的信息，在现代社会，信息资源与材料、能源构成了经济发展的三大支柱，是社会发展的重要战略资源。信息资源具有以下特点：

1. 知识性。信息资源是人类认识世界和改造世界的精神产物，是人类按照一定的次序开发和组织起来的信息，是人类脑力劳动的产物，它传播的是人们的智慧和知识。一定的信息资源总是反映着一定的社会和地区的知识水平。因此，知识性是信息资源的本质特征之一。

2. 共享性。共享性是信息资源区别于物质资源的根本属性。作为人类社会认识世界和改造世界的精神产物，信息资源可同时被众多的使用者在不同的空间使用，也可被不同时期的使用者使用，还可为不同领域的人服务，满足他们的不同需求。

3. 载体性。信息自身不能独立存在，必须依附于一定的载体，如图书、报纸、胶片、录音带、光盘、网络服务器等。不同的载体信息会以不同的方式被记录，如文字、图形、数字、符号、磁信号等。

4. 传播性。信息资源借助于各类媒介，如报纸、图书、文件、广播、电视、磁盘、网络等可以跨越时空的限制，以极小的成本迅速传播。

5. 时效性。信息的时效性决定了信息资源也具有时效性。信息资源随着时间和空间的推移，可以不断更新并产生不同的功能，一条及时的信息可能创造出无限的价值，一条过时的信息则可能没有一点用途。但时效性不仅仅表现为及时性，更重要的是开发利用它的时机。时效性要求人类必须从全局出发合理布局和共同利用信息资源，最大限度地实现资源共享，从而促进人类和社会的发展。

6.2.3 信息资源的类型

信息资源种类繁多，数量巨大。常见的信息资源涵盖图书、期刊、报纸、学位论文、会议文献、专利、标准、只读光盘、软盘、磁带、计算机、互联网、广播、电视、录音录影带、激光唱片等。信息资源按照不同的划分标准，可以分为不同的类型。

1. 按加工深度划分

①零次信息。即未经加工的零散的不系统的信息，未向社会公开和正式报道，只供一定范围内使用的信息资源，如手稿、私人笔记、会议记录、信息、涉及草稿、私人网络聊天等。它具有直接性、及时性、新颖性、随机性、非存储检索等典型特征。零次信息资源在当代信息社会具有越来越重要的作用：获取零次文献资源可以补充记录信息和正规渠道的不足；在信息系统不健全、信息服务水平不

高或信息渠道不畅的情况下，可以通过捕捉零次信息弥补信息的获取；在市场环境中，零次信息资源占有较大比例，它们反映着市场供求、价格、竞争状态的变化，是市场调研和分析的重要依据。零次信息资源特殊的传播方式及面大量广等特点决定了其收集有着相当的难度。要想收集到零次信息并保存下来，必须通过人的思维判断及现代通信工具及记录工具加以完善。

②一次信息。指以作者本人的工作经验、观察或者实际研究成果为依据而创作的具有一定发明创造和一定新见解的原始信息资源，如专著、教材、期刊论文、研究报告、专利说明书、会议论文、学位论文、技术标准等。一次信息资源一般内容详尽、分散、无序。其主要特点是内容新颖丰富，叙述具体详尽，参考价值大，但数量庞大、分散。一次文献具有创新性、实用性和学术性等明显特征，是文献对比分析的主要依据。

③二次信息。指将各种分散、无序的一次信息资源，按照一定的规则进行加工整理、归纳提炼，并按一定的规律组织和科学体系加以编排存储而形成一类信息资源，使之系统化，以便于检索利用，如书目、题录、索引、文摘等检索工具。其主要目的是为一次文献的快速和准确查找提供服务，它能有效地提高使用一次信息资源的效率，二次文献是查新工作中检索文献所利用的主要工具。

④三次信息。是在对一次信息资源和二次信息资源进行评价和筛选后，经过系统的分析、提炼和压缩，按知识门类或专题综合加工而形成的具有资料性、参考性、阅读性的信息资源，也称参考工具书。其内容上具有概括性、浓缩性、可检索性和参考性。如百科全书、年鉴、字词典、标准信息、综述和述评等，这些对现有成果加以评论、综述并预测其发展趋势的信息资源，具有较高的实用价值。在查新工作中，可以充分利用反映某一领域研究动态的综述类文献，在短时间内了解其研究历史、发展动态、水平等，以便能更准确地掌握待查项目的技术背景，把握查新点。

从零次信息、一次信息、二次信息到三次信息，是一个由分散到集中，由无序到有序，由博而精的对知识信息进行不同层次的加工过程。它们所含信息的质和量是不同的，对于改善人们的知识结构所起到的作用也不同。零次和一次信息是最基本的信息源，是信息检索和利用的主要对象；二次信息是一次信息的集中提炼和有序化，它是信息检索的工具；三次信息是把分散的零次信息资源、一次信息、二次信息，按照专题或知识的门类进行综合分析加工而成的成果，是高度浓缩的文献信息，它既是信息检索和利用的对象，又可作为检索信息的工具。

2. 按信息载体划分

信息资源按载体材料和存储技术可分为：

①手写型信息：指印刷术发明前的古代文献和没有正式排印发表的手写文献。它以刻画或手写等方式，将知识内容记录在各种自然材料或纸张等载体上，如古代的甲骨文、卜辞、金文、石文、简牍和帛书等，以及现代的手稿、笔记、会议记录等。

②印刷型信息：是以纸质材料为载体，采用各种印刷技术把文字图像记录在纸上的一种传统的信息形式。优点是便于阅读流通，符合人们的阅读习惯；缺点是存储密度低、加工难以自动化。图书、期刊、报纸等都是典型的印刷型信息资源。

③缩微型信息：是以感光材料为载体，利用光学缩微技术将文字图像记录在感光材料上的信息形式。优点是体积小、存储密度高、保存期长、便于收藏管理；缺点是必须借助缩微阅读机才能阅读、保存和使用，需要一定的条件、阅读设备，投资高。

④声像型信息：是以磁性和光学材料为载体，以电磁波为信息信号，借助磁录光录等技术装备将声音和图像记录的信息形式。优点是存储密度高、内容直观、表达力强、易于接受。主要载体有录音带、唱片、录像带、电影胶片、幻灯片等。

⑤电子型信息：是以数字化形式（即二进制代码0，1）把文字、图像、声音、动画等多种形式的信息存储在光、磁等非印刷型介质上，并以光信号、电信号的形式传输，通过响应的计算机和其他外部设备再现出来的信息资源。电子信息资源包括网络可联机存取的各类数据库、单独发行的磁带、磁盘、光盘、集成电路卡等。它的特点是：存储量大，数据处理速度快、效率高，类型多样、内容丰富，使用成本低、共享性好。

3. 按出版形式划分

常见文献（图书）、连续出版物（期刊、报纸）和特种文献（学位论文、会议文献、专利文献、标准文献、科技报告、技术档案、产品资料）三种。

（1）图书（Book）：ISO将图书定义为："49页及49页以上构成一个书单元的文献（不包括封面和扉页）。"它是系统学习某一学科知识的主要信息源，具有内容比较全面、系统、成熟、可靠等特点，但编撰和出版周期较长，内容相对滞后，传递情报的速度较慢。

①图书的种类

图书按其内容和用途可划分为如下几类：

A. 专著：是针对某一主题分章列节地做深入系统的全面论述的科学著作。

B. 教科书：是适应教学需要，针对某种教学大纲编写的主要用于教学的图书。高校用的某些专业教科书就内容而言接近于专著。

C. 丛书：是在一个总书名下，汇集多种单行本图书成为一套，并以编号或不编号方式出版的图书。其中每一单本都是一部独立完整的书。在内容上，每套丛书围绕一个中心题目或具有某些共同特征，但彼此并无内在联系。

D. 参考工具书：是在大量一次文献或原始信息基础上，经过进一步比较分析，精心提炼，综合而成的高度浓缩的、精确的特定事实性信息和数据性信息的集合。主要包括百科全书、年鉴、手册、字典、词（辞典）、地图集等。

②国际标准书号（International Standard Book Number）

国际标准书号简称 ISBN，是专门为识别图书等文献而设计的国际编号。ISO 于 1972 年颁布了 ISBN 国际标准，并在西柏林普鲁士图书馆设立了实施该标准的管理机构——国际 ISBN 中心。现在采用 ISBN 编码系统的出版物有：图书、小册子、缩微出版物、盲文印刷品等。

2007 年 1 月 1 日前，ISBN 由 10 位数字组成，分四个部分：组号（国家、地区、语言的代号），出版者号，书序号和检验码。2007 年 1 月 1 日起，实行新版 ISBN，新版 ISBN 由 13 位数字组成，分为 5 段，即在原来的 10 位数字前加上 3 位 EAN（欧洲商品编号）图书产品代码"978"。

例如，《中国图书馆分类法》（第五版）的 ISBN 为 978-7-5013-4393-5。

978——欧洲商品编号，图书代码 978 或 979。

7——国家、语言或区位代码，其中 0——英语区；2——法语区；3——德语区；4——日语区；5——俄语；7——中国等。最短的是一位数字，最长的达五位数字，大体上兼顾文种、国别和地区。

5013——出版者号（出版社编号），由各国家或地区的国际标准书号分配中心分给各个出版社。

4393——书序号，代表该出版社出版图书的顺序编号。

5——检验码（计算机检验位），只有一位，取值从 0 到 9。

（2）期刊（Periodicals）也称杂志（Journals 或 Magazine），是指按某专业领域定期或不定期出版的连续性出版物。期刊内容新颖，出版周期短，刊载速度快，能迅速反映国内外各种学科专业的水平和动向，是科研人员获取专业信息的主要信息源。

①期刊的种类

A. 按出版周期：周刊（出版周期为每周一期的周末）、旬刊（出版周期为 10 天）、半月刊（出版周期为 15 天）、月刊（出版周期为 30 天）、双月刊（出版周期为两个月）、季刊（出版周期为一个季度，即 3 个月）、半年刊（出版周期为 6 个月）、年刊（出版周期为 1 年）。

B. 按报道范围：综合性期刊、专业性期刊。

②期刊代号

A. 国际标准连续出版物编号（International Standard Serial Number，ISSN）

ISSN 是根据国际标准 ISO3297 制定的连续出版物国际标准编码，其目的是使世界上每一种不同题名、不同版本的连续出版物都有一个国际性的唯一代码标识。

ISSN 由设在法国巴黎的国际 ISDS 中心管理。该编号是以 ISSN 为前缀，由 8 位数字组成。8 位数字分为前后两段各 4 位，中间用连接号相连，格式如下：ISSN XXXX-XXXX，如《图书馆工作与研究》期刊的国际标准连续出版物编号为 ISSN 1005-6610，其中前 7 位数字为顺序号，最后一位是校验位。ISSN 通常都印在期刊的封面或版权页上。

B. 国内统一刊号

国内统一刊号是指我国报刊的代号，是报刊管理部门为了便于报刊统计、管理而按一定规则进行编排的号码总称。

《中国标准连续出版物号》（GB/T9999—2001）规定，国内统一刊号以中国国别代码"CN"为识别标志，由报刊登记号和分类号两部分组成，两部分之间以斜线"/"分隔。报刊登记号为定长的 6 位数字，由地区号（2 位数字）和序号（4 位数字）两部分组成，其间以连字符"—"相接；分类号为国内统一刊号的补充部分，依据《中国图书馆分类法》的 38 个类号给出。例如，《电脑爱好者》的国内统一刊号是 CN11—3248/TP。

C. 邮发代号

邮发代号是我国邮政部门为通过邮局发行的期刊编制的代号。由两部分构成，前一部分是中国地区号，后面部分是刊种号，两部分之间用"—"分开。例如，《电脑爱好者》的邮发代号是 82—512。

（3）专利文献（Patents），是由专利局公布或归档的有关专利的文件和资料。通常是指发明人或专利权人申请专利时向专利局所呈交的一份详细说明发明的目的、构成及效果的书面技术文件，经专利局审查，公开出版或授权后的文献。

狭义的专利文献仅指专利说明书。

广义的专利文献包括专利说明书、专利公报、专利分类资料、专利检索工具书刊，以及专利申请、审批及诉讼程序中的有关文件等。

专利文献既包括描述新的发明创造成果的技术说明书，又包括记载所有权状况的法律文件，融技术、经济、法律信息于一体。

①专利特点与用途

A. 新颖性、独创性、实用性；

B. 内容详尽实用，可靠性强；

C. 编写格式标准，文字上难懂；

D. 融技术、经济、法律信息于一体，具有一定的法律约束性。专利技术本身是依法具有权属性的，可以转让、买卖、继承等。

②专利类型

A. 专利说明书；

B. 专利分类资料和检索工具书；

C. 专利申请档案。

（4）科技报告（Scientific and Technical Report），又称研究报告或技术报告，是科学技术工作者围绕某个课题研究所取得的成果的正式报告，或对某个课题研究过程中各阶段进展情况的实际记录。

科技报告自20世纪20年代产生以来，发展迅速，已成为继期刊之后的第二大报道科技。

最新成果的文献类型。从报道的内容看，科技报告大多都涉及高、精、尖科学研究和技术设计及其阶段进展情况，客观地反映科研过程中的经验和教训。目前，世界上各发达国家及部分发展中国家每年都有相当数量科技报告产生，尤以美、英、法、德、日等国的科技报告为多。例如，美国四大报告有PB（Publication Board）民用工程：土木建筑、城市规划、环境保护；AD（ASTIA Document）军事报告；NASA（National Aeronautics and Space Administration）航空报告及DOE（Department of Energy）能源部。

①特点和作用

A. 研究内容专、深、具体，层次水平高，往往涉及尖端学科的最新研究领域；

B. 成文叙述详尽，数据完整；

C. 理论性强，但保密性强，难以获取；

D. 时滞短；

E. 是科研人员的重要参考资料，具有很高的信息利用价值。

②类型

按产生过程和形式可分为：

A. 报告书（R）：研究结束后产生的较为正式的文件。

B. 札记（N）：研究过程中的临时性记录或小结，往往是撰写报告书的素材。

C. 论文（P）：打算在会议上或刊物上发表的文章，一般是报告的一个部分。

D. 备忘录（M）：供同一专业或机构内部研究人员之间沟通情况的材料。

E. 通报（B）：一般是对外公布的内容成熟的摘要性材料。

（5）学位论文（Dissertations），是高等院校和科研院所的本科生、研究生为获得学位资格（博士、硕士和学士）而撰写的学术性较强的研究论文，是在学习和研究中参考大量文献，为完成公开答辩而撰写的科学论文。

①学位论文的特点和作用：探讨的问题较为专深，阐述内容较系统详尽，具有一定独创性，一般都具有非卖品、不发行和不报道的特点。既是撰写者学业考评的重要依据和记录，也对科研生产的相关领域具有重要的借鉴作用。

②学位论文的类型：学士论文、硕士论文、博士论文。

（6）会议文献（Conference Papers），是指国内外各种科学技术会议上宣读或发表的论文、报告稿、讲演稿等与会议有关的文献。目前，全世界每年出版的会议论文集已超过4000种，会议论文数十万篇。会议文献是科技查新中重要的信息源之一。

①特点和作用：

一般代表一门学科或专业的最新研究成果，反映国内外发展水平和趋势，内容新，发表快。在传播交流信息方面（尤其是对通行之间的信息交流与沟通）具有特定的重要作用。

②会议文献的类型：

A. 按文献产生的时间可分为：会前出版物，会后出版物。

B. 按出版形式可分为：

期刊类：在期刊的某一期中刊载，或作为某刊物的特辑或专辑出版。

专题性论文集：汇编成册，多数以图书形式出版。

连续性会议文献：以定期或不定期连续出版物形式出版。有的按会议的届次顺序出版，直接以会议主题名称作为出版物名称；有的则由某学术机构（一般是会议的主持者或召开者）以丛书、丛刊形式出版。此类会议文献一般都是在级别比较高，比较权威或知名的机构或组织主持召开的会议上选定的文献。以系统性科技报告形式出版。

（7）政府出版物（Government Publication），是指国家机关及其所属部门颁发的文件，包括政府报告、政策法令、规章制度、会议纪要、调查统计资料等。

①特点和作用：其典型特点是具有政策指导性和约束性，它所包含的技术内容往往滞后于科技报告、专利等文献。对了解某一个国家的科技和经济政策及其演变情况，具有参考作用。

②政府出版物的类型：按其性质，大体可分行政性文件和科技性文件两类。行政性文件包括国会记录、政府法令、方针政策、规章制度、决议指示、调查统计资料等；科技性文件主要包括政府各部门科技研究报告、科普材料、技术政策

文件等，科技性文献在列入政府出版物前，往往已由所在单位出版过，因此它与其他科技文献有一定重复。美国政府出版物数量最多，每年有几千篇公开，其他国家如英国、加拿大、法国等也出版一定数量的政府出版物。查找美国政府出版物可检索索引性刊物。

（8）标准文献（Standard Literature）：一般指由技术标准及其他具有标准性质的技术文件（如规格、规范、定额、规则等）所组成的一种特定形式的技术文献体系。所谓技术标准，是对工程建设、产品与零部件的质量、规格、参数及其检验方法等所做的技术规定。是从事生产建设工作的一种共同依据。

标准文献是指标准化工作的文件，是经过公认的权威当局批准的标准化工作成果。其中主要为有关工业产品和工程建设的质量、规格和检验方法的技术规定文件。作为一种规章性文献，它具有一定的法律约束力。一个国家的标准文献反映该国的生产工艺水平和技术经济政策，而国际现行标准则代表了当前世界水平。国际标准和工业先进国家的标准常是科研生产活动的重要依据和信息来源。

①特点和作用

A. 特点：约束性；计划性和协调性；明确的使用范围；可靠性和显示可行性；规范标准的编制和编排格式；严谨的撰写叙述方法。但时滞较长，一般难以涉及最新的产品和技术。

B. 作用：是工程建设、产品生产和检验中必不可少的重要依据，是一种特殊的重要的信息源。

②标准文献的类型

A. 按使用范围

国际标准：如 ISO、IEC 等。

区域性标准：如 CEN（欧洲标准化委员会）、ABC（美英加工程标准同意化会议标准）、ASMO（阿拉伯标准化与计量组织标准）等。

国家标准：如 GB、JIS（日本工业标准）。

专业（部）标准：如 JB、JC、ASTM（美国材料与试验协会标准）等、SGMA（日本齿轮学会标准）等。

企业标准：如 Q/HB（沈阳标准件厂标准）、SPO（美国通用电器公司标准）、BMS、PECR（美国航空航天公司标准）等。

B. 按内容分

基础标准：如名词术语、符号、代码、计量单位、机械制图等方面的标准。

产品标准：对产品质量、规格做的统一规定。

方法标准：对试验、检验、分析、测定方法和产品验收规则的标准。

C. 按成熟程度分

正式标准、试行标准、推荐标准、标准草案。

（9）产品资料（Product Information）（产品样本）：一般是指产品样本，即产品说明书。是各厂商为推销产品而印发的一种宣传性出版物。好的产品说明书含有丰富的内容，包括产品规格、性能、特点、产品专利号、构造原理、用途、使用方法、操作规程等所做的具体说明。

①特点和作用：

介绍的是已投产和推销的产品，反映的技术较为可靠成熟；图文并茂，直观形象，数据资料丰富具体，便于识别和参考利用；时间性强，出版迅速，免费赠送，便于收集。能从一定程度上反映同类产品的技术水平和发展动向。产品样本既是厂商推销产品的重要手段，也是人们了解厂商及其产品的重要工具，而且从技术上讲，对选型、设计、研制、外貌和技术引进等工作都有较大参考价值。

②产品资料的类型：

A. 各厂商的出版物，包括产品目录、单项产品样本、产品说明书、企业介绍和广告性厂刊等；

B. 各协会或行会、出版社等的出版物，包括单项产品样本汇编、全行业产品一览表及工业展览会目录等。

（10）档案文献（Archival documents）：是使国家机构、社会组织和个人从事政治、经济、科学文化等社会实践活动直接形成的文字、图表、声像等形态的历史记录。

①特点和作用：

档案是人们在社会实践活动中直接形成的原始性信息记录，对以往社会实践具有直接的原始记录作用。档案学一般认为"原始记录性"是档案的本质属性，具有系统性、完整性等特点，除了作为原始凭证，在各类活动中可起参考借鉴作用。档案一般为内部使用，不公开发行，有些有密级制限制，因此在参考文献和检索工具中极少使用。

②档案文献的类型：

A. 从档案形成领域的公、私属性角度分类：公务档案和私人档案；

B. 从档案形成时间的早晚以及档案作用角度分类：历史档案和现行档案；

C. 从档案内容属性角度分类：文书档案、科技档案、人事档案、专门档案等。

4. 按获取的难易程度划分为

白色文献、灰色文献和黑色文献。

白色文献：指一切正式出版并在社会上公开流通的文献。包括图书、报纸、期刊等。这类文献通过出版社、书店、邮局等正规的渠道公开发行，向社会所有成员公开，其蕴含的信息人人均可利用。

灰色文献：指非公开发行的内部文献和限制流通的文献。包括社会公开传播的内部刊物、内部技术报告、内部教材和会议资料等。这类文献出版量小、发行渠道复杂、流通范围有一定限制，不易收集。

黑色文献：包括一是人们未破译和未辨识其中信息的文献，如考古发现的古老文字未经分析厘定的文献；二是处于保密状态和不愿公布其内容的文献，如未解密的政府文件、内部档案、个人日记、私人信件等。这类文献除作者及特定人员，一般社会成员极难获得和利用。

5. 按内容与专业的相关程度划分

核心文献、边缘文献和相关文献。

核心文献：指与本学科发展水平、发展动向密切相关的一些文献，它一般不超过该学科全部相关文献的20%。

边缘文献：指所含内容与学科的关系相对疏远的文献。而相关文献是介于二者之间的文献。从学科发展的背景来说，相关文献和边缘文献是本学科技术相互渗透、相互结合的结果。如大规模集成电路生产方面的资料，就分布在半导体物理（原理）、电子学（线路）、计算机应用（辅助设计和生产控制）、化学化工（材料）、精密机械（制造设备）、微电子学（工艺）以及高能物理等许多学科的文献之中。

6.2.4 与信息相关的几个概念

与信息近似的概念主要包括：知识、情报和文献。通过对这些概念及其相互间关系的梳理，有助于我们更好地了解与利用信息。

1. 知识

英国17世纪著名哲学家、思想家弗兰西斯·培根说道，"知识就是力量"。但是人们对知识的含义未必清楚。《辞海》里对于知识一词的解释是：人类认识的成果或结晶。这是一个非常简洁明了的注释，而学者对知识这一概念的研究却非常久远，不是一句话就可以概括的。

在汉语中知识是由"知"和"识"两个字构成的复合词。知最早是动词，最著名的出处莫过于孔子《论语》中的"知之为知之，不知为不知"。而作为名词，知字最早见诸荀子的《王制》："草木有生无知，禽兽有知无义。"这里的知字与现代的知识一词较为接近。在西方，自古希腊时起就开始对知识这一概念进行深入的分析与研究。柏拉图在其撰写的《泰阿泰德篇》中，记述了苏格拉底与泰阿泰德的对话，知识被定义为"知识是经过证实的确定了的认识"，也有人译作"知识是经过证实了的真的信念"或"知识就是被证明为真的信念"。

中外学者，特别是哲学家对知识这一概念的认识存在很大争议，而且历经几千年，这一争论还在进行中。此外，不同领域的专家对知识的认识也各有侧重。瑞士认知心理学大师皮亚杰（Jean Piaget，1896—1980）认为："知识是主体与环境或思维与客体相互交换而导致的知觉建构，知识不是客体的副本，也不是由主体决定的先验意识。"根据这个观点，我们可以引申一下，所谓知识，就是主体——也就是作为个体的人，通过与外在环境相互作用而获得的信息及其组织。贮存于个体内，即为个体的知识，贮存于个体外，即为人类的知识。美国学者彼得·德鲁克（Peter F. Drcker）在其《后资本主义社会》一书中指出，我们正在进入知识社会，在这个社会中，资本、自然资源和劳动力不再是最基本的资源，取而代之的是知识，而且只能是知识。他对知识做出了如下定义："知识是一种能够改变某些人或某些事物的信息，这既包括使信息成为行动的基础的方式，也包括通过对信息的运用使某个个体（或机构）有能力进行改变或进行更为有效的行为的方式。"

古往今来的学者对于知识的判断有一点是共通的，那就是知识是人类思想的精华，是推动人类社会进步的主要动力之一。知识来源于信息，但不等于信息，只有那些经过组织的信息才有可能升华为知识。

2. 情报

提起情报人们很容易联想到谍战片，特工们不惜付出生命代价所要获取的情报与我们这里所说的情报确有共通之处，但是我们所说的情报却有着更为广泛的外延和内涵。

对情报的研究确实与战争有关。作为一门学科，情报学自第二次世界大战后才逐步形成。辞海对情报一词的解释是："泛指一切最新的情况通报。"这个解释显得过于通俗化。随着研究的不断深入，人们对情报的认识也在不断变化着。较早时有人提出情报是意志、决策、部署、规划、行动所需要的能指引方向的知识和智慧；后来有人指出，情报是获得的他方有关情况以及对其情况分析的结果；英国情报学家布鲁克斯（Bertram Claude Brookes）认为"情报是使人原有的知识结构发生变化的那一小部分知识"；我国著名科学家钱学森则认为，"我们应该说情报是一种特别的精神财富，是一种特别的知识。——就是说，情报是激活了、活化了的知识"。

综合以上看法我们可以看到，情报与知识、信息相比有其自身特点，三者为三个同心圆的关系，系统化了的信息可以称为知识，知识中的特定需求部分才是情报。情报的特点首先体现在知识性、传递性和针对性。所谓知识性是指情报的本质就是知识，也就是说所有情报都来自知识，但并非所有的知识都是情报。只有那些经过筛选、加工和组织后的有用知识才是情报。信息或知识若想转化为情报，必须经过有效传递后为接收者接收并利用，否则也不能称其为情报。情报是有针对性的，它必须在特定的时间内发挥作用、解决问题才能称为情报，也就是说陈旧的、过时的信息或知识是不能称为情报的。

3. 文献

与信息密切相关的另一个概念是文献。与知识和信息不同，文献最明晰的特征在于它是载体。信息、知识与情报都是借助某种载体存在、表征、显示和传递的，文献就是其中的主要载体之一。汉语的"文献"一词古已有之，最早见于《论语·八佾》："夏礼吾能言之，杞不足征也；殷礼吾能言之，宋不足征也。文献不足故也，足则吾能征之矣。"南宋朱熹《四书章句集注》对其的注释为："文，典籍也；献，贤也。"这里"文"指的是典籍文章，"献"指的是古代先贤的见闻、言论以及他们所熟悉的各种礼仪和自己的经历。宋元时代著名学者马端临编撰的《文献通考》中是这样解释文献的："凡叙事则本之经史，而参之以历代会要，以及百家传记之书，信而有证者从之，乖异传疑者不录，所谓'文'也。凡论事则先取当时臣僚之奏疏，次及近代诸儒之评论，以至名流之燕谈、稗官之纪录，凡一话一言可以订典故之得失，证史传之是非者，则采而录之，所谓'献'也。"也就是说所谓文是指客观描述史事的内容，献则是评价史事的内容，二者合称文献。

随着社会的发展，"文献"的概念已发生了巨大变化。国际标准化组织在《文献情报术语国际标准》对文献的定义是："在存贮、检索、利用或传递记录信息的过程中，可作为一个单元处理的，在载体内、载体上或依附载体而存贮有信息或数据的载体。"而我国的国家标准《文献著录总则》（GB3792·1—83）对文献定义为："文献是记录有知识的一切载体。"

通过以上定义我们可以从中发现，文献具有以下特征：第一，文献要有内容，内容包括知识和信息；第二，文献有载体，文献的载体形式多种多样，大致可分为刻写型、印刷型、视听型、缩微型等；第三，文献以记录符号的形式将知识和信息记录在不同载体上，记录符号的形式多种多样，从文字、图形到声音影像不一而论；第四，文献的记录符号需凭借相应的记录手段记录到不同载体之上，包括机械手段（如雕刻、书写、拓印等）、电子手段、光学手段、摄影手段等。当我们把知识和信息通过记录手段以记录符号的形式记载到某种载体之上后，就形成了所谓文献。由此可见文献具备存贮、传递和保存信息知识的功能。

4. 信息与知识、情报和文献的关系

通过以上介绍我们大致可以看到信息与知识、情报和文献之间存在内在联系，由于学者研究的角度不同、侧重点不同，所以在阐述这几个概念之间的关系时会有不同的表述，但从信息管理学的角度，我们可以对它们之间的关系做如下的描述：信息是一个最为广泛的概念，它以物质的属性和运动状态为内容，借助一定的载体或介质存贮和传递。知识只是信息的一部分，是经过加工、整理和组织的信息，是对事物规律性的认识，是再生的信息。而情报则是那些针对特殊用途而被相互传递的知识或信息。由此可见信息是知识和情报的源头，知识是加工、整理和组织后的信息，情报是传递中的有用的知识和信息。至于文献则是承载知识的全部载体，但文献并不能承载全部信息和情报，这是因为大量的信息和情报需要凭借其他的载体或介质存在和传递。

以上，我们通过对信息、知识、情报和文献进行讨论，对相关概念及其关系有了一个基本的了解。在所谓的信息社会，我们要想把客观存在的信息转化成为认识客观事物、推动社会发展和提升文明程度的知识和情报，就必须对这些基本的概念有一个明晰的掌握。通过对这些概念及其关系的深入研究，人们可以找到检索和加工信息、掌握和保存知识、获取和传递情报的最新手段。所谓信息管理学、知识管理学、情报学以及文献学都是以达到上述目标为研究对象的学问，这些学科现已取得长足发展，并被运用到更多的领域。

6.3 信息检索

信息检索是现代信息管理过程中必不可少的核心内容，也是信息服务产业研究的重点。生活中处处蕴藏着大量的有用信息，学会信息检索是一个低投入高回报的事情。一方面它容易理解，每个人都能操作；另一方面它的作用很大，不仅能让我们找到需要的有效信息，还能够提升我们辨别真伪的能力。

6.3.1 信息检索的含义

信息检索（Information Retrieval）也称情报检索，通俗地讲，信息检索就是信息用户为处理解决各种问题而查找、识别、获取相关的事实、数据、知识的活动及过程。它是用户进行信息查询和获取的主要方式，是查找信息的方法和手段。

广义的信息检索是信息按一定的方式进行加工、整理、组织并存储起来，再根据信息用户特定的需要将相关信息准确地查找出来的过程和技术。所以，它又称信息的存储与检索，即包括"存"和"取"两个环节。信息存储（标引）过程主要由专业信息标引人员、图书情报部门的专职人员依据检索语言进行编制、标引，将大量分散无序的信息集中起来，经过加工整理，使之有序化、系统化，成为可以查询使用的信息集合。

狭义的信息检索仅指信息查询（Information Search），即用户根据需要，采用一定的方法，借助检索工具，从信息集合中找出所需要信息的查找过程。

6.3.2 信息检索的四个要素

（1）信息检索的前提——信息意识

所谓信息意识，是人们利用信息系统获取所需信息的内在动因，具体表现为对信息的敏感性、选择能力和消化吸收能力，从而判断该信息是否能为自己或某一团体所利用，是否能解决现实生活实践中某一特定问题等一系列的思维过程。信息意识含有信息认知、信息情感和信息行为倾向三个层面。

信息素养（素质）（Information Literacy）一词最早是由美国信息产业协会主席 Paul Zurkowski 在 1974 年给美国政府的报告中提出来的。他认为：信息素质是人们在工作中运用信息、学习信息技术、利用信息解决问题的能力。1979 年他在提交的一份报告中指出："经培训后能够在工作中运用信息的人即认为具备了信息素质。他们在掌握了信息工具的使用及熟悉主要的信息源的基础上能够解决实际问题。"1989 年，美国图书馆协会（ALA）和美国教育传播与技术协会（AECT）发表的《关于信息素质的总结报告》报告指出，具备信息素质的人，能够识别何时需要信息，敏锐地察觉信息需求，并能够进行相应的信息检索、评估以及有效利用所需信息的人。知道如何查找、评估和有效利用需要的信息来解决实际问题或者做出决策，无论其选择的信息来自计算机、图书馆、政府机构、电影或者其他任何可能的来源。

（2）信息检索的基础——信息源

信息源定义：在联合国教科文组织出版的《文献术语中》，将信息源定义为：个人为满足其信息需要而获得信息的来源，称为信息源。

信息源类型：

按照表现方式划分：口语信息源、体语信息源、实物信息源和文献信息源。

按照数字化记录形式划分：书目信息源、普通图书信息源、工具书信息源、报纸、期刊信息源、特种文献信息源、数字图书馆信息源、搜索引擎信息源。

按文献载体分：印刷型、缩微型、机读型、声像型。

按文献内容和加工程度分：一次信息、二次信息、三次信息。

按出版形式分：图书、报刊、研究报告、会议信息、专利信息、统计数据、政府出版物、档案、学位论文、标准信息（它们被认为是十大信息源，其中后8种被称为特种文献。教育信息资源主要分布在教育类图书、专业期刊、学位论文等不同类型的出版物中）。

（3）信息检索的核心——信息获取能力

①了解各种信息来源；

②掌握检索语言；

③熟练使用检索工具；

④能对检索效果进行判断和评价。

其中包含判断检索效果的两个指标：

- 查全率＝检出相关信息量／相关信息总量×100%
- 查准率＝检出相关信息量／检出信息总量×100%

（4）信息检索的关键——信息利用

社会进步的过程就是一个知识不断地生产—流通—再生产的过程。为了全面、有效地利用现有知识和信息，在学习、科学研究和生活过程中，信息检索的时间比例逐渐增高。

获取学术信息的最终目的是通过对所得信息的整理、分析、归纳和总结，根据自己学习、研究过程中的思考和思路，将各种信息进行重组，创造出新的知识和信息，从而达到信息激活和增值的目的。

6.3.3 信息检索的类型

信息检索依据不同的标准可以划分为不同的类型。

（1）按照检索对象的内容不同，可把信息检索划分为文献信息检索、数据信息检索和事实信息检索。

①文献信息检索

文献信息检索指以获得各种类型文献信息为目的的检索，包括文献线索检索和文献原文检索。其检索的结果是文献信息。比如查找哪里有关于"信息检索"的书，查找有关"图书馆资源整合"方面的文章。

②数据信息检索

数据信息检索指以数值或数据为对象的检索，也称为数值检索。数据信息检索主要利用各种字典词典、百科全书、年鉴、手册、名录等参考工具，也可以通过计算机查找网络上的大量官方动态信息。数据信息检索是一种确定性检索，其结果是肯定的，直接回答用户提出的具体问题，是可以直接利用的信息资源。比如某地方 2015 年 GDP 增长情况、某种材料的电阻系数、计算公式、数据图表、化学分子式等。

③事实信息检索

事实信息检索指以查找数据与非数据混合信息为对象的检索，或者说是以某一客观事实信息为对象的检索，包括检索事物的性质、定义、原理及发生的时间、地点、因果关系等信息。事实信息检索与数据信息检索一样，是一种确定性检索，但是检索到的结果需要经过分析、对比、研究之后才可以应用。比如查找某一个人、机构的基本情况；某一事件发生的时间、地点、过程等；袁隆平的生平事迹、微软公司、七七事变等。

（2）按照存储载体及检索手段方式可分为手工信息检索、脱机信息检索、联机信息检索、光盘信息检索、网络信息检索。

①手工信息检索

手工信息检索主要以手工操作为主，是利用传统的书本型、印刷型、卡片式的信息检索系统（即目录、索引、文摘和各类工具书）来查找信息的检索。这种检索优点是操作简单、灵活直观；缺点是费时、费力、检索效率低。其中包括纸质文献的检索和缩微式检索。

②脱机信息检索

脱机信息检索，是计算机检索初期使用的一种检索方式，它利用计算机的输入输出装置进行检索，用磁带作为存储介质。使用脱机信息检索查找信息时，计算机只能顺序检索磁带上记录的信息，每次检索都必须从头到尾读一遍磁带，因此多采用批处理方式来实施检索，由工作人员集中一批用户的信息需求，制定检索策略，统一处理。脱机信息检索虽然较手工信息检索有了很大进步，但还是存在很多局限，如地理上的障碍、时间上的迟滞、检索策略一经确定无法修改等。

③联机信息检索

联机信息检索是指利用计算机终端设备，通过通信线路或网络，与世界上的信息检索系统相连，从信息检索系统的数据库中进行检索并获得信息的过程。联机信息检索允许用户以联机会话的方式直接访问系统及其数据库，检索是实时、在线进行的，并在检索过程中可随时调整检索策略。这种系统具有分时的操作能力，能够支持许多相互独立的终端同时进行检索。并且采用了实时操作技术，用户的提问一旦传到主机被接收后，计算机能及时处理、即刻回答，将检索结果很快传送到用户终端，用户可以浏览得到的信息，随时修改提问，直至得到满意的结果。随着通信技术的发展，利用公用通信网或专用通信网，联机信息检索已经超出一个地区，一个国家的范围，进入国际信息空间，出现了像 DIALOG、

ORBIT 这样的国际联机系统。

④光盘信息检索

光盘信息检索又称光盘数据库检索，即采用计算机作为手段、以光盘作为信息存储载体和检索对象进行的信息检索，是应用较为广泛的一种计算机信息检索。光盘是集激光技术、计算机技术以及数字通信技术于一体的一种综合技术。因为光盘具有储存能力强、介质成本低、数据可靠性强、便于携带等优点，成为最新颖、有效的现代化信息储存和传播工具。特别是它与计算机相结合，给人们提供了一种新的检索环境和系统模式，对计算机信息检索和信息服务业产生了重要的影响，使得光盘信息检索迅速发展起来，成为现在计算机信息检索中的重要组成部分。

⑤网络信息检索

网络信息检索一般指互联网检索，通过网络接口软件，用户可以在一终端查询各地上网的信息资源。这一类检索系统都是基于互联网的分布式特点开发和应用的，即：数据分布式存储，大量的数据可以分散存储在不同的服务器上；用户分布式检索，任何地方的终端用户都可以访问存储数据；数据分布式处理，任何数据都可以在网上的任何地方进行处理。

网络信息检索与联机信息检索最根本的不同在于网络信息检索是基于客户机/服务器的网络支撑环境的，客户机和服务器是同等关系，而联机检索系统的主机和用户终端是主从关系。在客户机/服务器模式下，一个服务器可以被多个客户访问，一个客户也可以访问多个服务器。互联网就是该系统的典型，网上的主机既可以作为用户的主机里的信息，又可以作为信息源被其他终端访问。

目前国内网上数据库有：国家科技图书文献中心、CNKI中国学术期刊数据库、万方数据知识服务平台、维普经纶知识资源系统、中国专利文献数据库、中国标准数据库以及超星数字图书馆等全文数据库；国外网上数据库则更多，如美国《科学索引》（SCI）、《工程索引》（EI）、《化学文摘》（CA）、SpringerLink 数据库、EBSCO 数据库等。

6.4 信息检索语言

信息检索语言就是组织文献与检索文献时所使用的语言。也就是说，文献存储时，文献的内容特征（如分类、主题）和外表特征（如书名、刊名、篇名、号码、著者等）按照一定的语言来描述，检索文献时的提问也按照一定的语言来加以表达。这种在文献的存储和检索过程中，共同使用、共同遵循的语言就是检索语言。实质上它是标引和检索之间的约定语言，是人与检索系统对话的基础，检索的匹配就是通过检索语言的匹配来实现的。使用检索工具和检索系统必须掌握检索语言，它是掌握和提高检索技能的基础。检索语言的基本成分是检索词。按检索词的规范化程度和组配程序，检索语言可分为自然语言（Natural Language）和人工语言（Artificial）两种。自然语言采用的检索词是未加工整理和规范过的，即平常采用的关键词，这种语言又称作关键词语言（Keyword Language）。人工语言采用经过规范化的词，规定一个词表示一种事物，如规定"aircraft"表示飞机，而不用"air plane"、"plane"和"aeroplane"，从而做到文献存储和检索的一致性。信息检索语言是根据检索需要而创制的人工语言，也称检索标识系统，专门用于各种手工和计算机信息检索系统。

信息检索语言的分类如下。

6.4.1 自然语言

检索用词是从信息内容本身抽取的，主要依赖计算机自动抽词技术完成，辅以人工自由标引（非依据词表的标引方法），是非规范词（Uncontrolled Term）。包括以下几个方面：

①关键词（Keyword）：直接从信息资源名称、正文或文摘中抽出的代表信息主要内容的重要语词。

②题名：信息资源的名称，如论文篇名、图书书名、网站名称等。

③全文：从资源的内部内容中自动抽取、查找，是目前网上各类搜索引擎使用的最多的方法。

④引文（Quotation）：将文献所引用的参考文献的作者、篇名、来源出版物抽取出来进行标引。

自然语言的优点：

①新颖性强：一旦文献中出现某个新词语，即可直接使用这一词语作为检索入口，根本无须像受控语言那样冥思苦想地将其转换成另一规范词用于检索。

②检索方便：它解除了人工语言的种种限制，不需要复杂的检索规则，使用者能较快适应，易用性强。

③标引准确度高：自然语言采用从文献中抽词标引的方式，不容易发生误标引，适用于计算机检索。只要数据库的文献标题中含有该检索词，即视为命中，查全率较高。

自然语言的缺点：

①词汇量太大，给词汇的存储、加工和检索带来许多操作方面的困难。

②当文献的主题很明白清楚地在标题或主题词中表达出来时，检索才会较成

功,反之则失效。

③词汇具有模糊性,另外多义、近义、同义现象较多,给标引和检索带来困难。

6.4.2 人工语言

由人工创制的,采用规范词,用来专指某个概念或与之相应的概念。可以将同义词、近义词、相关词、多义词及缩略词规范在一起,由人工控制。包括分类语言、主题语言、关键词语言。

1. 分类语言

分类语言是用分类号或类目来表达各种概念,并将各种概念按学科体系或性质进行分类和系统排列的语言。分类语言能反映事物的从属派生关系。便于按学科门类进行族性检索。

国内常用的分类语言主要有《中国图书馆分类法》(简称中图法)、《中国科学院图书分类法》(简称科图法)、《中国人民大学图书馆分类法》(简称人大法)等。国外常用的分类语言有《美国国会图书馆分类法》(LC 分类法)、《杜威十进分类法》(DDC 分类法)、《国际十进分类法》(UDC 分类法)等。

目前在我国使用最多的分类法是《中国图书馆分类法》。一部完整的分类法如《中图法》大体由分类表、辅助表和使用说明三个部分组成。分类表:是选择信息、类分信息、组织信息和检索信息的依据;辅助表:为了帮助用户从信息主题的角度迅速而准确地确定分类号,《中图法》同其他的分类法一样,设置了配套使用工具——辅助表,即《中国图书馆图书分类法索引》;使用说明:就是《中图法》配套使用手册,用于指导用户更好地了解和使用分类表,提高对信息的标引和检索质量。

《中图法》从 1974 年起在全国试用。目前使用第四版,这种方法将各学科文献分为 22 个大类,用 A 到 Z 间的字母表示,但除去 L、M、W、Y 四个字母,字母后的小类用数字表示。其中 T 类、工业技术类用双字母表示。

五大部类:马恩列斯;哲学;社会科学;自然科学;综合性图书。

22 个大类:A 马克思主义列宁主义毛泽东思想;B 哲学;C……K(9 类)——C 社会科学总论、D 政治法律、E 军事、F 经济、G 文化科学教育体育、H 语言文字、I 文学、J 艺术、K 历史地理;N……V、X(10 类)——N 自然科学总论、O 数理科学和化学、P 天文学地球科学、Q 生物科学、R 医药卫生、S 农业科学、T 工业技术、U 交通运输、V 航天航空、X 环境科学;Z 综合性图书。

分类号采用汉语拼音字母与阿拉伯数字的混合号码,用一个字母代表一个大类,以字母的顺序反映大类的序列,在字母后用数字表示大类下类目的划分,数字的设置尽可能代表类的级位。例如：

O	数理科学和化学	一级类目
O6	化学	二级类目
O61	无机化学	三级类目
O611	化学元素与无机化合物	四级类目
O611.6	无机化合物	五级类目

体系分类语言以文献信息内容所属学科的性质来划分和集中文献，能较好地体现学科的系统性，便于人们从某一学科或专业角度查找文献。体系分类语言的检索标识是国际上广泛采用的拉丁字母和阿拉伯数字，通用性强。能较好地反映学科类目划分的纵向层次关系，但不容易反映学科间的交叉、渗透的横向关系，容易导致反映同一主题文献的分散。体系分类法主要采用的表现形式为列举式，而列举式很难获得十分完备的类目，加之其严格的逻辑体系又给增加、删减类目造成困难，难以及时满足人们对新学科文献信息的标引和检索的需要。

在使用分类语言进行标引或检索文献信息之前，必须对分类体系有一定的了解，才能有效地进行。

常用的主题检索语言有标题词语言、关键词语言和叙词语言。主题检索语言的优点在于检索人员不必从知识体系的角度去判断所需文献属于什么学科，只要根据课题研究的对象，直接用能表征、描述文献内容的主题词去查检，而且同一篇文献可用多个主题词来标引，因此扩大了检索途径。

2. 主题语言

用主题词存取文献是最通用，也是最重要的方法，这种方法称为主题法。所谓主题词，是指表示文献内容主题旨意的，经过规范化的词语（包括单词、词组和短语）。主题词不一定出现在论文的题目中，而是指能概括文献内容的基本词语。用来描述主题概念的词语称为主题词，将主题词按照一种便于检索的方式编排起来，就是主题词表。一部主题词表通常包括字顺表、范畴表、词族表等部分。检索时，像查字典一样，按字顺就可以找到主题词。主题法检索语言分为标题词语言（Subject Heading Language），它是先组式语言（Coordinate Language）；叙词语言（Descriptor Language）是后组式语言（Post coordinate Language）。

①标题词语言

标题词语言是主题法中最早出现的一种检索语言。标题词一般是从科技工作者熟悉的大量科技名词中，选出具有实质性意义的科技名词术语，经过规范化处理，使之能够直接地、准确地表达文献的主题内容，使优选的标题词词义在表达概念上具有唯一性，即达到一个标题词只对应一个概念。

A. 标题词的规范化处理

a. 同义词规范

指的是从同义词中优选一个作为标题词，其余同义词为非标题词，不能做检索语言。

b. 近义词和反义词规范

例如，试验和实验是一对近义词，按概念等同处理，从中优选一个作为标题词，其余为非标题词。光洁度和粗糙度是一对反义词，也只选一个作为标题词，另一个为非标题词。

B. 多义词的词义限制

例如，疲劳是一个多义词，可以指人的疲劳，也可以指金属材料的疲劳，需要加以区分。为此，用范围注释限制其词义。例如，疲劳（生理）、疲劳（物理），前者指用于人的疲劳，后者指用于金属材料的疲劳。

C. 标题词表

检索系统有相应的词表。其中自然语言体系的禁用词表比较简单，只列出不能作为检索词的词语，实义词均可作为检索词。规范化语言体系的词表比较复杂，确定检索词时一定要查对词表。使用词表时应注意以下几点：词表结构与词表各分表（如字顺表、等级表）的功能及相互关系；词表中参照关系的作用；注释内容的含义、作用；标识符的含义。对上述几点，各词表的导言均有详尽说明。常用词表有《中国图书馆分类法主题词分类号对应表》、《美国国会图书馆标题表》（Library of Congress Subject Headings）、《美国化学文摘索引指南》（Index Guide）等，通过涉猎这些词表，以达到对规范化检索语言的融会贯通。标题词语言是概念组配，它有专指性、集中性、直观性和适应性的特点，适合从事物的主题概念出发进行检索，优于分类法。检索者可以从课题的概念出发，选用标题词直接进行检索，不必考虑学科的分类体系。但是，标题词表中，主、副标题词的数量是一定的，对复杂主题的表达就会受到很大限制。为了适应计算机检索的需要，叙词语言由此诞生。

②叙词语言

叙词语言是在标题词语言和分类语言的基础上发展起来的一种新型检索语言，它适用于手工检索，但更适用于计算机检索。叙词是指从文献内容中抽出来，能表达文献内容基本概念并经过规范化的名词和术语，特点是具有组配性，通过概念组配来表达主题。叙词语言的基本成分是叙词，它是一种规范化的检索语言，属于后组式语言。叙词语言可用复合词表达主题概念，在检索时可由多个叙词组成任意合乎逻辑的组配，形成多种检索方式。概念组配在计算机检索中常用"布尔逻辑提问式"来表达，即通过逻辑关系符号将有关叙词组配成逻辑与、逻辑或、逻辑非等提问式，以表达检索的主题内容。用叙词语言编写的词表称为叙词表，通常是由主表和辅表组成。主表是叙词表的主体，可独立存在。辅表是为便于使用主表而编制的各种辅助索引。主表又称叙词字顺表，它收录全部叙词与非叙词，按词的字顺排列，并标注显示词间关系的参照系统。辅表一般由叙词分类索引和叙词等级索引组成。叙词分类索引也称为分类表或范畴索引，叙词等级索引也称为族系索引或词族索引。常用的叙词表有《INSPE 词表》（INSPE Thesaurus）、《NASA 词表》（NASA Thesaurus）、《Ei 词表》（Ei Thesaurus）及我国编辑出版的《汉语主题词表》等。

3. 关键词语言

关键词是指从文献的题目、摘要或正文中选出的，表征文献主题内容的具有实际意义的词语。将文献中的一些主要关键词抽出作为检索标识，并以字顺排列而组成的查找文献用的语言，称为关键词语言。与标题词语言和叙词语言不同的是，关键词语言是自然语言，不需进行规范化处理。关键词索引，就是将文献拆分成几个关键词，然后按照每个关键词的字顺加以排列，以便从关键词入手进行检索。例如，"汽车排气中铅的消除"可以分解为"消除""铅""汽车""排气"等关键词。同时，考虑到汽车排气主要与空气污染有关，还可以加上空气和污染两个关键词。也就是说，从这 6 个关键词的任何一个入手，都可以查到这篇文献，大大提高了文献的检索概率。当前普遍使用的 Internet 网上检索就是使用关键词进行检索，只要随意输入一个关键词，就可以在整个网上搜索。

6.4.3　人工语言与自然语言的关系

与自然语言相比较，人工语言的检索效率要高于自然语言，查全率和查准率都比较高，但人工语言是基于印刷性资源产生的，对标引和检索来说，标引工作量大，需要不断维护，管理成本高，用户也不易掌握。因此，在数字资源飞速发展的今天，仅使用人工语言是远远不够的。

自然语言由于主要由系统自动标引完成，灵活、新颖、检索入口多、专指性好，管理和维护的成本较低，用户也不需要特别的学习和培训；但由于目前计算机的抽词技术还无法做到从自然语言文本中自动抽取最准确、充分表达信息资源内容的词，也无法自动规范自然语言和表现概念之间的关联，检索效率很低，具体表现在搜索引擎的使用上，利用搜索引擎检索出来的内容大部分是无用信息。

因此人工语言和自然语言并不是互相对立的，比较成熟的检索系统，通常是两种检索语言并用，互为补充，以保证较高的检索效率。

6.5 信息检索步骤

信息检索是根据既定课题要求或用户需要,利用检索工具查找有关资料的具体过程,它是一项实践活动,需要我们善于思考,并经过反复实践掌握其规律,从而迅速、准确地获得所需文献。信息检索由一系列步骤构成,这些步骤不是一成不变的,需要我们反复推敲,调整检索策略,以求得到最佳的检索结果。文献信息检索步骤如下图所示。

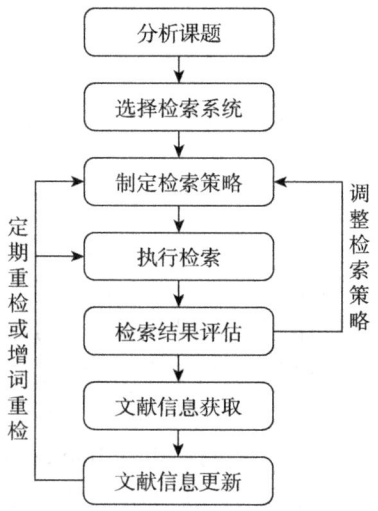

6.5.1 分析课题,明确检索目标

分析和研究检索课题是信息检索的根本出发点,也是决定信息检索效率与效果的关键点。实施检索前,必须对检索课题进行认真分析和研究,明确文献检索的目的,确定课题的主题内容、研究要点、学科范围、语种范围、时间范围、文献类型等。以课题"吸烟与肺癌的关系研究"为例:

主题:吸烟 肺癌 烟 癌症 恶性肿瘤等。

检索目的:获取吸烟对身体的影响、癌症的导致因素、吸烟与癌症之间的因果关系等方面的文献;了解相关医学领域的研究进展及存在的问题等。

文献类型:要求检出的信息为学术文献,包括图书、学术论文、学位论文、专利、科级成果等。

时间范围:近五年。

语种范围：中文文献、英文文献。

6.5.2 选择信息检索系统，确定检索途径

选择检索工具时要考虑是否与文献需求紧密结合，学科专业是否匹配，覆盖信息面广，解释内容的准确性、权威性，检索系统的检索功能是否完善等等问题。

选择信息检索系统的方法：（1）在信息检索系统齐全的情况下，首先使用信息检索工具指南来指导选择；（2）在没有信息检索工具指南的情况下，可以采用浏览图书馆、信息所的信息检索工具室所陈列的信息检索工具的方式进行选择；（3）从所熟悉的信息检索工具中选择；（4）主动向工作人员请教；（5）通过网络在线帮助选择。

选择信息检索系统的原则：（1）收录的文献信息要全面，尽可能涵盖检索课题的相关内容；（2）就近原则，方便查阅；（3）尽可选择质量较高、收录文献信息量大、报道及时、索引齐全、使用方便的检索工具；（4）记录来源，文献类型，文种尽量满足检索课题的要求；（5）数据库是否有对应的印刷型版本；（6）根据经济条件选择信息检索系统；（7）根据对检索信息熟悉的程度选择；（8）选择查出的信息相关度高的网络搜索引擎。

对于上述课题，中文检索系统可选中国知网、万方医学网、维普经纶数据库等综合性学术文献数据库；图书可检索图书馆馆藏目录、超星电子书、读秀搜索系统；外文文献则检索 Web of Science 等专业二次文献数据库，ScienceDirect、Springer 等综合数据库。为扩大检索范围，可检索百度学术、谷歌学术及其他 OA 资源。

如果可以利用发现系统，也可通过发现系统一次性获取中外文学术资源。无上述资源，可考虑通过图书馆文献共享系统进行检索和传递获取。

6.5.3 选择检索词，确定检索策略

检索条件主要包括检索词、检索途径的确定，并运用布尔逻辑运算符、位置算符等将各种检索条件连接起来，形成检索策略。

确定检索词的基本方法：选择规范化的检索词；使用各学科在国际上通用的、国外文献中出现过的术语作为检索词；找出课题涉及的隐性主题概念作为检索词；选择课题核心概念作为检索词；注意检索词的缩写词、词形变化以及英美的不同拼法；联机方式确定检索词。

制定检索策略的前提条件是要了解信息检索系统的基本性能，基础是要明确检索课题的内容要求和检索目的，关键是要正确选择检索词和合理使用逻辑

组配。

在制定检索策略的过程中要明确产生误检和漏检的原因，并尽量规避这些问题：

①产生误检的原因可能有：一词多义的检索词的使用；检索词与英美人的姓名、地址名称、期刊名称相同；不严格的位置算符的运用；检索式中没有使用逻辑非运算；截词运算不恰当；组号前忘记输入指令"s"；逻辑运算符号前后未空格；括号使用不正确；从错误的组号中打印检索结果；检索式中检索概念太少。

②产生漏检的原因或检索结果为零的原因可能有：没有使用足够的同义词和近义词或隐含概念；位置算符用得过严、过多；逻辑"与"用得太多；后缀代码限制得太严；检索工具选择不恰当；截词运算不恰当；单词拼写错误、文档号错误、组号错误、括号不匹配等。

6.5.4 执行检索

根据构造好的检索式，在选定的相关数据库中进行检索。

6.5.5 评估检索结果，调整检索策略

当发现检出文献过多或过少，检索结果与课题目标不一致时，需要对检索策略进行调整，再进行第二轮检索，这一步骤或可多次重复，直到检出满意的结果。

6.5.6 获取文献信息

文献信息的获取包括文献信息的选择、借阅或下载，文献的管理、阅读和引用。对于有参考价值、拟在论文写作过程中参考或引用的文献，要按参考文献的标准格式，列在论文后面的"参考文献"中。

原始文献的获取可通过以下几种途径实现：①利用二次文献检索工具获取原始文献；②利用馆藏目录和联合目录获取原始文献；③利用文献出版发行机构获取原始文献；④利用文献著者获取原始文献；⑤利用网络获取原始文献。

6.5.7 文献信息更新

由于信息更新频繁，信息需求不断提高，对于有些课题而言，文献信息的更新也成为一种需求，这就需要我们定期重新检索或调整检索策略、增加检索条件重新检索，实现文献信息的不断更新。

6.6 检索工具

6.6.1 检索工具的定义

检索工具是人们用来报道、存储和查找各类信息的工具。包括传统的二次、三次印刷型检索工具，面向计算机和网络的光盘检索系统、联机检索系统，以及搜索引擎等各种网络检索系统。

6.6.2 检索工具的类型

根据划分的方式不同，检索工具有不同的类型。按照检索手段的不同，检索工具可分为线索型检索工具和参考型检索工具。按照著录形式的不同，可分为目录型检索工具、题录型检索工具、索引型检索工具、文摘型检索工具、全文型检索工具等。按照载体形式的不同，可分为书本式检索工具、卡片式检索工具、缩微式检索工具和机读式检索工具等。

1. 线索型检索（检索类）工具

线索型检索工具是在一次文献的基础上，整理、编制出的提供一次文献信息线索的二次文献，包括目录、题录、索引和文摘等，主要用于查找国内外书刊资料。

（1）目录。目录通常是以单位出版物为著录对象，揭示和报道出版物的外部特征。

（2）题录。题录报道揭示单篇文献的外表特征，是在目录的基础上发展起来的一种检索工具。

（3）索引。索引就是将文献信息中的题名、人名、地名、字句及参考文献等分别摘录出来，并注明出处，按一定的规则编排起来的一种检索工具。

（4）文摘。文摘是在索引的基础上发展起来的，增加了揭示内容特征的摘要部分。

2. 参考型检索工具

参考型工具书又称参考工具书，是能为读者提供各种所需的具体资料的工具书，供人们查阅数据、结论、定义、公式、分子式、人物简介等数据和事实信息。参考工具书是事实检索、数据检索的工具，属三次文献。一般包括字典、词典、百科全书、年鉴、手册、类书、年表、历表和图录等。

（1）字典和词典。字典是以收单字为主，解释其形态、读音、意义和用法，并按一定排检方法编排起来的参考工具。

（2）百科全书。百科全书是汇聚人类一切知识或某一门类知识的完备的工具书。

（3）年鉴。年鉴是一种每年一期连续出版的工具书。

（4）手册。手册是汇集某一范围内基础知识、基本数据、文献资料的参考工具书。

（5）名录。名录是一种简要介绍人物、团体、物品或地域概况的事实材料的工具书。

（6）图录。图录是汇集某一学科、某一方面的事物，用图像形式绘录或摄制下来，加以分类编排的工具书。

（7）表谱。表谱也称"表册"，是以表格形式反映历史人物、事件、年代的工具书，具有信息密集、一目了然、资料性强和便于查检等特点。

（8）类书。类书是辑录文献中的史实典故、名物制度、诗赋文章、丽词骈语等资料，按类或按韵编排以便查检和征引的工具书。

（9）政书。政书是收集历代或某一朝代政治、经济、文化、制度方面的史料，分门别类地加以编排和叙述，是专门记载典章制度的工具书。

（10）方志。方志又称地方志，是按一定的体例分门别类地系统记载地方行政区域内的政治、经济、文化、地理、社会等方面情况的历史与现状的资料性著述。

第七章 计算机信息检索

7.1 计算机信息检索原理

计算机信息检索是指利用计算机存储和检索信息。具体地说，就是指人们在计算机或计算机检索网络的终端机上，使用特定的检索指令、检索词和检索策略，从计算机检索系统的数据库中检索出所需的信息，再由终端设备显示或打印的过程。为实现计算机信息检索，必须事先将大量的原始信息加工处理，以数据库的形式存储在计算机中，所以计算机信息检索广义上讲包括信息的存储和检索两个方面。具体过程如图所示。

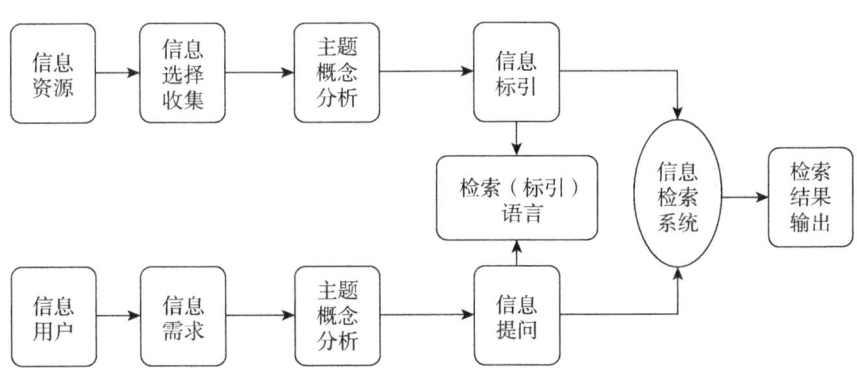

（1）信息存储

信息存储的工作内容，主要是用手工或者自动的方式将大量的原始信息进行分析加工，并采用特定的方式予以整理、储存。具体做法有以下几个步骤：

①选择文献。根据信息检索系统的主题、性质及任务等，结合原始文献本身的研究水平、角度及信息质量，对原始文献进行适当的评价，从中筛选出符合要求的文献。

②主题概念分析与规范。对所选文献进行主题分析，提炼出文献所论述的主题，并根据一定的检索语言抽取出主题词、分类号以及文献的其他特征进行标识或者写出文献的内容摘要。

③数据库记录及信息存储。将经过处理的数据按一定格式输入计算机存储起来，计算机在程序指令的控制下对数据进行处理，形成机读数据库，存储在存储介质（如磁带、磁盘或光盘）上，完成信息的加工存储过程。

（2）信息检索

信息检索的工作内容，主要是用户对检索课题加以分析，明确检索范围，弄清主题概念，然后用系统检索语言来表示主题概念，形成检索标识及检索策略，输入计算机进行检索。具体工作步骤如下：

①用户提问及概念分析。用户根据自己的信息需求进行检索，分析检索课题，识别检索的主题内容，把检索主题分解为若干概念，并明确这些概念之间的关系。

②确定检索主题。把检索提问的主题概念转换为相应的提问标识（即检索词），并以这些标识来表达检索提问的主题内容。

③检索的实施。计算机按照所得到的提问标识，在专用程序的控制下进行高速逻辑运算，并对文献标识与提问标识进行匹配比较，选出符合要求的信息输出。计算机检索的过程实际上是一个比较、匹配的过程，检索提问只要与数据库中的信息的特征标识及其逻辑组配关系相一致，则属"命中"，即找到了符合要求的信息。

7.2 数据库

7.2.1 定义

数据库是长期储存在计算机内，有组织的、可共享的数据集合，是检索系统的信息源，也是用户检索的对象。

7.2.2 类型

数据库的类型多种多样，按不同划分标准，分为不同的类型。

（1）按存储介质划分，可分为磁带数据库、磁盘数据库、光盘数据库等；

（2）按信息处理层级划分，可分为书目数据库、文摘数据库和全文数据库；

（3）按照收录的文献类型划分，分为期刊论文数据库、图书全文数据库、专利数据库、学位论文数据库和产品数据库等；

（4）根据收录文献信息的范围划分，分为综合性数据库和专业性数据库；

（5）按媒体信息内容划分，分为文本数据库、数值数据库、声音数据库、图像数据库、视频数据库和多媒体数据库。

7.2.3 数据库结构

数据库一般由文档、记录、字段这3个自上而下的层次构成，如图所示。

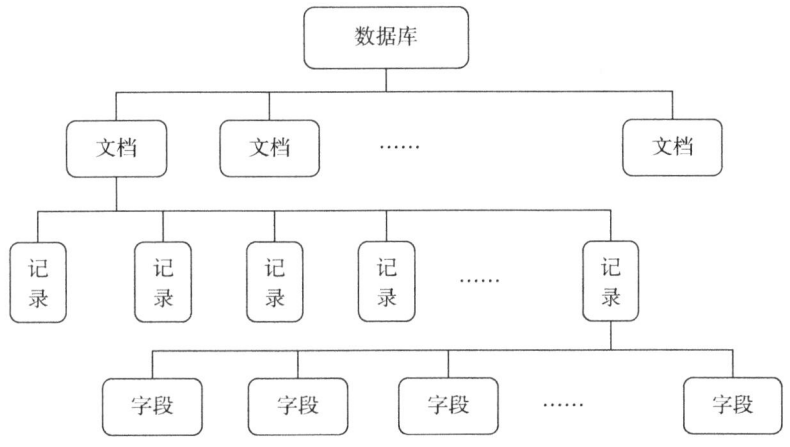

数据库层次结构

（1）文档。文档是数据库中数据组织存储的基本形式，是数据和信息的有序集合，由若干条记录组成，一个或若干个文档构成一个数据库。

（2）记录。记录是构成数据库的基本单元，是对某一实体的属性进行描述的结果。在期刊全文数据库中，一条记录相当于检索刊物中的一篇论文，其属性就是期刊论文的著录项目，一般应包括：文献的题名、著者、关键词、出版单位、出版时间、期刊号和页码等。

（3）字段。字段是记录的基本组成单元，是有关一篇文献或称一条记录的基本数据单元，每一个字段都反映该篇文献的一个方面的信息，组合在一起形成对一篇文献信息的内容特征和外部特征的完整描述。

7.3 计算机信息检索方法

计算机信息检索的实质是"匹配运算"，即由检索者把检索提问变成计算机能识别的检索表达式输入计算机中,由计算机自动对数据库中各文档进行扫描、匹配。

在计算机信息检索的过程中,为了提高信息检索效率,计算机检索系统常常采用一些运算方法,从概念相关性、位置相关性等方面对检索的问题进行技术处理。下面介绍几种最常用的信息检索技术方法。

7.3.1 布尔逻辑检索

(1) 概念

计算机信息检索过程实际上是检索词与标引词比较的过程。用单个检索词来进行计算机检索比较简单,而两个或两个以上的检索词则需要先根据检索课题的要求对检索词进行组配。通常,在计算机信息检索系统中,检索词的组配主要采用布尔逻辑运算。

所谓布尔逻辑检索是用布尔逻辑运算符将检索词、短语或代码进行逻辑组配,指定文献的命中条件与组配次序,凡是符合逻辑组配所规定条件的为命中文献。布尔逻辑检索是计算机信息检索的使用面最广、使用频率最高的检索技术。它用布尔逻辑运算符连接各检索式,然后由计算机进行相应的集合运算,以筛选出所需要的记录。

(2) 运算符

常用的布尔逻辑运算符有三种,分别是逻辑"与",用 and 或 "*"表示;逻辑"或",用 or、"+"或"|"表示;逻辑"非",用 not 或"-"表示。

①逻辑"与",运算符为"and""*",在网络搜索引擎中习惯用空格代替逻辑"与"关系。用于交叉概念或限定关系的组配,实现检索词概念范围的交集,可以缩小检索范围,提高查准率。如检索式为:A and B 或者 A * B,表示检索出同时含有检索词 A 和检索词 B 的记录。凡是使用逻辑"与"的检索式检索,运算符两侧的检索词必须同时出现在检索字段中。

例如,查找"mooc 在信息素养建设中的应用"方面的文献信息,可用如下检索式:

mooc * 信息素养

②逻辑"或",运算符为"or"或"+"或"|",在网络搜索引擎中习惯用逗号代替逻辑"或"关系。用于检索词并列关系(同义词、近义词)的组配,实现检索词概念范围的并集,它可以扩大检索范围,防止漏检,有利于提高查全率。如检索式为:A or B 或者 A + B,表示检索出所有含有检索词 A 或者检索词 B 的记录。在一篇文献记录中只要含有检索词 A 和检索词 B 中的任何一个即算命中。

例如，查找有关"计算机"的相关信息，因为"计算机"也称为"电脑"，因此可用如下检索式：

计算机 or 电脑

③逻辑"非"，运算符为"not"或"-"，在网络搜索引擎中习惯用减号代替逻辑"非"关系。它是一种排斥关系的组配，用来从原来的检索范围中排除不需要的概念。如检索式为：A not B 或者 A-B，表示检出含有检索词 A，但同时不含检索词 B 的记录。逻辑"非"与逻辑"与"运算的作用类似，可以缩小检索范围，增强检索的准确性。此运算适用于排除那些含有某个指定检索词的记录。

例如，查找"非酒精饮料"的相关内容，可用如下检索式：

饮料 - 酒精

布尔逻辑检索的常见逻辑关系如图所示：

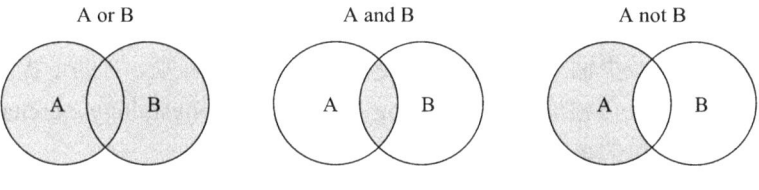

布尔逻辑关系

大多数网络信息检索工具都支持布尔逻辑运算，但各自采用的表现形式不尽相同：有的用 and，or，not（有的工具要求用大写，有的要求用小写，有的则大、小写都可以），有的以符号 +、-、* 代替，有的可支持"&""|""！"等符号操作；有的直接把布尔逻辑运算符隐含在菜单中，如 Google 的默认运算符是布尔逻辑"与"。

在一个检索式中，可以同时使用多个逻辑运算符，构成一个符合逻辑检索式。符合逻辑检索式中，计算机检索时会按优先顺序自动完成，其中 not 优先级最好，and 其次，or 最低。如果要改变优先级可在检索式中添加优先运算符括号"（）"。

7.3.2 截词检索

截词检索常用于西文检索中，就是用词的一个局部进行的检索，并认为凡是满足这个词局部中的所有字符的文献，都为命中的文献。它可以起到扩大检索范围、提高查全率、提高检索效率等作用。在进行西文检索时，若遇到名词的单复数形式、词的前后缀变化等时，均可采用截词检索。使用该方法时，要特别注意截词的词干不能太短，一般应在 3 个字符以上。

截词的方式有多种，按截断长度可以分为有限截断和无限截断；按截断部位可分为右截断、中间截断、左截断和复合截断。（1）有限截断：指限定截去有限个字符。（2）无限截断：在检索词后加一个截词符，表示该词后可加任意个字符。

不同的系统所用的截词符也不相同，常用的有？、$、* 等。分为有限截词（即一个截词符只代表一个字符）和无限截词（一个截词符可代表多个字符）。

（1）右截断。截去某个词的词尾，使词的前方保持一致，也称为前方一致检索。这种方法可以减少输入各种词尾有变化的检索词的麻烦，有助于提高查全率。绝大多数检索工具用"*"表示词尾的无限截词，如输入"employ*"，可检出包含 employ、employee、enploying、employment 等词的记录。

（2）中间截断。截去某个词的中间部分，使词的两边保持一致，也称为两边一致检索。通常，当一个截词符"？"放置在检索词的中间，表示允许它为任一字符，如输入"wom？n"，可检出包含 woman、women 等词的记录。

（3）左截断。截去某个词的前部，使词的后方保持一致，也称为后方一致检索。这种方法可以减少输入各种词头有变化的检索词的麻烦，有助于提高查全率。如输入"*ology"，可检索出包含 biology、geology、physiology、archaeology 等所有的以 ology 结尾的单词的记录。

（4）复合截断。是指同时采用两种以上的截断方式。

7.3.3 位置检索

位置检索也称为临近检索，是用特定的位置算符来表达检索词与检索词的顺序和词间距的检索。引入位置运算符的目的是弥补布尔逻辑运算符某些检索式的不足，如检索词之间的位置关系，从而提高检索的专指度和准确率。常用的位置运算符介绍如下。

（1）"（W）"算符

"W"含义为"with"。这个算符表示其两侧的检索词必须紧密相连，除空格和标点符号，不得插入其他词或字母，并且两词的词序不可以颠倒。"（W）"算符还可以使用其简略形式"（）"。例如，检索式为"CD（W）ROM"时，系统检索含有"CD-ROM"或者"CDROM"词组的记录。

（2）"（nw）"算符

"（nw）"中的"w"的含义为"word"，表示此算符两侧的检索词必须按此前后邻接的顺序排列，顺序不可颠倒，而且检索词之间允许插入不多于 n（n=1、2、3…）个的实词或虚词。例如，control（1W）system 可检索出包含"control system"、"control of system"和"control in system"的记录。

（3）"（N）"算符

"（N）"中的"N"的含义为"near"。这个算符表示其两侧的检索词必须紧密相连，除空格和标点符号，不得插入其他词或字母，但词序可以颠倒。例如，chemistry（N）physics，表示含有短语 chemistry physics 或者 physics chemistry 的信息都可命中。

（4）"（nN）"算符

"（nN）"表示允许两词间插入最多 n（n=1、2、3…）个其他词，允许词序颠倒。例如，economic（2n）recovery，表示 economic recovery 或 recovery of the economic 等信息都可命中。

（5）"（F）"算符

"（F）"中的"F"的含义为"field"。这个算符表示其两侧的检索词必须在同一字段（如同在题目字段或文摘字段）中出现，词序不限，中间可插任意检索词项。例如，economic（F）knowledge，一篇标题含有"the Economic Impact of Knowledge-Based"的文献可被命中，因为算符两侧的检索词在同一标题字段中。

（6）"（S）"算符

"（S）"中的"S"算符是"Subfield"的缩写，表示在此运算符两侧的检索词只要出现在记录的同一个子字段内（例如，在文摘中的一个句子就是一个子字段），此信息即被命中。要求被连接的检索词必须同时出现在记录的同一句子（同一子字段）中，不限制它们在此子字段中的相对次序，中间插入词的数量也不限。它比（F）的限制更严格。例如，"high（W）strength（S）steel"表示只要在同一句子中检索出含有"high strength 和 steel"形式的均为命中记录。

7.3.4 字段限制检索

字段限制检索是在检索系统中对检索词出现的字段做一些限制，其作用是能多方位检索到自己所需要的信息。字段限制是每十个计算机检索系统为提高检索效果配备的一项重要功能。

字段检索包括两种形式：一是通过菜单选择检索字段；二是用命令的方式输入字段限制算符。

7.3.5 精确与模糊检索

精确检索实际上是检索形式上完全匹配的检索词，一般使用在主题词、作者等字段。

例如，以精确检索方式在主题词字段中检索"反倾销"一词，那么在主题词字段中出现"反倾销战略""反倾销调查"等复合词的记录就并非命中记录，一定是单独以"反倾销"出现才算匹配。又如，用户输入作者名为"李新"，那么"李新宇""李月新"等便不算匹配记录。

模糊检索类似智能检索或概念检索，系统不但忽略复合词，可能还会自动返回包含它认为意义相近的检索词的记录。

7.3.6 短语检索

短语检索常用运算符为""，检索时系统不自动拆分""的短语或句子，只检索出与""内完全相同的内容，也称精确检索。Google、Baidu 等都支持这一技术。

7.3.7 加权检索

加权检索是某些检索系统中提供的一种定量检索技术。加权检索同布尔逻辑检索、截词检索等一样，也是信息检索的一个基本检索手段。但与它们不同的是，加权检索的侧重点不在于判定检索词或字符串是不是在数据库中存在、与别的检索词或字符串是什么关系，而是在于判定检索词或字符串在满足检索逻辑后对文献信息命中与否的影响程度。

7.3.8 范畴检索

范畴检索主要是针对以百度、Google 等为代表的搜索引擎的检索方法。当前社会，百度、Google 等搜索引擎是最为广泛应用的网络检索工具，它们以其独特的检索技术，简单友好的界面赢得了越来越多用户的认可。在技术上，不仅支持布尔逻辑运算、截词检索等各种检索方法，同时开发出一些新的检索控制词，对网络上的海量信息收集提供了有效的帮助。这种为了提高查准率，将检索限制在网页的一个特定部分或几个部分进行的检索，称为范畴检索。下面以百度搜索引擎为例，对范畴检索的关键词和检索语法进行举例介绍。

（1）site：搜索范围限定在特定站点中

您如果知道某个站点中有自己需要找的东西，就可以把搜索范围限定在这个站点中，提高查询效率。

检索算符：site

基本查询语法：关键词 +site：网站名称或国别（此处 + 代表空格，本节以下相同）

例 1：查找政府网中关于脱贫攻坚的信息，即可在搜索框中输入"脱贫攻坚 site:www.gov.cn"，检索结果如下。

例 2：查找教育部发布的关于师范教育的相关文章，即可在搜索框中输入"师范教育 site:moe.gov.cn"，检索结果如下。

值得说明的是，搜索关键词可以在"site:"前，也可在其后，关键词与"site:"之间必须有空格隔开，"site"后的冒号可以是全角也可以是半角，搜索引擎会自动辨认。"site:"后面跟的站点域名，不要带"http://"前缀或"/"后缀，"site:"和站点名之间，不要带空格。

（2）inurl：搜索范围限定在 url 链接中

网页 url 中的某些信息，常常有某种有价值的含义。如果对搜索结果的 url 做某种限定，可以获得良好的效果。

检索算符：inurl

基本查询语法：关键字 +inurl：资源类型

例如，查找有关 ps 教程的视频，即可在搜索框中输入"ps 教程 inurl:video"，检索结果如下。

查询词"ps 教程"是可以出现在网页的任何位置,而"video"则必须出现在网页 url 中。

(3) intitle:搜索范围限定在网页标题中

网页标题通常是对网页内容提纲进行挈领式的归纳。把查询内容范围限定在网页标题中,有时能获得良好的效果。

检索算符:intitle

基本查询语法:intitle:关键词

例如,查找标题中含有关键词"信息素养"的网页,即可在搜索框中输入"intitle:信息素养",检索结果如下。

intitle 表示搜索的关键词包含在网页的标题中。我们知道,网页设计的一个

原则是把主页的关键内容用简洁的语言表示在网页的标题中，网页标题是对网页的一种精练的概括。因此，只查询标题栏，通常也可以找到相关度较高的专题资料。

（4）filetype：专业文档搜索

关键词用 filetype 语法可以限定查询的关键词出现在指定的文档中，支持文档格式有 pdf、doc、xls、ppt、rar 等。对于查找文档资料非常有帮助。

检索算符：filetype

基本查询语法：关键词 filetype: 文档格式

例如，查找有关信息检索的 ppt 文档，即可在搜索框中输入"信息检索 filetype:ppt"，检索结果如下。

在搜索引擎中，现在很多都提供了控制词 filetype，用以控制查询结果中输出具有特定文件类型扩展名的文件，这种方式针对特定文件格式的搜索会特别有用，如搜索电子教案 ppt，如果使用 filetype 作为控制，检索效率将大大提高。

7.4 信息需求与表达

7.4.1 信息需求概述

信息需求是指人们在从事各种社会活动的过程中，为解决不同的问题所产生的对信息的需求，它是信息用户对信息内容、信息载体、信息服务的一种期待状态，是激励人们积极开展信息活动的源泉和动力。

美国信息技术专家科亨（Kochen）把用户的信息需求状态划分为以下三个层次，即信息需求的客观状态、认识状态和表达状态，如下图所示。

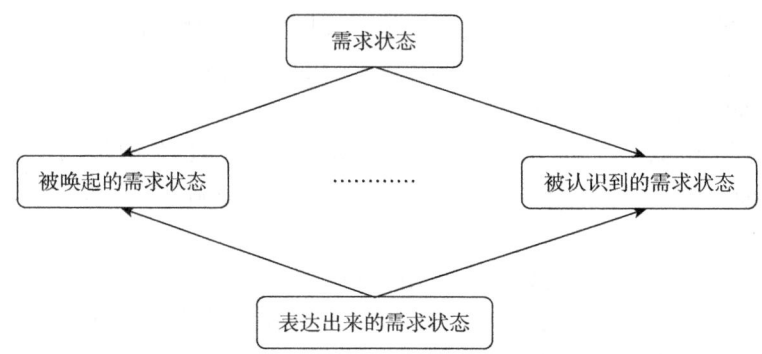

信息需求的客观状态，由用户所进行的职业或活动，以及其所处的社会环境和知识结构等客观因素决定，不以用户的主观意志为转移。

信息需求的认识状态，用户对客观信息需求并不一定会全面、准确地认识。由于主客观原因，用户可能只能认识其中的一部分或者全然没有认识，甚至可能产生错误的认识。

信息需求的表达状态，通过用户的信息活动，特别是与信息服务系统的交往和互动，用户的需求得以表达。

如果将用户信息需求的客观状态称为客观信息需求的话，用户信息需求的认识和表达状态则可称为主观信息需求。

7.4.2 信息需求产生的原因

关于信息消费者信息需求产生的原因，目前在情报学界主要有需求满足论、认知过程论和行为障碍论3种观点。

7.4.3 大学生信息需求的特点与类型

大学生信息需求主要存在以下形式和类型：获取信息需求、发布信息需求、信息交流需求、信息咨询需求。

大学生的信息需求具有广泛性、集中性、多样性、阶梯性和渐进性的特点。

7.4.4 信息获取的影响因素

（1）信息的可获得性。影响信息可获得性的因素复杂多样，不仅有技术方面的因素，而且包括安全和长期保存方面等因素。

(2)信息获取的一般过程如下图所示。

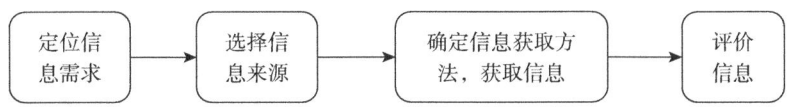

1. 定位信息需求

(1)信息需求包括所需要的信息和要求,表现在时间范围、地域范围和内容范围几个方面。

(2)准确定位信息需求的好处:确保时效性、针对性、价值性,也可以减少信息获取的工作量,降低成本,提高信息获取效率等。

2. 选择信息来源

信息来源大致可分为文献型信息源、口头型信息源(个人型信息源)、电子型信息源、实物型信息源(现场信息源)4类。

3. 确定信息获取方法

信息来源的多样性,同样也决定子信息获取方法的多样性,有观察法、问卷调查法、访谈法、手工检索、计算机检索等多种方法。

4. 评价信息

评价信息的依据:数量、适用性、载体形式、可信度、时效性。可以从以下几个角度评价,即信息的权威性、信息的准确性、信息的客观性、信息的时效性。

7.4.5 信息获取的费用

(1)信息获取的费用构成

信息获取具有成本,会发生一定的费用。用户获取信息的费用构成主要有3部分:信息检索费用、原文获取费用、检索过程中发生的相关费用(主要指差旅费)。信息检索费用是最基本的费用,是用户自己或委托专业信息检索人员在检索与科研课题相关的检索工具或数据库时发生的费用,如入库费、联机费、数据费、通信费、上网费等。原文索取费用是用户在得到检索结果以后进一步索取原文所发生的费用,包括打印费、复印费、服务费等。检索过程中的相关费用主要是差旅费,这部分费用是由于科技人员在当地的信息资源和检索系统不能满足其信息需求时出差到外地发生的费用。

(2)信息获取费用的影响因素

影响信息获取费用的因素主要有:用户的信息检索能力、信息检索系统与检索方式、信息资源情况(数据库、检索工具、原文文献保障等),另外,用户对检索课题的熟悉程度也有一定的影响。

(3) 降低用户信息获取费用的途径

①了解与课题相关的主要检索工具与数据库；

②根据检索目的来选择检索方式与检索工具，确定检索范围；

③选择服务质量好的文献信息服务单位非常重要；

④充分利用网上的免费数据库资源；

⑤非常有效的途径是接受信息检索教育。

7.4.6 信息需求的表达

信息需求的表达可以分为两个方面：一是口头表达，主要是用户当面向信息服务人员、同学、同行、同事甚至陌生人等交流对象直接提出需求；二是书面表达，通过书信（包括电子邮件）、即时信息交流工具（如QQ、微信等）、各类数据库和网站的查询等。目前，第二类需求表达主要是依托网络进行的。在表达信息需求时，如果想使我们的需求能够快速、精确地得到满足，就必须注意其表达的准确性。

影响信息需求表达的因素有：用户的认知能力，用户的表达能力，用户对服务系统的信任度，以及用户表达需求的途径、手段和环境。

7.4.7 未来信息用户的信息需求特点

未来信息用户是在特殊的信息环境下产生的，他们在特定环境下有不同于传统环境下的信息行为，同时也有自己独特的信息需求。他们的信息需求特点主要表现在以下几个方面：

（一）对网络站点和网络技术的期望

未来信息用户希望所有的网络站点都是能够在一个无缝模式中使用的网络站点，希望网站是可以预见并达到他们每个需求的简单易用的站点。对充斥大量图片、视频的网站用户并不是很青睐，因为无法在这些网站上方便地找寻到所需的信息。用户在使用的过程中倾向于寻找"用户创造内容"。在寻找图书或资源的过程中，参与者较积极地寻找"消费者创造"的内容。有的学者认为：未来信息用户期望图书馆既保留其原有的专业优势，同时要像商业网站一样提供服务。其需求具体表现为：简单检索，不需要特别的检索技巧就能获取比较精确的检索结果，并且对拼写错误等能自动修正，能帮助用户自动缩小检索范围，提高查准率；一站式地获取异构资源，希望图书馆像Google Scholar和Live Search等搜索引擎一样拥有简单的检索界面，却能收集到像图书馆一样的准确知识；随时随地地使用图书馆的专业检索和资源，使图书馆与互联网紧密相连，在浏览网络信息时能与图书馆方便地交互；在线获取所需资源并获得个性化的信息服务；与图书馆进行交互，不仅是获取信息的场所，更是发表评论、注释信息、进行讨论的场所；用户之间互相推荐机制，鼓励用户对数字资源进行评论和推荐，使用户在不能方便获得图书馆工作人员的建议时，从其他用户那里方便获得建议。新一代信息用户不仅是信息的消费者，更是信息的创造者，所以他们对信息和通信技术的要求很高；喜欢交互式的系统并避免成为被动的信息消费者；通过数字形式而不是通话的交流方式发送信息；生活的各个方面都需要多任务并行处理；渴望从信息媒体中获得娱乐，并希望在正规的教育过程中有一定的娱乐；喜欢快速浏览和快餐式信息，喜欢视频胜过文本信息；不能容忍延迟的信息服务，耐心比较差，信息需求必须马上得到满足；认为从同龄人那里得来的信息源比权威人士更可靠；一般通过反复的尝试获取计算机的技能；对知识产权的感觉意识欠缺，认为知识产权是不公平的。

（二）对学习资源和学习空间的期望

需要多样化的学习环境和开放性教育资源。人们在学习动机、学习意识、学习态度、学习目标以及个性、智力、能力等方面表现千差万别，因此多样化的教育方式和教育资源才能满足不同需求的学习者的需要。知识的获得、储存、编辑、表现、传授、创造等的最优化的、智能化的环境将提高科研人员的创造性和解决问题的能力。开放教育资源是科研人员资源创建和发布信息资源的重要形式。开放的教育资源主要是一些开放的课件，这些开放的课件是以门户的方式对教育资源进行集成和发布。理念和技术将在教育资源的集成和发布的过程中发挥重要的作用。用户需要对远程会议、教育培训、观测、实验、合作研究等开放网络教育资源进行长期的保存，需要根据不同的学习情景、方式、主题、知识、目标和领域对学科化的知识资源进行整合和保存，需要对电子邮件等非正式交流过程中的记录进行有效的保存。

需要对开放性的教育资源进行有效的组织。用户在系统中承担多种职能角色，需要对自己所需要的资源进行有效的管理，并能够方便对资源的检索。

个人需要组织自我学习，也需要与他人进行交互式的学习，并根据不同的学习目的和学习方式对资源进行有效的组织，对海量的学习资料进行有效的组织以形成便携式的资源。对隐性知识和非正式知识进行有效的管理。有的学者对新一代科研信息用户的信息需求做了总结：其所要求的"专业"信息服务将不再是简单地检索和获取文献，而是帮助他们将知识内容从众多信息对象中挖掘出来，根据其内在特征和价值进行鉴别、关联、重组，帮助他们识别和创造新的知识。用户将越来越要求科技信息服务以定制和交互的方式，以知识内容、知识关系、知识动态利用为核心，解决基于知识和分析才能解决的问题、解决以前需要多个环节或多个系统的复杂应用才能解决的问题、解决以前不可能解决的问题，并且能够为他们自己的工作提供新的信息支撑形式和工具。用户在积极地寻找能直接利用的检索、组织、分析和整合的学术信息，并且挖掘新知识的桌面工具。用户希望拥有安全、可靠的单点访问接口、语音识别特性的友好技术以及具有转换和翻译功能的通用工具。希望能够方便地获得专家的建议和服务，期望专家能分析合成相关的信息，并给予他们指导和建议。希望得到经过分析并具有附加值的技术竞争情报和专利信息服务。用户需要一个支持探索、发现和交流的动态的、个性化的知识空间，帮助理解、应用和创造知识。知识空间成为用户需要的重点内容之一。用户需要将信息的检索获取、知识的动态链接、信息与知识组织与管理。

7.4.8 图书馆的应对策略

未来信息用户的信息行为、信息需求、信息期望发生了变化。图书馆应该积极思考自己的运行模式和服务策略，在未来的信息服务中发挥积极的和主导的作用。

（一）改变业务运行模式

加强与搜索引擎的合作。图书馆为用户提供大量有价值的正式出版的资源，但是与无处不在的搜索引擎相比缺少直接性。图书馆有效的策略就是实现图书馆与商业搜索引擎之间更加紧密的整合，使出版商将资源开放，用户可以在桌面方便地获取电子期刊。同时图书馆应该发挥在资源建设、检索的查准率、元数据的利用和知识整合方面的优势，在收集原始数据、查询精确可信的资源、知识发现等方面发挥积极的作用。同时加强图书馆之间的合作和共享，形成优势互补。随着电子图书时代的到来，图书馆似乎远离用户，图书馆与出版商之间围绕开放获取和机构库建设所进行的争执，导致图书馆和出版商之间存在分歧。但是在出版商方面，由于消费者行为发生在他们的领域而变得更加接近用户。图书馆需要学习如何在不断变化的世界中更好地管理正式出版的、自由出版的和未出版的资料，管理纸本和印本资料新的使用许可和商业模式，避免成为孤立的中介机构。

（二）加强用户信息素养教育

在传统的图书馆建设中，尽管花费了巨额资金提供了昂贵的、有著作权的电子资源的无缝存取，但大多数用户都不熟悉或者是通过 Google 从图书馆获取了这些信息，并且认为这些信息是 Google 免费提供的，与图书馆无关。所以加强用户对图书馆的深层次的了解和认知是当今需要解决的问题。我们应该把图书馆的技术发展和用户信息素养的培养作为图书馆发展的两个重要方面。表现在以下三方面：

1. 在图书馆提供信息的过程中，清楚地告诉读者数据的来源，并把图书馆的服务方便地、合理地嵌入资源提供的目录、摘要和网站上，不但让用户知道信息的来源，而且还要让用户知道图书馆在提供信息的同时还有其他可利用的相关服务，并能随时被用户使用。

2. 制定好的概念地图使用户更有效地利用网络搜索工具、了解检索系统如何运行、书目和全文数据库中的信息如何提供；让用户了解数据库的性能帮助用户建立检索机制，让用户熟悉检索词的拼写、语法和句子的结构，帮助用户有效制定检索策略，让用户了解搜索引擎是如何运转的，从自然语言如何有效转化为搜索提问，受控词表的限制等。

3. 引入稳健的适于应用的机制来检测和评价用户及信息服务。未来的很多研究人员只想远程使用图书馆，所以图书馆检测和评价用户的行为非常重要。同时还要做出必要的改变来响应这一检测结果的变化，积极引导研究人员和学者做出相应的改变。领导层制订新的发展计划，从面向内容到面向用户的成功转型的基础上，向以结果为中心转变。

（三）深化信息资源的开发利用

在信息化服务中，图书馆应该加强与科研、教育、生活等信息化平台的融合，拓展服务用户范围。加强与国家、地方政府之间的协作，使数字图书馆成为社会信息化的重要部分。不断扩充图书馆自身资源，尤其是自创资源。拓展资源范围，把科学教育、分类信息数据库等纳入数字图书馆，打造知识库。建设数据中心，使之成为未来社会的支柱。利用丰富的信息资源、创新的技术手段，深化对资源的二次开发。挖掘信息，把网络中的信息作为资源，创新信息产品，形成知识积累。加快 Web3.0 建设。随着技术的进一步发展，Web3.0 时代已经到来。所谓 Web3.0 就是以积累情报知识为主，以不同的方式去解释学术信息、多媒体信息以及其他主观性信息，使用户的信息决策方式建立在系统性的知识和数据的分析和应用的基础上。

（四）成为未来教育的重要力量

对于未来的科研用户来说，接受教育的方式已经不局限于正规的教育体制和课堂，研究表明，早期的教育和参与式的教学是未来用户学习和研究的基础。同时，随着知识社会的到来，用户受教育的方式不断发生变化，终生学习制度已经基本形成。现在的图书馆能够凭借丰富的数字化资源，依靠自身的资源优势，与更多的学术团体的合作，能有效地管理和构建早期的教育学习对象，同时，拥有先进技术设备的图书馆物理空间能够启迪智慧、开启思路。图书馆通过广泛的可利用的数据、可以信任的空间形式为用户提供个人学习的机会和持续的非正式教育。能够为用户提供不断的更新并能适应社会的技能。未来的研究人员从孩提时代就接触网络游戏和电视节目，他们习惯于在娱乐的过程中学习。当他们成年以后，这种习惯会一直延续下来，图书馆需要根据他们这种要求，提供适当的娱乐方式来吸引用户的参与。

7.5 检索效果评价

检索效果是指利用检索系统或工具开展检索服务时所产生的有效结果。检索效果包括技术效果和经济效果。评价指标是衡量检索系统性能和检索效果的标准。

在信息检索时，检索者总希望将检索系统中与所需信息相关的全部记录都检索出来，总是希望能够明确地知道自己的检索效果。计算机检索效果如何，直接反映检索系统的性能。常用的信息检索效果评价指标有查全率、查准率、漏检率、误检率、收录范围、响应时间、用户负担和输出形式。其中查全率和查准率是目前文献检索理论中流行的衡量检索效果最重要且最常用的量化评价标准，查全率和查准率结合起来，描述了检索成功率。

7.5.1 查全率和查准率

查全率指的是系统在进行某一检索时，检出的相关文献量与系统文献库中相关文献总量的比率，它反映该系统文献库中实有的相关文献量在多大程度上被检索出来，是衡量信息检索系统检出相关文献能力的尺度。数学表达式如下：

查全率＝（检出相关文献量/系统中相关文献总量）×100%。

查准率指的是系统在进行某一检索时，检出的相关文献量与检出文献总量的比率，查准率反映检索准确性，是衡量信息系统拒绝非相关信息的能力。数学表达式如下：

查准率＝（检出相关文献量/检出的文献总量）×100%。

查全率的误差为漏检率，查准率的误差为误检率。

一般来说，查全率和查准率之间存在矛盾的互逆关系。查全率和查准率之间的互逆相关性，是由英国C.W.Cleverdon领导的Cranfield实验所发现的。即在同一个检索系统中,当查全率与查准率处于最佳比例关系时,查全率提高,检出的相关文献量增加,却导致不相关文献检出反而降低查准率;反之亦然。通常情况下,查全率控制在60%～70%,查准率控制在40%～100%是最好的检索结果。在排除人为因素的情况下,任何提高查全率的措施都会降低查准率;如果提高检索词的专指性,排除非相关信息,但是同样也降低了查全率。可见,查准率和查全率同时提高是不可能的。其根本原因不在检索系统本身,而是在检索对象上,因为信息所反映的各个学科知识之间的普遍联系性,各种信息之间是相互渗透、相互包容的,无论怎样调整检索策略,无论怎样改进检索系统的质量,查全率和查准率不可能同时达到100%。不同的课题,对检索信息相关性的要求不同,即使同一课题,随着时间、地点、条件的不同,对检索信息的相关性要求也会有很大出入。例如,在刚进行一项新的研究计划时,对查全率要求比较高,最好不漏掉任何一个有关研究项目的信息;而在随着研究的进展,又需要在查全基础上逐步利用限制检索来逐步提高查准率。而且在研究过程中,还得根据实际需求灵活调整查全率和查准率的比例关系。必须同时兼顾查全和查准,不可片面追求某一方面。

7.5.2 影响查全率和查准率的主要因素

影响查全率和查准率的因素很多,主要包含两个方面:检索系统和检索方法。

(1)信息系统的影响:①收录文献不全面,有的只收录了文摘而无全文;②信息标引不规范甚至错误;③词表结构不够完善;④信息标引缺乏深度;⑤组配规则不严密。

(2)检索方法的影响:①对课题内容分析不到位;②检索提问错误,用词不当;③检索词缺乏广泛性或专指性;④检索工具选择不恰当;⑤检索方法和途径过少;⑥组配不当或错误。

7.5.3 提高查全率和查准率的方法

提高查全率的主要方法:
(1)降低检索词的专指度,采用上位词或相关词补充到检索式中;
(2)调节检索式的网罗度,如删除某个不重要的概念组面,减少 AND 运算;
(3)进行族性检索,可采用分类号检索或采用一组近义词或相关词用 OR 连接在检索式中;
(4)进行截词检索,可以采用的有后截断、前截断、中间截断等截词方法;
(5)增加检索途径,如将主题途径与非主题途径结合起来使用;

（6）取消某些过严的限制符，如字段限制符等；
（7）调整位置算符。

提高查准率的主要方法：
（1）提高检索词的专指度，增加或换用下位词和专指性较强的自由词；
（2）增加概念组面，用 AND 连接相关检索项；
（3）限制检索词出现的可检字段，如限定在篇名和叙词字段中检索；
（4）用位置算符控制检索词的词间顺序与位置；
（5）利用限制符、前缀符限制文献的外表特征，如文献类型、出版年代、语种、作者等；
（6）用逻辑非 NOT 来排除一些无关的检索项；
（7）进行加权检索，从定量角度加以控制。

7.6 专业信息服务机构

这里所指的专业信息服务机构主要是指对信息进行收集、整理、存贮、传递和开发，为社会提供多元化信息服务的机构，服务性为其根本特性。当今社会专业信息服务机构已经发展成为一个数量众多、组成复杂的系统，信息服务业在世界范围已形成一个庞大的产业，业务范围包括经济、政治、军事、法律、环境、全球性问题等各个领域，出现了一大批在国际上享有声誉的综合性信息服务机构，这些信息服务机构包括决策咨询研究机构、科技信息机构、商业信息机构、文献信息机构等。

7.6.1 决策咨询研究机构

决策咨询是一种带有全局性、战略性、综合性课题的咨询，它跨学科、跨行业、多领域，主要为国家和政府部门重大问题的决策提供决策依据和可供选择的方案。真正具有现代意义的决策咨询研究机构的发展在中国只有二三十年的历史，而在西方已有上百年的历史，这种集信息、咨询、研究为一体的信息服务机构往往又被称为"思想库"（Think Tank）、"思想工厂"（Think Factory）、"脑库"（Brain Tank）或"智囊团"（Brain Trust）。需要特别提出的是，在国外，很多的学者把"思想库"定义为独立于政府部门之外的非营利组织，大都依托于金融机构、大财团、大企业集团以及个人等民间团体，不隶属于政府部门，也不受其约束和控制，下文将分别介绍国内和国外决策咨询研究机构的发展。

（一）国内决策咨询研究机构

目前中国的决策研究咨询机构可以分为政府内和政府外两大类。党政机关内的决策研究机构，我们称为行政型（或官方）政策研究组织。这类研究机构和政府外的研究机构相比，在组织职能上最大的区别就是它们直接参与政府报告的起草和有关政策的制定过程，因此它们进行的研究工作其实是政府的政策决策过程中的一个环节，而不是政策决策中的"咨询"过程。而政府外的决策咨询研究机构，按照其单位性质，隶属关系我们暂且把它们分为三种类型：事业单位型决策咨询研究机构，如中国社科院、国务院发展研究中心等就是最为典型的事业单位型思想库；高校型决策咨询研究机构，目前比较有影响的这类咨询研究机构有中国科学院—清华大学国情研究中心、北京大学经济研究中心、北大光华管理学院、厦门大学台湾研究院、中国人民大学中国经济改革与发展研究院、浙江大学民营经济研究中心等；民间决策咨询研究机构，如北京天则经济研究所、北京大军经济观察研究中心。

（二）国外决策咨询研究机构

国外的一些学者曾经对决策咨询研究机构进行了不同角度的分类，有的根据党派背景，有的根据政治主张流派，这些分类都是基于国外政治文化的特点来分类，通常我们按照隶属关系一般可分为官方、民间和官民结合三种类型。

（1）官方决策咨询研究机构

官方决策咨询研究机构隶属于国家和政府有关部门，专门为政府决策提供咨询。这类咨询机构的特点在于与各级政府乃至最高决策者保持密切的联系，经费全部或大部分由政府提供，咨询机构负责人一般也由政府官员兼任，因此对决策者的影响最大也最直接。

（2）民间决策咨询研究机构

1999 年 7 月 22 日，中国香港《文汇报》载文指出，目前，世界上有五大"智囊团"，即美国兰德公司（Rand：Research and Development）、美国国防应用系统研究所（IDASA：Institute of Defense Application System Study of America）、美国斯坦福国际咨询研究所（SRI：Stanford Research Institute）、德国工业设备企业公司（GIEEC：German Industrial Equipment Enterprise Corporation）、日本野村综合研究所（NRI）。这些信息服务机构运用现代科学技术手段为政府部门或大的社会集团，企业在各个领域、各个层面的决策进行调查研究，出谋划策，提供各类咨询，为之解决具体问题，甚至为之培养、储备和输送人才。著名的白宫智囊人物，前国家安全事务顾问、国务卿基辛格就曾供职于兰德信息服务公司。

美国前任总统林肯、格兰特、麦金莱以及克里夫兰，都曾工作于邓白氏集团信息服务公司。

（3）官民结合的决策咨询研究机构

官民结合行决策咨询研究机构主要是指国家政府通过财政资助或投资的方式建立的半官方的决策咨询机构，这类咨询机构既具有官方的性质，又具有民间的性质，其特点是与政府部门的政治活动直接挂钩，与政府相互协调，互通信息，由政府资助并依靠自己的力量为政府部门提供决策咨询。

7.6.2 科技信息机构

科技信息服务是信息服务行业的重要组成部分，科技信息机构根据经济建设和科技发展的客观要求，有目的的对国内外最新科技信息进行收集、加工、贮存、传递，供相关部门及企业参考、利用，从而推动科技进步和经济发展，可以说科技信息服务机构在推动科技进步，繁荣经济中起到了举足轻重的作用。

当前，我国科研信息机构的目标和方向可以分为四个方面：第一是发挥其作为科研主力军的力量，为国家的政治、经济、文化等发展提供信息支撑；第二是推动科技发展，科研工作是其基本功能，需要其紧密跟随世界科技的前沿来进行突破和创新，推动科学技术的可持续发展；第三是科研信息机构需要以自身所拥有的技术、知识和人才，来为企业及社会机构提供技术支撑和智力支持，也就是满足服务市场需求；第四是培养人才、普及科学精神是科研机构的社会责任，它通过实施科研项目带动教育活动，培养青年人才和各类高层次人才，普及科学精神，提升公众的科学素养。可以看出，科研信息机构承担了相当大的使命。[1]

1956年，在周恩来总理等老一辈革命家的亲切关怀和指示下，为了落实国家1956—1967年科学技术发展远景规划中第57项任务"建立科技情报机构，发展科技情报事业"，我国成立了第一家综合性科技信息机构——中国科学院情报所，袁翰青院士为首任所长，选调一批科技骨干人员从事情报工作，主要任务是跟踪、收集、研究、报道评述国内外科技发展动态、水平和进展，1958年4月改称为中国科学技术情报研究所（现中国科学技术信息研究所前身），成为全国科学技术情报中心。随后相继成立了行业部门所属的行业性科技信息机构和地方科技主管部门所属的区域性科技信息机构，有关高等院校也成立情报学系或信息管理学院，其中卫生部和农业部将情报机构分别设在医科院和农科院，建立了我国科技情报信息组织体系，1961年国家科委成立科技情报局。

---

[1] 宋丰. 我国科技信息机构科研现状分析 [J]. 科技广场，2020（1）：53-60.

经过几十年的发展，中国科技信息事业已形成一个较为完整、系统并具中国特色的科技信息行业体系。我国各科技信息单位和高校图书情报单位2000多家（根据中国科技信息机构数据库，简称CSTII提供的数据），仅中国全国部委、行业和省地市县等各级政府预算支持的科技信息机构近400个，各类科技咨询机构有13000多家（根据科技部提供的数据），它们在传统的科技信息收集与整理业务基础上，依托信息资源丰富和信息加工技术先进的优势，面向市场需求积极开展情报分析研究、科技咨询评估等业务，在信息资源的市场化开发方面不断探索，取得了显著成效，以中国科学技术信息研究所为代表的我国科技信息机构正在不断发展成为国家科技创新体系的重要支撑。

除了政府体系下的科技信息机构，我国还有为数不多的企业性质的科技信息机构。中国现有三家规模较大的专门性科技信息公司，即同方知网、万方数据和重庆维普。

科技信息机构在促进本国科技发展方面均发挥着越来越重要的作用，尤其是发达国家的科技信息服务更具特色。

首先，这些发达国家均有自己的中心科技信息服务机构。如加拿大最具代表的科技信息机构是加拿大科学技术信息研究所（CISTI）和加拿大国家图书档案馆；法国国家科技信息研究所（INIST）；日本科技振兴机构（JST）和日本国立情报研究所（NII）是日本科技信息的中枢机构，也是日本科学技术基本计划的核心实施机构；KISTI是韩国科技信息界的代表机构，是韩国情报研究和信息服务行业具有官方性质的领导机构；卡尔斯鲁厄专业情报中心（FIZ Karlsruhe）是德国和欧洲科技信息管理和服务领域的先驱；国家图书馆和学术图书馆是英国开展科技信息服务的两类重要机构。

其次，这些国家都非常注重建立广泛的合作关系，实现信息资源的整合与共享，信息资源的整合和共享水平决定着科技信息机构为本国科技创新提供服务的能力。例如，在日本，国立情报学研究所主要通过GeNii（NII学术信息门户）和馆藏目录信息系统提供服务。GeNii是日本国立情报学研究所联合各大学图书馆、各研究机构及学术团体等共同创建的基于网络并可以提供综合学术信息的信息服务系统。

再次，发达国家的科技信息机构非常注重特色信息产品研发。开发优秀的具有特色的科技信息产品对一个信息服务领域的机构是至关重要的，而不只是单纯地向读者提供大量而简单的信息全文或文摘服务。

此外，面向企业，协助产业发展，技术创新是科技信息机构服务的重要方向。现代科技信息机构提供的服务已不仅限于对海量信息的持续存储、整理和有序化，面向的用户也不断聚焦于特定群体,深入用户进行研发过程,针对用户的需求提供信息、情报和智慧支持,为企业成长,产业发展和技术创新创造强大的信息服务支撑体系。

最后,在国外除了独立的科技信息机构,许多的公司和企业本身就有一个信息中心,从事研究开发工作,也是科技信息投入的主力军。日本东芝(Toshiba)公司其总部有一个完整的信息中心。

7.6.3　商业信息机构

信息在商战中的价值与情报在战争中的价值一样重要,因此商业信息的获取对企业来说是至关重要的。早在明清时期,商人阶层中有一类中介商,称为牙商、经纪或掮客,他们职责就有为商人提供联络服务或信息服务。

商业信息包括的范围非常广泛,如各种类型的宏观经济数据指标;行业产品产量、进出口和产销率等行业基本数据;行业经济效益指标;企业绩效评价;重要企业档案等。这些商业信息有利于企业及时准确掌握宏观、行业经济运行态势;有利于企业研究制订年度计划和中长期发展规划;有利于企业准确掌握竞争对手、合作伙伴、目标客户的业务状况,主动调整合作方式,降低经营风险。专门对这些商业信息进行收集、加工、贮存、传递,为客户提供信息服务的机构就是商业信息服务机构,相对于其他信息服务机构,商业信息机构在我国起步较晚,改革开放以前我国实行的是计划经济,不存在激烈的市场竞争,企业也不存在优胜劣汰的压力,商业信息对于计划经济体制下的中国并没有用武之地,然而,随着改革开放后市场经济体制建立,及时捕捉到有效的商业信息关系到企业的生死存亡,特别是进入21世纪后,随着国内外对商业信息需求的与日俱增,商业信息机构在我国发展迅速,出现了一些规模较大,能够提供优质产品和优良服务的公司和企业。例如,中国资讯行、中经网数据有限公司、国泰安信息技术有限公司、深圳巨灵信息技术有限公司。同时,国外一些大型的跨国商业信息服务机构也开始进驻中国,开拓中国市场,使得商业信息服务领域在比较和竞争中不断发展和完善。下面简要介绍几家跨国商业信息服务机构。

美国邓白氏公司(纽约证券交易所代码:DNB)于1841年成立,是世界著名的商业信息服务机构。在其超过165年的发展过程中,旨在为客户提供商业信息、工具及专业经验,协助客户做出信心十足的商业决策。邓白氏的全球商业数据库(D&B Worldbase)是目前世界上最大的商业数据库。

OneSource是一个资讯整合器,全球商业信息服务领域公认的领导者。它每月为全球客户提供500万份报告,由DataMonitor、BMI、Thomson等全球知名的行业研究、管理咨询公司提供。其产品有全球企业数据、分析报告数据、新闻信息数据。它第一个在互联网提供首屈一指的商务智能服务（Business Browser），可以实现所有数据库相互无缝连接、自动列出竞争对手，可进行按指标的多种排列对比，客户可利用 ERP、CRM 企业管理系统，利用多种金融分析模式。

瑞士富万达股份公司（Bureau van Dijk Editions Electroniques SA，BvD）。BvD 公司是欧洲著名的全球金融与企业资信分析数据库电子提供商，也是欧洲最大的企业资信分析数据的提供商，拥有欧洲 1000 多万家公司、企业的资信分析库、全球并购交易分析库，并广泛地为欧美等国的金融与教育机构长期订购使用。

7.6.4 文献信息机构

文献是用文字、图形、符号、声频、视频等技术手段记录人类知识的一种载体。文献不仅包括各种图书和期刊，而且包括会议文献、科技报告、专利文献、学位论文、科技档案等各种类型的出版物，甚至包括用声音、图像以及其他手段记录知识的全部现代出版物。可以说文献是记录有知识和信息的一切载体。无论是决策咨询研究机构，还是科技信息机构、商业信息机构，它们都离不开对文献信息的分析、挖掘和整理，特别是我国目前许多的科技信息机构实质上是科技文献信息机构，从事着对科技文献的搜集、加工、整理、传递的工作，在某种程度上讲也是文献信息机构的一部分。但是随着现代网络信息技术的发展和信息时代的到来，决策咨询研究机构、科技信息机构、商业信息机构从事专业课题研究、数据库开发和利用、帮助客户解决问题、实现信息增值的功能得到了延伸和强化，而文献的搜集和加工功能逐渐弱化，文献资料只是所需信息、知识和情报的来源、方式和手段。所以我们在此将主要从事文献资料搜集、整理、保管和利用的机构如图书馆、档案馆、博物馆等列为文献信息机构，作为与决策咨询研究机构、科技信息机构、商业信息机构并列的第四种专业信息服务机构。

（一）图书馆

图书馆是一个专门收集、整理、保存、传播文献并提供利用的科学、文化、教育和科研机构。关于图书馆的作用，或说图书馆的社会职能，1975 年国际图联在法国里昂召开的图书馆职能科学讨论会上，一致认为主要是四种，图书馆正是通过发挥它的四大职能成为现代社会的教育和信息中心。

保存人类文化遗产。图书馆的产生，是保存人类文化遗产的需要，因为有了图书馆这一机构，人类的社会实践所取得的经验、文化、知识得以系统地保存并流传下来，成为今天人类宝贵的文化遗产和精神财富。保存人类文化遗产的职能是图书馆最古老的职能，也是图书馆其他职能的基础，但是，与古代图书馆保存文化遗产的目的不同，现代图书馆的保存职能更多地体现在对文献的利用上，保存的目的在于使用。

开展社会教育。近代，资本主义大工业的产生，要求工人有较多的劳动知识和劳动技能，图书馆从而真正走入平民百姓当中，担负起了对工人的科学知识文化教育的任务。现代社会，图书馆成为继续教育、终身教育的基地，担负了更多的教育职能。当然，图书馆不是实施这种教育的主体，实现这种教育的人是用户本身，是社会上大量存在的自学者，图书馆作为一种中介性的社会机构，它的教育职能也带有中介性，此外，图书馆教育职能的发挥还受其经费、馆藏资源、学术水平的限制，因此具有一定的局限性。但是，受教育者可以长期地、自由地利用图书馆进行自学，这是学校教育所不能比拟的。

传递科学情报和知识，是现代图书馆的一个重要职能。图书馆丰富、系统、全面的图书信息资料，成为图书馆从事科学情报和知识传递工作的物质条件。在信息社会，图书馆的科学研究功能将得到加强。图书馆传递科学情报和知识的职能主要是通过图书馆的流通阅览和参考咨询部门来实现的，在网络环境下，利用网络传递文献和信息已经成为图书馆发挥传递科学情报和知识的重要手段。

开发智力资源。图书馆收藏的图书资料和网络信息资源，是人类长期积累的一种智力资源，图书馆对这些资源的加工、处理，是对这种智力资源的开发。同时，图书馆培养读者利用图书馆的能力和技巧，对开发图书馆用户的脑力资源、培养科学思维能力、培养终身学习能力起到重要作用，这种智力开发的作用是其他的社会机构所不能代替的。

我国图书馆的历史悠久，世界上最早的图书馆是公元前7世纪建于美索不达米亚的亚述巴尼拔图书馆，我国最早的图书馆是公元前13世纪，殷代在今河南安阳设立了甲骨文档案库，但与美国、英国、加拿大、德国等西方发达国家相比，中国现代图书馆特别是公共图书馆的发展起步较晚，总体来说财政投入匮乏，公共图书馆的建设和使用严重落后于发达国家：据统计，中国平均每46万人口才拥有一家公共图书馆，总共3000家公共图书馆中有600多家全年无一分购书经费，全国人均拥有公共图书馆藏书仅为0.27册。全国公共图书馆持证读者数582万，仅占全国总人口的0.47%，美国这一比例是2:3，英国是58%。美国每1.3万人拥有一家公共图书馆，英国和加拿大每1万人左右拥有一家公共图书馆，德国每6600人一家，奥地利4000人，瑞士3000人。中国公共图书馆在农村几乎就是空白，普及率仅为5.9%，90.3%的农村居民表示当地没有任何公共图书馆。

（二）出版发行机构

出版是指通过可大量进行内容复制的媒体实现信息传播的一种社会活动，是有文字以后发展起来的。古代金文、石刻以及人工抄写、刻绘书籍，是一定意义上的出版。正式的出版是随着印刷术的发明，至唐代中叶盛行。现代出版主要指对以图书、报刊、音像、电子、网络等媒体承载的内容进行编辑、复制（包括印刷、复制等）、发行（或网络传播）三个方面。

国外一些知名出版商几十年前就开始投入大量资金研发数字出版，经过多年的探索，已经建立起了成功的商业模式。出版发行业正朝着专业"信息服务提供商"的方向飞速前进，正成为能够提供"纸质出版物服务""电子书服务""在线教育服务""互动分享服务""个性化按需服务"等知识与信息服务的应用平台。例如，德国施普林格（Springer-Verlag）是世界上著名的科技出版集团，1842年在德国柏林创立。目前，施普林格是全球第一大科技图书出版公司和第二大科技期刊出版公司，每年出版6500余种科技图书和约2000余种科技期刊。施普林格在数字出版方面居于全球领先地位，其SpringeLink是全球科技出版市场较受欢迎的电子出版物平台之一。John Wiley & Sons Inc.（约翰威立父子出版公司）1807年创立于美国，是全球历史较悠久、较知名的学术出版商之一，享有世界第一大独立的学术图书出版商和第三大学术期刊出版商的美誉。Wiley公司目前约有22700种书目和400多种期刊，每年出版约2000种各类印刷和电子形式的新书。Elsevier出版历史可追溯至1880年，每年出版2000多种期刊和2200种新书，SDOS（ScienceDirect OnSite）是Elsevier公司开发的互联网上最全面的一个全文文献数据库，内容涵盖几乎所有学科领域，提供Elsevier公司出版的1800多种学术期刊的检索和全文，以及其他著名组织和STM出版商的期刊。

据报道，爱思唯尔（Elsevier）、施普林格（Springer-Verlag）等数字出版的收入已经占到总发行收入的70%。从20世纪80年代开始，我国进入社会主义现代化建设的新时期，出版业又重新走上迅速恢复、不断壮大和发展的征程，中国的出版业有了突飞猛进的发展。国内也有个别专业出版社成功向数字出版转型，但绝大部分专业社还仅仅停留在通过出让图书、期刊版权给技术提供商而获得一部分利润分成阶段。

（三）联机信息检索系统

联机信息检索系统（Online Information Retrieval System）是指利用通信线路将设在各处的终端与计算机检索系统连接以提供信息检索服务的系统，它主要由终端、通信线路（或网络）、计算机和数据库组成。1971年美国建成世界上第一个实用的联机信息检索系统。它有两种检索方式：一种是用户远距离检索中心，用户的终端通过远程通信线路与检索中心连接，向中心提问并取得检索结果。中国国内用户采用此种方法查找国外机读数据库系统中的信息被称为国际联机检索。另一种是在检索中心所在地，通过终端（不经远程通信线路）当场检索。

国际联机检索始于20世纪70年代，著名的有美国的DIALOG、ORBIT，德国的STN及欧洲的SA等检索系统。美国DIALOG系统是目前世界上最大的联机检索系统，DIALOG系统拥有近900个大型数据库，经常使用的达600多种。收录内容多，数据更新快，专业范围涉及面广，涵盖年限长。该系统拥有用户达5万多个，遍布世界70多个国家和地区的200多个城市，拥有10余万个联机终端。QUESTEL•ORBIT系统是法国著名的联机检索系统。使该系统成为世界上最具权威性的知识产权信息供应商，是世界上唯一能提供英语和法语双语服务的信息服务公司。该系统目前拥有250个数据库，上亿篇文献，占世界机存文献的25%。ESA-IRS（European Space Agency-Information Retrieval Services）系统属于欧洲航天局情报检索服务处，现总部设在意大利。它是欧洲最大的联机检索系统，也是世界上较大的联机检索系统之一。

中国也于20世纪80年代和四大联机检索系统建立了联系，同时中国也建立了自己的联机检索系统，如中国科技信息研究所联机检索系统、北京文献服务处信息检索系统、化联机检索系统。

（四）档案馆

档案馆是收集、保管档案的机构，负责接收、征集、管理档案和开展档案利用等。早期的图书馆和档案馆并没有明确的区分，新中国成立后，从中央到地方都成立了档案馆，档案馆是集中保管党和国家重要档案的基地，是社会各方面利用档案信息资源的中心。档案馆的具体任务，主要有三个方面：接收和征集本级各机关、团体及其所属单位具有长期和永久保存价值的档案以及有关资料，科学地管理；通过多种方式，积极开展档案资料的利用工作；参与编修史志工作。

档案馆是信息服务机构重要的组成部分。有关人生、家世、家庭、家族的档案以及个人学历和履历、业绩和财产、城市历史的人物与事件、地方历史风貌和土著（原居民）历史、人间重大事件（如世界战争及对本国的影响后果）等方面的档案，都是人类长久需要查询和研究利用的史料资源。近几年，全国各级各类档案馆大力开发档案信息资源，为党和国家工作大局及社会各方面提供档案服务。目前，国际上"数字档案馆"（Digital Archives）概念有逐渐升温的趋势，数字档案馆是一个跨越空间的档案信息资源的集成，主体是基于网络的共享数据库系统，它突破了馆与馆之间的物理界限，将分散在不同地理位置、不同载体上的信息连接起来，向用户提供方便快捷的在线信息服务。例如，20世纪90年代末以来，美国国家档案和文件管理局发现其收集的电子文件种类日益丰富，除了数据文件、数据库，还有电子邮件、地理空间数据、数字影像等结构复杂的数据，电子档案管理的难度和复杂程度今非昔比。此外公众迫切希望能够通过在线的方式获取国家档案馆中保存的电子文件。这些压力和挑战促使美国国家档案和文件管理局决定自2000年起建立一个自动化程度很高的集成系统，在实现数字资源提供利用的同时，管理、维护各种类型电子文件，保证其真实、完整和长期可读，该项目就是电子文件档案馆（ERA，Electronic Record Archives）。

第八章 搜索引擎

8.1 搜索引擎的概念

搜索引擎（Search Engine）是一种 Web 上应用的软件系统，它以一定的策略在 Web 上收集和发现信息，在对信息进行处理和组织后，为用户提供 Web 信息查询服务。从使用者的角度看，这种软件系统提供一个网页界面，让它通过浏览器提交一个词语或者短语，然后很快返回一个可能和用户输入内容相关的信息列表。随着搜索引擎技术的发展，系统处理的可以范围从单一的文本向语音、图片甚至视频等转变。随着互联网的普及和网络技术的飞速发展，网上信息资源的数量和种类激增，搜索引擎成为人们在茫茫网海中快捷准确地找出所需信息的重要工具。

8.2 搜索引擎的发展阶段

根据搜索引擎的特点，可将搜索引擎的发展分为四个阶段。

第一阶段为分类目录时代。即以 Yahoo! 为代表的，通过目录的方式、分类组织网站，用户在特定的分类目录中检索所需内容。

第二阶段为文本检索阶段。搜索引擎将用户所输入的检索关键词提交给服务器并查找相关度较高的网页返回给用户。Altavista 等为这一阶段搜索引擎的代表。

第三阶段以 Google 和百度为代表，通过外部链接评价网站，并结合网页内容，智能地将相关信息进行整合，为用户返回的是与输入的关键词相关的多维度的相关信息，改善了搜索引擎的信息质量和用户体验。

第四阶段是以用户为中心，通过大数据对用户的使用行为进行分析，返回的是用户可能感兴趣的个性化的检索结果。人工智能在搜索引擎领域的应用更是不断推动搜索引擎智能化的发展。移动搜索亦是搜索引擎快速发展的新领域。

8.3 搜索引擎的分类

从不同的角度，可将搜索引擎划分为不同的类型。

（一）按专业范畴划分

按专业范畴，可将搜索引擎划分为综合性搜索引擎和专业性搜索引擎。

1. 综合性搜索引擎

综合性搜索引擎内容涵盖各个学科和生产生活的各个领域，可检索图片、音频、视频等多种资源类型，适用对象广泛，如 Google、百度、Bing 等。

2. 专业性搜索引擎

专业性搜索引擎包括：收录某一个或几个学科资源的搜索引擎，如法律专业搜索引擎 Lawcrawler、临床医学英文资源的搜索引擎 Medical matrix、化学搜索引擎 Chemguide 等；具有专门搜索功能的搜索引擎，如专门搜索专利信息的中国的 SooPAT 搜索，专门的视频搜索引擎 Blinkx；面向特定用户的搜索引擎，如面向少年儿童的搜索引擎腾讯儿童搜索。

（二）按检索功能划分

按检索功能，可将搜索引擎划分为独立搜索引擎和元搜索引擎。

1. 独立搜索引擎

独立搜索引擎，又名单一搜索引擎或常规搜索引擎，其特点是建立独立的数据库，通常只在该数据库中进行搜索，并返回查询结果。Google、百度等均属此类。

2. 元搜索引擎

元搜索引擎（Meta Search Engine），又称多元搜索引擎或集成式搜索引擎（Multiple Search Engine），是多个独立搜索引擎的集合，通过一个统一的用户界面，可同时对多个搜索引擎进行检索操作，即用户只需一次输入检索式，便可检索一个或多个独立搜索引擎。例如，WebCrawler、Dogpile 等元搜索引擎可实现对 Google、Yahoo! 等多个搜索引擎的检索。部分元搜索引擎支持检索结果去重功能，具有扩大检索范围、避免多次访问不同搜索引擎、提高检索效率等优点。

独立搜索引擎与元搜索引擎的主要区别在于：前者拥有独立的网络资源采集标引机制和相应的数据库；后者一般没有独立数据库，多提供统一链接界面（或进一步提供统一检索方式和结果整理功能），形成一个由多个具备独立功能的分布式搜索引擎构成的虚拟平台。用户通过元搜索引擎实现对多个独立搜索引擎的数据查询、结果显示等操作。

（三）搜索运营方式划分

按运营方式划分，可将搜索引擎分为通用搜索引擎和垂直搜索引擎。

1. 通用搜索引擎

通用搜索引擎，如百度、Google 等提供综合性的搜索服务的搜索引擎，特点是面向所有用户，不特别针对某一行业或领域，具有信息量大，对于特定领域的查询不准确、深度不够等问题。

2. 垂直搜索引擎

垂直搜索引擎（Vertical Search Engine），是针对某一个行业某一领域的专业搜索，具有"专、精、深"的特点，是对 Web 中某个特定主题信息的整合，可以满足用户个性化的检索需要。如 CALIS 学科导航可视为一个学术型垂直搜索引擎，而中文"去哪儿"网为旅游主题的搜索引擎。

8.4 搜索引擎的组成模块及工作机制

搜索引擎为了以最快的速度得到搜索结果，它搜索的内容通常是预先整理好的网页索引数据库。普通搜索，不能真正理解网页上的内容，它只能机械地匹配网页上的文字。真正意义上的搜索引擎，通常指的是收集了互联网上几千万到几十亿个网页并对网页中的每一个文字（即关键词）进行索引，建立索引数据库的全文搜索引擎。当用户查找某个关键词的时候，所有在页面内容中包含了该关键词的网页都将作为搜索结果被搜出来。在经过复杂的算法进行排序后，这些结果将按照与搜索关键词的相关度高低，依次排列。典型的搜索引擎三大模块组成：

（1）信息采集模块

信息采集器是一个可以浏览网页的程序，被形容为"网络爬虫"。它首先打开一个网页，然后把该网页的链接作为浏览的起始地址，把被链接的网页获取过来，抽取网页中出现的链接，并通过一定算法决定下一步要访问哪些链接。同时，信息采集器将已经访问过的 URL 存储到自己的网页列表并打上已搜索的标记。自动标引程序检查该网页并为其创建一条索引记录，然后将该记录加入整个查询表中。信息收集器再以该网页到超链接为起点继续重复这一访问过程直至结束。一般搜索引擎的采集器在搜索过程中只取链长比（超链接数目与文档长度的比值）小于某一阈值的页面，数据采集于内容页面，不涉及目录页面。在采集文档的同时记录各文档的地址信息、修改时间、文档长度等状态信息，用于站点资源的监视和资料库的更新。在采集过程中还可以构造适当的启发策略，指导采集器的搜索路径和采集范围，减少文档采集的盲目性。

（2）查询表模块

查询表模块是一个全文索引数据库，它通过分析网页，排除HTML等语言的标记符号，将出现的所有字或词抽取出来，并记录每个字词出现的网址及相应位置（比如是出现在网页标题中，还是出现在简介或正文中），最后将这些数据存入查询表，成为直接提供给用户搜索的数据库。

（3）检索模块

检索模块是实现检索功能的程序，其作用是将用户输入的检索表达式拆分成具有检索意义的字或词，再访问查询表，通过一定的匹配算法获得相应的检索结果。返回的结果一般根据词频和网页链接中反映的信息建立统计模型，按相关度由高到低的顺序输出。

搜索引擎的工作机制就是采用高效的蜘蛛程序，从指定URL开始顺着网页上的超链接，采用深度优先算法或广度优先算法对整个Internet进行遍历，将网页信息抓取到本地数据库。然后使用索引器对数据库中的重要信息单元，如标题，关键字及摘要等或者全文进行索引，以供查询导航。最后，检索器将用户通过浏览器提交的查询请求与索引数据库中的信息以某种检索技术进行匹配，再将检索结果按某种排序方法返回给用户。

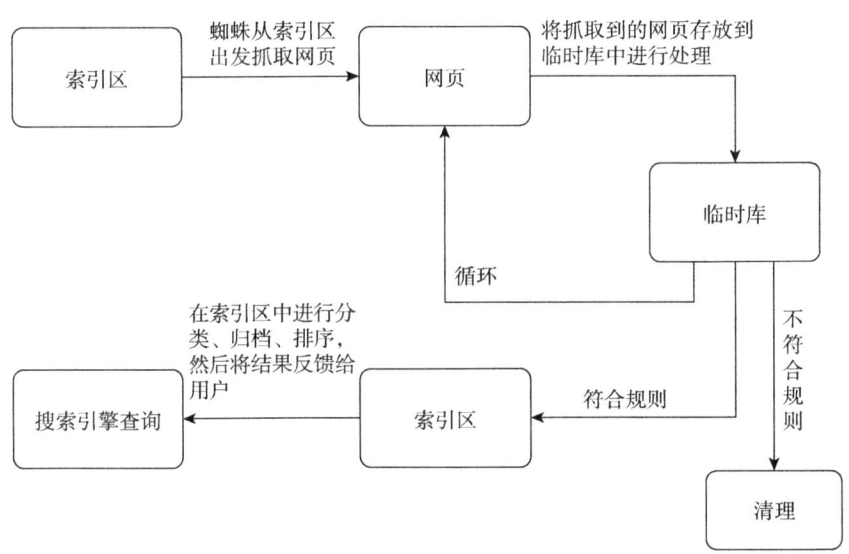

搜索引擎工作原理

8.5 综合性搜索引擎

搜索引擎发展迅速，数量众多，重要的中外综合性搜索引擎见下表。

搜索引擎名称	访问地址
Google	http://www.google.com/
Yahoo!	https://www.yahoo.com/
Yandex	https://yandex.com/
Lycos	https://www.lycos.com/
Gigablast	http://www.gigablast.com/
百度	https://www.baidu.com/
必应	https://cn.bing.com/
搜狗搜索	https://www.sogou.com/
360搜索	https://www.so.com/

中国互联网络信息中心（CNNIC）在京发布第47次《中国互联网络发展状况统计报告》（以下简称《报告》）。《报告》显示，截至2020年12月，我国网民规模达9.89亿，较2020年3月增长8540万，互联网普及率达70.4%。搜索引擎用户规模达7.70亿，较2020年3月增长1962万，占网民整体的77.8%；手机搜索引擎用户规模达7.68亿，较2020年3月增长2300万，占手机网民的77.9%。

8.5.1 百度

百度由李彦宏和徐勇于2000年1月在北京中关村正式创立，是目前全球最大的中文搜索引擎和重要的中文信息检索与传递技术供应商。其产品与服务项目涵盖搜索服务（如百度翻译、地图、网页搜索、新闻搜索、桌面搜索、学术搜索、百度传课、百度文库等）、导航服务（如网站导航、百度口碑）、社区服务（如百度贴吧、百度知道、百度百科等）、移动服务（如百度糯米、百度翻译App等）、游戏娱乐（如百度游戏），并提供百度人工智能开放平台、搜索开放平台等平台，百度云等开发者服务，同时提供百度输入法等多种软件工具等，现为我国网民最常用的搜索引擎。由此可见，百度以中文搜索服务为基础，并将搜索引擎应用到互联网，推出了百度人工智能秘书度秘、Apollo无人车计划，人工智能开放平台——百度大脑，在人工智能领域不断深入。

就搜索服务而言，百度支持布尔逻辑检索、字段限制检索、短语检索、在检索结果中精练检索、相关搜索、拼音提示、繁简中文查询等,提供丰富的专项搜索,包括百度学术搜索、百度传课(百度在线教育平台)、法律搜索、百度文库等资源搜索;MP3搜索、视频搜索、图片搜索、百度识图等多类型资源检索。检索结果依据相关度进行排序。通过超链接分析技术、词频统计和竞价排名相结合的方式对网页进行相关度评价。

百度作为我国最常用的搜索引擎,面向用户提供了初级检索和高级检索两种检索方式。

(1)初级检索

初级检索是百度默认的主界面,只要在输入框中输入检索词,点击"百度一下"就可以进行搜索了。在初级检索界面上,系统还提供了专门针对视频、图片、贴吧、地图等的检索功能。输入多个词语搜索(不同字词之间用一个空格隔开)或一句话,可以获得更精确的搜索结果。百度严谨认真,要求"一字不差",分别输入"百度"和"百渡",会得到不同的结果。百度不区分英文字母大小写,所有的字母均当作小写处理,输入"OICQ"或"oicq"或"Oicq",结果都是一样的。

(2)高级检索

在搜索框中除了根据提示输入相关关键词以外,还可以根据提示设置一些查询条件,如图所示。

百度高级检索界面

百度的高级搜索语法：

①布尔逻辑运算

与 6.2.1 所讲的布尔逻辑检索原理一致，具体分为以下几种方式：

a. 逻辑关系"与"。同时输入多个词语，词间以一个空格隔开，可以获得更精准的搜索结果。实际上，百度自动在以空格隔开的词语之间加上了"+"，并提供全部符合查询条件的结果，把最相关的网页排在最前面。

b. 逻辑关系"或"。以"A | B"的格式来搜索包含"A"或者包含"B"或者包含"A"和"B"的网页，如输入"计算机 | 网络"，会把有关计算机或者网络或者计算机网络的网页都搜索出来。

c. 逻辑关系"非"。如果检索的结果中有一类内容是不想看见的，而且这些网页都包含特定的关键词，那么可以在这个词前面加一个"-"，但前一个关键词和"-"号之间必须有空格，如输入"计算机 - 网络"检索的结果中就去除了网络以外的计算机相关的结果。

②范畴检索

具体分为以下几类：

a. 限定搜索范围在网页标题中——site；b. 限定搜索范围在特定站点中——site；c. 限定搜索范围在 url 链接中——inurl；d. 专业文档搜索——filetype。

③精确匹配——双引号和书名号

如果输入的查询词很长，百度在经过分析后，给出的搜索结果中的查询词可能是拆分的，搜索结果可能不满意，这时给查询词加上双引号，双引号中的内容会作为整体搜索出来，达到不拆分的效果。书名号是百度独有的一个特殊查询语法，加上书名号的查询词，又两层特殊功能：一是书名号会出现在搜索结果中；二是被书名号括起来的内容不会被拆分。书名号在某些情况下特别有效，如查询名字很通俗和常用的那些电影或者小说。比如，查询电影《搜索》，如果不加书名号，很多情况下出来的是搜索引擎或权威搜索网站，而加上书名号后，搜索结果就都是关于电影方面的了。

百度在网页搜索上具有一些自身特色的功能，主要表现在以下几点：

（1）百度快照

百度拍下很多网页的快照，为用户存储大量的应急网页，解决了用户上网经常遇到死链接的问题。

（2）相关搜索

检索过程中常常会因为检索词选择不当，造成检索结果不佳。百度会在搜索结果的下方提供"相关搜索"，为用户提供一些相似的检索词。

(3) 百度指数

以百度网页搜索和百度新闻搜索为基础的免费海量数据分析服务，用以反映不同关键词在过去一段时间里的"用户关注度"和"媒体关注度"。百度指数可以发现、共享和挖掘互联网上有价值的信息和资讯，直接、客观地反映社会热点、网民的兴趣和需求。

(4) 百度识图

百度识图是一款基于内容的图像搜索引擎，不同于靠用户输入关键字匹配图片周边文本进行搜索，百度识图允许用户上传本地图片或输入网络图片的 URL 地址，通过对相应图片进行图像特征抽取并进行检索，找到互联网上与这张图片相同或相似的其他图片资源，同时为用户找到这张图片背后的相关信息。百度识图有三种输入方式可供选择，分别是本地上传图片或者直接在输入框中粘贴图片网址或者直接拖拽图片至搜索框。

8.5.2 Google

Google 由斯坦福大学博士生 Larry Page 与 Sergey Brin 于 1998 年 9 月创建，并于 1999 年创立公司。现为全球使用最广泛的搜索引擎，其中文名为"谷歌"。其产品与服务有：网页搜索、学术搜索、Google 地图、Goolge 翻译、桌面搜索、手机搜索等，提供 Google Play 音乐、Google Play 影视、YouTube 等视听服务，并提供 Daydream View 虚拟现实工具、Google allo 职能及时聊天工具，Google duo 视频通话应用，云端硬盘、输入法、浏览器、照片管理软件、工具条、日历等工具。支持布尔逻辑检索、字段限制检索、短语检索、文件类型限定检索、容错检索、拼音自动转换、模糊拼音搜索、简繁中文转换功能等。

检索结果按相关性排序，相关性的评判以网页评级为基础，在全面考察检索词的频率、位置、网页内容（以及该网页所链接的内容）的基础上，评定该网页与用户需求的匹配程度，并确定排序优先级，将其独创的网页评级系统（Pagerank）作为网络搜索的基础。

8.5.3 Yahoo！

Yahoo! 由斯坦福大学博士生杨致远和 David Filo 于 1994 年 4 月共同创办，提供一个由专家筛选加工而成的主题分类索引体系。1999 年 9 月 Yahoo! 开通中文网站——雅虎中国，提供网页、图片、音频、视频、新闻、类目搜索、本地搜索等多种服务。Yahoo! 曾经是目录型搜索引擎的代表，分类目录分为 14 个大类，每个大类下又分小类，最深可达 6 级，并支持逐级浏览和检索。2014 年 12 月底雅虎目录服务（Yahoo Directory）关闭。

2006 年开始，Yahoo! 使用微软公司 Bing 的搜索技术。

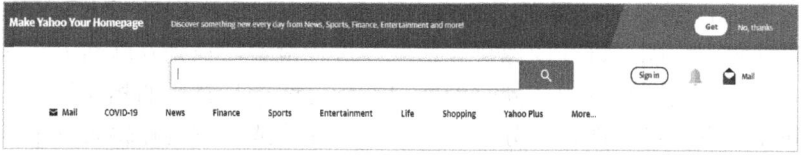

8.5.4 Microsoft Bing

2009 年 5 月 28 日，微软公司推出了 Microsoft Bing（中文名：微软必应），取代 Live Search。Microsoft Bing 搜索界面简洁，未采用竞价排名等商业模式。Microsoft Bing 的检索界面分为国内版和国际版，提供网页搜索、图片搜索、词典、学术搜索、翻译、地图、缤纷桌面等工具与服务，并可方便链接微软的其他产品。网站支持简单检索和高级检索，可同时返回中英文双语检索结果，方便易用。

作为最贴近中国用户的全球搜索引擎，微软必应一直致力为中国用户提供美观、高质量、国际化的中英文搜索服务。

主要特色产品：

（1）必应缤纷桌面

必应缤纷桌面应用程序是微软中国团队与美国团队共同开发完成，支持 Windows XP、Vista、Win7、Win8、Windows Server 2008、Windows Server 2012，语言版本包括英语、法语、德语、中文、日语。

必应缤纷桌面让用户从桌面上进行便捷的搜索，每天帮用户更换桌面壁纸，将必应搜索引擎的特色之一首页背景图片带到 Windows 桌面上，用户还能通过必应缤纷桌面查看热门资讯。

（2）必应词典

必应词典是由微软亚洲研究院研发的新一代在线词典。不仅可提供中英文单词和短语查询，还拥有词条对比等众多特色功能，能够为英文写作提供帮助。

必应词典不仅拥有翻译功能，还有学习功能，支持划词搜索、模糊查询、单词对比、曲线记忆等众多实用功能，还有英语口模一起朗读英语。

（3）搜图

必应图片搜索一直是用户使用率较高的垂直搜索产品之一。为了帮助用户找到最适合的精美图片，必应率先实现了中文输入全球搜图。用户不需要用英文进行搜索，而只需输入中文，必应将自动为用户匹配英文，帮助用户发现来自全球的合适图片。

8.5.5 搜狗搜索

搜狗搜索是搜狐旗下的子公司。搜狐公司于 2004 年 8 月推出的全球首个第三代互动式中文搜索引擎，搜狗搜索以来，历经十余载，搜狗搜索已发展成为中国第二大搜索引擎。

2013 年 9 月，腾讯 4.48 亿美元战略投资搜狗，占股比例为 36.5%，并将旗下搜搜业务和其他资产并入搜狗。

2014 年 7 月搜狗和微信强强联合，推出搜狗微信公众平台搜索功能，独家接入数百万微信公众号资源数据，让用户可以在搜狗搜索上直接搜索出微信中想要的高质量文章和资讯。"微信搜索"支持搜索微信公众号和微信文章，可以通过关键词搜索相关的微信公众号或者是微信公众号推送的文章。

2015 年 9 月，搜狗搜索与腾讯在 QQ 兴趣部落产品中再度达成深度合作，在搜索结果中接入了约 2500 个高关注度的 QQ 兴趣部落。

2015 年 9 月，搜狗地图与谷歌达成战略合作，成为 Android Wear 中国首家地图合作伙伴，同时也是谷歌中国指定地图服务商。在中国的 Android Wear 操作系统都将使用内置的搜狗地图提供的地图和定位服务。

2016 年 5 月，"搜狗明医"垂直搜索上线，聚合权威的知识、医疗、学术网站，旨在把权威、真实有效的医疗信息提供给用户。

2016 年 5 月，搜狗宣布与微软正式达成合作，搜狗搜索对接微软必应全球搜索技术，推出搜狗英文（海外）搜索、搜狗学术搜索两个垂直频道，让用户便捷地获取权威、全面、精准的英文资讯和学术资料。搜狗搜索上线的英文搜索将对接全球范围内多达万亿的英文信息，确保在用户提出英文搜索需求时，为用户找到最精准的英文网页信息及英文学术数据，让用户可以获取到一手的专业文献、原味的同步资讯和权威的源头信息。此外，搜狗英文搜索还提供自动翻译功能，用户可以直接输入中文词语搜索出英文结果。

搜狗学术搜索频道，提供权威学术内容，满足国内各领域专业研究用户的学术搜索需求。在引入微软必应学术知识图谱技术后，搜狗学术构建以论文为核心的知识图谱卡片，包含学术文献、学术人物、学术期刊和学术会议等不同类型的内容，并支持时间、作者、领域、期刊及会议多维度的筛选，以及引用下载等实用功能，帮助用户可以便捷地查询到全球英文学术资料。搜狗搜索首页如图所示。

8.6 中外文学术搜索引擎

8.6.1 谷歌学术搜索

作为 Google 公司专门为科研人员开发的搜索引擎，谷歌学术搜索（Google Scholar）为全球用户提供丰富的学术资源搜索服务，囊括来自学术出版商、专业学会、高等院校、图书馆以及其他学术机构的涉及各学科领域的图书、同行评议的期刊论文、学位论文、论文预印本、技术报告等学术资源。信息来源可靠，学术性强。

谷歌学术搜索的特色有：可显示被引用信息（揭示文献之间的引用与被引用关系）、显示图书馆链接（用户可以搜索参加这一计划的图书馆馆藏资源目录，查看可供访问的资源链接，国家图书馆等多家图书馆参与了该项计划）、使用偏好设置（用户可以对界面语言、搜索语言、图书馆链接、结果显示数量和方式以及文献管理软件等项目进行个性化定制）。

谷歌学术搜索的高级检索支持按主题、作者、出版物、日期等进行搜索。检索规则同 Google。检索结果按照相关度排序，最有价值的信息优先显示。相关度排序综合考虑每篇文章的内容、作者、出版物以及被引用情况等因素。检索结果页面提供"最新文章"和热点作者的链接等。

每一条期刊论文记录显示标题、作者、期刊名、出版社、出版年份、来源数据库商、简要文摘信息以及"被引次数""相关文章""网页搜索""图书馆链接"等。

8.6.2 百度学术

百度学术（http:/xueshu.baidu.com）于 2014 年 6 月上线，并通过互联网开展学术资源免费的搜索服务，涵盖了学术期刊、会议论文等学术资源，并提供文献搜索、文献下载、文献引用、中英互译、论文查重、文献互助、学术订阅、学者主页、文献购买等服务。

百度学术支持主题和关键词检索、标题检索、DOI 检索、参考文献串检索等基础检索，同时提供高级检索。

百度学术的检索结果排序综合考虑文献的相关性、权威度和时效性等多维度指标。检索结果可以按相关性、被引量和时间降序排序，支持按照发表时间、研究领域、核心数据库收录情况、关键词、文献类型、作者、发表期刊、机构 8 种方式对结果进行筛选，同时可以提取出多个研究点进行深度分析并查看可视化分析结果。每篇文献提供"免费下载""批量引用""引用""收藏"等功能选项。

百度学术提供期刊检索和学者检索，用户可以管理自己的主页，发布自己的学术成果。其中，在学者主页，百度学术使用 Scholarly 作为学者唯标识符，区分重名的学者。

8.7 学科信息门户

8.7.1 学科信息门户的概念

学科信息门户是近年来伴随着互联网的发展而出现的一个新名词，英文全称有"Subject Information Gateway"、"Information Gateway"及"Subject-Based Information Gateway"等多种提法，以下简称 SIG。国内学者张晓林博士认为学科信息门户致力将特定学科领域的信息资源、工具与服务集成到一个整体中，为用户提供一个方便的信息检索和服务的入口。

搜索引擎的出现大大方便了人们的信息检索与利用，但对于科研人员来说，利用搜索引擎检索学术信息存在诸多不足之处。首先，搜索引擎最突出的问题是检索效率不高，搜索结果可能有成千上万条，但其中有用的信息只是极小部分，有相当一部分是死链接或是重复链接。其次，如果某一网页在网络上未被其他任何网页所链接，搜索引擎根本无法对其进行索引，这些无法被索引的网页资源就成了网络的空白地带，也构成了"看不见"的网站中最基本的部分。此外，一些搜索引擎受到商业利益的驱使，如百度等搜索引擎竞相推出"竞价排名服务"，按照竞价的多少进行排名，把一些优秀的网站排在后面，给用户的使用造成了一定困难。

学科信息门户的建立是解决上述问题的有效方法之一，它借用了商业信息门户的概念和技术，并借鉴和改进了一系列传统文献信息处理理论与技术，对特定学科领域的网上信息进行深层组织，有效解决了网络信息资源在体积、质量和可信度等方面存在的突出问题，为科研工作者提供权威和可靠的学科信息和服务。

学科信息门户建设开始于20世纪90年代初期。从学科信息门户的建设思想和建设模式上看，它经历了三个阶段：第一代学科信息门户以学科信息导航为主，其特点是把专业领域内的各种网络资源集中在一起，提供规范、可靠和持续性的资源链接，并辅以信息工作者对资源的简单描述，如早期的英国社会科学学科信息门户SOSIG（The Social Science Information Gateway）；第二代学科信息门户基于跨学科检索技术，由多个单学科信息门户组建而成，支持跨学科检索、元数据格式的转换和多语种检索；第三代学科信息门户提供一整套数字信息资源的整合、集成和服务渠道，用户可以方便地搜索、调用各种信息资源和信息服务，如美国的NSDL（National SMETE Digital Library）。近年来，学科信息门户的研究与建设在国内外都受到了普遍重视，并已发展成为一种组织利用网络信息资源的重要手段。

8.7.2 典范举例

到目前为止，世界范围内有名的学科信息门户已达上百个，国外的学科信息门户无论是理论研究还是建设规模都已日臻成熟与完善。如英国的intute、BUBL LINK，美国的INFOMINE、GEM、LII，德国的Geo-Guide，澳大利亚的EdNA都是较著名的学科信息门户。下面简要介绍两个国外颇具影响力的典范。

（1）intute

intute是英国七所大学合作构建的网络资源发现门户（RDN），整合了Altis、Artifact、BIOME、EEVL、GEsource、Humbul、PSIgate、SOSIG八个非常有名的学科信息资源门户，分为科学技术、人文艺术、社会科学、健康与生命科学四个服务模块，提供由学科馆员选择和评价的高质量教育和研究方面的网络资源（英文）。

这是英国的一项免费为讲师、研究人员和学生们提供发现和获取高质量网络资源的国内服务，它以提供最高效的互联网资源来支持教育与科研活动。由曼彻斯特大学的 MIMAS 牵头，由众多的合伙人和提供方共同协作的，整个组织的核心是一个包括七所大学在内的协会，汇聚了大量的丰富经验与专业知识。其资金来自 JISC，同时受到艺术与人文研究委员会（AHRC）以及经济与社会研究委员会（ESRC）的协助。

（2）LII

LII（Libraians' Internet Index）即图书馆员互联网索引，它始于加利福尼亚大学伯克利分校参考馆员 Carol·Lelta 于 1990 年制作的 Gopher 数字文档，1997 年 3 月移至伯克利数字图书馆 SunSITE 并改名为 LII。LII 拥有超过 20000 个经过选择和评价的网站，基本上涵盖了网上图书情报类的信息资源。LII 将资源分为人文科学、商业金融、教育、政府信息、健康医疗、商业、计算机等约 40 个大类。

LII 自成立以来，一直都保持着安全稳定的服务，在诸多学科信息门户中，它无论是在资源收录、更新与维护，还是在新技术应用方面，都是十分优秀的。目前，LII 已被世界范围内的 5600 多个网站链接，年访问人数达到 120000 之多，受到广大科研工作者的普遍好评。

相比之下，我国的学科信息门户建设才刚刚起步，但在国外学科信息门户蓬勃发展的影响下，国内的学科信息门户也逐渐发展。下面举例说明我国几个主要的学科信息门户。

（1）CSDL 学科信息门户群

中国科学院国家科学数字图书馆（简称 CSDL）是中国科学院知识创新工程的重大项目，该项目于 2001 年 12 月正式启动，其建设目标是为全院科研人员提供远程访问的信息资源和服务体系。

CSDL 学科信息门户建设分为两个层次：第一层次是按学科大类组建的学科信息门户，由国家科学数字图书馆项目管理中心规划组织，已经有化学、生命科学、资源环境、物理数学、图书情报 5 个门户建成并投入使用，并初步形成了资源选择和标引组织的规范；第二层次是针对具体的专业领域或跨专业、跨学科领域的专业信息门户，提供深入、具体的专业信息资源的选择、组织和服务。目前已建成微生物、科技政策与科研管理、天然产物和天然药物、海洋科学等 10 个特色门户。

（2）NSTL 热点门户

2014 年 12 月 30 日，国家科技图书文献中心重点领域网络信息门户（http://

portal.nstl.gov.cn）正式开通服务，广大科研工作者只需简单注册即可免费享受按领域专题定制的知识服务。该门户目前共开通纳米科技、宽带移动通信、重大传染病防治等10个领域门户和19个领域子栏目，可对1550个机构的3203个目标栏目进行动态跟踪，支持相应的信息团队编译报导领域重要动态，产出4种常规研究快讯产品。通过遴选相关领域国内外相关机构（政府机关、科研机构、学协会、科技企业、学术会议、个人主页等）网站，每天自动收集、遴选、描述、组织和揭示各机构发布的重大新闻、研究报告、预算、资助信息、科研活动等，提供内容浏览、专题定制和邮件自动推送等服务，帮助用户快速了解和掌握领域内科研发展态势，掌握同行或竞争对手的科技活动动向，发现领域重点及热点主题，把握领域发展概貌，辅助科技决策。它重点解决了用户在传统文献资源之外的网络信息资源的及时准确获取、分析需求，有效弥补了网络科技信息动态跟踪服务。

目前开通的10个领域门户具体如下：
①纳米科技（http://portal.nstl.gov.cn/nano）；
②集成电路装备（http://portal.nstl.gov.cn/IC）；
③水体污染治理（http://portal.nstl.gov.cn/stwr）；
④可再生资源（http://portal.nstl.gov.cn/renewable）；
⑤宽带移动通信（http://portal.nstl.gov.cn/telecom）；
⑥数控机床（http://portal.nstl.gov.cn/cnc）；
⑦食品与营养（http://portal.nstl.gov.cn/food_nutrition）；
⑧农业立体污染防治（http://portal.nstl.gov.cn/agritp）；
⑨重大传染病防治（http://portal.nstl.gov.cn/commun_dis）；
⑩新药创制（http://portal.nstl.gov.cn/drug）。

该门户由中科院文献情报中心在科技信息自动监测平台基础上建设开发，所跟踪领域机构的遴选由中科院文献情报中心、中国科学技术信息研究所、中国医学科学院图书馆、中国农科院农业信息所、机械工业信息研究院等单位共同完成[1]。

（3）武汉理工大学图书馆门户

2002年12月，武汉理工大学图书馆利用自主软件建设自己的数字图书馆分布式学科信息门户体系，已先后建成了材料复合新技术信息门户及交通运输工程信息门户，其服务对象是该学科领域的科研、教学和实验人员。其中材料复合新技术信息门户得到了材料复合新技术国家重点实验室的资助。

---

[1] 国家科技图书文献中心重点领域信息门户正式开通服务——中国科学院文献情报中心，http://www.las.cas.cn/xwzx/fwcx/201501/t20150105_4293883.html。

(4)中国科学院武汉文献情报中心门户

中国科学院武汉文献情报中心也建立了一系列工程技术类学科门户。内容涉及食品安全、光电子、纳米技术、燃料技术、石油工程、先进制造、生物工程、汽车工程、海洋与水下技术、农业工程、自然灾害、矿业工程、空间技术、计算机与网络技术等领域。

(5)中国林业科学研究院科技信息所门户

中国林业科学研究院科技信息所建设了林业学科信息门户，按照林学等学科用户的需求对网络中相关的信息资源进行了更有针对性、更深入的揭示。

国内学科信息门户以向科研工作者提供权威、可靠的网络学科资源导航为目标，但所覆盖的学科范围以单一学科为主，大多只包含一个到两个学科领域或专题，主要集中在自然科学的数学、物理、化学、生物、地理及部分工程领域，对于人文社会科学领域几乎为空白，缺少多学科、多主题的综合性学科信息门户。组织体系不够完善、检索功能单一、学科信息门户之间缺乏互操作、缺少个性化的附加服务等问题有待进一步解决。

第九章 国内常用的综合性信息检索系统

主要介绍中国知网、万方知识服务平台、维普经纶、CALIS、NSTL、CADAL 等国内重要的综合性信息检索系统，包括每个系统的概况、资源与服务、检索方法。

9.1 中国知网（CNKI）

中国知网（China National Knowledge Infrastructure，CNKI）是中国学术期刊电子杂志社、同方知网（北京）技术有限公司共同创办的网络出版平台。中国知网知识发现网络平台面向海内外读者提供各类资源统一检索、统一导航、在线阅读和下载服务，涵盖基础科学、文史哲、工程科技、社会科学、农业、经济与管理科学、医药卫生、信息科技等十大领域。

一、CNKI 中国知网

CNKI 中国知网地址：https://www.cnki.net/

CNKI 中国知网是世界上最大的连续动态更新的学术文献数据库，包括学术期刊、博硕士学位论文、会议论文、报纸、年鉴、专利、国内外标准、科技成果、经济统计数据、工具书、图片等中文资源。建立了包括中国学术期刊网络出版总库、中国博士学位论文全文数据库、中国优秀硕士学位论文全文数据库、中国重要会议论文全文数据库、中国重要报纸全文数据库、中国年鉴网络出版总库、中国标准数据总库等在内的中国知识资源总库。数据每日更新。

1. 中国学术期刊网络出版总库

中国学术期刊网络出版总库内容覆盖自然科学、工程技术、农业、哲学、医学、人文社会科学等各个领域。收录年限自 1915 年至今，部分期刊回溯至创刊。产品分为十大专辑：基础科学、工程科技Ⅰ、工程科技Ⅱ、农业科技、医药卫生科技、哲学与人文科学、社会科学Ⅰ、社会科学Ⅱ、信息科技、经济与管理科学。十大专辑下分为 168 个专题。

2. 中国博硕士学位论文全文数据库

中国博硕士学位论文全文数据库收录全国"985""211"工程等重点高校，

中国科学院、社会科学院等研究院所的博硕士学位论文。覆盖基础科学、工程技术、农业、医学、哲学人文、社会科学等各个领域。收录年限1999年至今。

3. 国内外重要会议论文全文数据库

国内外重要会议论文全文数据库重点收录1999年以来，中国科协系统及国家二级以上的学会、协会高校、科研院所、政府机关举办的重要会议以及在国内召开的国际会议上发表的文献。其中，国际会议文献占全部文献的20%以上，全国性会议文献超过总量的70%，部分重点会议文献回溯至1953年。

4. 中国重要报纸全文数据库

中国重要报纸全文数据库收录了自2000年以来国内公开发行的近650种重要党报、行业报及综合类报纸刊载的学术性、资料性文献。

5. 专利数据库

专利数据库包含从1985年至今的中国专利，从1970年至今的国外专利。专利数据库包含中国专利全文数据库（知网版）和海外专利摘要数据库（知网版）。可以通过申请号、申请日、公开号、公开日、专利名称、摘要、分类号、申请人、发明人、优先权等检索项进行检索，国内专利一次性下载专利说明书全文，国外专利说明书全文链接到欧洲专利局网站。

6. 标准数据库

标准数据库包括国家标准全文、行业标准全文、职业标准全文以及国内外标准题录数据库。国家标准全文数据库收录了由中国标准出版社出版的，国家标准化管理委员会发布的所有国家标准；行业标准全文数据库收录了现行、废止、被代替、即将实施的行业标准；职业标准全文数据库收录了由中国劳动社会保障出版社出版的国家职业标准汇编本，包括国家职业技能标准、职业培训计划、职业培训大纲；国内外标准题录数据库收录了中国以及世界上先进国家、标准化组织制定与发布的标准题录数据。可以通过标准号、中文标题、英文标题、中文关键词、英文关键词、发布单位、摘要、被代替标准、采用关系等检索项进行检索。数据分为月更新和季更新。

7. 中国科技项目创新成果鉴定意见数据库（知网版）

其主要收录正式登记的中国科技成果，包含从1978年至今的科技成果，部分成果回溯至1920年，按行业、成果级别、学科领域分类。每条成果信息包含成果概况、立项、评价，知识产权状况及成果应用，成果完成单位完成人等基本信息。

8. 外文资源总库

外文资源总库主要来源于各个国际著名出版商。文献类型包括中外文期刊、会议论文、学位论文、专利、标准、图书等。文献内容涵盖科学、生物医学、化学、哲学、药剂学、地球科学、医疗与公共卫生、计算机科学、地理学、建筑学、生命科学、数学、语言学、教育学、物理学、科普、法律、统计学、工程学、环境、人文、经济管理科学、社会科学、心理学等学科领域。

9. 中国法律知识资源总库（简称CLKD）

中国法律知识资源总库由国家新闻出版总署批准，清华大学主办，《中国学术期刊（光盘版）》电子杂志社出版、同方知网（北京）技术有限公司发行的数据库型连续电子出版物。囊括法律法规、论文文献、典型案例等法律信息资源。知识导航按照学科体系将所有文献分为法理学与法制史知识库、宪法知识库、行政法知识库、民商法知识库、经济法知识库、刑法知识库、诉讼法知识库、公安知识库等14个知识库。是目前中国信息量最大、技术最先进、水平最高的大型动态法律知识服务系统。

10. 中国年鉴网络出版总库

收录1949年以来中国国内出版的中央、地方、行业和企业等各类年鉴的全文文献。内容覆盖基本国情、地理历史、政治军事外交、法律、经济科学技术、教育、文化体育事业、医疗卫生、社会生活、人物、统计资料、文件标准与法律法规等各个领域。是目前国内较大的连续更新的动态年鉴资源全文数据库。

11. 国学宝典数据库

其是一套面向中文图书馆、中国文化研究机构、专业研究人员和文史爱好者的中华古籍全文资料检索系统。收录上起先秦、下至民国两千多年的所有用汉字作为载体的历代典籍，并收录了清代至当代学者对相关古籍研究的重要成果。产品分为：经、史、子、集、丛书及通俗小说。

二、CNKI的检索

CNKI文献检索提供了多样化的检索方式，包括一框式检索、高级检索、专业检索。

1. 一框式检索

一框式检索可以进行跨库检索，也可以进行单库检索。跨库检索可选择学术期刊、博硕士论文、会议文献、报纸、年鉴、专利、标准、成果库的一个或多个库进行检索。单库检索时可分别选择图书、古籍、法律法规、政府文件、企业标准、科技报告等其中一个库进行检索。

检索时可以进行多种限定，如全文、主题、关键词等，不同数据库的可检字段不同。例如，学术期刊的可检字段包括主题、篇名、关键词、摘要、全文、参考文献、中图分类号、DOI、栏目信息等。

《中国博士学位论文全文数据库》和《中国优秀硕士学位论文全文数据库》

的可检字段包括主题、关键词、题名、全文、作者、导师、第一导师、学位授予单位、目录、被引文献、中图分类号和学科专业名称；《中国重要报纸全文数据库》的可检字段有主题、关键词、题名全文、作者、报纸、中图分类号。一框式检索界面参见下图：

2. 高级检索

高级检索提供多字段组合检索。同样可以选择跨库检索或单库检索。高级检索界面参见下图：

上述高级检索界面中，可选择的项目如下：

字段。字段可选择：主题、篇名、关键词、摘要、参考文献、全文、中图分类号等词频。词频指检索词在相应检索项中出现的频次。词频为空，表示至少出现1次；如果为数字，如2，则表示至少出现2次。以此类推。

逻辑运算符。所有检索项按"并且""或者""不含"三种逻辑关系进行组合检索，这三种逻辑关系分别表示逻辑与、或、非。

另外，与检索词的匹配分为精确匹配与模糊匹配两种。精确匹配要求检索结果须与检索词完全一致。模糊匹配则指检索结果中包含检索词中所含各词素即可，模糊匹配只在同段落检索。

3. 专业检索

专业检索是所有检索方式里比较复杂的一种检索方法。需要用户自己输入检索式来检索，并且确保所输入的检索式语法正确，这样才能检索到想要的结果。

跨库专业检索支持对以下字段的检索：SU=主题，T=题名，KY 关键词，AB=摘要，FF=全文，AU=作者，H=第一责任人，AF=机构，JN=文献来源，RF=参考文献，YE=年，FU=基金，CLC=中图分类号，SN=ISSN，CN=统一刊号，IB=SBN，CF=被引频次。

使用运算符构造表达式使用运算符的说明。

符号	功能	适用字段
=	='str' 表示检索与 str 相等的记录	KY、AU、FI、RP、JN、AF、FU、CLC、SN、CN、IB、CF
	='str' 表示包含完整 str 的记录	TI、AB、FT、RF
%	%'str' 表示包含完整 str 的记录	KY、AU、FI、RP、JN、FU
	%'str' 表示包含 str 及 str 分词的记录	TI、AB、FT、RF
	%'str' 表示一致匹配或与前面部分串匹配的记录	CLC
%=	%='str' 表示相关匹配 str 的记录	SU
	%='str' 表示包括完整 str 的记录	CLC、ISSN、CN、IB

举例：
（1）精确检索关键词包括"数据挖掘"的文献：KY=数据挖掘。
（2）模糊检索摘要包含"计算机教学"的文献：AB%计算机教学，模糊匹配结果为摘要包含"计算机"和"教学"的文献，"计算机"和"教学"两词不分顺序和间隔。
（3）检索主题与"大数据"相关的文献：SU%=大数据，主题检索推荐使用相关匹配运算符"%="。

上表所有符号和英文字母，都必须使用英文半角字符。"AND""OR""NOT"三种逻辑运算符的优先级相同；如要改变组合的顺序，需使用英文半角圆括号"()"

将条件括起；逻辑关系符号与（AND）、或（OR）、非（NOT）前后要空一个字节；使用"同句""同段""词频"时，需用一组西文单引号将多个检索词及其运算符括起，如'开放#获取'。

三、检索结果的显示与处理

CNKI 的检索结果可进行分组和排序。对得到的检索结果集合，CNKI 提供了 9 种分组筛选工具和 4 种评价性排序手段，可帮助用户从不同角度选择所需信息。

可以将检索结果进行分组排序，方便找到最需要的文章。包括六种分组方式（学科、发表年度、基金、研究层次、作者、机构），四种排序方式（主题排序、发表时间、被引次数、下载次数）。例如，检索结果按作者单位分组，这样有助于查找在某领域具有优势的研究单位从而跟踪重要研究机构的成果，全面了解研究成果在全国的全局分布；检索结果按文献作者分组，有助于查找本领域的专家，跟踪知名学者的成果或发现新的学者。

四、CNKI 指数分析功能

在进行学术论文开题或选题过程中，通常需要知晓所研究主题目前的发展态势以及热点信息，CNKI 指数分析有助于进行分析。

关注度指数涉及以下几个方面：

学术关注度：篇名包含此关键词的文献发文量趋势统计。

媒体关注度：篇名包含此关键词的报纸文献发文量趋势统计。

学术传播度：篇名包含此关键词的文献的被引量趋势统计。
用户关注度：篇名包含此关键词的文献下载量趋势统计。

五、全球学术快报

全球学术快报 App 是 CNKI 中国知网的移动客户端软件，该软件以 CNKI 资源为依托，整合了学术交流、阅读、问答、设备同步、个性化定制、智能推送、即时通信等功能于一体，让学术更高效、更便捷。

1. 学术交流

学术圈模块分为动态和圈子两大功能。动态主要为用户在学术圈发布的各类信息。圈子主要是对学科分类配套的相关主题的聚集地。用户可以选择自己感兴趣的圈子进行关注，每天也会有热门的圈子进行推荐。

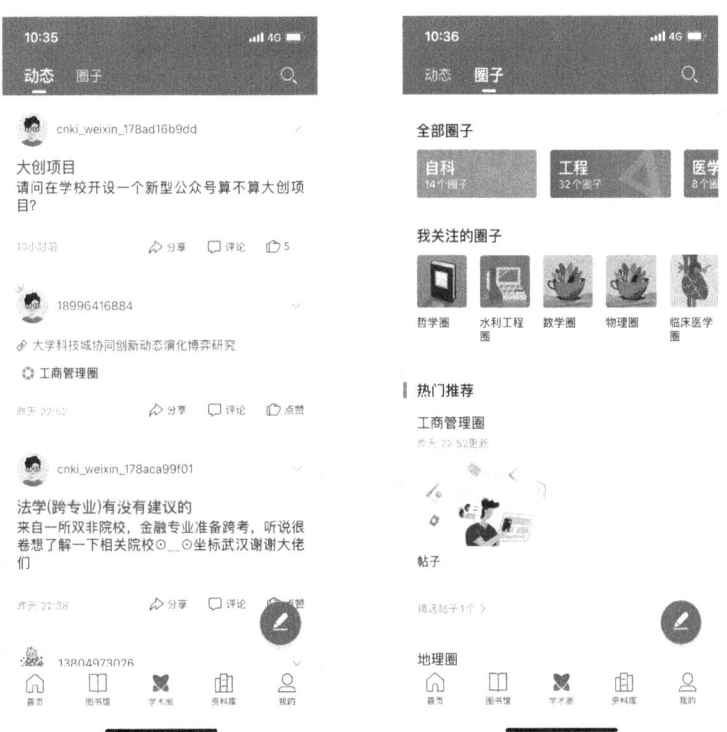

2. 文献阅读

可以查看文献的目录、阅读的进度、显示方式以及与当前文献相关的评论信息等。还可以对文献进行标注，标注信息、阅读进度能够自动同步到云端。

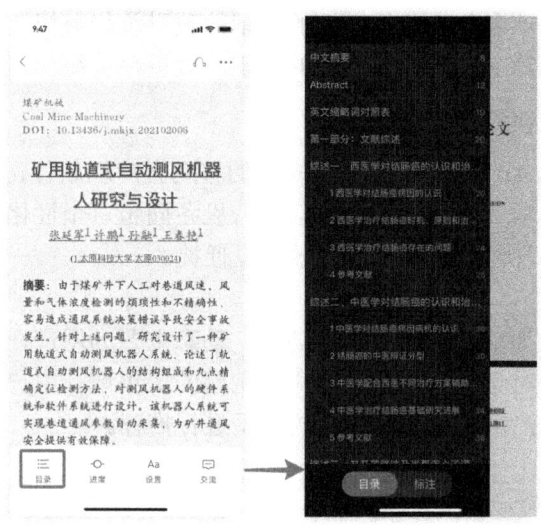

3. 个性化定制

图书馆是一个定制的过程，用户定制内容的添加、修改、查找、查看都可以在此模块进行。其中可定制的内容包括：学科、期刊、项目、学者、热点、主题六大分类，不同的分类定制不同的内容，定制学科时会一键定制会议信息。

今日文献，主要显示的是最近三天更新的文献，数据来源是：定制的学科、学者、热点、主题。学科、期刊、项目、学者、热点、主题等的定制列表按照定制时间倒序排列，最新定制的在前面。会议列表按照更新时间顺序。定制按照定制时间倒序排列。

4. 检索与下载

一框式检索：一框式检索主要提供各种类型文献的搜索和下载阅读功能。

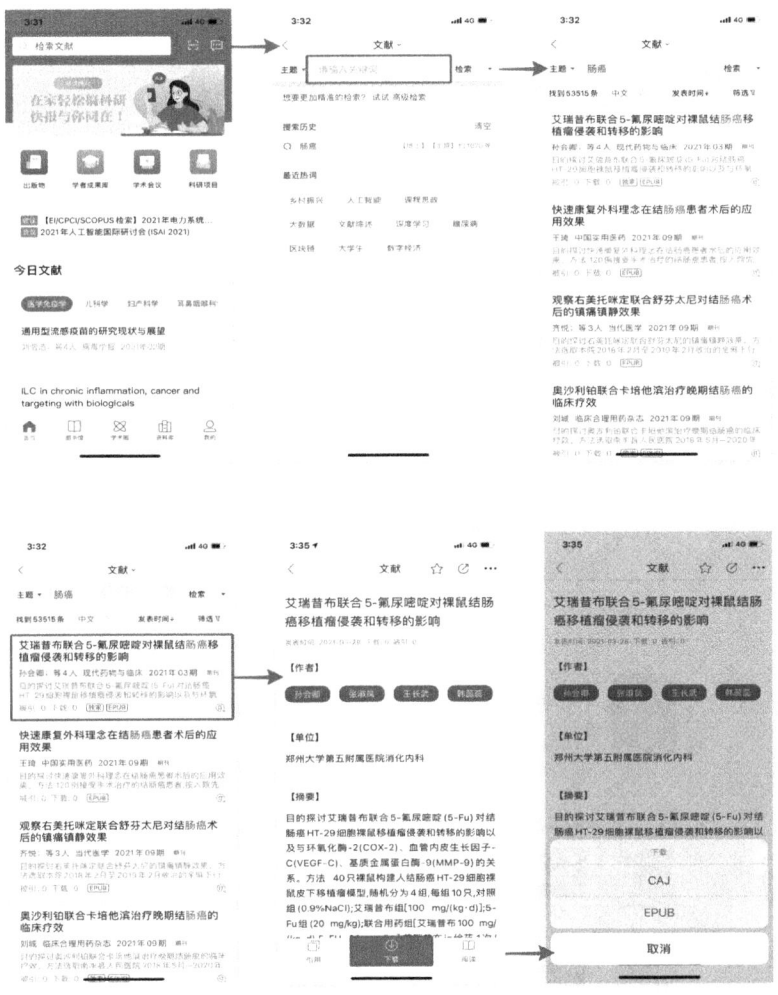

二次检索：当前检索结果内，采用不同关键词检索方式。经过多次检索，缩小文献范围，使检索结果更符合用户的查询目标。

出版物检索：主要是对期刊、年鉴、博硕士学位授予单位、工具书、会议论文集等的整刊查询，分为大图和列表两种展示方式。出版物的查询结果可以按首字母进行筛选。

高级检索：对文献的精细查找。检索结果页展示与普通检索结果页相同。可通过返回按钮，返回到普通检索编辑页面。

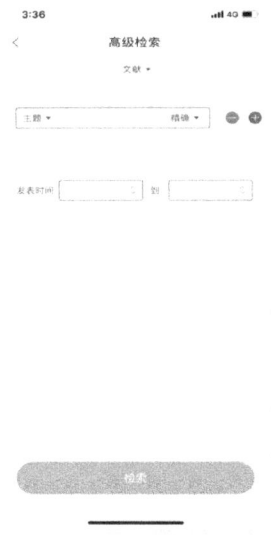

9.2 万方数据知识服务平台

万方数据目前已与国家科技图书文献中心（NSTL）、国家科技报告服务系统、中国科学院文献情报中心、中国社会科学院图书馆、约翰威立国际出版公司（WILEY）、泰勒-弗朗西斯出版集团（Taylor & Francis）、美国世哲出版公司（SAGE）、荷兰威科集团（Wolters Kluwer）、科睿唯安（Clarivate Analytics）、牛津大学出版社（OUP）、剑桥大学出版社（CUP）、德古意特出版社（De Gruyter Online）、法国科学传播出版社（EDP Sciences）、英国皇家物理学会（IOP）、新加坡世界科技出版公司（WSP）、韩国科学技术信息研究院（KISTI）、日本科学技术信息集成系统（J-STAGE）、开放获取期刊目录（DOAJ）、医学文献检索服务系统（PubMed）、电子预印本文献数据库（ArXiv）、瑞士多学科数字出版机构（MDPI）、美国科研出版社（SCIRP）、Project MUSE 等多家国内外著名学术机构、出版商、OA 出版/集成平台及预印本平台达成战略及数据合作，海纳中外期刊论文、学位论文、会议论文、图书、报纸、标准、专利、科技成果、科技报告等各类学术资源，携手打造全球学术资源发现基地。

一、万方数据库资源

访问地址：https://g.wanfangdata.com.cn/

1. 期刊

包括中文期刊和外文期刊，涵盖自然科学、工程技术、医药卫生、农业科学、哲学政法、社会科学、科教文艺等多个学科；外文期刊主要来源于 NSTL 外文文献数据库以及数十家著名学术出版机构，以及 DOAJ、PubMed 等知名开放获取平台，基本覆盖各类核心来源期刊 90% 以上，中文期刊文献收录始于 1998 年。

2. 学位

学位论文资源包括中文学位论文和外文学位论文，中文学位论文收录始于 1980 年，涵盖理学、工业技术、人文科学、社会科学、医药卫生、农业科学、交通运输、航空航天、环境科学等各学科领域；外文学位论文收录始于 1983 年。

3. 会议

会议资源包括中文会议和外文会议，中文会议收录始于 1982 年，收录了国内各学会、协会、高校及科研院所召开的学术会议论文；外文会议主要来源于 NSTL 外文文献数据库，收录了 1985 年以来世界各主要学协会、出版机构出版的学术会议论文，部分文献有少量回溯，每月更新。

4. 专利

中外专利数据库（Wanfang Patent Database，WFPD）收录范围覆盖十一国两组织专利，其中十一国为：中国、美国、澳大利亚、加拿大、瑞士、德国、法国、英国、日本、韩国、俄罗斯；两组织为：世界专利组织、欧洲专利局。其中中国专利收录时间始于 1985 年；外国专利最早可追溯到 18 世纪 80 年代。

5. 科技报告

科技报告资源包括中文科技报告和外文科技报告。中文科技报告，收录始于 1966 年，源于中华人民共和国科学技术部；外文科技报告，收录始于 1958 年，源于美国政府四大科技报告（AD、DE、NASA、PB）。

6. 成果

科技成果源于中国科技成果数据库，收录了自 1978 年以来国家和地方主要科技计划、科技奖励成果，以及企业、高等院校和科研院所等单位的科技成果信息，每两月更新。

7. 标准

国内标准资源来源于中外标准数据库，涵盖了中国标准、国际标准以及各国标准等，综合了由浙江省标准化研究院、中国质检出版社等单位提供的标准数据。全文数据来源于中国质检出版社、机械工业出版社等标准出版单位，文摘数据来源于浙江省标准化研究院，中国行业标准全文数据收录了机械、建材、地震、通信标准以及由中国质检出版社授权的部分行业标准。

国际标准来源于科睿唯安国际标准数据库（Techstreet），涵盖国际及国外先进标准，涵盖各个行业。

8. 法规

法规收录始于1949年，涵盖国家法律法规、行政法规、地方法规、国际条约及惯例、司法解释、合同范本等，权威、专业。每月更新。

9. 地方志

地方志，简称"方志"，即按一定体例，全面记载某一时期某一地域的自然、社会、政治、经济、文化等方面情况或特定事项的书籍文献。通常按年代分为新方志、旧方志，新方志收录始于1949年，旧方志收录年代为中华人民共和国成立之前。

10. 视频

万方视频是以科技、教育、文化为主要内容大类的学术视频知识服务系统，与中央电视台、教育部、中国科技信息研究所、中华医学会、中国科学院、北大光华、天幕传媒等国内外著名专业制作机构进行广泛的战略合作。现已推出高校课程、学术讲座、学术会议报告、考试辅导、就业指导、医学实践、管理讲座、科普视频等精品视频。

二、万方数据库检索

1. 统一检索

知识服务平台v2.0首页的检索框即为统一检索的输入框，实现多种资源类型、多种来源的一站式检索和发现，同时，它还可对用户输入的检索词进行实体识别，便于引导用户更快捷地获取知识及学者、机构等科研实体的信息。

在统一检索的输入框内，用户可以选择想要限定的检索字段，目前共有5个可检索字段：题名、作者、作者单位、关键词和摘要。

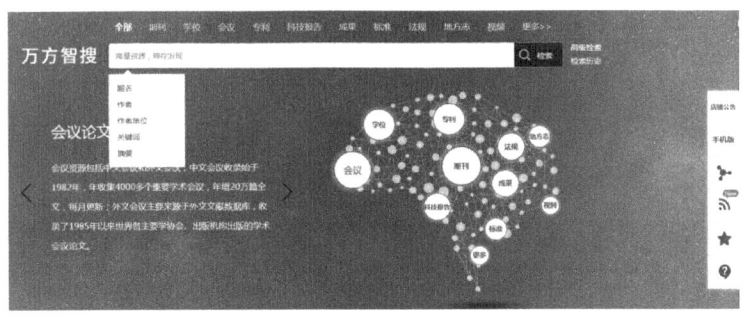

用户可以单击检索字段进行限定检索，也可以直接在检索框内输入检索式进行检索。例如，用户想检索题名包含"师范生信息化教学能力"的文献，用户可以单击"题名"字段检索，检索式为：（题名：师范生信息化教学能力）。除此之外，用户也可以自主输入检索式检索，如：（标题：师范生信息化教学能力）（题目：师范生信息化教学能力）（题：师范生信息化教学能力）（篇名：师范生信息化教学能力）（t：师范生信息化教学能力）（title：师范生信息化教学能力）。

万方智搜默认用户直接输入的检索词为模糊检索，用户可以通过""（英文符号）来限定检索词为精确检索。例如，用户想要搜索"语文教学设计"方面的文献，检索式为：（语文教学设计），即为模糊检索，检索式为：（"语文教学设计"）为精确检索。

另外用户也可以在检索框内使用者 not、and、or 对检索词进行逻辑匹配检索，其中 and 可以用空格代替。例如，"教学设计"和"语文"方面的文献，检索式为：（教学设计 and 语文）或（教学设计空格语文）。

2. 分类检索

万方智搜为用户提供了不同资源的分类检索，包括期刊、学位、会议、专利、科技报告、地方志等资源。用户可以通过单击检索框上部的资源类型进行检索范围切换。

万方智搜可检索篇级文献，也可以检索期刊母体、会议、志书。

期刊检索可以实现期刊论文检索和期刊检索，输入检索词或限定字段，点击搜论文按钮，实现对期刊论文的检索；输入刊名、刊号，点击搜期刊，实现对期刊母体的检索。

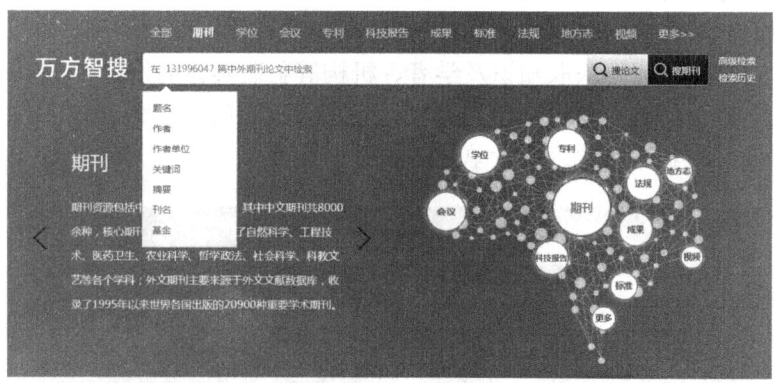

学位资源的检索可以通过在检索框内输入检索词直接检索，也可限定字段后检索。可检索的主要字段有题名、关键词、学科专业、导师、学位授予单位等。

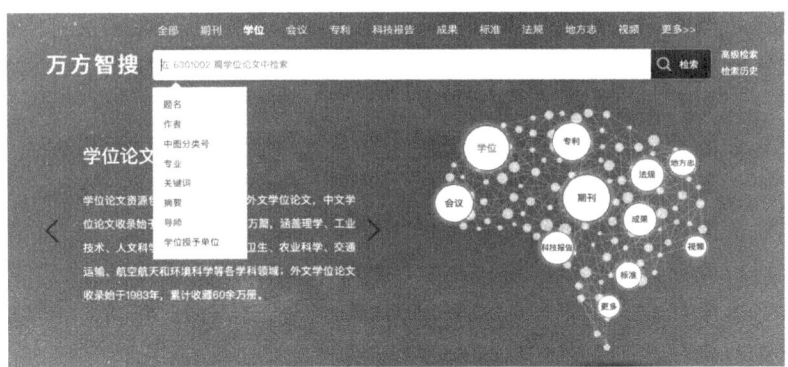

会议资源的检索可以实现会议论文检索和会议检索。在检索框内输入检索词点击搜论文，实现会议论文检索；输入会议名称，点击搜会议，实现会议检索。会议论文可检索的主要字段有题名、关键词、会议名称、主办单位等。

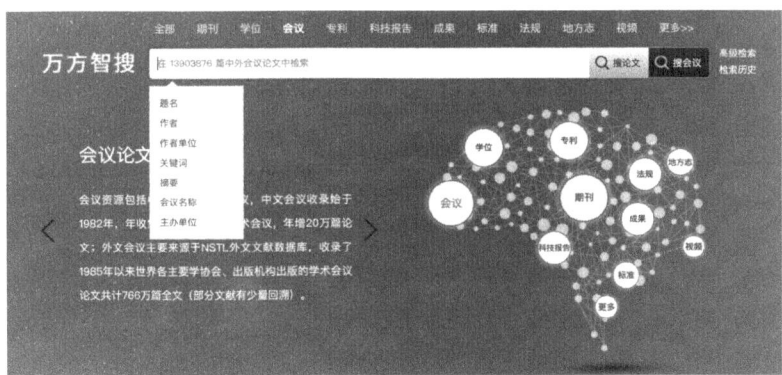

专利资源的检索可以通过在检索框内输入检索词检索需要的专利。检索的主要字段有专利名称、分类号、发明人、专利权人等。

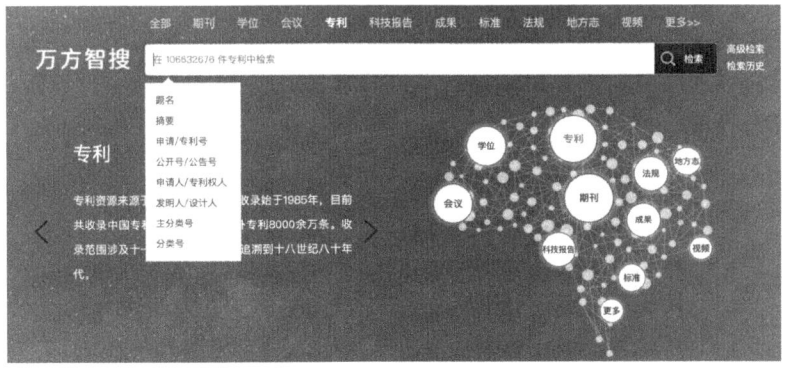

科技报告资源的检索可以通过在检索框内输入检索词检索需要的中英文科技报告。检索的主要字段有题名、作者、作者单位、关键词、摘要、计划名称、项目名称。

成果资源的检索可以通过在检索框内输入检索词检索需要的科技成果。检索的主要字段有题名、完成人、完成单位、中图分类号、关键词、摘要。

标准资源的检索可以通过在检索框内输入检索词检索需要的中外标准。检索的主要字段有题名、关键词、标准编号、起草单位、发布单位。

法规资源的检索可以通过在检索框内输入检索词检索需要的法律法规。检索的主要字段有题名、颁布部门、终审法院。

地方志资源的检索可以通过在检索框内输入检索词检索需要的新旧方志条目或者志书。检索的主要字段有正文、题名、编纂人员、编纂单位。

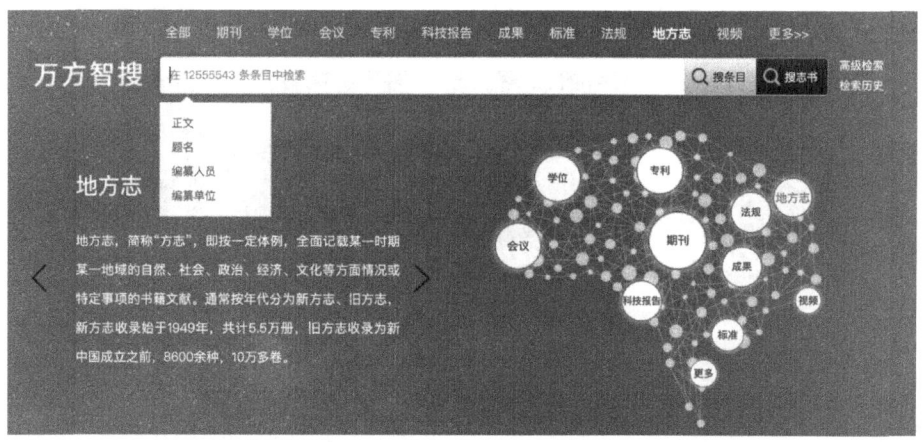

视频资源的检索可以通过在检索框内输入检索词检索需要的视频。检索的主要字段有标题、名师/主讲人、机构/主讲人单位、字幕和关键词。

3. 高级检索

万方智搜检索框的右侧有高级检索的入口，单击进入高级检索界面。高级检索支持多个检索类型、多个检索字段和条件之间的逻辑组配检索，方便用户构建复杂检索表达式。

第二部分 地方院校师范生信息检索通识课程设计

[万方数据高级检索界面截图]

在高级检索界面,用户可以根据自己需要,选择想要检索的资源类型和语种,通过或者添加或者减少检索条件,通过"与"、"或"和"非"限定检索条件,可以选择文献的其他字段如会议主办方、作者、作者单位等检索,还可以限定文献的发表时间和万方数据文献的更新时间,同时高级检索也提供了精确和模糊的选项,满足用户查准和查全的需求。

4. 专业检索

万方智搜检索框的右侧有高级检索的入口,单击进入高级检索界面,然后选择专业检索。

专业检索是所有检索方式里面比较复杂的一种检索方法。需要用户自己输入检索式来检索,并且确保所输入的检索式语法正确,这样才能检索到想要的结果。

每个资源的专业检索字段都不一样，详细的字段可以单击"可检索字段"进行选择。

用户如果对自己想要检索的检索词不确定，可以使用"推荐检索词"功能，输入一些语句，单击搜索相关推荐词，得到规范的检索词。

例如，检索主题为推荐，发表在情报学报上的期刊文献，检索式为"主题：（推荐）*刊名：（情报学报）"，专业检索得到如下检索结果。

5.作者发文检索

作者发文检索是通过输入作者名称和作者单位等字段来精确查找相关作者的学术成果。用户可以选择想要检索的资源类型，通过或者添加或者减少检索条件，通过"与"、"或"和"非"限定检索条件进行检索。可以检索第一作者，并且能够同时检索多个作者的成果。

三、检索结果管理

1. 结果排序

万方智搜提供对检索结果的多维度排序,除了传统的相关度、出版时间、被引频次指标,还提供了下载量等排序指标。而针对不同的资源类型,提供了不同的排序指标。

2. 结果操作

系统通过严密的嵌接用户检索发现的过程,提供针对文献的多种便捷操作,包括对单篇操作或批量操作、下载、导出、分享、标签、笔记等。

对于单篇文献,用户可在检索结果页、文献详情页进行在线阅读、下载、导出、收藏、分享、加标签操作。

用户点击"在线阅读"按钮,支付成功后即可阅读该篇文献。注册用户可在在线阅读时添加笔记和进行标亮操作,购买成功的文献也会在万方书案保留。

用户点击"下载"按钮,支付成功后 24 小时内可下载该资源,也可在万方书案永久在线阅读。

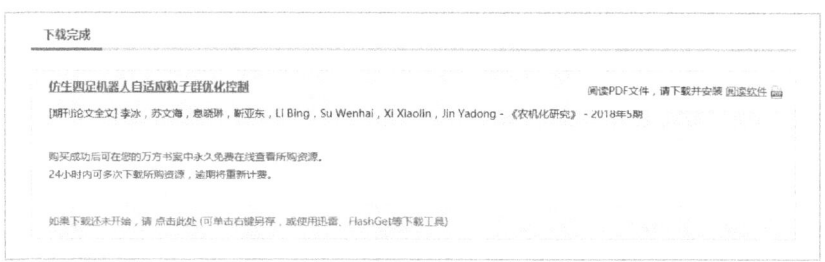

用户点击"导出"按钮,可根据需要导出不同的文献格式。用户可直接导出参考文献,也可将文献加入引用列表,导出页面的文献累积记录,即用户可在检索结果页重复添加文献至导出页面,添加后导出页面自动刷新数据;参考文献格式导出支持中英文的期刊、学位、会议、科技报告、专利、标准等国家标准格式、NoteExpress、RefWorks、NoteFirst、Endnote、Bibtex 的导出。此外,还可根据用户需求灵活实现自定义导出。

用户点击"收藏"按钮,可将该篇文献收藏之万方书案。

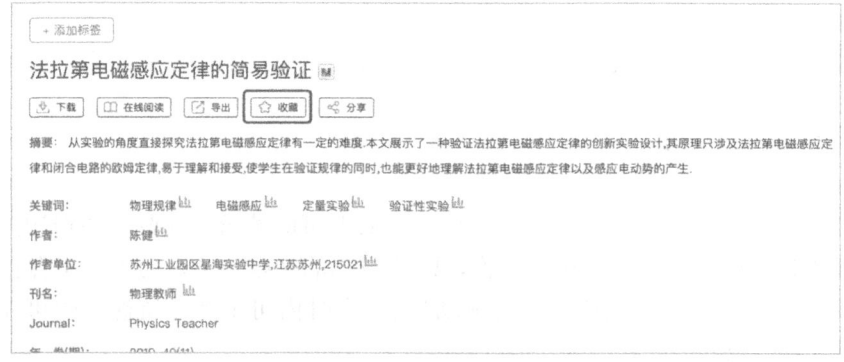

用户点击"分享"按钮，可将该篇文献分享到万方学术圈或其他社交平台。

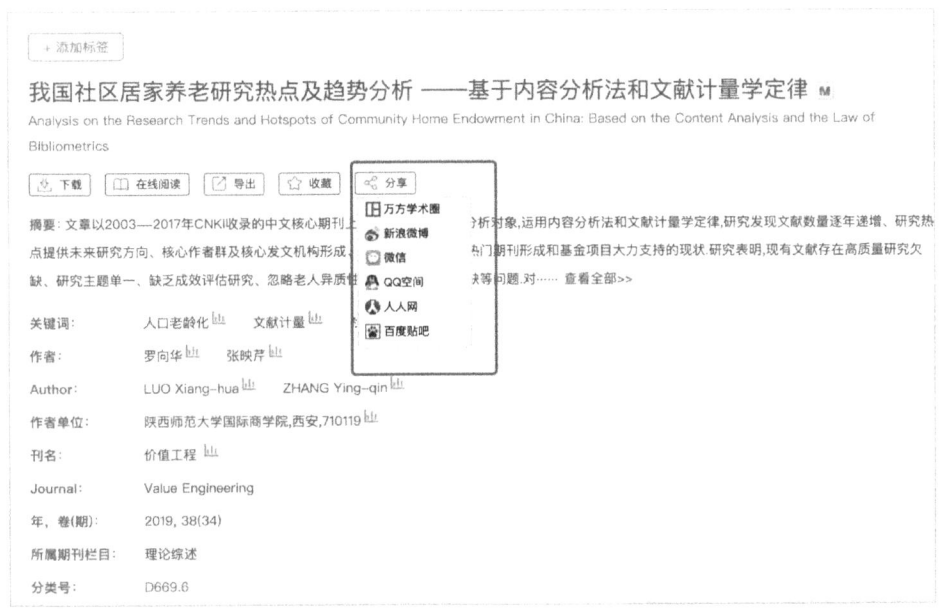

在文献详情页，用户点击"添加标签"按钮，可对当前文献添加标签，添加标签的文献会在万方书案按标签聚类。

3. 可视化的关联分析

利用引文分析、共词分析、社会网络分析等方法探索检索结果的隐性知识关联，实现前沿热点追踪、发展趋势预测以及各类知识关系的可视化呈现，帮助用户直观了解主题知识的全貌，快速筛选出高价值内容。

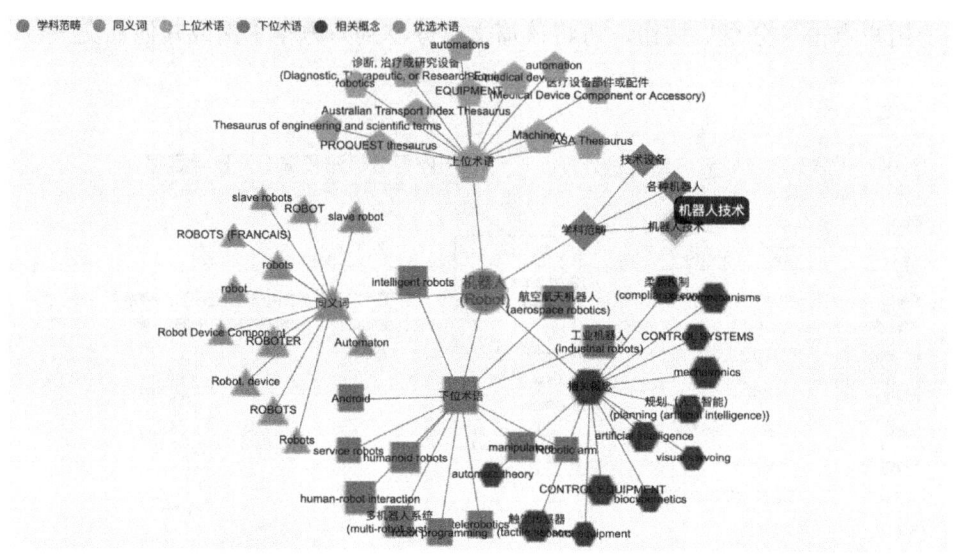

数据来自：万方数据知识服务平台

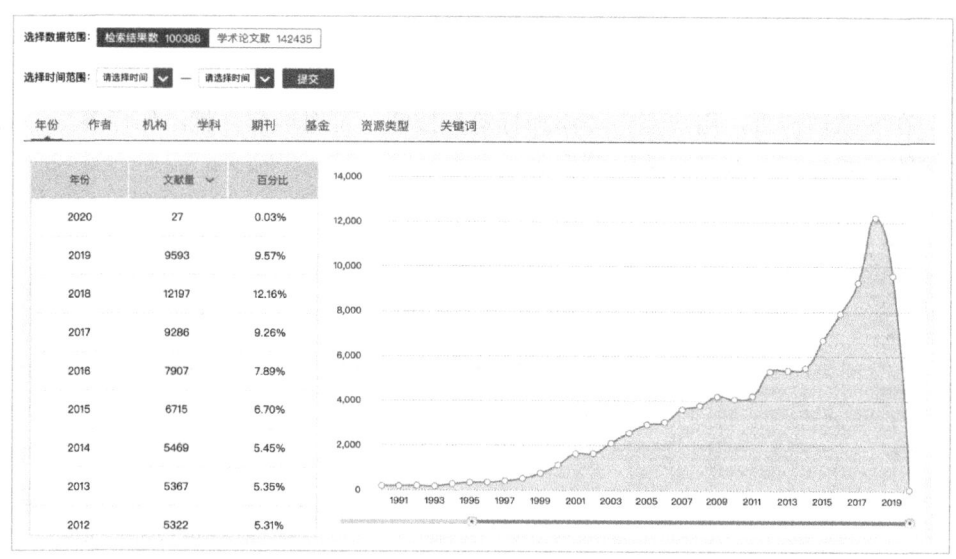

四、文献获取

万方智搜在知识产权许可下，为用户提供资源多种渠道的获取服务，帮助用户便捷获取所需资源，实现快速、简便、易用、流畅的无缝检索体验与文献获取保障。

1. 原文传递

万方智搜除了提供本平台收录的资源，还与国家科技图书情报中心（NSTL）、国家工程技术数字图书馆（ISTIC）合作，提供文献的原文传递服务。机构用户利用万方智搜检索到来自 NSTL 和 ISTIC 的资源，可以通过原文传递服务便捷快速地获取所需资源。

2. 国内外文献保障

针对购买国内外文献保障服务的机构用户，系统提供国家工程技术数字图书馆（ISTIC）收录的部分中外文期刊、中外文会议、中文学位论文的检索与获取。

用户登录了开通国内外文献保障服务的机构账号后，可以在检索结果页面的右上角看到"国内外文献保障服务"的标签，单击后进入国内外文献保障服务系统的检索和获取。

五、万方智搜移动端服务

万方智搜是万方数据知识服务平台的核心文献搜索工具，它的移动端目前利用微信平台提供服务，我们在图书馆微信公众平台，通过"万方智搜"的一键式检索，可以在手机微信端进行文献阅读。

（1）检索功能，在检索时可以进行文献范围勾选（期刊、学位、会议、专利、成果、法规、标准及全部数据库），如下图所示。

（2）文献排序功能，对检索结果按照相关度排序、被引频次排序、出版时间排序。

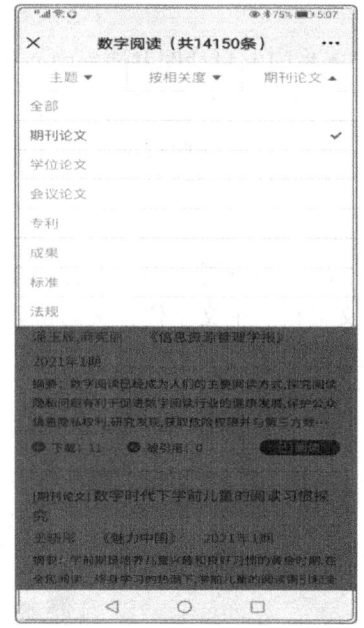
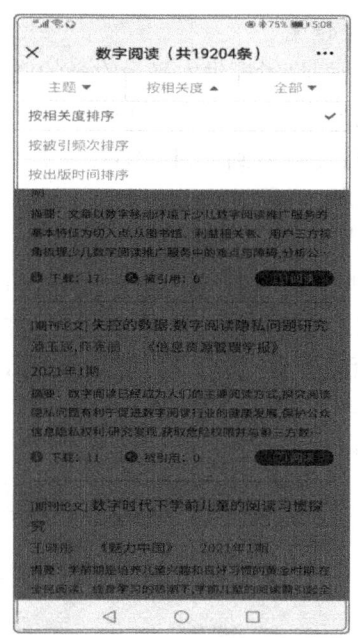

（3）筛选功能：对检索结果进行主题、篇名、作者、单位、关键词、摘要等进行筛选。

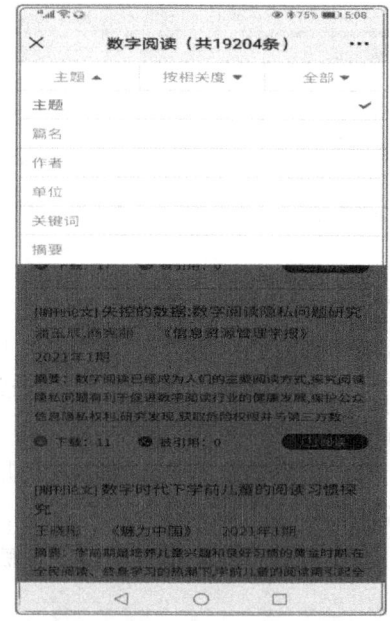

第二部分 地方院校师范生信息检索通识课程设计

（4）文献阅读，如下图所示。

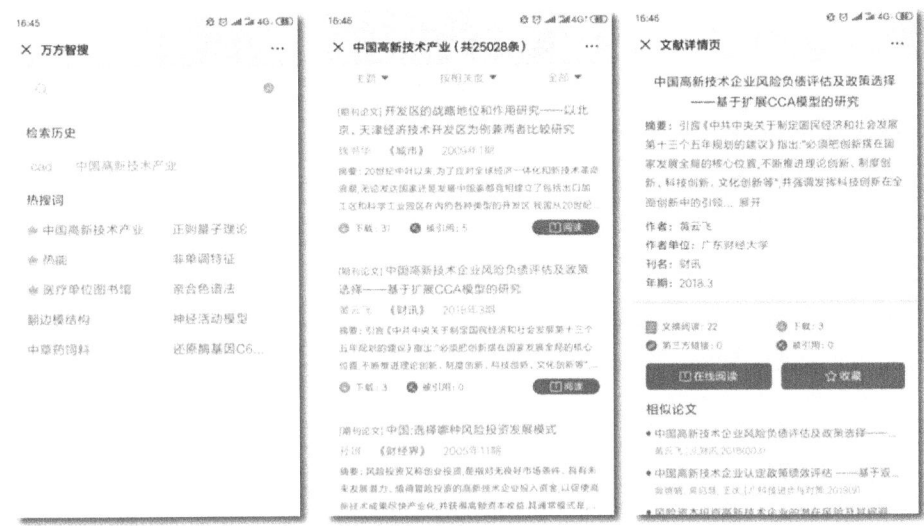

9.3 维普经纶知识组织服务平台

一、维普经纶的数据资源

经纶地址：http://k.vipslib.com/

《维普经纶知识组织服务平台》与《维普中文期刊服务平台》相比，整合了更多类型的文献资源，资源类型由中文期刊逐渐扩展至会议论文、学位论文、专利、标准、报纸、新闻资讯、科技成果、政策法规等十大类，并有大量外文资源的整合，形成了真正的知识资源大数据整合保障平台，且提供多种校外访问认证方式。

资源涵盖图书、期刊、报纸、学位论文、专利、标准、法规、多媒体视频、科技报告等数十种文献类型、超过 300 个中外数据库、数百个资源自建库、5000

·191·

余万主流开发 OA 学术文献、打造 10 亿级文献数据的资源检索发现。年更新文献量超过 5000 万条。其中,核心收录覆盖见下表。

核心收录覆盖表

文献类型	语言	数量
期刊论文	中文	39173 万篇
	外文	38010 万篇
图书	中文	750 万种
	外文	519 万种
学位论文	中文	614 万篇
	外文	384 万篇
专利	中文	5727 万篇
	外文	2384 万篇
会议论文	中文	669 万篇
	外文	2161 万篇
法规	中文	3874 万篇
报纸	中文	2800 万篇
新闻资讯	中文	2540 万篇
科技成果	中文	156 万篇
标准	中文	22 万篇
	外文	34 万篇
多媒体(视频)	中文	26 万个
	外文	3 万个
总计:(以上数据截至 2020.05)		93378 万

二、维普经纶的检索

1. 一框式检索

如要检索人工智能与大数据相关的文献,则输入"人工智能 AND 大数据",可以进行检索。

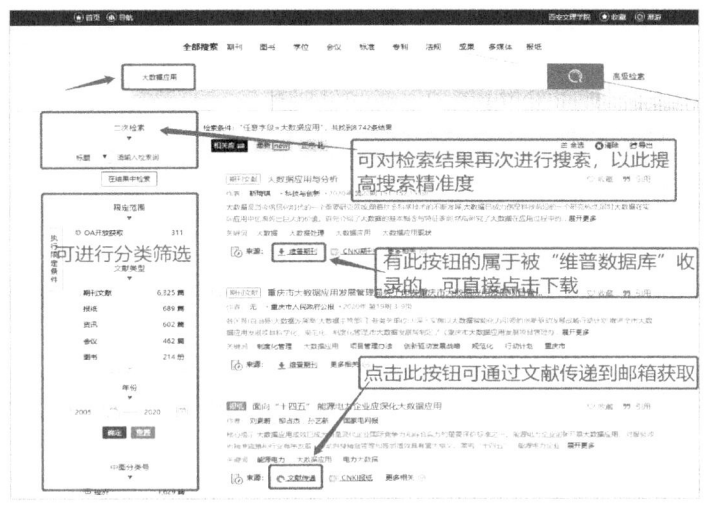

2. 高级检索

高级检索可以进行组配检索，可以选择期刊范围，并进行学科限定。高级检索增加了多个检索条件输入区，实现了由上至下的组配检索，通过检索条件限制区对检索问题进行时间、学科或期刊范围的更多限制。多检索条件逻辑组配检索，更支持一次输入复杂检索式查看命中结果，通过在检索式中加括号的方式实现优先级加权。

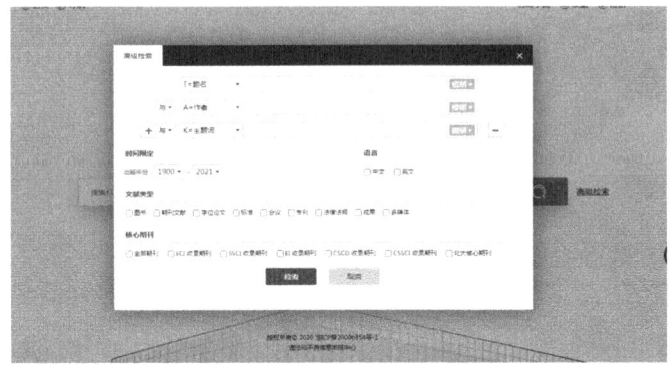

检索执行的优先顺序：向导式检索的检索操作严格按照由上到下的顺序进行，用户在检索时可根据检索需求进行检索字段的选择，检索结束后，可通过文章、期刊、主题、作者、机构、基金等进行二次检索，并能对结果进行分析。如对所有检索出来的文章，能进行期刊收录、学科、主题、机构、作者、期刊、年份、被引范围的分析；对所有检索出来的文章所收期刊，能进行核心期刊导航、

国内外数据库收录导航、地区导航、主题导航、学科导航。此外，该库还可以进行期刊导航，按期刊所属学科进行浏览。

三、全文获取

经纬提供多级原文保障机制，为用户提供更快捷的知识探索。

1. 原文直达——精准直达馆藏文献来源链接，无缝下载获取全文，可见即可得。

2. 开放链接——无缝链接全球开放获取 OA 学术文献，体验无障碍阅读下载。（OA 文献涉及国家哲学社会科学 OA 期刊、维普中文 OA 期刊、sciencedirect OA 期刊、springerlink OA 期刊、wiley OA 期刊等优质来源，超过 5000 万文献直接访问）。

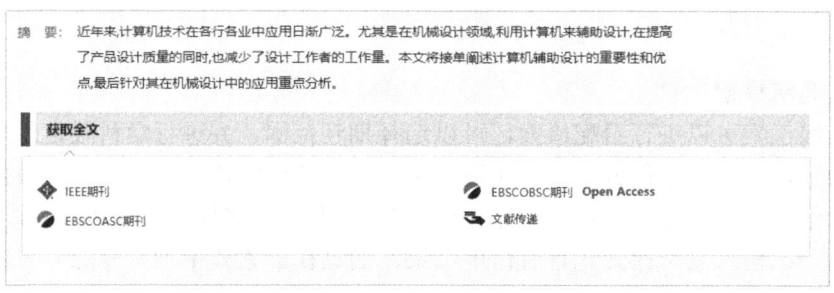

3. 互助共享——无缝对接智图联盟（该联盟聚集了国内近 50 家高校图书馆，在经纬平台下可对外文数据库进行文献互助）、CALIS 联盟、百度文库等多个文献互助平台，共享传递丰富资源。

在对接智图联盟后，读者选择进行联盟互助时，提交本人邮箱进行服务申请，由联盟内其他成员馆进行文献传递，平台先进的技术架构以及联盟内众多的高校图书馆可让文献在四小时内传递获取。

9.4 中国高等教育文献保障系统（CALIS）

中国高等教育文献保障系统（China Academic Library& Information System，CALIS）是经国务院批准的我国高等教育"211工程""九五""十五"总体规划中三个公共服务体系之一。其建设目标是：建设一个以"211"工程立项高校为主体的高校书刊联合目录、七个地区级书刊联合目录库，引进和共建一系列国内外文献数据库，初步实现公共检索、馆际互借、文献传递、电子资源导航、文献协调采购、联机合作编目等功能，基本建成中国现代高等教育文献保障体系的基本框架。

一、CALIS的发展历程

CALIS从1998年11月正式启动建设。建成以CALIS联机编目体系、CALIS文献发现与获取体系、CALIS协同服务体系和CALIS应用软件云服务（SaaS）平台等为主干，各省级共建共享数字图书馆平台、各高校数字图书馆系统为分支和叶节点的分布式"中国高等教育数字图书馆"。覆盖除台湾省外中国31个省（自治区、直辖市）和港澳地区，成为全球最大的高校图书馆联盟。

CALIS由设在北京大学的CALIS管理中心负责运行管理。CALIS的骨干服务体系，由4大全国中心（文理中心——北京大学，工程中心——清华大学，农学中心——中国农业大学，医学中心——北京大学医学部）、7大地区中心（东北——吉林大学，华东北——南京大学，华东南——上海交通大学，华中——武汉大学，华南——中山大学，西南——四川大学，西北——西安交通大学）、除港澳台之外的31个省级（省、自治区、直辖市）中心和500多个服务馆组成。这些骨干馆的各类文献资源、人力资源和服务能力被整合起来支撑着面向全国所有高校的共享服务。

CALIS于2012年5月通过教育部对三期建设的验收，2013年1月通过国家发改委委托中国国际工程咨询公司对项目建设成果的评估。从2013年开始，CALIS在教育部高教司领导下开始进行管理架构、运行机制与发展模式的优化调整，从以项目建设为主的发展阶段转向以持续运维服务和新一代图书馆服务平台研发为主的发展阶段。

在新的发展阶段，CALIS 的目标是在已经建成的高等教育文献保障体系基础上，继续深化内涵，拓展边界，建设成为支撑高校图书馆更广泛日常业务运行与馆际协同协作的国家级、保障性公共基础设施。引领行业研究、推动行业实践、促进行业合作、带动行业发展。将我国高校图书馆凝聚成为发展共同体，主动、广泛、高效开展跨系统、跨产业、跨国界的对话和合作，共同迈向新时代、新未来。

——1994 年，在前期酝酿的基础上正式开始规划；

——1996 年 8 月，"211 工程"部署 CALIS 项目立项；

——1997 年 5 月，教育部批准在北京大学成立 CALIS 管理中心；

——1998 年 5 月，原国家计委批复 CALIS 项目建议书，标志 CALIS 正式成立；

——1998 年 11 月，原国家计委批复 CALIS 项目可研报告；

——1998—2001 年，CALIS "九五"建设；

——2004—2006 年，CALIS "十五"建设；

——2010—2012 年，CALIS "三期"建设；

——2013—今，获教育部常规运维经费支持。

二、建设成果

CALIS "九五"建设：自动化时代印本资源共享体系。

（1）建成联机编目与联合目录服务体系

CALIS 自行设计研发联机合作编目系统与联机公共检索（OPAC）系统，用于 CALIS 中外文书刊联合目录（含古籍）的建设，实现广域网的联机共享编目、书目数据检索与数据下载功能。CALIS 联机合作编目系统是我国第一个多语种、多资料类型实时联机合作编目系统，以全国中心和地区中心的成员馆为骨干，以进入"211 工程"的高校图书馆为基本队伍，滚动发展全国高校图书馆，同时横向发展与各级高校图工委及其他行业图书馆的协作共建。CALIS 联机合作编目服务体系更是我国高校图书馆编目工作共建共享的见证。从此改变了过去各自编目的历史，实现了我国高校图书馆馆藏的"共知"，有效地提高了图书馆，尤其是中小型图书馆编目工作的效率和质量。

（2）开创数字资源集团采购模式

CALIS 从 1997 年开始协助高校图书馆开展电子资源采购，是我国图书馆界引进资源采购工作的开拓者。CALIS 采取灵活多变的引进方式，协调和引导高校外文资源的建设，缓解了我国高校外文文献长期短缺的情况，完善了国内高校外文文献结构、丰富了外文数字资源、提高了文献保障率。为加强对资源引进工作的统筹规划和实际操作能力，增强和其他机构之间的协调合作，CALIS 成立专门的引进资源工作组，制定资源采购工作的原则和策略，推动工作开展。

（3）建成全国中心—地区中心—高校图书馆三级文献保障体系

CALIS创立"全国中心－地区中心－高校图书馆"三级文献信息保障模式的服务网络，分别负责全国范围、地区范围和学校范围的资源协调与联合建设、文献信息共享服务、工作人员培养与读者培训、应用系统建设等工作。全国中心和地区中心的建设任务包括各中心组织机构建设、安装运行在各中心的应用服务器和应用软件系统，后者构成了广域网上的CALIS公共服务平台。

CALIS"十五"建设：分布式高等教育数字图书馆。

（1）建成数字图书馆标准规范体系

作为高校图书馆共享与公共服务基础设施，CALIS要建成开放的、分布式的、多馆协作的平台，涉及众多参建馆的互联和众多应用系统的集成。因此，技术规范、数据与应用接口的标准化至关重要。CALIS管理中心主持编撰了《中国高等教育数字图书馆技术标准与规范》，并应用于CALIS"十五"所有子项目建设。数字图书馆标准与规范的具体工作包括CALIS技术标准与规范的编制和CALIS体系软件产品兼容性认证两部分。

（2）建成分布式文献传递网

"九五"期间，CALIS自行研发了基于ISO10160/10161国际标准的馆际互借系统。"十五"期间，CALIS对系统进行了升级和改造，同时开展文献传递服务网建设。CALIS文献传递网基于所有成员馆的馆藏资源，共同面向全国高校读者提供馆际互借与文献传递服务。"CALIS文献传递服务网"于2004年6月正式启动服务。自此，高校读者能以方便、快捷的方式获取其他高校图书馆的丰富馆藏。

（3）启动名称规范库建设

2003年9月，CALIS启动联机规范控制系统项目，2004年8月建立包含书目数据库和规范数据库在内的试验数据库和实验检索系统，用以联机规范控制机制的实验。后历经数次升级改造，2010年12月定名为"中文名称规范联合数据库检索系统"正式发布。系统整合了两岸四地中文名称规范数据，实现了中国大陆和港澳台地区中文名称规范资源的统一检索，中国大陆地区、港澳台地区和海外华文图书馆名称规范工作取得了实质性共享成效。

（4）启动省级中心建设

考虑到各省、自治区、直辖市等都加大了支持本省（区市）高校建设公共服务体系的力度，以及一些牵头学校在推动本地文献资源共建共享中的作用，"十五"期间CALIS管理中心在未设全国中心和地区中心的省市建立15个省中心，把地方建设纳入CALIS体系，大大加强了CALIS服务的整体性和面向全国的辐射作用。

CALIS"三期"建设:"云上的"信息服务协作网络。

(1) 建成"云上的""普遍服务"体系

"三期"建设,CALIS以"普遍服务"为指导方针,以"云计算"为技术手段,以"多级保障体系"为服务骨干队伍,建成覆盖全国各类高校的图书馆信息服务协作网络。项目成功地将三期建设的各项成果部署到全国,并嵌入众多高校图书馆本地服务的流程之中,大大提升了高校图书馆的整体服务能力,成为众多高校图书馆自身服务链中不可缺少的一环,成为真正意义上的"高等教育公共服务设施"之一。

(2) 建成协同服务网络基础架构

全国高校三级统一认证体系:

CALIS以分布式统一认证系统(Unified Authentication System,UAS)为核心,用基于云计算的两级分布式架构(统一认证中心系统、统一认证系统共享版),通过与成员馆本地认证系统集成,构成全国高校三级读者统一身份认证体系,实现高校读者在CALIS两级云平台和成员馆本地系统之间的跨域单点登录以及基于成员馆的统一用户管理和统一授权,从而实现"一个账号、全国漫游"。

以资源调度和服务调度为核心的分布式原文获取体系:

CALIS以资源调度和服务调度为核心,以CALIS文献传递网为依托,通过整合文献传递、馆际借书、按篇订购PPV、电子书租借、电子原文链接形成了的一套完整的分布式的具有多馆协作和多资源商支持的原文获取系统——e得云平台,旨在帮助读者快速、准确、便捷地获取原文,从而实现"一个账号,全国获取"。

高校联合资源订购体系:

CALIS三期以联合资源订购平台为依托,基于云计算模式,通过与图书进出口商(简称书商)和图书馆OPAC集成,为各成员馆提供图书、论文等资源的自主采购和协调采购服务,优化和平衡各馆的资源采购配置,避免重复采购,提高经费使用效益,实现各馆相关资源的互补和共享。

(3) 开始跨系统、跨国界的文献传递合作

CALIS与上海图书馆于2011年11月正式启动上海图书馆面向全国高校的馆际借书服务。2012年3月,CALIS与国家科技图书文献中心(NSTL)签署了服务合作协议,同期开通"NSTL文献传递服务(高校版)"。国际合作方面,2009年11月,CALIS与韩国KERIS正式开通馆际互借服务。2012年3月正式开始与OCLC开展双向的文献传递服务。

三期项目结束后,CALIS继续拓展跨系统、跨国界合作,先后与国家图书馆、香港JULAC等机构开通馆际互借与文献传递服务。

（4）在全部建成省级中心的基础上启动共享域建设

为了使各地区、各类型的高校图书馆都能够在 CALIS 体系内进行个性化使用，CALIS 逐步完善了全国——省级/共享域——成员馆三级服务体系。CALIS 三期除了继续省级中心建设，还支持建设了大连城市共享域、福州大学城共享域、外语联盟、五星联盟等多个各具特色的共享协作联盟，推动图书馆联盟朝着个性化多元化发展。

三、CALIS 的资源与服务

1. e 得文献获取服务

e 得（易得）是为读者提供"一个账号、全国获取""可查可得、一查即得"一站式服务的原文文献获取门户。e 得门户集成了电子原文下载、文献传递、馆际借书、单篇订购、电子书租借等多种原文获取服务。结合专业馆员提供的代查代检服务，可在 CALS 各类检索工具覆盖的文献资源之外，帮助读者在全国乃至全世界范围查找并索取包含中外文的图书、期刊、学位论文、会议论文、专利标准等各种类型的电子或纸本资源全文。

支撑 e 得全文服务的不仅有 CALIS 高校成员馆，还有以国家图书馆、上海图书馆为代表的众多公共图书馆，NSIL、科学院图书馆为代表的各类科技情报所，CASHL、外国教材中心、CADAL 等为代表的教育部资源共享项目，以及以方正阿帕比、同方知网、维普资讯、万方数据等为代表的国内资源数据库商。

2. e 读学术搜索服务

e 读学术搜索引擎整合全国高校纸本资源和电子资源，揭示资源收藏与服务情况，通过一站式检索从海量资源中快速发现与获取有用的信息，为读者提供全新的用户体验。e 读的特点如下：集聚了不同形态的大量资源，包括联合目录、外文期刊网、学位论文、教学参考书、特色库、古籍等数据，能方便地获取原文。集成了本馆 OPAC、电子资源全文阅读章节试读、无缝链接 CALIS 馆际互借体系，用户使用方便。具有 SaaS 定制、API 定制、分面浏览、个性化、输入提示、聚类检索、wiki、Google 预览等功能。

3. CALIS 外文期刊网

CALIS 外文期刊网全面揭示国内高校外文期刊的综合服务平台，是获取外文期刊论文的最佳途径；是图书馆员开展文献传递服务的强大基础数据源和进行期刊管理的免费服务平台。

CALIS 外文期刊网包含的资源有：10 万多种纸本期刊和电子期刊；7000 多万篇文章检索信息；100 多个全文数据库的链接，如 Science Direct、EBSCO、

JSTOR 等 11 个文摘数据库的链接,如 SCI、SSCI、A&HCI、EI 等 196 个图书馆的馆藏纸本期刊信息,497 个图书馆购买的电子期刊信息,资源信息每周更新。CALIS 外文期刊网全面揭示高校纸本期刊和电子期刊,为用户提供一站式期刊和文章检索及全文链接服务。服务内容包含:期刊导航、文章信息检索、电子期刊链接、文章全文链接、纸本刊的文献传递服务、个性化期刊服务定制、期刊分析和管理服务、图书馆本地化服务。

4. CALIS 联合目录数据库

CALIS 联合目录数据库于 2000 年 3 月正式启动服务,已成为国内外颇具影响力的联合目录数据库。

CALIS 联合目录数据库含有:书目数据 510 万余条,规范数据 130 万余条;近 900 家成员单位的 3500 万余条馆藏信息;涵盖印刷型图书和连续出版物、古籍、部分电子资源及其他非书资料等多种文献类型,覆盖中、英日、俄、法、德、意、西班牙、拉丁、韩、阿拉伯文等 40 多个语种;书目内容囊括教育部普通高校全部 71 个二级学科,226 个三级学科(占全部 249 个三级学科的 90% 以上);数据标准和检索标准与国际标准兼容。

四、CALIS 的检索

以 e 读学术搜索服务说明系统的检索。

1. 检索方法

e 读为一框式检索,可输入检索词,也可以输入检索式进行检索。检索后,可以按结果进行出版年、语种、文献类型、学科、收录数据库(如 SCI\EI)、收录馆进行限定,也可以将检索结果按出版年升序和降序排序。

2. 检索结果的处理

检索结果如果能获取全文的,则直接下载电子全文。如果不能获取全文,则通过文献传递获取全文。

9.5 国家科技图书文献中心(NSTL)

国家科技图书文献中心(National Science and Technology Library,NSTL)是根据国务院的批示于 2000 年 6 月组建的一个虚拟的科技文献信息服务机构,成员单位包括中国科学院文献情报中心、工程技术图书馆(中国科学技术信息研究所、机械工业信息研究院、冶金工业信息标准研究院、中国化工信息中心)、中国农业科学院图书馆、中国医学科学院图书馆。网上共建单位包括中国标准化研究院和中国计量科学研究院。中心设办公室,负责科技文献信息资源共建共享工作的组织、协调与管理。

NSTL的建设宗旨是:根据国家科技发展需要,按照"统一采购、规范加工、联合上网、资源共享"的原则,采集、收藏和开发理、工、农、医各学科领域的科技文献资源,面向全国开展科技文献信息服务。其发展目标是建设成为国内权威的科技文献信息资源收藏和服务中心;现代信息技术应用的示范区;同世界各国著名科技图书馆交流的窗口。

NSTL是目前中国最大的科技文献资源收藏实体,外文印本科技文献品种数、外文文献文摘加工量和回溯数据库居全国首位。

一、NSTL的科技文献资源

作为国家科技文献信息资源的保障基地,NSTL拥有丰富的科技文献信息资源,数据库既包括目次、文摘、引文等二次文献数据库,也包括网络版全文期刊、专著与工具书(含现刊数据库和过刊数据库),学科以理、工农、医各专业领域为主,兼顾经济学、管理学和图书情报科学。

国家科技图书文献中心是根据国家科技创新发展的需要,已全面收藏和开发理、工、农、医等四大领域的科技文献,已发展成为集中外文学术期刊、学术会议、学位论文、科技报告、科技文献专著、专利、标准和计量规程等于一体,形成了印本和网络资源互补的保障格局,资源丰富、品种齐全的国家科技文献信息资源保障基地。截至2017年,外文印本文献订购品种稳定在2.4万~2.6万余种,其中外文期刊16719种,外文会议录等文献8134种;面向全国开通网络版外文现刊680种、回溯期刊总量达3027种,事实型数据库3个,OA学术期刊7000余种等。

文献资源浏览检索排序:学术期刊、学术会议、科技报告、科技文献专著、学位论文、标准、中外文计量规程、中外文专利、外文科技图书简介。

学术期刊:

期刊资源包括中外文期刊和电子期刊,学科涵盖基础科学、工程技术、农业科学、医学科学等领域的科技文献信息资源。

学术会议:

其收藏了世界上所有科技类重要学协会出版的会议文献。学科涵盖基础科学、工程技术、农业科学、医学科学等领域的科技文献信息资源。

科技报告:

其收藏了美国著名的四大科技报告全文数据库(AD、PB、NASA、DOE)、行业报告、市场报告、技术报告等。侧重于军事工程技术、民用工程技术、航空和空间技术领域、能源技术及前沿技术的战略预测等内容报告。学科涵盖基础科学、工程技术、农业科学、医学科学等领域的科技文献信息资源。

科技文献专著：

其收藏了世界知名出版社和重要专业学协会出版的外文科技图书、文集汇编、参考工具书和检索工具书等专著。学科涵盖基础科学、工程技术、农业科学、医学科学等领域的科技文献信息资源。

学位论文：

中文学位论文，收录我国高校、科研院所授予的硕士、博士和博士后学位论文220多万篇，每年增加论文近20万篇。学科涉及自然科学各专业领域，涵盖全国1093所高校及科研机构。经济（F）、医药卫生（R）及自动化技术、计算机技术（TP）的学位论文馆藏量分列前三位。

外文学位论文，收藏ProQuest公司出版的2001年以来的电子版优秀硕博士论文30多万篇，每年新增约4万篇，涉及自然科学和社会科学领域，涵盖924所国外高校及科研机构.工程类、生物学、化学学科的学位论文馆藏量分列前三位。

标准、计量规程：

标准包含国际标准化组织数据库、国际电工委员会标准数据库，英国、德国、法国、日本、美国重要学协会标准数据库和中国国家标准数据库。内容涉及科学研究、社会管理以及工农业生产的各个领域。约157507条数据。计量规程收藏我国从1972年以来公开发行的2000多种计量检定规程、计量检定系统技术规范及计量基准、副基准操作技术规范等，涵盖已出版的全部国家计量检定规程及一些部门的计量检定规程，学科范围涉及自然科学各专业领域。

专利文献：

专利文献包括国内外16个国家和地区的专利［中国国家知识产权局从1985年以来的所有公开（告）文献］。

外文科技图书简介：

其主要提供科技文献专著的题名、目录、摘要、和部分专著内容评介服务。

二、NSTL的特色服务

NSTL提供的主要信息服务包括以下几个方面：

1.期刊浏览与检索

可浏览NSTL馆藏期刊文章题名与文摘的浏览服务，用户可根据需要申请原文。NSTL提供按字顺和分类两种浏览方式。在用户已知期刊刊名或ISSN的情况下，可查找所需期刊，浏览文章题名和文摘，进而申请全文。

2. 文献检索

可对期刊论文、会议文献、学位论文、科技报告、专利文献、计量规程进行检索。

利用 NSTL 的文献检索前需选择数据库，可选择某一个数据库，也可选择多个数据库或全部选择进行跨库检索。每个数据库都可从几个方面设置查询条件，包括馆藏范围、查询范围（全部记录、是否含有文摘、是否含有引文、是否提供全文记录）、时间范围、查询方式（模糊匹配与精确匹配）；可限制每页检索结果的条数，各个字段间可进行布尔逻辑"与""或""非"组合检索。

3. 预印本

中国预印本服务系统是由中国科学技术信息研究所与国家科技图书文献中心联合建设的以提供预印本文献资源服务为主要目的的实时学术交流系统，是国家科学技术部科技条件基础平台面上项目的研究成果。

系统实现了用户自由提交、检索、浏览预印本文章全文、发表评论等功能。用户可以经过简单的注册后直接提交自己的文章电子稿，并在随后根据自己的需要和改动情况追加、修改所提交的文章。系统将严格记录作者提交文章和修改文章的时间，便于作者在第一时间公布自己的创新成果。由于中国预印本服务系统只对作者提交的文章进行简单审核，因而具有交流速度快、可靠性高的优点，避免了由于学术意见不同等原因而导致的某些学术观点不能公之于众的遗憾。

系统收录的预印本内容主要是国内科研工作者自由提交的科技文章，一般只限于学术性文章。科技新闻和政策性文章等非学术性内容不在收录范围之内。系统的收录范围按学科分为五大类：自然科学，农业科学，医药科学，工程与技术科学，图书馆、情报与文献学，除图书馆、情报与文献学外，其他每一个大类再细分为二级子类，如自然科学又分为数学、物理学、化学等。

4. 代查代借

面向注册用户提供各类型文献全文的委托复制服务，每篇文献按照 NSTL 内收费标准（详见收费标准）预扣复制费（无法计算页数的按 10 页计算）和 2 元服务费，发送原文后按照实际页数和 NSTL 外实际发生费用收取复制费，如未找到所需文献，则退还预扣费用。

用户填写"代查代借请求申请表"后，NSTL 的工作人员将根据申请表提供的文献线索及用户所限定的地域、时间与费用，依次在 NSTL 成员单位、国内其他文献信息机构和国外文献信息机构查找用户所需文献。根据查得文献的来源不同，文献的复制费用有所不同，文献来自 NSTL 成员单位，一般文献复制费为每页 0.3 元，文献来自其他单位，复制费以各相应单位的实际收费标准核算。如果

NSTL成员单位馆藏范围内有用户所需要的文献，用户提交申请表后，工作人员将在2个工作日内按照用户所请求的方式发送原文。需要到国内其他文献信息机构或国外信息机构查找文献时，发送原文的时间将视具体情况而定。国外代查一般费用为100元左右／篇。

目前NSTL只向中国大陆地区的预付款用户提供此项服务，使用网上支付的用户可以先通过"自助中心"中的"用户账户充值"功能交纳预付款后使用本服务。西部用户服务费和NSTL内代查代借的文献复制费享受半价优惠政策。

如果不知道确切的文献出处，可以填写检索主题、关键词和检索要求，工作人员将会在NSTL网站范围内进行检索，检索结果将存放在自助中心，用户可以去自助中心查看检索结果，并确认是否需要原文。

5. 系统提供的服务

（1）元数据注册

提供注册模板，完成对NSTL统一文献元数据规范及其他标准的注册，包括元数据规范注册、元素集注册、元素／属性注册。支持对注册的元数据规范、元素集、元素／属性的修改、添加、删除、审核等，不同的用户操作权限有所不同，如注册者可进行提交、修改、添加、删除，审核者可进行审核，管理者可进行用户管理和再审核。

（2）元数据浏览

可以对元数据规范进行浏览，对描述性元素进行浏览，对辅助性元素进行浏览，对属性、Schema进行浏览。

（3）元数据查询

可以通过元素集、元素或属性的中文名称、名称进行查询，还可以通过限定某一具体标准进行查询。

（4）元数据映射

支持NSTL统一文献元数据规范与其他元数据规范的映射或其他元数据规范与NSTL统一文献元数据规范的映射。

6. 引文检索

国际科学引文数据库（Database of International Science Citation，DISC）是国家科技图书文献中心投入建设的集文献发现、引文链接、原文传递为一体的服务系统。

DISC以全球出版的2500余种核心期刊作为来源期刊，覆盖自然科学、医学、工程技术各领域，在全国范围内为用户提供引文检索、原文传递服务。DISC自2006年开始建设，目前引文数据已累积4800余万条，并不断更新数据。引文将众多的论文有机组合在一起,揭示出论文之间的学术联系,是拓展信息资源的有效方法。

DISC 提供文献检索、引文库收录文献检索、参考文献检索:

文献检索,检索结果集的范围为 NSTL 文献库的所有来源刊的文献。文献检索的可检字段有:题名、作者、刊名、ISN、文摘、机构、关键词、被引时间、出版时间。可选择各检索字段的关系,用"与""或"进行组合,并通过增加检索条件,重复类似操作,直到组合完所有条件为止。

引文库收录文献检索,检索范围为国际科学引文数据库中收录的来源期刊的文献。是将题名、作者、刊名、ISSN、文摘、机构、关键词、被引时间、出版时间等按逻辑算符进行组配检索。

参考文献检索,检索结果集的范围为国际科学引文数据库中收录的来源期刊的文献的参考文献。

9.6　CADAL 数字图书馆

访问地址:http://www.cadal.edu.cn

大学数字图书馆国际合作计划(China Academic Digital Associative Library,CADAL)前身为高等学校中英文图书数字化国际合作计划(China-America Digital Academic Library,CADAL)。国家计委、教育部、财政部在 2002 年 9 月下发的《关于"十五"期间加强"211 工程"项目建设的若干意见》的文件中,将"中英文图书数字化国际合作计划(CADAL)"列入"十五"期间"211 工程"公共服务体系建设的重要组成部分。CADAL 与"中国高等教育文献保障系统(CALIS)"一起,共同构成中国高等教育数字化图书馆的框架。

CADAL 拥有多学科、多类型、多语种海量数字资源的，由国内外图书馆、学术组织、学科专业人员广泛参与建设与服务，具有高技术水平的学术数字图书馆，成为国家创新体系信息基础设施之一。

一期建设由浙江大学和中国科学院研究生院牵头，北京大学、清华大学、复旦大学、南京大学等16个高校参与建设。建成2个数字图书馆技术中心（浙江大学，中国科学院研究生院）和14个数字资源中心（北京大学，清华大学，浙江大学，复旦大学，南京大学，中国科学院研究生院，上海交通大学，西安交通大学，武汉大学，华中科技大学，吉林大学，中山大学，四川大学，北京师范大学），形成一套成熟的支持TB量级数字对象制作、管理与服务的技术平台，探索多媒体、虚拟现实等技术在数字图书馆中的应用，推动我国数字图书馆技术达到国际领先水平，为数字图书馆建设与服务的可持续发展奠定了资源和技术基础。二期建设将在一期百万册的基础上，完成150万册（件）数字资源，并建立分布式数据中心和服务体系，实现数据安全和全球服务，由国家投入1.5亿元建设资金，计划在三年内完成。2013年以后，CADAL项目进入运维保障期，继续在资源、服务、技术、对外交流合作等方面推进工作。

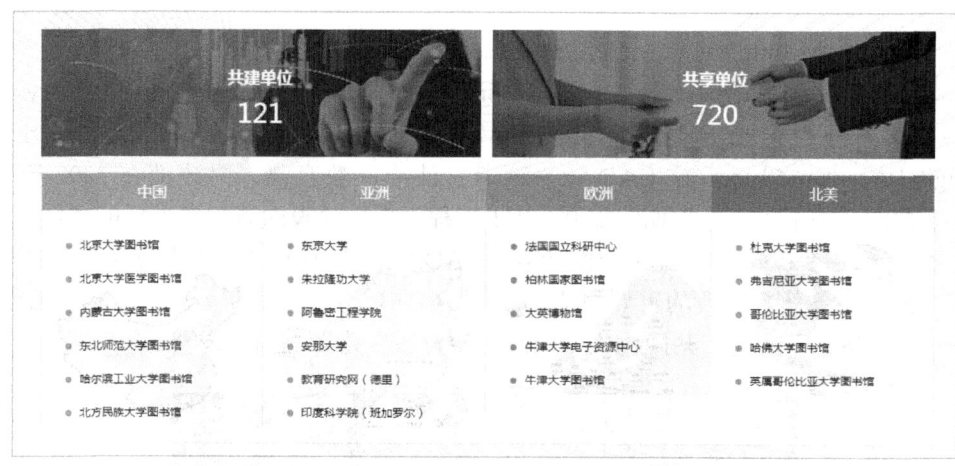

9.7 馆际互借和文献传递系统

9.7.1 定义

馆际互借与文献传递指图书馆用户从其他图书馆借入文献或获取复制品的服

务。由于经费和馆舍等限制，任何一所图书馆的馆藏都无法完全满足读者的所有文献需求。因此，馆际互借与文献传递作为馆际之间资源共享的重要手段，在为读者提供文献服务的过程中发挥着不可替代的作用。

所谓馆际互借（Interlibrary Loan），是基于馆际合作、在不改变文献资料所有权情况下，相互利用合作馆的文献资源来满足本馆读者需求的一种服务形式，其服务内容就是对于本馆未收藏的文献，在本馆读者需要时，在遵守馆际互借的制度、协议、办理手续和收费标准等规定的前提下，向合作馆提出申请借入该文献；反之，在合作馆向本馆提出馆际互借请求时，借出本馆所拥有的文献，以满足合作馆读者的文献信息需求。这里的文献主要是指图书等文献资料本体，借入馆须返还至借出馆。

所谓文献传递（Document Delivery），最初的服务内容是将读者需要的文献资料以复印件的形式传递给读者，且该复印件无须返还。随着互联网的普及和电子与网络文献的快速发展，当前的文献传递服务已改进成为通过信息技术向合作馆读者提供各种其所在馆无法获取的原文文献信息，并按照合理的收费规定，在适当的时间内以有效的方式直接或间接传递给读者，且该原文文献无须返还。一般来说，申请文献传递的读者会对特定已确知的出版或未出版的文献信息提出需求。

二者具有紧密的联系。馆际互借和文献传递都是图书馆利用外部文献资源，以求最大限度地满足读者对本馆未收藏文献的需求而开展的服务，都作为资源共享的一种手段发挥着各自的作用。但不同的是，馆际互借是合作馆之间相互出借馆藏文献，是一种返还式的文献提供服务，而文献传递突破了馆际互借的服务范围，以多种方式利用各种类型和来源的外部文献资源，将读者所需文献的替代品直接或间接传递给读者，是一种非返还式的文献提供服务。文献传递可理解为是传统馆际互借服务的延伸和拓展，是网络环境下信息服务机构为满足用户对文献信息资源的实时需求而产生的新实践，其文献获取方式更快捷更便利，可有效提高用户的学习和工作效率。

9.7.2 国内外馆际互借和文献传递系统

（一）国外

（1）联机图书馆中心（OCLC）

OCLC是目前世界上最大的图书馆自动化联机网络中心，是一个面向图书馆的非营利性的资源共建共享组织，其目的是减低信息使用费用、推动资源共享的实现。通过计算机和网络技术，OCLC建立了涵盖世界上400多种语言文字的联机联合目录数据库（WorldCat）。OCLC 馆际互借服务网由多个国家超过 6700 多个图书馆组成，目前已实现各国图书馆在本地区就可共享 OCLC 的全球馆藏资源并可申请馆际互借和全文传递服务。

（2）英国国家图书馆文献提供中心（BLDSC）

BLDSC 成立于 1985 年，是世界上较大较著名的文献提供中心之一，它集中收藏了 5 万多种常用的连续出版物，每年可为来自全世界各类图书馆和机构组织的 2 万多名用户提供快速、综合、多种方式的馆际互借和原文传递服务。英国政府对 BLDSC 投入了强大资金，目前可满足全英国 80% 以上的文献需求，在国际服务上的文献满足率也可达 95%。

（3）SUBITO 在线馆际互借系统

SUBITO 是一个国际性的图书馆文献传递系统，由德国教育科研部建立，并由来自德国、奥地利、瑞士等国家的 33 个图书馆加入，现已成为国际上重要的文献传递服务系统之一。它包含科学、经济、社会等多领域的文献，除了提供图书的出借服务，还对超过 100 多万种期刊论文和图书章节提供复印和传递服务。由于部分国家对 SUBITO 提供资金支持，它提供文献传递服务的收费标准比其他机构组织更便宜，此外出于对知识产权的保护，它不对商业用户提供服务。

（4）加拿大科学技术情报研究所（CISTI）

CISTI 是世界级的情报信息资源收藏机构，它利用国内外协议合作单位的馆藏来弥补自身馆藏的不足，以求更大范围地满足用户对科学、技术、医学和农业方面的文献信息需求，提供的文献类型包括图书、期刊文献、会议论文和科技报告等。

（二）国内

（1）中国高等教育文献保障系统（CALIS）

CALIS 是于 1998 年经国务院批准组建的我国高校图书馆内最大的文献资源共享体系，其总体目标是建设一个具有中国特色的现代化文献信息服务系统。CALIS 以学科和地区文献信息中心为建设主体，主要工作内容包括协调采访、联合编目、馆际互借、文献传递和代查代检等。为了加强馆际互借与文献传递工作在高校间的有效开展，CALIS 管理中心建立了"CALIS 馆际互借/文献传递服务网"，该服务网的成员馆众多，读者可通过其所在图书馆，以申请馆际互借或文献传递的方式获取到服务网内其他高校馆丰富而又各具特色的馆藏文献信息资源。

（2）国家科技图书文献中心（NSTL）

NSTL 于 2000 年正式成立，是经国务院批准的科技文献信息资源服务机构，也是我国收集外文印本科技文献资源最多、我国最大的科技文献保障和服务机构。NSTL 由 9 家科技信息机构组成，分为"理、工、农、医"四大学科，主要收集和开发这四个学科领域的科技文献信息资源，其服务基于网络环境，为全国读者提供科技文献信息资源的检索和全文传递服务，为我国的科技创新、科学技术人才培养、高新技术产业发展等提供文献保障。

（3）中国高校人文社会科学文献中心（CASHL）

CASHL 是我国唯一的全国性人文社会科学文献保障体系，目前收录了 52 万种人文社科类外文图书和 1 万多种国外人文社科领域的核心期刊和重要期刊，其拥有的高校人文社科外文期刊目次库和图书联合目录等数据库中涵盖了多种学科的文献信息资源，其中包括经济管理、历史、文化、文学、语言/文字、哲学和政治等。所有成员馆的读者均可注册 CASHL 平台进行图书联合目录分类浏览和按照书名、作者、主题、出版者及 ISBN 号进行检索查询，并在此基础上请求原文传递服务和馆际互借服务。

（4）中国科学院文献情报中心（LCAS）

LCAS 是我国的自然科学情报中心，也是全国最大的综合性科学图书馆，一直承担着中国科学院国家科学数字图书馆项目（CSDL）的建设工作，建设主体为中国、西班牙、日、俄文期刊联合目录数据库和中国科学院中西文图书联合目录数据库。此外，CSDL 还建设了直接面向用户的馆际互借和文献传递服务体系，组织和倡导中国科学院的各级文献情报机构都对全院的所有研究所提供馆际互借和文献传递服务，目的是能够快速地为广大科研人员提供丰富准确的文献信息，充分发挥文献情报系统的支撑作用。

（5）国家图书馆文献提供中心

国家图书馆文献提供中心成立于 1997 年，主要服务内容包括馆际互借、文献传递、定题专题检索、国际互借等。该中心馆藏资源丰富，涵盖了近 2 万种中外文全文电子期刊、博硕士论文、学术会议论文以及上千种世界著名检索期刊和数据库。其服务对象既有国家重点服务的海内外机构和工商企业，也有社会群众、高校读者等一般用户。

（6）北京地区高校图书馆文献资源保障体系（BALIS）

BALIS 是经北京市教委批准、由北京高校图工委领导的北京地区高等公共服务体系之一，该体系分为两大系统，即 BALIS 原文传递中心和 BALIS 馆际互借中心。BALIS 原文传递中心现有成员馆 95 家，包括三家合作公共馆和一个团体成员馆，各成员馆收藏的期刊论文、学位论文、会议论文、科技报告、专利文献和可利用的电子全文数据库等文献信息资源都可提供原文传递服务。此外 BALIS

还提供代索取文献的委托服务，读者可通过此服务查询国内外文献信息机构的文献；BALIS馆际互借中心现有70多所北京市高校成员馆，读者可通过该系统获取到其他成员馆的馆藏中文图书（部分图书馆外借外文图书）、国家图书馆中文基藏库的中文图书和外文子库的外文图书以及上海图书馆中外文参考类资料等。

第十章 国外常用的综合性信息检索系统

10.1 Web of Science

Web of Science（简称 WOS）是基于互联网建立的动态的学术信息资源整合平台，提供自然科学、工程技术、社会科学、艺术与人文等多个领域中高质量的学术信息，采用"一站式"服务，兼具信息检索、文献管理、科研分析与评价等多项功能。曾隶属于世界一流的企业及专业情报信息提供商——Thomson Reuters 公司，现已成为科睿唯安（Clarivate）公司旗下的产品。

一、WOS 的资源

访问地址：http://www.webofknowledge.com

WOS 的资源丰富，既有美国科技信息研究所（Institute of Scientific Information，ISI）生产的数据库，也有来自其他数据库商的产品，还收录 Agricola、Pubmed 等网上免费资源，涉及绝大多数学科领域，收录的文献类型有期刊论文、图书、会议论文、学位论文、技术报告、专利、标准、化学结构等。

WOS 核心合集（Core Collection）由多个数据库组成：科学引文索引扩展版（Science Citation Index Expanded，SCIE）、社会科学引文索引（Social Sciences Citation Index，SSCI）、艺术与人文科学引文索引（Arts& Humanities Citation Index，A&HCI）、科学会议录引文索引（Conference Proceedings Citation Index-Science，CPCI-S）、社会科学与人文科学会议录引文索引（Conference Proceedings Citation Index-Social Sciences Humanities，CPCI-SSH）、图书引文索引（Book Citation Index，BCI）、新兴来源引文索引（Emerging Sources Citation Index，ESCI）、化合物索引（Index Chemicus，IC）、全新化学反应（Current Chemical Reactions，CCR-Expanded）。内容包含来自数以千计的学术期刊、书籍、丛书、报告及其他出版物的信息。其中，3 个期刊引文数据库包含文献作者引用的参考文献，用户可以使用这些参考文献进行被引参考文献检索，查找引用以前发表的著作的文献，还可进行作者甄别、按被引频次对结果进行排序，从多种角

度进行检索结果分析等。

CPCI-S 和 CPCI-SSH 包括多种学科的重要会议、讨论会、研讨会、学术会、专题学术讨论会和大型会议的出版文献。使用这两个数据库可以查找在期刊文献尚未记载相关内容之前、跟踪特定学科领域内涌现出来的新概念和新研究。

二、WOS 的检索

WOS 虽已推出中文检索界面，但只能进行英文检索。授权用户可以检索 WOS 平台所有的可用资源，也可选择性检索一个或几个数据库。

1. 布尔逻辑运算符

布尔逻辑运算符 AND、OR、NOT、SAME 和 NEAR/X 可用于组配检索词，从而扩大或缩小检索范围。布尔逻辑运算符不区分大小写。例如，SAME、Same 和 same 返回的结果相同。

SAME 是 WOS 中特色的运算符，要求其连接的关键词必须在同一句话内（如出现于文献题名、摘要中的句子或单个地址），但关键词前后顺序不限。使用 SAME 运算符（比 AND 运算符更严格）是缩小检索范围的好方法。

例如，检索某一地点的机构时，可用 SAME 连接机构及地点；检索某一机构中的某个系或部门时，可用 SAME 连接机构、系或部门名称。运算符的优先顺序为：NEAR/x、SAME、NOT、AND、OR。使用括号以改写运算符优先级。括号内的表达式优先执行。

2. 截词检索

"*"代表零个或多个字符，"?"只代表一个字符，"$"代表零或一个字符，如输入"colo$r"，可检索出"color"和"colour"。

3. 短语检索

用"表示短语检索。

三、WOS 的检索方式

WOS 现提供 4 种检索方式，每种检索方式的可检字段和功能有所区别。

1. 基本检索（Basic Search）

可同时进行多个字段的检索，各字段内可用"*"进行截词检索，各个检索字段间可以利用布尔逻辑 AND、OR、NOT 组配。可检字段有：主题、标题、作者、作者识别号、团体作者、编者、出版物名称、DOI、出版年、地址、机构扩展、会议、语种、文献类型、基金资助机构、授权号、入藏号、PubMed ID。

2. 被引参考文献检索（Cited Reference Search）

引文检索是指从被引著者、被引文献入手检索文献的被引用情况。进行引文检索时，被引文献是1994年以前的，只能从第一著者检索；被引文献是1994年以后的，可以从任何一个著者检索。可检索字段有：被引作者（Cited Author，可在线查看作者名称）、被引著作（Cited Work，可在线查看期刊缩写列表）和被引年份（Cited Year，实则指被引文献出版的年份）、引用的DOI、被引卷、被引期、被引页、被引标题。可限制入库时间。

3. 高级检索（Advanced Search）

高级检索适合有经验的用户，使用两个字母的字段标识、布尔逻辑运算（AND，OR，NOT，SAME，NEAR）、截词符、括号和检索结果集来构造检索式，也可使用字段标识、检索式组配或两者的组配来检索，还可利用检索结果集合的编号进一步检索，如#AND#4。可在线查看作者、团体作者和出版物名称。可限制入库时间、语种和文献类型。有27个可检字段，如主题、标题、作者、作者识别号、团体作者、编者、出版物名称、DOI、出版年、会议、地址、机构扩展（索引）、机构、下属机构、街道地址、城市省/州、国家/地区、邮政编码、基金资助机构、授权号、基金资助信息、研究方向、Web of Science分类、ISSN/ISBN、入藏号和PubMed ID。

4. 作者检索（Author Search）

使用"作者检索"功能，可以简单方便地确认并检索出特定作者的所有作品，可将同名的不同作者所著的作品区分开来。作者姓名的形式为：姓氏在先，名字首字母（最多4个字母）在后，姓氏可以包含连字号、空格或撇号。其步骤为：输入作者姓名、选择研究领域、选择组织。

5. 化学结构检索（Structure Search）

用于检索CCR和IC两个数据库，查看和绘制化学结构需要下载并安装免费化学插件，用户可从WOS平台下载并安装免费化学插件。

10.2 Scopus

Scopus是Elsevier公司2004年推出的号称全球最大的同行评议科研文章摘要和引文数据库，提供多种工具用于追踪、分析学术发展趋势及可视化展示学术研究成果。它收录来自全球超过5000家出版机构的22000余种期刊和750多万篇学术会议论文，覆盖自然科学、技术、医学、社会科学、艺术与人文等学科。Scopus由研究人员和图书馆人员共同参与设计开发，并可直接链接到论文全文、图书馆资源及参考文献管理软件等应用程序。

一、Scopus 的资源

Scopus 是目前收录来源出版物最多的文摘数据库，由 Elsevier 出版商提供。Scopus 数据库（www.scopus.com）是爱思唯尔（Elsevier）出品的，全球最大的同行评议摘要引文数据库。内容涉及人文、科学、技术及医学方面的文献。其中有许多期刊来自多个著名的出版商，如 Elsevier、Kluwer、The Institute of Electrical and Electronics Engineers（IEEE）、John Wiley、Springer、Nature、American Chemical Society 等；Scopus 收录的中文期刊有 100 多种，包括：《力学学报》《中国物理快报》《中华医学杂志》等。数据回溯到 1996 年。Scopus 数据库拥有一个国际化的公开、透明的第三方选刊委员会，始终独立负责 Scopus 内容评审和收录。Scopus 数据库内容每天更新，使科研人员能够及时全面地了解当今世界最新的科研成果。

Scopus 除了提供文摘，同时还提供文章的被引用情况以及文章的参考文献信息；用户可通过检索结果页面上的 SFX 链接获取全文；检索结果条目可导入个人文献管理软件中。

此外，在 Scopus 的检索结果页面上同时还提供专利信息和网络学术信息（如预印本、机构仓储、课件库等）。截至 2020 年 12 月，已收录情况如下：

- 超过 8100 万条记录，数据回溯到 1778 年，数据每日更新
- 来自 5000 多家国际出版商的 24600+ 活跃同行评议期刊
- 6300+ OA（开放获取访问）期刊，1660 万 +OA 文献可以直接查看原文
- 超过 820 种中国大陆高质量期刊
- 220000+ 本图书
- 超过 1000 万篇会议论文
- 涵盖 4600 多万条国际专利信息
- 覆盖的刊物超过 40 多种语言

Scopus 数据库主要特点：

1. Scopus 除较完整的覆盖自然科学，对于很多工程，社会科学和生物医学等学科的内容，以及非英语国家出版的内容，Scopus 收录具有唯一性，更便于全面的文献发现和学科交叉的探索。

2. Scopus 是爱思唯尔中国高被引学者的唯一数据来源。为每位收录学者提供独立的 Scopus Author ID；可查看学者发文（及趋势），h 指数，近年主要研究方向（topic）以及发表在预印本平台上的最新研究。支持一键生成作者的文献产出分析，引文报告，并可以灵活地选取去除自引、去除图书引用等。

3. Scopus 提供文献计量学指标：高被引百分位和领域归一化的引用影响力

指标 FWCI；同时提供补充计量学指标 PlumX，从浏览、媒体关注等 5 个维度展示文献的社会影响力。

4.Scopus 支持查看所有收录的连续出版物的影响力 Citescore，并能在当年度逐月追踪。支持按照期刊名称、学科等检索；可以对 10 本期刊进行多角度的比较，帮助师生科学选择期刊，规避掠夺性期刊；支持期刊编辑追踪期刊表现。

5.Scopus 数据库包括有 70000 多个机构档案数据，并支持生成机构内二级机构档案。当前 Scopus 数据已经被多个国际知名的排名机构，包括泰晤士高等教育、QS、USNews 和上海交大排名采用。同时，Scopus 正式成为底层数据源应用于第五轮学科评估中。

6.Scopus 提供免费的应用程序接口（API），以供院校内部二次开发使用。

二、Scopus 的检索

Scopus 提供一站式检索服务，其检索界面简洁、直观。与大多数数据库不一样的是，Scopus 数据库的首页即文献检索界面，在该界面，同时提供了文献检索、作者检索、归属机构检索和高级检索四种检索方式。支持布尔逻辑运算符 AND、OR、NOT；通配符 *? 短语检索和位置算符。

（1）文献检索

Scopus 的文献检索可以自行添加检索框，在检索框中可以利用布尔逻辑算符构造检索式，Scopus 对收录文献的特征标引详尽，便于用户从不同途径查找所需文献，文献检索提供作者、第一作者、来源出版物名称、论文标题、摘要、关键字、归属机构（归属机构名称、归属城市、归属国家/地区）、资金资助信息（资金赞助者、资金资助的首字母缩写、资金资助编号）、语言、ISSN、CSDEN、DOI、参考文献、会议、化学物质名称、CAS 编号、ORCID 等 17 个字段以及论文标题/摘要/关键字/作者、论文标题/摘要/关键字 2 个联合字段以及所有字段，方便用户全面检索到所需相关文献。

（2）作者检索

作者检索是 Scopus 的检索特色之一。Scopus 是全球唯一对收录论文按照作者进行自动分组的数据库。Scopus 建立了独特的作者辨识功能（Author ID），将同一位作者的所有著作归集于同一个作者标识符（即学者档案）。通过采用匹配算法将论文自动归入学者档案，再根据反馈对论文进行手工分类，通过使用来自行业机构的反馈主动对算法进行补充，包括开放研究者（Open Researcher）与贡献者身份识别码（Open Researcher and Contributor ID，ORCID）的反馈，以及来自 Scopus 作者反馈团队用于改进学者档案的反馈。因此，在作者检索中，用户可以通过作者姓氏、作者名字、归属机构和 ORCID 来进行作者检索。

（3）归属机构检索

归属机构检索也是 Scopus 的特色之一，Scopus 是全球唯一对收录论文按单一归属机构进行自动分组的数据库。这些隶属于同一机构的文献群组被称为机构档案，也是通过采用匹配算法将论文自动归入机构档案，并根据反馈对论文进行手工分类。Scopus 给每个归属机构分配了一个唯一的编号，并将归属于某个组织机构的所有文献分为一组，从而起到了将归属机构区分开来的作用。因此，在归属机构检索中，即使在引用时对组织机构采用了不同的称谓，也依然能将来自同一个组织机构的文献匹配在一处。

（4）高级检索

Scopus 的高级检索即专业检索，需要输入完整的检索式，在高级搜索页面，提供检索提示、运算符与字段代码，方便用户迅速掌握高级搜索的使用方法。输入检索式字符串时，在高级搜索页面的右侧已经列出所有的字段代码，点击对应字段代码右侧的"+"，即可自动将该字段代码添加到检索框中。输入运算符时，也可以直接点击对应的运算符右侧的"+"，则该运算符会自动添加到检索框中，读者只需输入检索词即可。在高级搜索中，输入检索式后，可以点击检索框下方的"大纲检索式"，将会以大纲的形式展示检索式，以便清晰展示检索式的逻辑关系。点击检索框下方的"添加作者姓名/归属机构"，则会出现作者姓名和归属机构的检索框，帮助提高检索的准确性。

10.3 ProQuest

ProQuest 公司是世界上最早及最大的博硕士论文收藏和供应商，该公司的学位论文数据库（ProQuest Dissertations and Theses，PQDT）主要收录了来自欧美国家 2000 余所知名大学的 240 多万篇国外博硕士论文的题录文摘信息。ProQuest 学位论文全文库是目前国内唯一提供国外高质量学位论文全文的数据库。国内若干图书馆、文献收藏单位联合购买了一定数量的 ProQuest 学位论文全文，提供网络共享。目前中国集团可以共享的论文有 76 万余篇，涉及文、理、工、农、医等多个领域，是学术研究中十分重要的信息资源，对于研究和更新世界最新科学前沿有着不可替代的作用。

一、ProQuest 数据资源

ProQuest 数据库平台包含的子库众多，这里仅介绍几个主要的数据库。

1. ProQuest 综合学术期刊数据库

ProQuest 综合学术期刊数据库（ProQuest Research Library，PRL）是世界知名的综合性全文期刊数据库，收录 1971 年以来逾 6600 种世界各地出版的综合学科领域的出版物，包括 5000 多种全文刊、2800 多种全文现刊、1200 多种 SSCI 期刊、4600 多种同行评议期刊；其内容覆盖全学科领域，包括商学、经济学、教育学、文学、历史学、科学与技术、医学、军事学、艺术学等超过 150 个重要的学科。PRL 独特之处还在于，它不仅为读者提供各研究领域的权威性学术期刊内容，还提供行业杂志、白宫简讯（White House Briefings）、白宫新闻通讯（White House Press Releases）、全球知名报纸、各类研究报告、博客等多元化的资源。

2. PQDT 学位论文库

ProQuest 是美国国会图书馆指定的收藏全美国博硕士论文的机构，ProQuest Dissertations & Theses Global（PQDT Global）是目前世界上规模最大、使用最广泛的博硕士论文数据库。截至目前，收录 1637 年至今全球超过 3100 余所高校、科研机构逾 500 万篇博硕士论文信息，其中，全文逾 280 万篇；涵盖了从 1861 年获得通过的美国第一篇博士论文，回溯至 17 世纪的欧洲培养单位的博士论文，到本年度本学期获得通过的博硕士论文信息；PQDT Global 内容覆盖科学、工程学、经济与管理科学、健康与医学、历史学、人文及社会科学等各个领域。每周更新，年增全文逾 20 万篇。

3. 典藏学术期刊全文数据库

典藏学术期刊全文数据库（Periodicals Archive Online，PAO）提供世界范围内人文社科类权威期刊的回溯性内容全文，收录年限为 1802 年以来，该数据库共 7 个专辑，目前收录 700 多种全文期刊，其中有超过 20% 为非英文期刊，其收录的期刊几乎全部可回溯至期刊的创刊号，使得用户可以检索来自众多出版商的期刊的完整回溯性数据。

4. 心理学数据库

ProQuest 平台上的重要心理学数据库主要包括：

（1）心理学全文期刊数据库（PsycARTICLES），收录由美国心理学协会（American Psychological Association）、美国心理学会教育出版基金会（APA Educational Publishing Foundation）、加拿大心理学协会（Canadian Psychological Association）、欧洲心理学出版机构（Hogrefe & Huber）、出版社与国家心理卫生研究院（National Institute of Mental Health）共同出版的 140 种心理学核心期刊，其中大部分可回溯至第 1 卷第 1 期，最早的期刊是从 1894 年起收录的 Psychological Review。该数据库收录印本期刊（除广告与编委会）的全部信息，现提供超过15万篇全文。文献内容涵盖临床心理学、咨询普通心理学、认知心理学、普通心理学、实验心理学、发展心理学、儿童心理学、教育心理学、学校心理学、社会心理学、人格心理学、工业组织心理学、生理心理学、生物心理学、社区心理学、康复心理学等研究领域。

（2）心理学文摘索引数据库（PsycINFO），是美国心理学协会出版的著名文摘索引数据库，收录1597年以来50多个国家和地区，29种语言，500多种心理学领域的期刊，99%同行评审期刊，300多万条文献记录，其中12%为心理学相关的博士论文文摘，还包含110多万篇期刊、书与汇编文章中的4800多万引用文献信息。该数据库从1967年以来的全部记录按照"心理学主题词表"（Thesaurus of Psychological Index Terms）进行主题标引。文献内容涵盖临床心理学、咨询普通心理学、认知心理学、普通心理学、实验心理学、发展心理学、儿童心理学、教育心理学、学校心理学、社会心理学、人格心理学、工业组织心理学、生理心理学、生物心理学、社区心理学、康复心理学等研究领域。

（3）心理学数据库（Psychology Database），为科研人员、学生、教师以及医疗保健及社会保障专业人士提供全面的心理学理论与实践方面的全文文献，收录世界著名出版商出版的心理学与心身学领域超过1200种优质出版物，全文出版物800多种，全球心理学领域逾7000篇博硕论文全文，由美国国家卫生研究院的专业老师讲授的300多部心理学视频，逾100万条深度索引的图形、图像和图标文献。该库收录的文献类型广泛，包含学术期刊、行业杂志、博硕士论文、音视频短片、会议论文及研究手稿等；文献内容涵盖临床心理学、社会心理学、遗传学、商业心理学、经济心理学、传播心理学、犯罪学、成瘾、神经病学及社会福利等学科领域。

（4）创伤压力国际出版物数据库（PILOTS Database），是书目型库，由美国退伍军人署资助、美国创伤后压力心理障碍国家中心总部制作，收录与创伤有关的国际出版物，其目标是收录创伤后障碍与其他由创伤所造成的心理健康后遗症方面出版物的引文信息，收录文献上没有领域、语种、地理的限制。

（5）艺术、设计与建筑数据库（Art，Design & Architecture Collection），收录范围1973年至今，收录近600种期刊内容，其中约480种全文期刊，涵盖主题视觉设计、建筑、室内设计等艺术类全文期刊，并将持续新增。除涵盖关于艺术应用、文化研究之学术期刊及商业出版物外，亦包含区域研究、女性研究等领域之精选全文期刊。包含ARTbibliographies Modern（ABM）、Arts & Humanities Database、Design & Applied Arts Index（DAAI）、Bibliography of Art（IBA）。

（6）学术视频在线（Academic Video Online），由美国Alexander Street Press

出版社（ASP）于 2011 年 10 月发布，整合了来自 BBC、PBS、Arthaus、CBS、Kino International、Documentary Educational Resources、California Newsreel、Opus Arte、The Cinema Guild、Pennabaker Hegedus Films、Psychotherapy net 等数百家出版社的视频内容。视频类型包括：新闻片、获奖纪录片、考察纪实、访谈、讲座、培训视频以及独家原始影像等上万部完整视频。截至 2016 年底，共收录 2.5 万多部视频，总时长超过 3 万小时，平均时长约 25 分钟，最长时长达 4 小时 46 分。

（7）ProQuest 历史报纸：近现代中国英文报纸库（ProQuest Historical Newspapers: Chinese Newspapers Collection），收录了从 1832 年到 1953 年出版发行的 12 份关于近现代中国的英文报纸。这些报纸收录的内容具有非常重要的史料价值，所刊内容从独特的视角，对中国近现代史上最为动荡的 120 年间发生的政治和社会生活动态进行了全面的报道。例如，太平天国运动、鸦片战争、义和团运动、辛亥革命、抗日战争及第二次世界大战期间近现代中国和日本的关系等。该数据库对于推动近代史、新闻史、经济史、宗教史等各个学科领域都有相当高的资料价值。操作简单、使用方便。

报纸名称	收录年限
The Chinese Repository《中国丛报》	（1832—1851）
The North-China Herald《北华捷报》/《字林西报》	（1850—1941）
The Chinese Recorder《教务杂志》	（1868—1941）
Peking Daily News《北京日报》	（1914—1917）
The Shanghai Times《上海泰晤士报》	（1914—1921）
Peking Gazette《京报》	（1915—1917）
The China Weekly Review《密勒士评论报》	（1917—1953）
Peking Leader《北京导报》	（1918—1919）
The Canton Times《广州时报》，	（1919—1920）
The Shanghai Gazette《上海新报》	（1919—1921）
The China Press《大陆报》	（1925—1938）
The China Critic《中国评论周报》	（1939—1946）

二、ProQuest 平台的检索功能

ProQuest 平台汇集了多个数据库，可以实现一站式跨库检索，因此，在 ProQuest 平台进行检索之前，首先需要选择数据库，确定单库检索或者多库检索，用户可以按名称直接查看平台上的所有数据库，也可以按主题查看相关主题的数据库。ProQuest 平台提供了健康与医学、科学与技术、历史、商业、社会科学、文学与语言、学位论文、艺术等主题查看数据库。除了可以通过勾选框选择要检索的数据库，还可以直接链接到 ProQuest 的 Ebook Central。

（一）逻辑运算

1. 布尔逻辑算符

布尔逻辑运算符 AND、OR、NOT 可用于组配检索词，从而扩大或缩小检索范围。布尔逻辑运算符不区分大小写。运算符的优先顺序为：AND，OR，NOT。使用括号可以改写运算符优先级，括号内的表达式优先执行。

2. 截词符、替代符和连接符

截词符 * 用于替代一个或多个字符，或不出现字符，可以用在前截断、后截断、中间截断。替代符？用于单个字符替代，可以用在词间或词后。连接符表示数字间的关系，比如出版日期，如：YR（2005—2008）。

3. 短语检索

利用双引号 "" 进行短语检索。

4. 词间位置算符

ProQuest 平台支持的位置算符为：NEAR/# 或 n/#，表示查找两个检索词间最多可以出现多少个数量词（任意顺序）的文档。# 是具体间隔词的数字，如：computer NEAR/3 careers，表示 2 个词间最多可以插入 3 个词，或一个没有，2 个词没有限定先后顺序；如果不写具体数字，等同于 NEAR/4。在布尔逻辑算符和位置算符同时出现时，其优先顺序为 PRE，NEAR，AND，OR，NOT。

（二）检索方式

ProQuest 平台提供基本检索、高级检索、命令行检索、出版物检索和浏览的功能，选中需要检索的数据库后，点击"使用选定的数据库"，即可进入检索页面。

1. 基本检索

ProQuest 平台的检索页面默认为基本检索。基本检索会因为选择数据库的不同而有所不同，但主要功能是一致的。在检索框中输入检索词即可进行检索，检索框上方可以选择检索资源类型，下方可以限定"全文文献"或"同行评审"，没有检索字段选项，用户可以自行在检索框中按照 ProQuest 支持的运算符和字

段代码进行检索，需要注意的是，不同数据库支持的字段代码不一样，需要根据选择的数据库来使用相对应的字段代码。页面下方有检索技巧提示、视频教程和帮助文档。

2. 高级检索

ProQuest 高级检索页面提供多行检索框的组合检索。高级检索提供所有字段、出版物名称、所有主题和索引、主题词、文档标题、文档全文、作者、摘要、参考文献的检索字段，用户可以自行添加检索框，并使用布尔逻辑算符，除了和基本检索一样可以限定"全文文献""同行评审"，还可以限定出版日期、出版物类型、文档类型、语言，同时可以设置检索结果页面选项，如检索结果排序方式（相关性、先远后近、先近后远）、每页显示条目数、是否包括重复条目、是否显示其他检索词等。

3. 命令行检索

ProQuest 的命令行检索类似专业检索，用户可以在检索框上方选择运算符和字段，然后点击"添加到表格"，就可以构造专业检索式进行检索，检索限定选项同基本检索相似。检索框右侧提供词库、查找条目、字段代码、命令行帮助和提示等检索工具。

4. 出版物检索

出版物检索即在所选数据库中检索和浏览全文文献出版物，可以直接在检索框中输入检索词检索出版物，提供标题中、标题开头为、出版物摘要中、主题中的检索选项，出版物检索也支持运算符、通配符和截词符检索。检索框下方则按出版物名称排序列出当前选定数据库中的所有全文文献，用户可以按首字母浏览，也可以按左侧的筛选栏，根据出版物类型、出版物主题、语言、出版商和数据库来筛选出版物。

10.4 其他常用数据库

10.4.1 Firstsearch

联机计算机图书馆中心（Online Computer Library Center，OCLC）创立于 1967 年，是全球最大的不以营利为目的、维护和管理电子资源系统并提供图书馆服务的会员制合作和研究组织，其宗旨是为广大用户发展对全世界各种信息的应用以及降低获取信息的成本。目前全球有 171 个国家和地区的 72000 多所图书馆都在使用 OCLC 的服务来查询、采集、出借、保存资料以及编目。Firstsearch 是 OCLC 推出的大型综合性的、多学科的数据库系统。有的涉及综合性学科，有的只涉及人文与艺术、传记、商务和经济、教育等类别。

Firstsearch 的资源。Firstsearch（第一检索）现称"信息第一站"（已在中国大陆注册），涉及广泛的主题范畴，覆盖所有领域和学科。目前，OCLC FirstSearch Service 提供 80 余个数据库，通过同一个检索界面为用户提供服务。每一个数据库可单独订购。Firstsearch 基本组包括 13 个数据库，其中大多是综合性的数据库，内容涉及艺术和人文科学、商务和经济、会议和会议录、教育、工程和技术、普通科学、生命科学、医学、新闻和时事、公共事务和法律、社会科学等领域。其中最具影响的是世界上最大的、由一万多个成员馆参加的联合编目数据库 Worldcat，它包括 11 种资料类型，400 多种语言，覆盖了从公元前 1000 年到现在的资料，目前已达 1 亿多条记录。Wilson Select Plus 是一个科学、人文、教育和工商方面全文数据库。另外还有 Worldcat 中所有硕士和博士论文的 WorldCatDissertations 数据库和国际会议论文库 PapersFirst 等。

10.4.2 Gale 数据库

Cengage Learning 旗下的 Gale 出版集团，因出版了大量颇具权威性的参考工具及报纸和杂志而为世人所知，Gale 的产品包括联机数据库、印本书、电子书和缩微制品多种形式。

目前 Gale 提供 200 多个联机数据库的服务，这些数据库可分为两类：一类收录特定专题的文献信息，数据量不断增加，定期更新，如国内图书馆订购较多的"传记资源中心"（Biography Resource Center）和"文学资源中心"（Literature Resource Center）等；另一类是对世界上一些著名图书馆所珍藏的历史文献数字化后建成的数据库，即"数字馆藏"（Digital Collections）共 30 个数据库，包括常用的数据库"18 世纪馆藏"（Eighteenth Century Collections，ECC）和"时代数字档案"（The Times Digital Archive）。

Gale 数据库包含较多的多媒体资源，因此部分记录不仅有文本信息，还包含图片、视频和音频数据，如 Gale 原始典藏档案（Archives unbound）含有大量图片。

10.4.3 Spinger

德国施普林格是世界上著名的科技出版集团，通过 SpringerLink 系统提供其学术期刊及电子图书的在线服务，这些期刊是科研人员的重要信息源。2002 年 7 月开始，Springer 公司在国内开通了 SpringerLink 服务。SpringerLink 中的期刊及图书等所有资源划分为 12 个学科：建筑学、设计；行为科学；生物医学和生命科学；商业和经济；化学和材料科学；计算机科学；地球和环境科学；工程学；人文、社科和法律；数学和统计学；医学；物理和天文学。

第十一章 开放获取与学术社交网络

11.1 定义

20世纪90年代末,开放存取运动(Open Access Movements)在国际学术界、出版界和图书情报界大规模地兴起,开放存取又称开放获取(Open Access,OA),《布达佩斯开放获取计划》(BOAI)给予的完整定义为:"对某文献的'开放获取'即意味着它在Internet公共领域里可以被免费获取,并允许任何用户阅读、下载、复制、传递、打印、搜索、超链接,也允许用户将其遍历并为之建立索引,用作软件的输入数据或其他任何合法用途。用户在使用该文献时不受财力、法律或技术的限制,而只需在获取时保持文献的完整性,对其复制和传递的唯一限制,或者说版权的唯一作用应是使作者有权控制其作品的完整性以及作品被正确接受和引用。"这是目前被普遍接受的定义。这意味着开放获取的文献可在公共网络上被免费获取,并用于其他任何法律允许的用途。BOAI还描述了实现OA的两种主要方式:第一,已发表论文的自存档;第二,在OA期刊上发表论文。

自从BOAI发表以来,各界都在积极推动OA运动的发展。2003年10月,世界多国代表签署《关于自然科学与人文科学资源的开放获取的柏林宣言》,促使互联网成为全球科技知识库和人类思想的有效工具,也明确了在OA运动中政策制定者、科研机构、图书馆等各自的职责。此外,互联网催生了各类知识存储库、学术社交网络平台以及像Google Scholar等专业的学术搜索平台,增加了学者获取学术文献的渠道与方式,这些渠道或方式也成为知识获取的重要组成部分。

11.2 开放获取主要模式

开放获取主要分为两大模式:绿色OA(自存储共享)以及金色OA(开放出版)。

绿色OA是通过作者自愿将自己的成果存储于所在机构或资助单位以实现研

究成果的开放获取，其优势在于降低开放获取的成本。自存储一般包括预印本和后印本，作品版权依旧属于作者或其他版权所有者。预印本是投稿前的版本，版权归作者所有，其版权关系较为简单，只需作者授权许可；后印本是最终出版版本，其版权所有人并不一定是作者，可能转让于出版社等第三方，作者无法自行决定存储开放。

绿色 OA 存在禁运期（Embargo Period），需经过一段时间之后提供全文的开放获取，通常在发表后的 6～24 个月。根据学科领域不同，禁运期有所不同，人文社科领域一般为 12 个月。因此，作者在存储出版作品是需注意作品版权是否在禁运期，处于传播权限制的状态。

金色 OA 是指作者自由分享其作品，当作品发表后便立即开放，同时其开放的作品是经过同行评议，多次修改后的最终版本，作品质量更为可靠。金色 OA 与绿色 OA 相比，最大的优势在于没有禁运期的限制，完全、及时地开放。该方式清除了大多数权限障碍，作者保留了作品的版权。

11.3 开放存取的实现方式

下图分析总结了开放存取的实现方式。

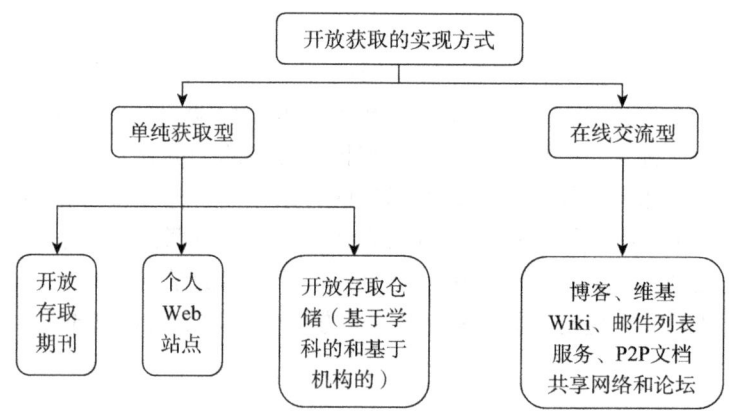

目前美国和欧洲国家已经在通过开放存取仓储（Open Access Repositories）和开放存取期刊（Open Access Journals）两种途径来探索开放存取出版模式。开放存取仓储又包括基于学科的开放存取仓储和基于机构的开放存取仓储，arXiv 电子印本文件库是前者的代表，佛罗里达州立大学的 D-Scholarship 仓储是后者的典型。开放存取期刊是目前讨论的焦点。

开放存取的在线交流型获取方式，主要以 Web2.0 为主，Web2.0 是 2003 年之后互联网的热门概念之一，但目前对其并没有很严格的定义，一般来说，Web2.0 是相对于 Web1.0 的新的一类互联网应用的总称。Web1.0 的主要特点在于用户通过浏览器获取信息，Web2.0 则更注重用户的交互作用，用户既是网站内容的消费者（浏览者），又是网站内容的建设者。Web2.0 是以 TAG、社会网路（SNS）、RSS、维基百科（Wiki）、即时通信（IM）、P2P 等社会软件的应用为核心，依据新理论和新技术实现的新一代互联网模式。

11.4 开放存取的优势

开放存取具有投稿方便、出版快捷、出版费用低廉、便于传送和刊载大量的数据信息、检索方便、具广泛的读者群和显示度等优势。

（1）增加研究者文章引用率，加快科学研究速度；
（2）提高学术研究机构、科研基金的影响力和美誉度；
（3）降低获取科研文献的门槛，有利于发展中国家缩小和发达国家在科学研究上的差距，促进科学研究在整体上进步，增加公众对科学的理解；
（4）杜绝文章抄袭，防止学术腐败，提高科学研究整体功效；
（5）提高教育质量，缩小学生学习与实践的距离等优点。

11.5 合理使用制度

信息时代的快速发展，新型的数字媒体逐渐取代了传统媒介成为主流传播方式。版权制度随着数字化的发展也在不断更新完善，在图书开放获取过程中需遵循相关数字版权规定，确保其合法性。

合理使用制度是指在某些特定条件下，如个人学习、研究、时事新闻报道、教学等主要为非商业行为，法律规定可以合理地自由使用，无须经作者授权同意，也不必向其支付使用费用。其前提条件必须是在某些特殊环境下，需保证作品的合理使用不受妨碍，版权人的合法权益不受侵害。

合理使用制度产生于 18 世纪末的英国，这一制度发展起来的主要作用是对不同利益主体进行一定的调节，能够在一定程度上保护版权人的合法权益，也能在一定程度上激发创作者的创新能力，促进社会文化的进步。一定程度弱化了版权人的私人利益，避免了版权法的过度保护，为使用者赢得免费的使用空间，保障了作品的传播共享，促进了社会整体利益，实现整体最优化。但是这一规定并不是对合理使用制度无条件的使用，有可能会造成滥用的问题，将会损害出版者的合法权益。

11.6 国内外开放获取平台、系统

康奈尔大学于 1991 年为了收集物理学预印本而创建的 ArXiv 知识库平台，社会学家与图书馆家开发的社会科学开放平台 SocArXiv 等。

2007 年，宾夕法尼亚州立大学基于早年的 CiteSeer 版本推出了新的学术检索平台——CiteSeerX，同时它也是数字图书馆和学术论文的存储库，主要侧重于计算机和信息科学专业，目前已扩展到经济学、物理学等领域。

美国国立卫生研究院创立的用于存档生物医学、生命科学科研文献 PubMed Central 存储库。

2009 年，欧盟为提升其核心竞争力和促进开放科学，资助成立了欧洲开放获取基础设施研究项目（OpenAIRE），致力建设一个最先进、开放和可持续发展的学术交流基础设施。

2013 年，我国国家哲学社会科学学术期刊数据库（NSSD）正式上线，该数据库旨在推进学术资源的公益使用、开放共享，是一个国家级的兼具公益性的开放型国家哲学社会科学数据库。

CALIS 机构知识库，中国高等教育文献保障系统（China Academic Library and Information System，CALIS）是由国家教育部领导的，旨在将投资资金、数字图书馆先进理念与技术手段和高校丰富的文献与人力资源相结合，以期建成以中国高等教育数字图书馆为核心的教育文献联合保障体系，最终实现信息资源的共建、共知、共享。

随着各类知识库的增多，为了更高效地使用与查找各个知识库，OA 知识库注册目录系统应运而生，其中应用较广泛的有 ROAR 和 OpenDOAR 等。

ROAR（开放存取储存库的注册表）和 OpenDOAR（开放存取储存库的目录）为这些知识存储库提供了基于主题的 OA 储存库的列表，收录的数据库权威且全面。

同时，预印本服务器数量与规模也在快速增长中，这主要得益于非营利组织 Open Science 的推动，该组织一直致力于"增强科学研究的开放性、完整性和再现性"。这些预印本服务器用于共享尚未通过同行审查的手稿，或已经被期刊接收的论文的手稿。

知名的预印本平台有 ArXiv 和 BioRxiv。其中，ArXiv 起初成立时仅为了收

集物理学专业的预印本文档，后来逐渐扩大至数学、计算机、生物学等多个学科领域，而 BioRxiv 仅针对生命科学领域。还有提升 OA 资源使用体验的 CrossRef 平台，该平台是唯一的 DOI 注册机构，使用 DOI 查询系统，使出版商、图书馆和学者实现在线学术资源相互链接。Unpaywall 这款浏览器插件也为推动科研成果的开放获取做出了贡献，该插件由一家非营利机构制作运营，整合了数千个 OA 知识库，包括 PubMed Centeal、CrossRef 等。

（1）Dretory of Open Access Journal（DOAJ）（https://doaj.org/）

DOAJ 是由瑞典隆德大学图书馆整理的开放期刊目录，是 2002 年 10 月召开的第一届北欧学术交流会的成果。在该会上，来自北欧地区的图书馆员及大学决策者针对学术交流方面的问题，首次提出和讨论了由图书馆全面组织免费电子期刊的思路，其目标是集成散见在互联网上的所有学科和语言的开放期刊，并利用图书馆技术对互联网上可免费获取的全文资源实施质量控制及提供检索平台。其学科覆盖领域包括：农业与食品科学、艺术与建筑、生物化学、数学与统计、物理及天文学、工程学、地球及环境科学保健科学、自然科学总类、历史及考古学、语言及文学、法律与政治、经济学、哲学与宗教、社会科学等。

（2）中国大学慕课（http://www.icourse163.org）

慕课，即大规模在线开放课程（Massive Open Online Course，MOOC），是一种任何人都能免费注册使用的在线教育模式。MOOC 有一套类似于线下课程的作业评估体系和考核方式。每门课程定期开课，整个学习过程包括多个环节：观看视频、参与讨论、提交作业、穿插课程的提问和终极考试等。

2014 年上线的中国大学慕课是由网易与高等教育出版社携手推出的在线教育平台，承接教育部国家精品开放课程任务，向大众提供中国知名高校的慕课课程。在这里，每一个有意愿提升自己的人都可以免费获得更优质的高等教育。这里有更好更全的大学课程，用户与名师零距离。当用户完成课程学习后，可以获得讲师签名证书。这些证书不仅是一种荣耀，更是用户成长的里程碑。完整的在线教学模式支持高等学校在线开放课程建设,实现在校学生、社会学习者的个性化学习。

(3) ArXiv.org (http://arxiv.org)

ArXiv.org 是美国国家科学基金会和美国能源部资助的项目。由物理学家保罗·金于 1991 年在美国洛斯阿拉莫斯国家物理实验室建立的电子印本仓储。从 2001 年起,由康奈尔大学维护和管理,是当今全世界物理学研究者最重要的交流平台。其第一个数据库是 hep-th(高能理论物理),当时只供不到 200 名物理学家使用。随着用户和提交量的急剧增长,其覆盖领域也从单一的物理理论扩展成为涵盖数学、计算机科学、非线性科学、定量生物学和统计学的重要开放存取知识库。除作者提交的论文,它还收录美理协会(American Physical Society)、英国物理学会(Institute of Physics)等出版的电刊全文。

目前,该库在俄罗斯、德国、日本、英国等 17 个国家或地区均设立了镜像站点,在我国的站点设在中科院理论物理研究所。

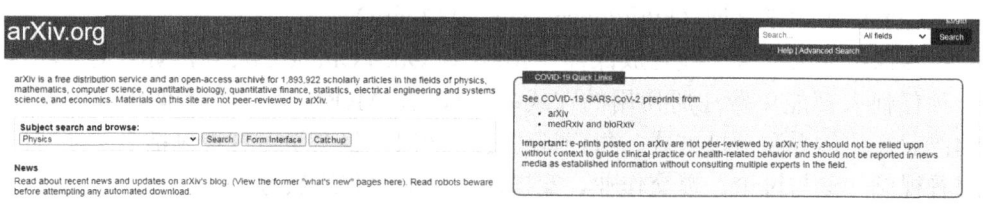

(4) PubMed Central (http:/www.pubmed.gov)

PubMed Central 是世界上主要的生物医学开放数据库之一,是美国卫生研究院(NIH)生物医学与生命科学数字化期刊数据库,由美国国立医学图书馆(NLM)的国家物技术信息中心(NCN)于 2000 年开发创建并维护,旨在保存生命科学方面的研究论文。

读者只需注册便可无限制地阅读、下载文献全文（部分期刊在出版 2~24 个月后开放）。该网站具有浏览（Browse）、简单快速检索（FindArticles）和高级检索（Advancedsearch）等功能，并能与 Medline 文献检索系统交叉检索。在首页，点击"Browse PMCJournals"中的刊名首字母可进入期刊名称列表，选择刊名、年代、卷期号、文献目次后可获得文献的摘要或全文；点击"New Journals"可列出新加入的期刊名称。点击"Full List"可进入全部期刊列表页面，该页面列出期刊全名、ISSN、在 PMC 中提供服务的起始卷号和最新卷号、免费开放的时间（即时/延迟时间）等信息。点击"Find Articles"，可进入 NCBI 的 Entrez 检索平台，输入检索词进行检索。点击"Advanced search"，进入高级检索界面。高级检索界面主要由三部分组成，即：检索词输入框、检索功能按钮（Limit、Preview/Index、History、Clipboard、Details）及导航工具栏（Citation Search、Journal List）。在检索词输入框内输入需要查询的关键词即可执行检索操作，获得文献列表。点击"Limit"可限定检索范围，如文献类型、时间范围、语种等。点击"Preview/Index"，用户可在输入检索词或检索式后，了解检索结果的数量，从而进一步修改检索式，以缩小或扩大检索范围。点击"History"，可查询当前全部的检索操作记录，通过对检索历史记录的组配可实现进一步的复合检索。点击"Clipboard"，可将需要的文献添加到剪贴。点击导航工具栏中的"Citation Search"，可进入指引性文献检索界面，用户可利用期刊名称（Journal）、出版日期（Date）、文献卷号（Volume）、期号（Issue）、起始页码（First Page）、题名词（Title Words）等检索文献。

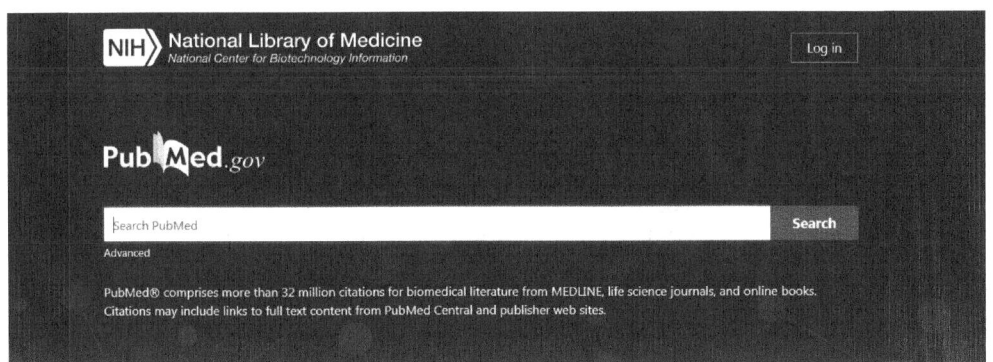

11.7 国内外免费学术资源获取

一、国内免费学位论文资源

1. 国图博士论文库,是国家图书馆自建的博士学位论文数据库。采用实名注册,用户可以在线使用,但无论在馆内还是馆外都只能在线查看 24 页正文(正文以前的页码不计在内)。

2. 国家科技图书文献中心中文学位论文查询,1984 年至今,收藏了我国高等院校、研究生院及研究院所的博硕士论文和博士后报告,涉及自然科学各领域,兼顾人文社科,有文摘。每季更新,年增加 6 万余篇。

3. 香港学位论文:

香港大学学术库(The HK Scholars Hub)之 Theses,1941 年至今,部分全文。

香港科技大学学位论文(HKUST Electronic Theses),2002 年至今,大部分全文。

香港城市大学学位论文(CityU Theses Online),1990 年至今,有 4000 多条 OA 获取的全文。

香港浸会大学学位论文(ETDs),1991 年至今,2013 年之后的文献可以 OA 获取全文。

二、免费国外学位论文全文资源

1. EBSCO:美国博士论文档案数据库 1933—1955(American Doctoral Dissertations 1933—1955),在 H.W. Wilson 基金会的赞助下,EBSCO Information Services 与 Congregational Library & Archives 合作将纸本型的美国大学博士论文索引档案(Doctoral Dissertations Accepted by American Universities,DDAAU)数字化,建成美国博士论文档案数据库 1933—1955(American Doctoral Dissertations 1933—1955),收录约 100000 篇论文文献。该数据库是唯一收录 1933—1955 年被美国大学承认的博士论文最完整的档案数据库,免费使用。可以通过浏览作者、主题、大学和出版年并组配检索。

2. MIT Theses,MIT 学位论文,多数有全文,下载时间稍长。

3. Texas Digital Library 的 Federated Electronic Theses and Dissertations,美国得克萨斯州多所大学的学位论文,有全文。

4. Theses Cadana,加拿大学位论文,电子论文有全文。

5. Trove,澳大利亚国家图书馆(National Library of Australia)学位论文,部分全文。

6. ETH Zurich 学位论文库，瑞士苏黎世联邦理工学院机构库的一部分，有全文。

7. EThOS（E-theses Online Service），英国图书馆学位论文，超过 400000 博士论文，部分全文。

11.8 典型实例

（1）开放存取资源图书馆（http://www.oalib.com）

该网站详细介绍了有关开放存取的知识。并介绍了国内外知名的中文、英文开放存取资源。当你想免费下载学术文献全文，而且是高质量的论文，但又没有学校图书馆的权限时，该站点能够为您提供很好的帮助。其首页如下图所示。

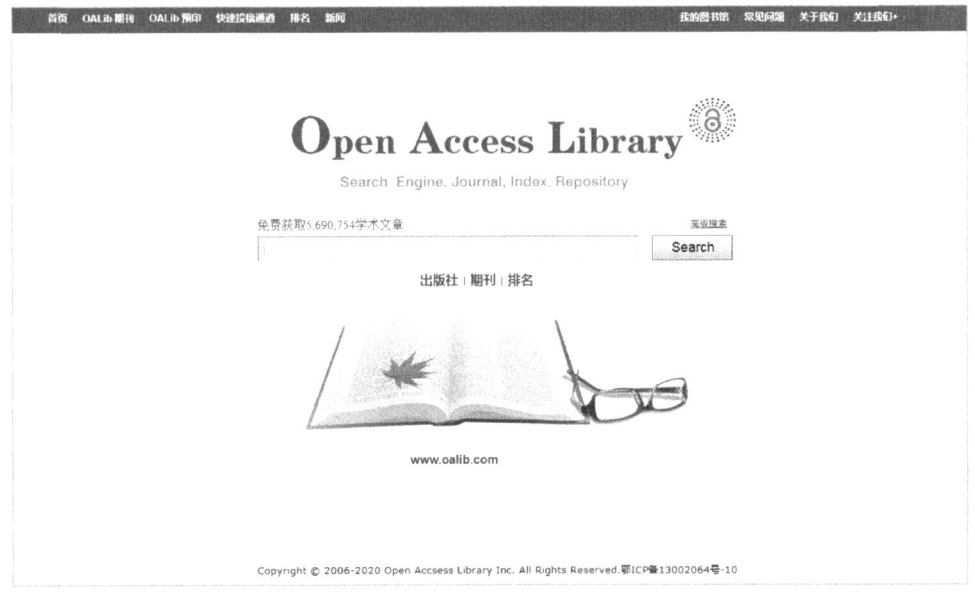

（2）Socolar（http://www.socolar.com）

它是一个旨在为用户提供 OA 资源检索和全文链接服务的公共平台，为非营利项目，由中国教育图书进出口公司管理。Socolar 旨在建设为用户提供重要的 OA 资源的一站式服务平台，并力求最终实现以下功能。

① OA 资源的检索和全文链接服务：全面系统收录重要的 OA 资源，包括重要的 OA 期刊和 OA 仓储，为用户提供题名层次（Title-level）和文章层次

（Article-level）的浏览、检索及全文链接服务。

②用户个性化的增值服务：根据用户的个性化需求，为用户提供OA资源各种形式的定制服务和特别服务。

③OA知识的宣传和交流：建立权威的OA知识宣传平台和活跃的OA知识交流阵地。用户可以通过该平台，了解OA的基本知识和发展动态，也可以与他人进行互动交流。

④OA期刊的发表和仓储服务：为学者提供学术文章和预印本的OA出版和仓储服务。

开放存取从兴起到今日，其发展过程虽可用"蓬勃"来形容，但到目前为止还未动摇学术期刊的传统出版模式。其原因在于：开放获取自身在发展过程中存在着若干未解决的问题，如运作费用、质量控制、知识产权、质量评价、社会认同度及技术平台问题等。开放存取应该有广阔的发展前景，但需要不断地解决上述各种问题。

11.9 馆藏图书的检索（OPAC 检索）

11.9.1 OPAC 简介

联机公共检索目录（Online Public Access Catalog，OPAC），是图书馆完整揭示其馆藏文献的工具，也是图书馆信息管理系统的重要组成部分。

按反映文献入藏单位的多少，OPAC 可分为馆藏目录查询系统和联合目录查询系统。馆藏目录查询系统只反映某个特定图书馆的文献入藏情况。联合目录查询系统则反映多个文献信息服务机构文献的收藏情况，如全国期刊联合目录、OCLC 的 WorldCat 等。

11.9.2 OPAC 常用功能介绍

目前国内高校图书馆使用的图书馆信息管理系统各不相同，主要有汇文图书馆集成管理系统（LIBSYS）、北京丹诚公司的丹诚图书馆集成管理系统（DATATRANS）、深圳 ILAS 图书管理系统、金盘、阿尔法 500 等。这些系统大都提供了书目查询、我的图书馆、新书通报、读者荐购、公共书架、信息发布及书目信息导航等功能。

OPAC 检索系统的入口一般位于信息机构主页的醒目位置，点击相关链接即可进入。本部分内容介绍以汇文系统为例。

汇文系统 OPAC 功能主要包括：书目检索、热门推荐、分类浏览、期刊导航、新书通报、学科参考、信息发布、读者荐购、我的图书馆。在以上功能中部分功能需要登录到"我的图书馆"才能实现，如信息发布、读者荐购等；部分功能不需要登录，如分类浏览、期刊导航、新书通报等，下面分别对各个功能进行介绍。

1. 我的图书馆

"我的图书馆"登录页面如下图所示，可以选择用证件号、条码号或 E-mail 登录，系统默认用证件号（借阅证号）登录，初始密码一般也为证件号。

登录"我的图书馆"，页面列出了"我的图书馆"的所有功能及对应的详细内容。如当前借阅、借阅历史、荐购历史、预约到书提醒、委托到书提醒、超期图书提醒、读者挂失、我的书评等，还有借阅情况分析，如借阅分类分布、借阅时间分布、借阅趋势以及借阅分析。

其中，在"当前借阅"页面，读者可以清楚地看到当前读者在借的全部书刊信息，点击题名可以看到该书的书目信息、机读目录，并可以进行预约；点击图书后面的"续借"按钮，可以进行续借；在该界面下点击"借阅历史"选项卡可以查看读者的所有借阅历史，通过借阅历史，系统大致可以分析出当前读者研究或感兴趣的学科。

2. 书目检索

点击 OPAC 中的"书目检索"进入书目查询界面，如图所示。可以对馆藏图书、期刊的目录进行检索，包括：简单检索、多字段检索、全文检索、热门借阅、热门检索词、热门图书。有的图书馆还嵌入了馆藏电子书刊的检索功能。

3. 信息发布

（1）信息发布导航

读者进入"信息发布"界面，可进行预约到书、委托到书和超期催还等信息的查看和浏览。系统默认进入信息发布导航，显示读者预约到书、委托到书、超期欠款和超期催还的相关信息，读者根据系统信息提示进行相应操作。

（2）预约到书

经登录"我的图书馆"，系统会提示读者以前预约的书刊已经到馆，读者可以根据预约的相关制度去图书馆办理书刊借阅手续。还可以进行委托到书、超期催还信息查询。

4. 读者荐购

读者可进入荐购页面，根据自己掌握的图书信息为图书馆采购文献、补充馆藏提出参考性建议。荐购的方式有两种：一种是填写荐购图书的相关信息；另一种是根据"详细征订书目"选择荐购图书。

读者根据自己的需求，在网上填写所选荐购书刊列表，填完后点击"提交表单"，即可显示荐购结果，荐购意见将供图书馆采访人员参考。

5. 其他功能

OPAC还提供如下功能："分类浏览"，读者可以按《中图法》进行分类浏览；"新书通报"，通报近一段时间（可以选择，最多一个月）图书馆入藏新书信息；"期刊导航"，可以根据西文期刊字母导航、期刊学科导航和年度订购期刊来检索期刊信息。

以上是以汇文系统为例对OPAC功能的介绍，不同系统的OPAC会略有差别，但所提供的基本功能大体相同。OPAC允许读者自己执行某些流通功能，并提供实时信息服务。OPAC除执行单一途径检索功能，还可提供组配检索功能。随着网络技术的不断发展，OPAC提供的功能将会更加完善。

11.10 学术社交网络

学术社交网络是一个方便学者交流的平台，每个学术社交网络平台也各有特色，有些平台侧重学者交流互联，有些则侧重学术成果展示与可见性。著名的学术社交网络平台有ResearchGate、Academia.edu，它们是一个供研究人员共享学术的社交网络平台，也是一个共享论文、提出问题与解答疑惑的平台，用户可以在平台上创建个人主页，完善个人资料，上传作品等。学术社交网络平台不同于传统的学术交流，传统的学术交流往往集中于少数学科带头人及意见领袖之中，而学术社交网络则给了不同研究层次的学者平等与双向交流的空间。

一、Research Gate

Research Gate 的功能包括：

（1）分享用户自己的出版物。借助开放存取的"自存档"功能，科研人员可以上传自己已经出版的论文进行资源共享，供其他人阅读下载而不侵犯版权。用户可以免费下载网站上的任何资源。Research Gate 的文献板块收录了 PubMed、NASA Library 等 7 个大型学术数据库的论文摘要等信息。同时能够下载 1600 多个数据库的数百万计的论文全文。

（2）与同行合作者及在用户自己所研究的领域的专家进行联系与合作。用户可以提出话题自由阐述学术思想、创建或加入讨论小组、探讨研究方法、搜索自己研究领域的专家学者、添加好友、发站内信等，这些功能跟 Facebook 很类似。

（3）提供统计数据，可以查到谁在阅读并引用用户的论文。RG Score 是 Research Gate 发布的一种新的衡量科学工作者声誉的指标。RG Score 推出的目的是评价自己在学术圈内的状态。科学工作者发表文章是提高声誉的主要方式，但 RG Score 的计算方法并不仅以发表论文的多少，而是以自己的科研工作被同行认可的程度。它包括用户在网站上传分享自己的论文及完善自己的简介，以及用户对网站的贡献，如用户参与话题的问题和答案、同行的反馈以及评价。如果与同行交互得更多，RG Score 的分值也会相应增加；最近更新的算法更多地考虑了用户的同行对论文质量的评议。

（4）提出问题，寻找答案，发现研究问题的解决方案。

（5）寻找更好的职位。用户可以了解最新的工作机会。Research Gate 的 Job 板块发布的是专门针对科研人员和学者的工作信息，可以按照学科职位技能、国家等选项精练检索结果。

二、Mendleley

Mendleley 是由三个德国学者于 2008 年 8 月建立的一个集学术社交网络与文献管理工具两方面功能于一体的服务平台。2013 年 Mendeley 被爱思唯尔出版集团收购，爱思唯尔收购 Mendeley 之后整合优势资源，增强交流渠道，在爱思唯尔强大的资金和技术支持下，Mendeley 的产品线迎来了一系列技术升级，爱思唯尔旗下的两大学术出版数据库 Science Direct 和 Sopus 向 Mendeley 提供开放接口，并实现了功能与信息的整合，Mendeley 依然保持自己的独文性，成为超越出版平台的文献管理与学术社交网站，继续保持开放免费使用的特性。

Mendleley 为科研人员提供一个交流、分享的平台，用户可以通过就不同主题对文献进行分组来实现文献管理，这些组群一方面是文献分类的载体（类似于文件夹），另一方面根据不同特征 Mendedley 的组群可以分为三类：

（1）私人组群（Private Groups）适用于小的团队，小组成员可以访问、修改组内所有的文献资料、共享 PDF 全文等。私人小组不会显示在 Mendeley 的网页信息中，用户需要被邀请才能加入。

（2）受邀组群（Invite-only Groups）虽然会显示在 Mendeley 的网页上，同样只有受到邀请的成员才能加入，对于非小组成员的用户则可以浏览小组的相关信息，追踪组内的各种讨论并获取小组内的共享资源。

（3）开放组群（Open Groups），对所有用户完全开放，任何人都可以在组内添加新文献，因此有着共同兴趣的组成员可以通过在此进行交流探讨，快速获取、分享相关领域的重要文献。作为文献管理工具，Mendeley 支持多种平台，从网页版、桌面版到移动端一应俱全。移动端同时包含 iOS 和 Andriod 两种版本。

Mendeley 可以导入/导出多种引用格式到其他类似的文献管理工具（如 Zotero、EndNote）中，并能与它们同步，最显著的特点是自动从 PDF 文件中提取文章信息，用户只需将 PDF 格式的文献拖放到 Mendeley 桌面系统中。系统可以自动提取文献的题名、作者、刊期卷号、页码及摘要等基础信息，通过文章 DOI 号或搜索方式自动补齐，免去手动填写的烦琐过程，Mendeley 具有强大的主题词搜索功能，用户只要给出主题词，Mendeley 就能准确地帮用户抓到包含该词语的所有文献。它可以直接从 Web 页面或谷歌学术搜索、PubMed、Web of Science arXive、EBSCOJSTOR 等 50 多个数据库中的检索结果页面导入引文；还可以生成 1000 多种不同格式的参考文献。此外，Mendeley 可以管理用户书目数据库，并通过关键词索引，可以直接阅读、标记、注释、分享 PDF 文件；提供 Word 插件边写论文边自动插入参考文献。Mendeley 提供云服务，免费提供 2GB 的文献存储和 100MB 的共享空间，用户的所有文献都可以云端存储，方便用户随时随地找到所需文献。

三、科学网

科学网是由中国科学院、中国工程院和国家自然科学基金委员会主管，科学时报社主办的综合性科学网站，主要为网民提供快捷权威的科学新闻报道、丰富实用的科学信息服务以及交流互动的网络平台。其目标是"构建全球华人科学社区"，作为全球领先的中文科学类网站，科学网致力于全方位服务华人科学界与高等教育界，以网络社区为基础构建起面向全球华人科学家的网络新媒体，促进科技创新和学术交流。

四、学术圈

学术圈是由中科院计算技术研究所开发的类似于科学家的 Facebook，国内版 ResearchGate，搭建为科学家们提供分享研究成果学术著作的学术社交平台提供学者个人微博的构建学术动态的更新、关注的论文与话题，与其他学者的交流讨论等功能，目前学术圈设置了多个社交入口，有个人微博学术问答、团队协作学术活动、网盘等。

五、学者网

学者网是由广东省服务计算工程技术研究开发中心研发的一个旨在推动科研工作者的交流合作，为国内外学者提供信息服务以及交流互动的学术社交网络，目标是建成最具影响力的全球华人学者的学术社区。该平台提供学术信息管理、文献检索、学术网盘、站内通信、在线交流、学者日历以及课程平台等功能。通过它读者可以轻松构建学者、团队和机构的学术主页、教学课程，并通过学术社区发现具有相同研究兴趣的研究者，及时了解他们的最新动态并与他们分享自己的学术成就。

学者网吸引了海内外知名学者和广大师生注册使用，形成了以工程应用理论研究与学术交流为一体的面向海内外学者的科研平台。帮助广大科研工作者构建自己的学术圈，引导莘莘学子找到适合自己的导师，并且为广大科研求职者提供最新的招聘信息。

学者网受到越来越广泛的关注和肯定。在谷歌、百度、好搜、必应等主流搜索引擎搜索"学者"时，学者网均被首屏收录。同时，通过搜索引擎优化，能够帮助学者的主页公开信息被各大搜索引擎及时收录，提高个人的业界知名度和学术影响力。部分用户已经习惯将学者网的个人主页作为学术交流的名片，他们通过发布学者主页链接以代替传统交换纸质名片方式，达到了传统方式无法比拟的展示效果。学者网提供移动应用 App 学讯通（包括 Android 版和 iOS 版）。

第十二章 文献综述

12.1 文献综述概述

(一) 文献综述概念

文献综述是将某一学科、专业或专题的大量文献进行整理筛选、分析研究和综合提炼成学术论文，是高度浓缩的文献产品。根据其涉及的内容范围不同，综述可分为综合性综述和专题性综述两种类型。综合性综述是以一个学科或专业为对象，而专题性综述则是以一个论题为对象。文献综述反映当前某一领域中某分支学科或重要专题的历史现状、最新进展、学术见解和建议，它往往能反映出有关问题的新动态、新趋势、新水平、新原理和新技术，等等。文献综述是针对某一研究领域前人已经做了哪些工作、进展到何种程度等进行分析和描述，要求对国内外相关研究的动态、前沿性问题做出较详细的论述，并提供参考文献。作者一般不在其中发表个人见解和建议，也不做任何评论，只是客观地概括反映事实。

文献综述有两层含义：其一，做动词解释，它是文献信息综合利用的一种方法，是对某一类文献进行收集、整理、分析、归纳、总结、加工的一个活动过程；其二，做名词解释，它是一种文体，是通过上述活动过程而得出的结果。

(二) 文献综述目的

总的说来，文献综述有以下几个目的：首先，文献综述总结了与本课题相关的研究结果，包括每个研究所涉及的具体问题、研究思路以及研究结果等；其次，在总结的基础上，通过文献综述将所综述的每一个研究与整个文献相关联，并且对每一个研究在文献中的贡献加以评述，比如说填补文献中的空白、对文献进行有意义的扩展等；最后，文献综述通过对相关文献的回顾建立了一个研究的框架体系，通过这个框架体系，读者可以清晰地了解到作者所要进行的研究对于文献的重要性和贡献，也可以明确地界定文献中每一个研究的具体结果是什么、在这个框架中处于什么位置，并且能够和文献中其余研究的结果相对比。

作者需要通过文献综述使读者对相关研究有所了解，即在阅读文献综述后，读者应该对过去的研究所涉及的具体问题、研究的手段，以及研究的主要发现和结论有所了解。为了显示自己所进行的研究的意义、理论和实践价值，作者也应该让读者知道过去相关研究的缺陷和空白，以及拟进行的研究将如何对文献有所贡献。读者甚至可以了解到相比过去的研究，本研究在设计思路和具体程序的改进。总之，好的文献综述应该使读者确信作者所要进行的研究在这个领域是有价值的，提出的研究问题是清晰的，方法也是可行的。

（三）文献综述类型

一般而言，在两类文章中会涉及文献综述：一是纯文献型的文献综述；二是在理论和实证性的文章中进行的文献综述。

纯文献综述类文章与一些理论和实证研究不同，它不是讲解和研究某个具体的理论或者对相关理论进行实证性的检验，而是对某一方面研究的文献进行比较详尽的回顾，并在此基础上对文献中存在的不足、矛盾以及未来研究的方向进行总结和探讨。一般情况下，纯文献综述类文章所回顾的文献数量大，基本囊括了相关文献的研究，同时有作者自己对文献的总结和评述。

理论和实证性文章的文献综述是围绕作者研究的主题，对相关的理论、研究框架等进行实证性的检验。这类文章在应用型学科的文献中比较常见。例如，在定量的实证研究中，作者首先要对相关的文献进行回顾，在此基础上提出自己的研究问题。在定性的研究中对文献的回顾和定量研究是有区别的，如作者是在提出研究问题前还是之后进行综述，等等。关于定性研究，本章不展开讨论。

（四）文献综述作用

文献综述高度浓缩了几十篇甚至上百篇散乱无序的同类文献的成果与存在的问题或争论焦点，对其进行了归纳整理，使之达到条理化和系统化的程度。它不仅为科研工作者完成科研工作的前期劳动节省了大量的宝贵时间，而且还非常有助于科研人员借鉴他人成果、把握主攻方向，以及为领导者进行科学决策提供依据。

（五）文献综述意义

（1）通过收集文献资料过程，可进一步熟悉文献的查找方法和资料的积累方法，在查找的过程中同时也扩大了知识面。

（2）查找文献资料、写文献综述是科研选题的第一步，因此学习文献综述的撰写也是为今后科研活动打基础的过程。

（3）通过综述的写作过程，能提高归纳、分析、总结能力，有利于独立工作和科研能力的提高。

12.2 文献资料的查询

(一) 研究课题的选题原则

(1) 结合所学知识选取自己专长的或有基础的题目,否则难以写出较高水平的综述。

(2) 根据所占有文献资料的质和量选题。

(3) 选题一定要能反映出新的学科矛盾的焦点、新成果、新动向。

(4) 题目不宜过大、范围不宜过宽。这样查阅文献的数量相对较小,撰写论文时易于归纳整理,若题目选得过大,查阅文献花费的时间太多,影响实习,而且归纳整理困难,最后写出的综述大题小做或是文不对题。

(二) 课题资料的查询

1. 各阶段文献信息利用的侧重点

科研工作自始至终离不开文献信息的利用。在科研工作的不同阶段,文献信息利用的侧重点各不相同。

(1) 科研选题阶段

在科研工作中,选择和确定具有创造性、应用性的研究课题至关重要,而选题必须掌握国内外有关的最新科技信息和市场信息,从中了解科研动向和科研成果转化为社会生产力的情况,以寻找突破口。选题有两种方式:一种是经上级选定后指派下来的课题;另一种是由科研人员自己选取的课题,无论哪种方式都必须对课题的可行性和新颖性进行论证。深入地利用文献信息,能使科研人员明确了解科研课题的概况,并在此基础上确定这个课题的水平、意义及其在所在领域的影响。

(2) 计划制订阶段

科研规划和计划是科研管理的核心,也是科研工作的保证。在制订科研规划和计划时,需要时刻掌握和了解该领域的进展和最新成果,以便确定能否把国内外最新科技成果应用在自己的研究项目中。在此基础上,应对该领域的文献信息状况做出客观估计,明确哪些课题已经转移,哪些课题是重点。

(3) 课题进行阶段

在科研选题阶段和计划制订阶段,科研人员虽然阅读和研究了大量文献信息,但作为研究过程的起点毕竟是初步的,课题必须进一步具体化。在课题进行阶段,必须不断深入研究前人的文献,在坚实的理论和前人工作的基础上,调整科研计划,更新试验方法,启迪自己的思维,并进一步明确课题中包含的问题,透过表面现象的问题抓住内层实质的问题，把模糊的、不确切的问题变成清晰的、确切的问题。在课题进行阶段，最好是通过定题服务，定时定期对信息进行分析，以便及时掌握最新成果。若遇到某些难题也可通过专家咨询或研究科技动态，以开阔思路，解决难题。

（4）课题结束阶段

在此阶段主要是针对成果鉴定和课题总结的要求获取及利用相关的背景材料。首先需要大量的文献信息做论据，并往往由科研管理部门召开同行专家、工程技术人员、权威部门的有关人员、管理人员、用户单位的技术人员参加的鉴定会，对科研成果的创造性、科学性、实用性进行切合实际的评价。其次是多数的科研成果都以学术论文、研究报告的文献形式表现出来，使科研成果变成社会的知识。在写作过程中，凡参考借鉴或直接引用的文献内容、实验数据等一般要以注释、引文目录等形式指明出处。科研工作利用的文献类型是多种多样的，但不同类型的研究，其文献信息利用的侧重点有所不同。例如，基础研究工作多利用理论性较强的一次文献，如期刊、学位论文、科技报告、考察与研究报告、会议论文等，以及一些相关的标准和专利文献；应用研究工作和开发研究工作主要利用有关新产品、新技术、新工艺等方面具体的文献信息，包括技术期刊、标准、专利、产品样本、图纸、技术报告、实用手册等，而对会议论文和学位论文需求较少。

可见，无论是科学研究的哪个阶段，都需要大量的文献信息资料作为支撑。

那么，如何快捷、准确地查找课题资料呢？

2. 查找课题资料

（1）文献的来源

在进行文献综述之前，一个比较常见的问题是如何找到有价值的文献。著名学者 Burns（2000）在总结自己进行学术研究，特别是文献综述的经验时，提出的较好方法是首先找到一些初步的文献并从中得到有价值的线索，这里所指的初步文献包括教科书和一些学者在相关领域进行的文献综述。通过教科书，可以得到与课题相关的一个完整的理论和研究框架及体系，同时在书籍中也可以发现丰富的参考文献。而通过查找一些文献综述类文章，可以比较容易地对相关文献情况有一个初步的了解和整体的把握。虽然在一个文献综述中，作者对于原始文献的理解和总结可能存在一定的偏差，也可能加入了一些个人的观点，但是一般来说，这些已经进行的文献综述可以使研究者对相关的研究情况有一个快速和大概的了解。通过对这些资料的阅读和理解，可以更加明确自己所要研究的课题在整个相关文献体系中的位置，更好地判断其研究价值和目的。在这个基础上，可以进一步查找一些后续的文献，这些文献更多地来自一些学术期刊、学术会议和论文集、学位论文、工作论文等，然后进行详细的文献综述。

文献的来源是多方面的，研究人员可以使用关键词在一些文献数据库中进行搜索。在我国比较常用的社会科学的文献数据库有 CNKI 中国期刊全文数据库、万方数据知识服务平台以及维普期刊资源整合服务平台等，国外的数据库包括 Ebsco、Elsevier 等。在这些数据库中，可以找到一些学术期刊和一些实用的非学术性期刊。当然，在一些数据库中，还可以查找到书籍、硕博士论文和一些课题报告等。除了图书馆中提供的数据库，互联网也是一个很好的资料来源，如通过 Google 中的 Google Scholar（谷歌学术搜索）对文献进行搜寻，往往能够得到丰富的文献。当然，在互联网上搜索到的许多文献没有办法得到全文，这时可以转向学校图书馆或者相关的数据库去查找全文。

（2）文献资料的收集途径

①利用有关的检索工具（包括目录、文摘和索引等）搜集文献资料。

②利用国际联机检索系统搜集文献资料。

③利用原始文献（包括专业期刊、科技报告、专利文献、学位论文、会议文献、专著和标准等）收集文献资料。

④利用三次文献（包括综述、述评、百科全书、年鉴和手册等）收集文献资料。

⑤通过互联网和光盘数据库收集文献资料。

（3）文献资料的搜集方法

大学生做科学研究，搜集课题资料最简捷的方法就是利用高校图书馆。因为高校图书馆是高校的文献信息中心，是为高校师生的教学和科研服务的学术性单位。不同的高校图书馆在收集文献信息资料时，都会考虑到自己学校的学科门类、专业结构和办学特色，有选择性地组织藏书，形成自己的馆藏特色，也就是说，已经为自己的读者进行了一次文献筛选、组织和加工。因此，大学生利用本校的图书馆查阅文献，有更强的针对性和目的性，可以避免一些重复劳动，少走弯路。

当代高校图书馆，信息载体形式多种多样，不仅拥有海量的纸质文献，而且拥有各种电子资源，大学生只要掌握了一定的信息利用方法，查阅文献信息是相当方便的。

12.3 文献资料的整理

文献综述是由对每一篇文章的总结组成的。因此在写作文献综述的过程中，首先需要对文献中的每一篇文章进行很好的总结和评论。就每一篇文章，最好能做一个读书笔记，最后将这些读书笔记进行综合并最终形成完整的文献综述。

阅读每一篇文献，不仅仅要对其中重要的结论和启示进行记录和总结，而且还应该有批判性和建设性的评价，比如说找出文献的缺陷。具体来说，在阅读每一篇文献时，需要考虑哪些是该文献所没有回答的问题、对未来研究的建议是什么等。特别是对于理论和实证性的文章，尤其需要关注的是研究的逻辑推理、研究方法以及研究结果报告部分，而不是最后作者给出的结论；需要仔细审视作者的发现，自己是否同意作者的结论，以及作者是不是没有对其中的一些结果进行很好的理解或者夸大了自己的结论及其理论和实践意义。

一个完整的文献综述应建立在对文献中的每一篇文章的充分理解基础之上，但关键的问题是如何将对这些文献的理解和评论做一个有机的结合，组成一个整体。只有这个整体才能使研究者完整地理解相关的主题、文献中各个研究的优缺点和相互之间的关联。在这个过程中，既要见树木，也要见森林。文献综述不仅仅是将文献中的研究结果和观点进行一个简单的罗列和集合，作者还必须清晰地阐述这些研究结果和观点之间的联系，以及它们与自己正在进行的研究之间的联系。例如，哪些研究在相关问题上相似观点，不同的观点之间存在什么具体的差异、原因是什么，以及这些差异和自己的研究有什么联系等。通过文献回顾，作者可以对文献中的不一致甚至是矛盾的结果和观点有一个清晰的了解，或者找出文献的空白，这将给自己为什么要进行相关的研究找出理由、提供一个佐证。例如，通过文献综述，作者可以对文献中的不一致和矛盾的地方进行澄清，也可以填补文献中的空白。

在这个过程中，比较困难的是不同的研究在该问题上的观点和结论来自不同的角度，不同的学者表述的方式也不尽相同，那么我们如何按照一个合理的线索将这些研究有机地整合起来，而这个线索必须和自己的研究密切相关，并且能够为自己的研究服务？要实现这个目标，需要文献综述者进行多次实践，并在实际写作中具体体会。

文献综述是学术论文的一部分，既然是学术性的论文，就应该用最简单的语言将主题思想表述出来，而避免使用带有感情色彩的语言，正如在学术界的一个通常的说法，"好的论文就是用最简单的语言把问题说清楚"。一篇好的学术论文，其核心是逻辑和思维，而不是语言的华美，因此作者需要注意语言的简洁、平实和准确。

12.4 文献综述的写作

（一）格式与写作

文献综述的格式与一般研究性论文的格式有所不同。这是因为研究性的论文注重研究的方法和结果，而文献综述要求向读者介绍与主题有关的详细资料、动态、进展、展望以及对以上方面的评述。因此文献综述的格式相对多样，但总的来说，一般都包含以下格式：①综述题目；②作者单位；③摘要；④关键词；⑤前言；⑥主题；⑦总结；⑧参考文献。①、②、③、④为文前部分，⑤、⑥、⑦为正文部分，⑧为文后部分。下面着重介绍前言部分、主体部分、总结部分及参考文献。撰写文献综述时可按这四部分拟写提纲，再根据提纲进行撰写。

（1）前言部分

前言部分主要是说明写作的目的，介绍有关的概念、定义以及综述的范围，扼要说明有关主题的现状或争论焦点，使读者对全文要叙述的问题形成一个初步的了解。

值得说明的是，综述的范围包括专题涉及的学科范围（综述范围切忌过宽、过杂）、时间范围（必须声明引用文献起止的年份）。

下面以胡小菁、李恺发表在《中国图书馆学报》上的综述《MARC 四十年的发展及其未来》为例，对文献综述前言部分进行讲解。

20 世纪 50 年代末，计算机从科学计算逐渐扩展到数据处理、事务处理及机构的信息管理，图书馆也开始探索计算机应用。美国国会图书馆（LC）是其中的佼佼者，1969 年正式发行的计算机可读目录（MARC）磁带，将计算机应用扩展到整个图书馆领域。MARC 的出现走出了图书馆全面自动化的重要一步，其后图书馆自动化系统逐渐发展并普及，成为图书馆计算机管理与服务的主要工具。

随着网络资源的快速发展，虚拟资源在图书馆服务中的地位日益上升，以 MARC 记录为核心的传统图书馆自动化系统（图书馆集成管理系统，ILS）已不再是图书馆唯一的计算机应用系统，但在对实体资源的利用与服务方面，ILS 仍有着不可替代的作用，一些新的应用系统也常围绕 ILS 提供服务。在 MARC 作为一个产品问世 40 年之际，本文希望对其发展做一个简单的回顾与分析，并对其未来进行展望。

这一部分提纲挈领，统领全局。提出了有关概念：计算机可读目录（MARC）、图书馆集成管理系统（ILS）及虚拟资源等。给出了时间范围：从 1969 年正式发行计算机可读目录磁带到作者撰文时的 2009 年，其正好 40 年。说明了写作的目的：从 MARC 的产生、发展、成熟甚至有可能被取代，为读者展现了 MARC 的过去、现在和未来。

（2）主体部分

综述的主体写法多样，没有固定的格式。可按年代顺序综述，也可按不同的问题进行综述，还可以按不同的观点进行比较综述，不管用哪一种格式综述，都要将所收集到的文献资料归纳、整理及分析比较，阐明有关主题的历史背景、现状和发展方向，以及对这些问题的评述。主体部分应特别注意代表性强、具有科学性和创造性的文献引用和评述。

还以上面的综述为例，①、②、③三个部分是文章的主体。

①美国国会图书馆与 MABC 的开发

20 世纪 60 年代初，应用计算机成为一种新的发展方向，吸引了一批有远见的图书馆开始尝试。当时 LC 希望利用计算机来打印该馆发行的集中编目卡片，该卡片产品始于 20 世纪初，是对北美洲乃至全世界图书馆界影响最大的产品。MARC 研发的简单经过如下：1964 年开始调研卡片目录机读形式的可行方法；1966 年推出 MARC Ⅰ格式，适用于英语专著类文献；1969 年初正式发行 MARC Ⅱ格式磁带，MARC 作为产品走上图书馆自动化舞台。在研发过程中，LC 与其国图书馆界进行了充分的沟通，了解到图书馆更需要机读格式书目数据而不是打印出来的目录卡片，MARC 的研发目标因而转向成为以数字形式交换书目数据的标准。

……

②MARC 的发展及其国际化

随着图书馆自动化系统的发展，在最初的 MARC 书目记录格式外，陆续开发了与书目记录配套使用的规范记录、馆藏记录，以及分类、社区信息格式，构成了完整的 MARC 家族。由于书目数据格式最为常用，在没有特别说明时，一般论及 MARC 时，常常指其书目格式。

……

③MARC 的未来

MARC 历经 40 年而长存，其间也伴随着种种质疑，质疑甚至在 20 年前就已出现。……如前所述，MARC 并非一成不变，而是一直在与时俱进，那么未来 MARC 会怎样，或者说，MARC 有没有未来？一切都还没有定论，本文只能根据目前的状况做一些推测。

这一部分，按照年代顺序，通过学科内的一些核心人物及权威人士的大量的文献，详尽交代了 MARC 的来龙去脉。

（3）总结部分

总结部分与研究性论文的小结有些类似，即将全文主题进行扼要总结，对所综述的主题有研究的作者，最好能提出自己的见解。在文章的结论部分，作者一般会对研究所获得的结果进行讨论，但是文献综述的讨论和一般文章中的数据分析和结果部分存在区别。在文献综述的数据分析和结果部分，作者需要将统计分析的结果比较客观地呈现出来，带有逻辑性地、条理清晰地介绍给读者，这时常常用一些显示结果的表格或者图片。而在结论讨论部分，需要对所得的结果进行一个简要的总结，提炼出最为重要和具有理论及实践意义的结果，并在这个基础上和文献对比，同时进行讨论。讨论的主要问题包括本研究结果和文献中是否存在差异、差异主要体现在哪几个方面、原因是什么，也就是说该如何解释和文献的不同、和文献的一致的方面有哪些，研究者的发现对于弥补文献的空白或者澄清文献中的一些模糊之处有什么意义，对于相关理论和研究框架的贡献在什么地方以及在实践上有什么意义等。综述的结果讨论部分应该比数据分析和结果部分在更高的一个层次对文章的结果进行讨论，而不是局限于简单地呈现研究的发现。此外，在结果讨论部分，也需要结合文献对研究的发现进行比较，找出本研究和文献中的相关发现一致或者不一致的地方，并结合文献对这些异同的发现进行讨论。最后还应该回到文献的理论部分，着重讨论本研究的理论意义即对相关理论或者研究框架的贡献是什么。

（4）结语

40年来，MARC曾经是图书馆人最引以为豪的作品，但任何产品或标准都有自己的生命周期，MARC也不例外。

无论是LCMARC还是UNIMARC，最初都是作为一种数据交换格式而开发的。MARC的语义丰富，作为一种基本的书目信息格式间的交换中介，至今仍受到推崇。或许可以告慰艾弗拉姆的是，她所抽象出来的这套元数据元素集，作为数据结构标准，仍将长存于书目世界中。

（5）参考文献

参考文献也是文章的一个组成部分，它一般在文章的最后。参考文献列出了文章中所有引用的研究，使得读者可以有足够的线索去查找所感兴越的文献。详细地列出参考文献也是对所引用文献作者的劳动成果的尊重。此外，清晰、准确的参考文献可以让读者对相关文献的发展脉络、文献的实效性和权威性等有很直观的了解。例如，通过列出文献析出的期刊，读者可以根据期刊的权威性对所引用文献的质量做出一个大致的判断。如在国内图书情报界，如果一个作者所引用的文献多来自权威的学术期刊《中国图书馆学报》《图书情报工作》等，那么读者就可以知道这些文献多引自权威期刊，这些文献的可靠性和权威性会有保证。

每种期刊对参考文献的格式都有明确的规定，在发表的期刊或者期刊的网站中可以查到。从目前的情况来看，我国的一些核心学术期刊对参考文献格式的要求并不是完全一样的，有的甚至差别较大，因而作者要根据所投稿刊物的要求来编写参考文献。当然，不同高校对学位论文的参考文献格式也有自己的要求，学生在完成学位论文的过程中同样需要注意具体的要求。

（6）文前格式

总的来说，论文（综述）的写作格式应该是标准的，但不同的期刊有不同的规定，有的简略，有的详细。下面以图书情报类核心期刊《图书馆建设》（因出版需要，以下有修改）为例，来看详细的文前格式。

《图书馆建设》投稿文前格式编写指南。

所谓文前，即文章正文前面的部分，包括中文题名、英文题名、作者名称、作者通信地址、中文摘要、英文摘要、中文关键词、英文关键词、中国分类号、文献标识码等。

中文标题。题名应简明、具体、确切，概括文章的要旨，符合编制题录、索引和检索的有关原则，并有助于选择关键词和分类号。中文题名一般不超过20个汉字，必要时可添加副标题。

作者姓名。著录于中英文标题的下方。

作者通信地址。格式为：作者单位名称、单位所在地省单位所在地市、邮政编码，中文摘要。（1）中文摘要前加"[摘要]"作为标识。（2）字数限定为200字左右，不宜过短或过长。（3）摘要应以报道性摘要为主，是一篇独立、完整带有自明性质的短文，使读者不用阅读文献全文，就能掌握必要信息。摘要内容应具体、翔实，充分阐述文献的主要内容。结构严道、语义准确、表述清晰，无空洞的评语，不进行自我评价。切忌"分析了""总结了""提出了""指出了""解决了"等字样。语气用第三人称，不要出现"我们""本文"等字样（请参照《图书馆建设》2008年第三期摘要）。

中文关键词。（1）中文关键词前应冠以"[关键词]"作为标识。（2）每篇文章要求3～5个关键词，多个关键词之间用空格分隔。（3）关键词的标引应按GB／T 3860—2009《文献主题标引规则》的原则和方法，参照各种词表和工具书选取；未被词表收录的新学科、新技术中的重要术语以及文章题名的人名、地名也可作为关键词（自由词）标出。（4）所选择的关键词应具有索引与指示作用。不应出现无检索意义的关键词，如"研究""概述""展望""发展"等包含范围过广的词语。

分类号。(1) 分类号前应以"中图分类号"作为标识。(2) 采用《中国图书馆分类法》(第5版)进行分类。(3) 文章一般标识1个分类号；多个主题的文章可标识2个分类号，中间用分号";"间隔。

文献标识码。文献标识码前应以"文献标识码"作为标识。主要标识码含义如下：

A——理论与应用研究学术论文（包括综述报告）；
B——实用性技术成果报告（科技）、理论学习与社会实践总结（社科）；
C——业务指导与技术管理性文章（包括领导讲话、特约评论等）；
D——一般动态性信息（通信、报道、会议活动、专访等）；
E——文件、资料（包括历史资料、统计资料、机构、人物、书刊、知识介绍等）。

英文标题。(1) 除冠词、介词和连词（音节超过2个需大写）及不定式中的to，其他的词首字母应大写，包括复合词中破折号后面的单词。首词和尾词的首字母应大写。(2) 如有副标题，副标题前用破折号，且整个副标题采用斜体。(3) 标题中引用文章、文件名称用引号标明，书名用斜体标明。

英文摘要。(1) 英文摘要前加"[Abstract]"作为标识。(2) 需与中文摘要相对应。

英文关键词。(1) 英文关键调前冠以"[Keywords]"作为标识。(2) 需与中文关键词相对应。(3) 每个关键词首字母应大写且各词之间用分号";"间隔，最后一个关键词后无任何符号。

12.5 注意事项

无论是纯文献综述还是理论和实证性的文献综述，容易出现的问题都是多方面的，如对相关文献只是简单地罗列而缺乏归纳、总结和评论；在对文献的回顾中没有结合所探讨的课题进行文献的安排，没有对文献做出自己的评论，等等。

纯文献综述的文章，根本目的不是对一些具体理论进行讨论和拓展，也不是对理论进行实证性的检验，而是对相关文献进行比较系统的总结，并在此基础上对文献存在的问题进行评述，最后对未来研究的方向和潜在有价值的课题进行讨论。显然，这类文献综述是有价值的，综述中所涵盖的文献量也较大，常常会有上百篇的文章，包括过去一段时间内比较有价值的研究，这些研究一般发表在一些具有影响力的学术期刊和论文集上。

对于学生来说，平时的一些课程作业、协助教师进行的一些研究课题，以及自己的学术论文等，都会涉及文献综述问题。因此，在纯文献综述类文章上进行的练习非常有利于熟悉相关文献和对问题的总结、归纳，也能培养自己发现问题、找出有价值的研究课题的能力。

然而，纯文献综述类文章并不意味着需要讨论的是一些比较宽泛的课题，特别是对于一般的学生来说，一个宽泛的题目往往使得对文献的综述面面俱到，但是在每一个具体的问题上都不够深刻。其实每一个具体问题中的一个方面，如在某一个理论框架下、从某个角度进行研究，都可以是一个值得回顾的研究课题。因此，与其宽泛面面俱到，不如具体深入研究。

（1）首先应该对文献综述文章的基本框架有个清楚的了解。其实对于学术性文章来说，一般是有着非常规范的格式的，基本上包括引言、具体的文献综述部分，以及后面的总结和讨论。这个结构在前面已经做了介绍。但是，在实际写作中，一些作者在引言部分往往忽视了对文献的引用。例如，作者常常需要在引言部分对所研究课题的重要性和意义进行论证，如研究的现实意义，因而会需要引用一些非学术性的文献，如报纸、电视新闻，以及一些统计数据等。此外，为了佐证研究的理论意义，作者也需要文献的支持，但这往往被作者忽视，认为是在引言部分，不需要引用相关的文献。

（2）以什么线索来安排对文献的综述是一个较为关键的问题。常见的问题是以作者为线索对相关文献进行简单的罗列。文献综述是对相关研究的理论框架、结论、提炼出的观点、研究的角度等进行总结和归纳，并在此基础上发现问题，进行评述。因此对所讨论的问题，按照一个逻辑的线索进行递进，才应该是文献综述所遵循的路线。相反，纯粹以作者及其研究为单元进行文献的回顾，其背后的原因是文献回顾者往往没有对文献进行"加工"，亦即没有对各个研究的核心观点和研究之间的关联进行提炼，最终出现以作者为线索的简单罗列的问题。

（3）在一些文献综述中，存在泛泛而谈、蜻蜓点水的问题。所谓的文献综述，是要通过对相关研究的总结和分析，就文献提出自己的观点，不是简单地指出有这么一个研究，摆出一副文献回顾的姿态，没有融入自己的思考、自己的劳动，没有具体的内容，没有新的成果，读者也得不到所需要的信息。

（4）综述的深度问题。既然是对相关研究进行的文献回顾，那么不能将文献综述局限在对研究结果和观点的总结上，变成一篇对相关课题研究结论的"汇编"。与研究相关的问题同样是在综述中需要包括的内容，如还有哪些相关的问题没有被重视和研究、目前的研究角度和理论框架所存在的问题、相关研究结论和观点的矛盾之处是什么以及为什么等。简单地对几个文章中的结论进行罗列，这样就失去了文献回顾的意义。

（5）逻辑上的严谨也是一个值得注意的问题。在文章递进上以及对问题进行分析的每一个环节上，都必须保持逻辑上的完整性。有因有果有始有终，前后一致，首尾呼应，论证要缜密，环环相扣，直到结语。

（6）在文献综述中，每当作者给出一个概念时应该将这个概念介绍清楚，特别是当相关概念比较关键、容易产生歧义并且是第一次出现时，对概念的介绍就显得更加必要。在一篇文章中必须要注意到概念的统一，对一些概念应该自始至终使用一个固定的说法，不能在没有解释的情况下随意变换概念的名称，以免给读者在理解这些概念时带来不必要的困难。

（7）在文献综述中，需要对原始的文献进行总结，也就是说不能完全利用另外一篇文章中的文献综述内容。对于同样的文献，每个人的理解是不一样的，所总结和归纳出的观点也不尽相同。因此，在进行文献综述的过程中，必须阅读所引用的每一篇文章，而不能简单地从另外一篇文章中借用该作者对文献的理解和综述结果。在确实需要引用别人对原始文献的讨论和回顾时，则应该注明"引自某某文章"。

总之，在文献综述的写作中常出现的问题是多样的，有些是关键或者比较常见的问题，而更多的是一些琐碎的问题，需要在实际写作中仔细体会，多做文献综述的练习，是解决问题的唯一途径。

就具体如何写作文献综述的问题，每个人有自己不同的习惯，关键在于日常的文献积累以及经常练习。我们在阅读一篇学术文章时，可以尝试对这一篇文章进行综述，如在阅读的过程中可以做一些笔记，列出文章的关键点。阅读完后，结合已经列出的关键点，将其稍加合并就可以成为对该篇文章的综述。这样，在阅读多篇文章后，就可以根据自己所要研究的课题对这些文章进行分门别类，在每一篇文章综述的基础上分别对每个子问题进行问题类别的综述。然后，可以将上述的多个综述结果进行有机整合，形成一个整体的文献综述。亦即从每篇文章的总结到对某方面问题的总结和综述，最后整合成对整个课题的文献综述。

在文献综述的过程中，作者应该注意使用自己的语言，在充分理解原文的基础上用自己的话将原文的思想表述出来。但事实上，有些作者往往将原文中的内容直接进行引用和粘贴，对于外文文章的引用可以明显地看到直接翻译的痕迹。当然，文献综述中并不是完全不可以直接引用。一般来说，如果作者认为原文的表述非常精准到位，用自己的语言进行转述会失去很多有价值的信息、不能体现出原文的含义，在这种情况下，可以进行直接的引用，但是必须注明引用的文献和页码。

对于原文的直接引用有两种形式：一是引用原句，那么要使用引号，并且给出引用文献和具体的页码；二是对一段文字的直接引用，除给出引用文献，还应该使用单独的段落，并在后面给出所引用文献的页码。当然，大多数期刊的格式要求在引用整段文字时，单独的段落还要左端缩进。

在文献回顾部分对文献的回顾与在结果讨论部分对文献的回顾有着许多不同。在文献回顾部分，作者需要在文献综述的基础上找到需要研究的具体问题并提出假设等。因此，在这部分内容中对文献的回顾是比较彻底和全面的，在回顾的过程中需要将文献与研究方向（如研究的理论框架等）结合起来，层层推理，最后找出需要具体分析的主要问题，如提出研究假设等。而在结果讨论部分，已经得出了研究结论，因此在这个部分需要将结果与文献中的相关发现进行对比，在这个基础上讨论本研究所要澄清的问题，最后还要结合相关理论部分的文献，讨论研究的理论贡献等。

文献综述的写作既不同于"读书笔记""读书报告"，也不同于一般的科研论文。因此，在撰写文献综述时应注意以下问题。

（1）收集文献应尽量全面。掌握全面、大量的文献资料是写好综述的前提，随便收集一点资料就动手撰写是不可能写出较好的综述的，甚至写出的文章根本不能称为综述。

（2）注意引用文献的代表性、可靠性和科学性。在搜集到的文献中可能出现观点雷同，有的文献在可靠性及科学性方面存在差异，因此在引用文献时应注意选用代表性、可靠性和科学性较好的文献。

（3）要围绕主题对文献的各种观点进行比较分析，不要教科书式地将有关的理论和学派观点简要地汇总陈述一遍。

（4）文献综述在逻辑上要合理，做到由远而近，即先引用关系较远的文献，最后才是关联最密切的文献。

（5）评述（特别是批评前人不足时）要引用原作者的原文（防止对原作者论点的误解），不要贬低别人抬高自己，不能从二次文献来判定原作者的"错误"。

（6）文献综述结果要说清前人工作的不足，衬托出作者进一步研究的必要性和理论价值。

（7）采用了文献中的观点和内容来源，模型、图表、数据应注明出处，不要含混不清。

（8）文献综述最后要有简要总结，表明前人为该领域研究打下的工作基础。

（9）所有提到的参考文献都应和所研究问题直接相关。

（10）文献综述所用的文献，应主要选自学术期刊或学术会议。

（11）所引用的文献应是亲自读过的原著全文，不可只根据摘要就加以引用，更不能引用由文献引用的内容而并未见到被引用的原文,因为这往往是造成误解或曲解原意的重要原因,有时会给综述的科学价值造成不可弥补的损失。

总之,一篇好的文献综述,应有较完整的文献资料,有评论分析,并能准确地反映主题内容。

第十三章 学术论文写作与工具

13.1 学术论文的定义、特点与类型

13.1.1 学术论文的定义

《国家标准 GB 7713—1987》对学术论文所作的定义是：学术论文是对某一学术课题在实验性、理论性或观测性上具有新的科研成果或创新见解和知识的科学记录；或是某种已知原理应用于实际中取得新的进展的科学总结，用以提供学术会议上宣读、交流或讨论；或学术刊物上发表；或作其他用途的书面文件。

学术论文也叫科技论文、研究论文，是对科学研究成果的表达与反映。它可以是推翻某一学科领域中的某种观点，提出新的见解；也可以是把一些分散的文献系统化，用新观点或新的方法加以论证，得出新的结论；还可以是某一学科领域中，经过自己的观察、实践，有新的发现和创造，陈述新的见解或主张。学术论文强调原创性，内容必须有新发现或新主张。

13.1.2 学术论文的特点

（1）科学性

科学性是学术论文最基本的特征，包含内容的科学性、结构的科学性、表达的科学性等几个方面。内容的科学性是指论文描述的是涉及科学和技术领域的命题，论述的内容具有科学可信性，不能凭主观臆断或个人好恶随意地取舍素材或得出结论，需根据足够的和可靠的实验数据或现象观察作为立论基础；结构的科学性要求论文脉络清晰、结构严谨、前提完备、演算正确、符号规范、文字通顺、图表精致、推断合理、前呼后应、自成系统；表达上的科学性指观点前后一致，有自己的前提或假说、论证素材和推断结论。

（2）原创性

原创性是学术论文的灵魂所在，它要求文章所揭示的事物现象、属性、特点及事物运动时所遵循的规律，或者这些规律的运用必须是前所未见的、首创的或

部分首创的，必须有所发现，有所发明，有所创造，有所前进，而不是对前人工作的复述、模仿或解释。由于科学研究是复杂而艰巨的，不可能要求每篇学术论文都涉及发现和发明内容。所以学术论文只要有一点"新"的东西就称得上有独立见解了。原创性主要体现在以下几个方面：新选题，新观点，新方法，新材料，新视角……

那么如何做到使论文具有创造性呢？要知道什么是"新"，须首先了解什么是"旧"，要通过大量的考察研究，了解研究课题的已有成果，分析归纳，提炼出新的观点；借助新的科学理论体系及理论成果；坚持运用科学的研究方法，审视以往研究状态；在研究的基础上充分利用创造性思维；很多课题须在实践中，才可能获得更好的理解体验，从而激发出更好的创意。

（3）专业性

学术论文是作者对事物内在联系和客观规律、对专业领域内某个具有学术价值的问题进行系统化、专门化研究探讨的创造性劳动成果，要力图通过深刻的思维过程、客观的分析和科学推理，进行去粗取精、去伪存真、由此及彼、由表及里的"加工提炼"，使知识专门化、系统化、严密化，深刻揭示和剖析事物发生所蕴含的科学规律。学术论文的专业性还体现在语言表述与读者对象上。学术论文通过大量使用公式、图表等专业术语和符号，力求使用科学语言进行表述和分析，体现出学科的专业性，这也是学术论文与一般应用文体在语言表述上的差异。学术论文的读者也主要是在某一专业领域、具有某一方面学术专长的学者和科研工作者，有较强的专业性。

（4）规范性

规范的格式是治学严谨的体现。作为记录研究过程、发布科研成果、与同行进行学术交流的一种重要信息和传播载体，学术论文无论从内容上还是形式上都体现出了严谨的规范性。严格的规范是为了使学术论文更好地实现表达和交流目的的准确无误。学术论文的规范性主要体现在三方面：一是学术论文结构体系和编写格式的规范性。学术论文要符合提出问题、分析论证、解决问题、得出结论这一完整的逻辑顺序关系，其构成要素也应按照内在逻辑结构排列。《科学技术报告、学位论文和学术论文的编写格式（GB/T 7713—1987）》对科技论文的结构和编排有详细规定。中国期刊刊登科技论文的组成部分和排列页面是依次题名、作者署名和单位、摘要、关键词、中图分类号、引言、正文、结尾、致谢、参考文献和附录。除学术论文编写格式的国家标准，《中国学术期刊（光盘版）检索与评价数据规范规定（CAJ-CDB/T1—1998）》也是现行主流的编写标准，已为3000余种中国期刊采用。二是语言文字、标点符号使用的规范性。学术论文的语言与其他文字作品的语言截然不同,主要使用议论、说明的表达方式,使用平实、准确、简明、清晰、客观、稳定、逻辑性强的科学语言,语言文字表述应力求书面化、术语化、规范化。其语言所表述的内容要有一定的深度、精度和密度。此外,论文中的标点符号也必须按照已有的规定执行,不能随意使用。三是图表制作与参考文献著录的规范性。学术论文中的图标、表格、图形的制作与表示,也要精确化、标准化,严格按照规范的方式使用。《文后参考文献著录规则(GB/T 7714—2005)》是现行的学术论文文后参考文献著录的国家标准。

(5)应用性

应用性是评价学术论文有无发表价值的另一重要特征。学术论文的应用性主要体现在理论上解决了专业领域某方面的理论问题,具有一定的学术价值;实践上解决了专业领域的某些实际问题,如在技术上有所创新,在实验、教学、管理方法及生产工艺流程等方面有所改进等,具有一定的实用价值。尤其是对于应用型学科来说,学术论文的应用性体现得更加突出。例如,对于临床医学专业而言,除少数纯理论研究的学术论文,绝大多数医学论文应结合医疗、预防等工作的实际,力求解决临床实际问题,造福社会和大众。

学术论文的实用价值越大,效果也就越好,指导作用也就越大。论文发表后在教学、科研、生产、管理上应用,能产生较大的社会效益和经济效益。为了体现学术论文的应用性和社会价值,论文的论点要正确,选题要真实,论据要科学,论证要周密,提出的策略、对策、措施、方案、结论要有针对性。

13.1.3 学术论文的类型

学术论文根据写作目的和社会功能一般可分为以下类型:

(1)科研论文

科研论文是指各学科的科研人员进行科学研究,表述科研成果,提交给科研部门、学术机构或发表在专门性刊物和一般报刊上的学术文章。它要求反映各学科领域最新学术水平,并能促进科学事业的发展。

(2)课程论文

课程论文指高校在校学生完成必修或选修课程后,就某个专业领域内容提交的体现学习成果的学术论文,是除了试卷考试的一种大学课程常用考查方式。课程论文的题目一般不宜过长,篇幅也相对较小,涉及的专业问题不宜过深。

(3)学位论文

这是学生在教师指导下,根据所学专业的要求为申请学位而撰写和提交的论文。撰写论文的目的在于总结学生在校期间的学习成果,培养他们综合运用所学知识解决实际问题的能力,并使他们受到科学研究的基本训练。学位论文通过答辩和评审,由此获得学位。学位论文有学士学位论文、硕士学位论文和博士学位论文。

除此以外,学术报告、考察报告、调查报告等,也具有学术论文的性质。

13.2 论文的一般结构

13.2.1 题目

题目是表达学术论文的特定思想内容,反映研究范围和深度的最鲜明、最精练的概括,从标题中人们可以看到全文的精髓,它是对文章内容的高度概括、对学术研究过程或成果的直接阐述。题名一般不超过20个字,标题应明确、精练、新颖,尽量避免使用化学结构式、数字公式等。

13.2.2 署名

论文署名一则表明作者对研究成果拥有著作权,二则表明作者要对论文的观点、数据、带来的社会效益等方面负责。它位于标题之下,独占一行正中的位置,要求用真实姓名,在另起一行正中的位置标明单位及邮政编码。

署名的方法一般为:个人的研究成果只需要个人署名;集体的研究成果应按照贡献大小顺序署名;在集体研究成果基础上撰写的,个人只能以执笔人的身份署名。署名一般不超过4人。

13.2.3 论文摘要

摘要是以提供文献内容梗概为目的,不加评论和补充解释,简明确切地记述文献重要内容的短文。它位于署名之后。它的目的,一是便于科技情报工作者做文摘或索引;二是帮助读者快速、有效地了解文献主要内容。它的内容包括:研究的对象和主要目的、主要内容方法、主要成果及意义。写摘要时不列举例证,不用图表,不需要加注释,字数一般为正文字数的2%~3%,以不超过250个字为宜。

13.2.4 关键词

关键词是为了文献标引工作从论文中选取出来以表示全文主题内容信息款目的单词或术语。

每篇论文可选取 3～8 个词作为关键词。关键词，以显著的字符起一行，排在摘要的左下方。关键词的选取标准有两个，一是所选定的词，必须是论文中（包括标题、摘要）具有实际意义的词或术语；二是能表示出论文的关键主题内容。

关键词的选择方法：作者在完成论文写作后，纵观全文，选出能表示论文主要内容的信息和词汇，这些信息或词汇可以从论文标题中去寻找和选择，也可以从论文内容中去寻找和选择。

13.2.5　正文

正文是学术论文的核心部分，正文应充分阐明论文的观点、原理方法及具体达到预期目标的整个过程。这部分的写作要求是：一要层次清楚，步骤分明。具体方法是：以分论点、小论点为段旨，完整构段；以分标题或小标题为手段，划分论文层次；以序码或空行为标记，显示论文的层次。二要文思缜密，逻辑严密。内容上要周详严谨，要分清文献资料的主次，详略从属关系，集中起来能有力地说明所属的论点，同时要求概念准确，判断真实，推理符合逻辑，要形成一个完整的逻辑体系。

正文由引言、本论、结语三段式组成。

作者应在引言部分简要说明为什么要研究这个题目，解释这一论题讨论、研究的意义；本论是论文的核心部分，作者在这一部分要详细阐述所研究的成果，特别是作者自己提出的新的、独创性的意见；结论是对本论部分的强调，但不是本论论点的重复，而是对一篇要旨的简明扼要的提示，来呼应论文绪论的观点。

13.2.6　引文和附注

学术论文总是要参考经典文献或他人著作和文章中的材料、言论、观点的，所以总有许多引文和附注。引文的方式大致有三种：第一种是整段原文的引用；第二种是摘引几句；第三种是转述。

引文必须用附注注明出处。常用的附注有三种：①随文注，也称夹注，紧接文句，用圆括号标明；②页下注，也称脚注，根据本页注目的多少，在本页下端留出适量的空白作注；③篇末注，也称尾注，整篇文章写完后对全文的引文统一作注。

13.2.7　参考文献

科研成果的取得，绝大部分是前人劳动的继续和发展。撰写论文一般总要引用一些资料，这些被引用的资料称为参考文献。在正文之后列出本篇论文在研究和写作中所参考或引证的主要文献资料。具体著录格式可参考 GB7714—87。

13.3 论文写作步骤

13.3.1 确定选题

论文的选题是整个研究的开始，决定了整个研究的价值、趋势和发展空间。在正式写论文开始之前，我们必须把论文选题放在首位。那么如何确定高质量的论文选题呢？主要从以下几个方面考虑：

（1）选择自己熟悉的课题

课题的选择应尽可能与自己的专业和未来的研究方向相一致。这些课题通常不是从零开始，一般都有科研的基础；或者在原有研究工作的基础上找到一个新的出发点，可以进一步深化；或者本课题以前还没有开展过，但对相关工作有一定的积累，为提出的课题做了理论或方法上的准备。

（2）了解国内外该题研究概况

通过查阅文献，我们可以了解国内外相关领域的研究现状和历史，包括前人是否从未研究过和有没有明确的答案，假如有人研究过，问题解决的程度如何，分歧或争议在哪里，还需要讨论哪些问题；从以前的相关工作中，在科研思路、技术方法等方面可以借鉴哪些有用的东西，从中找出新的突破点。从全局来看，在有把握的前提下，选择不仅要避免重复，还要发挥自己擅长的方面。

（3）选择社会需要的、有学术价值的论题

我们在选择题目的时候，首先要考虑到那些关系到国计民生的重大问题以及该学科发展中的关键问题。例如，国内外医疗保健、卫生预防、教学、科研工作亟待解决，包括热点，争议问题通常是都是选题的重要方向，很有研究意义和价值。

（4）选题范围大小适当、难易适度

选择题目必须结合自己的实际能力，根据自己的能力。应充分考虑开展研究的主客观条件，包括研究方法的实用性。题目不能太大太难，如果我们选择一个没有实质性内容的大而空的话题，我们可能无法开始，也没有线索，而且效果很小。因此选题必须结合自己的实际能力选择恰当范围和难度的选题。

具体的选题的步骤和方法如下：

（1）选择研究课题和题目。根据国家经济建设的宏观规划和本学科的态势与发展趋势，结合自己的综合能力和研究环境与条件，选择可以胜任的研究课题和题目。这一步骤需要详细地了解有关课题的背景情况和与课题相关的文献，以便确定所选择的研究课题对本学科及对当前社会发展具有一定的研究价值和推动意义。

（2）调查研究和查阅文献。根据选定的课题题目和调研、查阅文献的范围，要深入进行调查研究和认真查阅文献，了解自己所研究课题的使用背景、意义、需要解决的问题及难点，以及工作所需的设备和工作条件；了解有关国内外该课题的研究历史、进展动态和趋势，不同学者的思路特点和研究倾向，掌握前人的研究程度及达到的水平。在此基础上，经过自己的综合分析判断和整理，独立写出有针对性和对深入研究有参考价值的文献综述以及个人萌发的新见解，作为选题的重要依据。

（3）确定课题的研究目标。确定目标是指确定研究工作想要达到的标准或地步。例如，要研究科技文献信息系统与科研活动的互动机制，那么"互动机制"的研究就是研究要达到的目标。有目标就会发生科学研究活动。确定目标至关重要，如果目标定错了，研究工作就会步入歧途；目标不明确，会使研究工作陷入困境；目标过大，研究工作很难得出可靠的结果。所以，科研工作者一定要明确题目的界限范围，要慎重地确定自己的研究目标。

（4）拟订方案。目标确定之后就要拟出学术论文的撰写方案。

（5）分析论证。分析论证就是对所选课题及其研究目标、方案等的所有因素进行可行性论证并写出立题论证报告。

13.3.2　收集资料

文献是论文写作的基础，丰富的文献是论文写作的关键，论文的观点和学术价值都来源于对文献的分析。凡真正有科学价值的学术论文，都是在占有大量文献的基础上完成的。具体地讲，必须准备以下五个方面的材料：

（1）与论题有关的文字、数据统计材料、典型事例（案例）、经验总结等第一手资料；

（2）国内外对有关该课题学术研究的最新动态；

（3）与论题相关的边缘性学科的材料，它可以使我们研究的视野更加开阔，分析方法更多样化；

（4）学科名人的有关论述，有关政策文献等；

（5）论文作者当时所处的社会、政治、经济等背景材料。

13.3.3　拟定提纲

拟定写作提纲主要是确定文章的整体结构。确定了主题，选定了材料，接着就要将文章的框架确定出来。应根据文章所要表现的内容合理安排，做到层次分明，重点突出，逻辑严谨，首尾呼应。写提纲时要做到以下几点：紧紧围绕主题安排结构；类目齐全、要有明确的层次，初步形成论文的轮廓；要内容完整、逻辑严谨，从全局出发，权衡各部分的内容和比重。

具体方法：

（1）拟写提纲时，要做到先粗后细、由略至详。这就是说，拟写提纲时应先把大的框架确定好，大标题确定后，再依次安排每个大标题下面的小标题，依次深入，完成整篇论文的构思。

（2）要用具体的文字写出每个部分、每个层次的标题及大意，并简要列出每部分的论点、论据、论证角度等内容，为行文时提供思路与依据。

13.3.4　撰写初稿

初稿的创作是学术论文产生全过程中最艰难的环节。它是对学术论文内容精雕细刻的全过程，也是创作者思想意识不断深入的全过程。初稿的目的是要把全部想写的内容全部表现出来，对所有测试数据和材料开展详尽的剖析、分类。从初稿的创作全过程中还可及时处理早期科学研究工作中出现的各种问题。因此，初稿创作是科学研究工作中的关键部分。

撰写初稿的一般要求：紧扣中心观点；全文贯通，内容充足，结构完整；表达准确，语言简练。

撰写初稿的方法：

（1）按照提纲顺序撰写

即依照课题拟定的提纲顺序写：先提出问题，在绪论中提出文章的中心论点；再分析问题，在正文中分析问题，论证观点；最后解决问题，在结论部分归纳论证结果。这种写作方式符合一般人的写作习惯，适合前期准备比较充分的情况进行撰写。

（2）按照段落分别撰写

这种方法指创作者先进行比较熟悉的个别段落内容的创作，其他段落的内容在还考虑中，或者待完善，或需要进一步科学研究后再次创作。在全篇写完后，再开展前后左右对照检查，使前后文设计风格保持一致，层级间对接紧凑型，防止数据冗余。

13.3.5　论文修改及定稿

修改是论文定稿前必不可少的步骤。学术论文的写作难度大，内容要求高，因此很难一次就达到完善的程度，因此需要不断地修改和完善。

修改学术论文主要包含以下几个方面：

（1）斟酌主题。主题是文章的灵魂，要再次确定主题是否正确、鲜明、深刻、新颖。

（2）分析材料。认真分析检查材料的内容、数据等是否真实、准确、完整，分析过程是否完善、透彻，论据是否充分等。

（3）调整结构。要检查论文结构是否合理，层次是否清晰，逻辑是否通顺，做到首尾呼应。

（4）锤炼语言。学术论文对语言有较高要求，需要做到准确、精练，还应注意文字的标点、语法、修辞和段落等的修改。

修改论文的方法主要有以下几种：

（1）热加工法。热加工法就是在初稿完成以后，趁热打铁，乘思路清晰、大脑活跃、感情亢奋、思绪仍然沉浸在论文语境之际，马上对在写作过程中的缺漏或错误及时加以补充或修订，一气呵成，毕其功于一役。这种方法的好处是此时我们仍然处于良好的写作状态下，思维活动具有一致性和连贯性，对论文的内容印象深刻，思路清晰。修改工作效率较高。

但是这种方法必须以初稿的酝酿构思比较成熟、论文基础较好为前提。否则，由于时间的限制，缺乏进一步的深入思考和方方面面的考虑，修改很容易局限于小修小补，仅仅在改正标点符号和错别字上下功夫，甚至流于走过场，对论文的总体质量不会起到实质性的辅助。

（2）冷处理法。这种方法是指在完成初稿以后，有意识地把论文冷却一段时间（如半个月、一个月，甚至更长时间）后再加以修改。容易克服原来思维活动的惰性，跳出原有思维的局限，从新的角度更客观、公正、冷静地检查和评价自己的论文，就容易发现初稿的遗漏之处、不妥当之处和不完善之处。特别是作者经过阅读有关材料和思索有关问题，产生新的感受、新的认识。再看初稿就容易发现不完善、不妥当之处，通过删除多余、增加不足，使论文水平有新的提高。而且冷处理去修改还可以使作者从"读者"的角度对论文进行思考，往往会有新的看法。从而更全面更完整地进行论文的修改。

（3）求教法。这是一种虚心求教，集思广益的修改方法。论文写好以后把自己的初稿拿给专家、师长、同事、同学求教，然后，参照他们对初稿提出的意见进行修改。这样可以使文章更全面、更客观。

（4）电脑修改法。我们还可以利用高科技手段，运用计算机软件来修改论文。比如一些中文处理软件，往往带有中英文拼写与语法校对功能。一旦发现问题，就会在有问题的地方进行标注。这对于我们发现语法错误，提高运用语言的能力很有帮助。

13.3.6 编制参考文献

进行一个课题研究，从课题的开题、研究到得出结论再到后续研究，一直需要不断地获取文献信息，这一过程中，检索出的文献数量越来越大，如何才能有效管理这些检出文献呢？科技论文的撰写，尤其是综述论文、博硕士学位论文的撰写，引用的参考文献很多，引文的整理和规范化又是一项巨大的工程，如何快速有效地组织这些参考文献呢？上述问题的解决均涉及文献信息的组织管理，随着计算机网络的发展，信息组织管理方式逐渐以计算机数据库管理代替了传统的手工方式。很多机构研究开发了相应的软件，来解决电子文献信息的高效率组织管理问题，其中较为典型的有 Endnote、NoteExpress、RefWorks、知网研学平台等。

13.4 论文的投稿

13.4.1 投稿

作者应仔细阅读"作者须知"或"投稿指南"。一般而言，不同期刊对投稿要求是不完全一样的（特别是格式的要求）。这是通常令作者感到费时费力，且不愿意花时间去做的事情，但这一点又是编辑和审稿人关注的问题，需要重视。目前，越来越多的期刊鼓励作者通过互联网在线投稿。首先找到相应期刊网页，找到在线投稿窗口。如果是第一次向该杂志投稿，需要先进行登录。然后投寄新稿件。许多期刊首先要求作者输入稿件的一般信息，如题目、作者单位，然后传递稿件文本、图表。文本一般为 Word 或者 PDF 格式，图大多采用 gif 或 tif 格式。图的精密度要求高，一般为 300dpi。

一些期刊会要求作者在投稿的同时推荐 2～3 名审稿人。可以从以下几个方面考虑推荐审稿人：

①相同专业或者研究领域的人；
②该领域论文发表较多的人；
③论文参考文献的作者；
④有合作关系但无共同发表经历的人。

同时，学术界有同行评审的回避制度，作者可以明确要求回避与作者个人有利益冲突的 1～2 个审稿人。

在线投稿，特别是外文期刊，需要准备好投稿信（Cover letter，Submission Letter）。投稿信属于一种自我介绍或自我包装的文件，它为目标期刊编辑部提供了有关作者和文稿的必要信息。投稿信通常包含有关作者的重要信息和承诺。一般包括如下几个方面的内容：

①论文题目和所有作者姓名；
②为什么此论文适合于该刊而不是其他刊物上发表；
③稿件适宜的栏目；
④关于重复部分或者部分发表或已投他刊的说明（如会议摘要）；
⑤通信作者的姓名、详细地址、E-mail 地址；
⑥不一稿两投的承诺。

13.4.2 同行评议

论文主要处理流程中的专家审稿，俗称同行评议最为重要。通过若干审稿专家的认可之后，论文才能得以顺利发表。目前，几乎所有的期刊都采用同行评议制度。

1. 同行评议主要采取以下几种形式

①单盲评审。也就是论文作者姓名对审稿人公开，但是审稿人姓名不对作者公开，60% 左右的期刊都采用这种形式。

②双盲评审。即论文作者姓名和审稿人姓名互不公开。采取这种形式主要是限制审稿人的审稿倾向。

③公开评审。论文作者姓名和审稿人姓名相互公开，少数期刊采用这种方式。由于大部分审稿人不希望公开自己的身份，88% 左右的期刊给论文作者反馈的审稿意见是隐去审稿人姓名等身份信息的。

统计结果表明，73% 左右的期刊采用每篇论文 2 名审稿人的形式，18% 左右的期刊采用每篇论文 3 名审稿人的形式，6% 左右的期刊采用每篇论文 1 名审稿人的形式，3% 左右的期刊采用每篇论文 3 名以上审稿人的形式。也就是部分期刊首先请 2 名审稿人审阅同一篇论文，如果一旦出现意见相左的情况，就会再请第 3 名审稿人继续审稿。

2. 审稿人拿到论文之后，主要关注以下内容

①论文讲述的主题是否值得研究；
②研究的原创性，提供的信息是否是新的；
③研究设计和方法是合理的，并以足够的细节来重复所得到的结果，而且实验的数据是完全可靠的；

④结论是确凿的，并能够被提供的数据支持；
⑤论文的表达、文字书写简明确切，图、表安排和使用合理；
⑥参考文献的引用是否妥当。

3. 审稿意见处理

论文经过同行评议专家审稿之后，编辑部会根据审稿专家给出的意见，综合给出审稿意见并反馈给论文作者。论文作者收到的审稿意见一般是以下三种之一：录用、退修、退稿。

录用是指文稿无须做任何修改，照原样发表，所有作者都希望自己的稿件得到这一结果，但是谈何容易。

当作者收到退修稿后，首先应仔细阅读退修信和专家的评审意见，然后再考虑能否接受审稿专家或编辑的意见，以及如何修改稿件。一般情况下，对文章发表最有利的修改方针是：尽可能按照编辑部和审稿人的意见进行修改，对编辑部和审稿人的意见做到"有问必答"。在规定的时间，按照专家和编辑部提出的修改意见，逐条落实，这样有利于修改稿顺利通过审核，而完成论文的修改之后，则要第一时间把修改稿发送给编辑部。

如果被退稿，无论作者是否同意专家的意见，也无论专家的意见正确客观与否，都建议不要做无谓的争辩，虽然各个期刊都会给作者申辩的权利，但是编辑部一般还是会尊重并坚持专家的意见。作者可以综合考虑审稿专家给出的意见，认真修改之后，改投他刊。

13.4.3 期刊选择

论文定稿后，面临如何选择投稿期刊的问题。对于初次投稿者来说，如何从种类繁多的学术期刊中选择适合自己的期刊不是一件容易的事情。选择期刊的原则是根据自己论文的水平，在争取发表的同时，获得最大的投稿价值。所谓最大的投稿价值，即论文发表所产生影响的综合。最高的投稿价值可概括为：论文能够以最快速度发表在能发表的最高级刊物上，并能最大限度地被需要的读者检索到，能在最大的时间空间内交流传递。综合起来，以下诸因素应该是作者选择期刊时需要考虑的因素。

（1）论文水平自我评估

投稿前对论文水平或价值（理论价值与实用价值）作出尽可能客观、正确的评估是一个重要的过程。评估的标准是论文的贡献或者价值大小，以及写作水平的高低。评估的重点在于论文是否有新观点、新材料和新方法。这是正确评价自己研究的最重要的依据，也是期刊编辑或审稿人估价论文的基本出发点。作者还可以与已发表的类似论文比较：研究的学术意义如何？研究的使用价值如何？从整体研究内容来说，有无突破性进展？应用后能产生什么效应或者效益？研究方法是否先进？较前人有无改进？改进多少？有没有显著意义？

（2）期刊的宗旨和范畴

选择期刊要注意专业性，即专业对口。不同科技期刊有不同的宗旨、不同的论文收录范围，它决定了投稿论文的主题内容范围。科技期刊的收录范围和期刊的类型及级别基本决定了该刊物的读者对象，也基本决定了稿件的写作风格与详简程度。所以，在投稿之前需要弄清楚所投期刊的出版宗旨和学术范畴。期刊的这些内容通常刊登在期刊的内封面或者首页的反面，或者期刊网页"作者须知"中。同时，还可以通过浏览期刊目录和栏目设置，选择几篇近期发表的，与自己论文相近领域的论文阅读，看看自己的论文是否有创新和特色。

（3）期刊的学术水平

科技期刊的学术地位和学术影响力表现在期刊所收录论文的水平、主编、编辑单位、专业人员心中的地位等方面。从图书情报界的角度看，期刊的学术地位和学术影响力则表现在期刊的影响因子大小、是否被国内外检索工具收录、是否为学科核心期刊等方面。目前已被国内广泛认可的是"核心期刊"及期刊的影响因子。了解国内期刊信息的最可靠、最全面的途径有《中文核心期刊要目总览》、社科类期刊的核心期刊，可以查询《中国人文社会科学核心期刊要览》。国外的为 SCI、SSCI 期刊源。中国科学院文献情报中心对这类期刊的总水平进行了分区研究。按近三年数据，前 5% 作为一区期刊，后三个排序按平均分为二区、三区和四区。此分类系统已被国内许多高校所采纳，尤其是发表在一区、二区的论文，通常被认为是该学科的标志性成果。

（4）出版周期

出版周期是指期刊的出版频率，一般分为年刊、半年刊、季刊、双月刊、月刊、半月刊、周刊和不定期刊。不定期刊、年刊和半年刊不投稿或者少投稿为好。

（5）出版论文容量

期刊的论文容量是指期刊一年或者一期能发表多少论文。如某种半月刊每期容量为 10 篇，则年容量为 240 篇。一般来说，应尽量选择向出版周期短、容量大的期刊投稿。

（6）发表周期

发表周期是指从编辑部收到稿件到文章发表的时间，它反映论文发表的速度快慢。有些期刊审稿时间和发表周期比较短，有些则比较长。这点可以从文章的收稿日期、修改日期、接收日期来获得信息。

（7）稿件的淘汰率

稿件的淘汰率是指期刊对所投稿件淘汰的百分率。据分析，这也是评估期刊质量的指标之一。高水平的期刊具有相当高的淘汰率。据报道，NEJM：The New England Journal of Medicine 的淘汰率为96%。

（8）是否友好

对于外文期刊，需要考虑期刊的友好性问题。对我国不友好的国家和不友好的期刊，一般不要主动向其投稿。判断方法之一是期刊是否发表过或者经常发表中国论文。具体方法可利用计算机检索中国论文被检索系统的收录的期刊分布情况。

（9）版面费

论文被期刊接收后，一些期刊会向论文作者征收版面费。另外大多数期刊对彩图还会按页数收取附加版面费。这些费用开支都是选择杂志时应予考虑的事项。

13.5 学术规范

人类的学术实践活动大体可包括学术研究、学术写作、学术评价（含学术批评）、学术管理诸多形式。学术规范是学术实践活动中形成的，学术共同体共同遵守的各种行为规则。学术规范主要是指尊重知识产权和学术伦理，严禁抄袭剽窃，充分理解、尊重前人及今人已有的相关学术成果，并通过引证、注释等形式加以明确说明，从而在有序的学术对话、学术积累中实现学术创新。

为切实加强学术规范建设，国家各部委相继出台了一些指导性文件，如教育部《关于加强学术道德建设的若干意见》（2002）、《高等学校哲学社会科学研究学术规范（试行）》（2004）、《关于严肃处理高等学校学术不端行为的通知》（2009）和《关于切实加强和改进高等学校学风建设的实施意见》（2011）等；国务院学位委员会《关于在学位授予工作中加强学术道德和学术规范建设的意见》（2010），科学技术部、教育部、中国科学院、中国工程院和国家自然科学基金委员会五部委联合印发《关于改进科学技术评价工作的决定》等。

为贯彻落实教育部文件精神，营造良好的学术研究氛围，各高校也制定了学术道德管理条例，向学术不端亮起了红灯。如《中国科学技术大学研究生学术道德规范管理条例》《华中科技大学学术道德和学术不端行为处理规定》《东南大学研究生学术道德规范管理条例》《北京大学教师学术道德规范》等，根据这些文件或规范精神，我们认为学术规范大致可由道德规范、法律规范、写作技术规范、学术评价规范四项组成，其基本内容如下。

13.5.1 学术道德规范

学术道德规范是对学术工作者从思想修养和职业道德方面提出的要求，它是学术规范的核心部分。学术道德规范的具体内容包括：

（1）学术研究应以知识创新和技术创新作为科学研究的直接目标和动力，模范遵守学术研究的基本规范，研究或实验过程中要坚持严肃认真、严谨细致、一丝不苟的科学态度。不得虚报研究成果，反对投机取巧、粗制滥造、盲目追求数量不顾质量的浮躁作风和行为。反对急功近利，贪图捷径，甚至不劳而获，在他人成果上轻易署名，换得个人名利的做法。

（2）学术评价应遵循客观、公正、准确的原则，如实反映成果水平。对研究课题应在充分掌握国内外材料、数据基础上，做全面分析、评价和论证。不得刻意贬低别人，提高自己，不可滥用"国际领先""国内首创""填补空白"等词语。应坚决反对在学术评价中掺杂个人情感因素甚至弄虚作假的行为。

（3）学术论著写作，应坚持继承与创新的有机统一。树立法制观念，保护知识产权，要充分尊重前人劳动成果，在论著中应明确交代本著作（或论文）中哪些是借鉴引用前人成果，哪些是自己的发明创见。应按国内外学术界通行的规矩，在学术成果中附加必要的注释并列出足量的参考文献，以标明本成果对前人理论、观点、材料、方法等的参考与借鉴。

13.5.2 学术法律规范

学术法律规范是指学术活动中必须遵循的国家法律法规和有关技术标准。我国尚未制定专门的法律法规来规范人们的学术活动。与学术活动有关的行为规则分散在民法通则、著作权法、专利法、保密法、统计法、出版管理条例等法律法规中。根据这些法律法规的条款，应严格遵守的法律规范主要包括：

（1）必须遵守《中华人民共和国宪法》。应坚决贯彻执行党的路线、方针和政策，坚持以马列主义、毛泽东思想和邓小平理论为指导，坚持四项基本原则，坚持学术研究为社会主义现代化建设服务的方向。

（2）必须遵守著作权法。按照《中华人民共和国著作权法》等有关法律文件的规定，应特别注意做到以下几点：

①不允许剽窃、抄袭他人作品。应坚决杜绝以稍微改变形式或内容，将他人作品的部分或全部据为己有，并以新作品的形式加以发表或直接将他人作品的大部分或部分内容，以相同的形式窃为己有的剽窃行为。

②论文若作为合作创作的作品发表，其版权由合作作者共同享有。合作作者

中的每一个人都无权单独行使合作作品的版权。合作作品的署名应按照对科学研究成果所做贡献大小，但另有学科署名惯例或作者另有约定的除外。

③未参加创作，不可在他人作品上署名。学术成果的创作是艰苦的智力活动，需要创作者付出创造性劳动。如果没有参加创作，或只是参加了一些创作活动的准备、组织及咨询服务性工作，不能认为是参加了作品的创作，因而不能在作品上署名。

④禁止在法定期限内一稿多投。我国著作权法明确规定，自作者稿件发出之日起 15 日内未收到报社通知决定刊登的，或者自作者稿件发出之日起 30 日内未收到杂志社通知决定刊登的，作者可将同一作品投向其他报刊社。同时又明确规定双方另有约定的除外。目前，我国学术性期刊一般都把通知作者的时间规定为 3 个月，应在此规定的时间内避免同一稿件多投，以保证报刊社在采用稿件时享有先于其他报刊登载的权利。

⑤合理使用他人作品的有关内容。学术研究、学术写作离不开对他人成果的借鉴和利用，都程度不同地存在引用他人已发表（出版）作品文字的现象，即对他人作品著作权的合理使用。合理使用他人作品的有关内容必须符合以下条件：a. 引用的目的仅限于介绍评论某一作品或说明某一问题；b. 所引用的部分不能构成引用人作品的主要部分或者实质部分；c. 不得损害被引用作品著作权人的利益。符合这三个条件，可不经过著作权人同意，不向其支付报酬，但必须在自己作品中指明被引用作品的作者姓名、作品名称及版权事项。

（3）必须保守党和国家秘密，维护国家和社会利益。遵守《中华人民共和国保守国家秘密法》对学术成果中涉及国家机密等不宜公开的重大事项，均应严格执行送审批准后才可公开出版（发表）制度。

（4）应遵守其他适用法律法规。按《中华人民共和国民法通则》规定，不得借学术研究以侮辱、诽谤方式损害公民法人的名誉；遵守《中华人民共和国统计法》，对属于国家机密的统计资料严格保密；遵守《中华人民共和国专利法》，对有必要申请专利的内容，申请前不得发表导致有关技术内容公开的论文或进行成果鉴定；履行单位交付的任务中完成的或主要是利用本单位物质条件或名义完成的发明创造，属职务发明，申请批准后的专利权归所属的法人单位所有；毕业论文（设计）中使用标准、目录、图表、公式、注释、参考文献、数字、计量单位等应遵守国家标准化法、计量法等法律法规的规定。

13.5.3　写作技术规范

写作技术规范是指在以学术论文、著作为主要形式的学术写作中必须遵守的有关形式规格要求。根据国内外有关文献编写与出版的标准、法规文件的规定，写作技术规范主要内容应包括：

（1）选题应新颖独特。或开拓新领域，或提出新观点，或发掘新资料，或运用新方法，具有一定理论深度和较大学术价值。按照国际惯例，应在论著的引言或绪论中对本成果所涉领域研究的历史与现状有全面、系统的了解并做出准确的概括与评价。

（2）应观点明确，资料充分。论证严密。观点必须反映客观事物的本质或规律，必须科学、准确且有创新性。资料（包括历史事实）必须真实、可靠、翔实，最好选用第一手资料，以及最新资料（如不同版本的最新版本）。论证必须概念清晰一致，判断准确无误，推理逻辑严密，达到材料与观点、历史与逻辑的有机统一。

（3）论文内容应与形式完美统一，达到观点鲜明，结构谨严，条理分明，文字通畅，形式要素齐全、完整。其项目应包括题名、作者署名、摘要、关键词、中图分类号、正文、注释、参考文献、致谢以及英文题名、英文摘要和英文关键词等。

（4）参考文献的著录应认真执行《文后参考文献著录规则》（GB/T7714—2005），保证文献著录的规范化。

13.5.4 学术评价规范

学术评价涉及课题项目的立项、学术成果的鉴定或评价、各级各类优秀成果的评奖、职称评定中对科研成果的考核认定以及教学、科研人员工作考核考评等诸多方面。要提高学术评价的科学水平，必须建立科学的评价指标体系，制定科学的评价办法，实现评价工作规范化。

1. 同行评议

同行评议是由同一学术共同体的专家学者来评定某特定学术工作的价值和重要性的一种评估方法。

同行评议历史悠久，始于15世纪欧洲专利申请的查新，其前提和基础是学术共同体。同行专家根据参评对象提供的材料进行定性的描述并做出结论。同行评议是国际上通行的评价方法，主要用于科研机构评价，国内论文评审、基金遴选、职称评定、学术荣誉等科学评价活动中也广泛采用。公正的同行评议需满足两个条件：

（1）同行专家必须是真正的同行，即所谓小同行，对评价内容相当熟悉和了解；

（2）评价专家能够认真负责、"公平、公正和客观"地进行评价。评议意见应不受被评议者的性别、种族、出身、宗教、职称或职务、师承关系或社会关系等评议工作以外因素的影响。

同行评议在学术评价中有一定的地位,但它的主要问题在于评价标准、成本、评价主体的主观随意性控制等;另外,以同行评议形式在短时间内难以判别一篇文章的重要性,真正评价一篇文章在该领域的影响需要数月甚至数年。例如,阐述给生物信息学带来变革的 BLAST 软件的文章 1990 年发表在影响因子为 3.9 的 J Mol Biol(1990,215:403-410)上,该文的引用次数近 30000 次,远大于 Nature(34.5)和 Science(29.7)中文章的最高引用次数。

2. 量化评价

量化评价始于 20 世纪中期,以文献计量学的产生和发展为基础。为提高学术评价的科学性和可比性,简便易行的量化评价体系颇为流行。量化评价在统计论文数量和刊物影响因子方面体现出一定的科学性,也便于操作;但近年来,学术界迎合这种评价标准,出现了重数量轻质量、弄虚作假等不良风气,仅以成果数量衡量学者的水平,可能造成学术泡沫化和虚假繁荣。

"同行评价"和"量化评价"两种评价方法,只采用其中任何一种都有局限性:仅用量化评价容易产生"重量轻质""重刊不重文"等问题;仅用同行评价法对评价专家的主观随意性不好控制。单独采用文献计量或同行评议中的任何一种方法都有其难以克服的局限性,两种方法相结合的综合评价日益成为学术评价领域的共识。

3. 代表作制度

对学术评价体系的探索,国内已有高校如北京大学、复旦大学在学术评定中引入了"代表作"制度。具体做法是,在职称评定或工作考核中,学者自己提交代表作品,由专门的委员会予以评价打分。引入"代表作"制度原因非常简单,只有学术精品力作,才能反映学者的真实水平。创作精品需要积淀,很多学术大师的精品力作都是"十年磨一剑"的结果。这种评价方式在实际操作中并不排他,可以和传统的量化标准结合使用,根据不同学科、不同科研机构的特点因地制宜,最大限度地反映学者的客观水平。引入"代表作"制度,可以从源头上遏制学术浮躁之风,为高质量的学术研究提供适宜的环境。

13.6 文献统计分析工具

文献计量学方法通常被称为文献统计分析,即利用统计学方法对含有战略情报的相关文献的特征进行简单的统计分析,并用数据描述或解释文献的数据特征和变化规律,从而达到战略情报研究的目的。

文献计量学方法的统计对象文献计量学方法的基础是"数量",因此必须开展一系列统计工作以获得必要的数据①出版统计(书刊、科技报告、专利文献等)——出版物数量反映了该学科的研究和发展状况。②科学术语统计:帮助分析科学水平,规范科学术语,为信息检索编纂提供科学依据。③作者统计——研究作者与出版物之间的关系。④统计被引文献可以揭示学科、作者和论文之间的关系,可以反映论文和期刊的质量。⑤读者统计——研究读者来源分布、信息需求趋势等,通过读者反馈信息可以提高信息管理业务水平。⑥文献利用统计(阅读、借阅文献数量等)。它是集数学、统计学、文献学为一体,注重量化的综合性知识体系。其计量对象主要是:文献量(各种出版物,尤以期刊论文和引文居多)、作者数(个人集体或团体)、词汇数(各种文献标识,其中以叙词居多),文献计量学最本质的特征在于其输出务必是"量"。

目前几种常用的文献计量分析工具有以下几种。

13.6.1 知网—计量可视化分析

打开《中国知网》的主页,不论按什么方式检索文献,平台的文献计量可视化功能都能够对检索到的文献进行可视化统计,只要点击一下"计量可视化"功能,就可以做出很多可视化统计结果,使检索者对所检索到的文献发表情况和引用等相关信息一目了然,参考文献条目也能生成下载。

(1)总体趋势分析

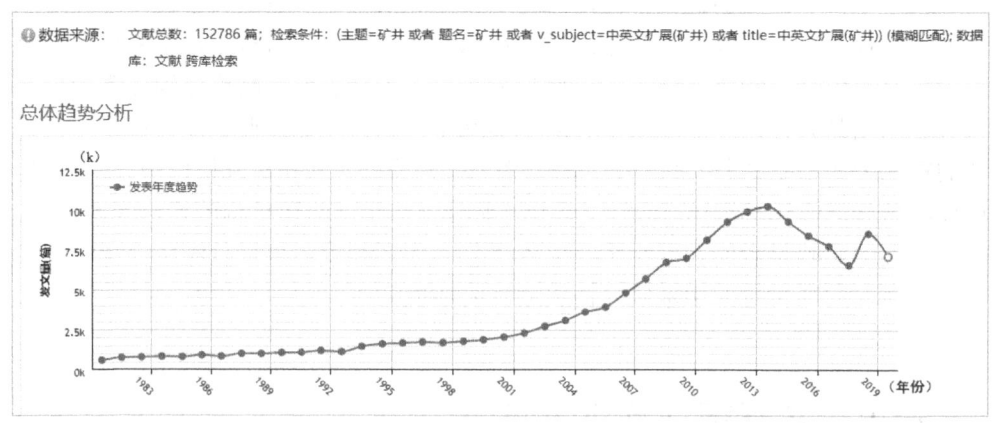

(2)主题分布

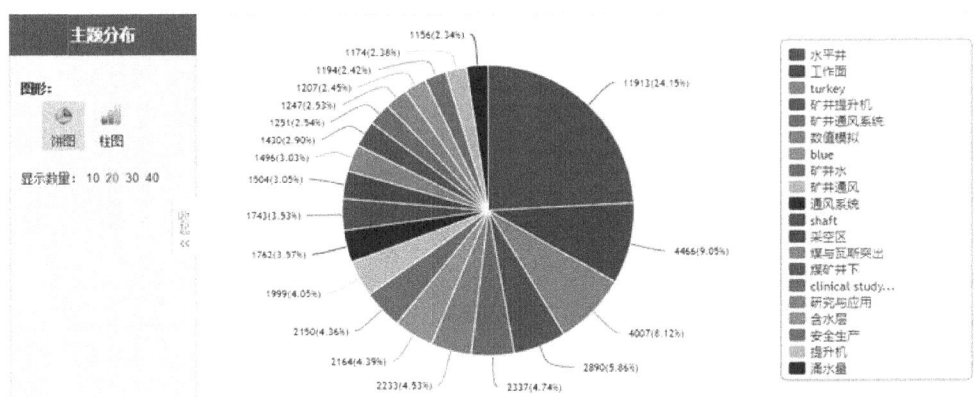

(3)比较分析

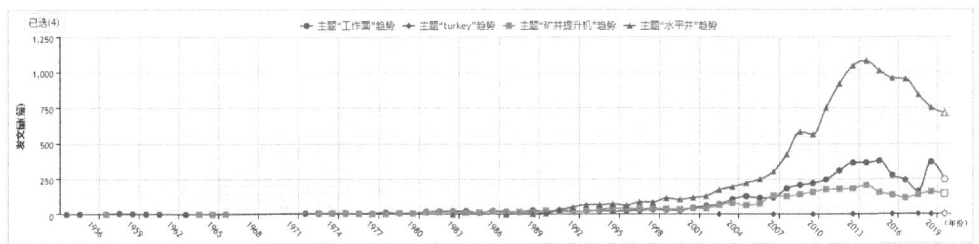

13.6.2 文献计量在线分析平台

仅支持 SCI 数据库引文数据。输入相应的关键词进行搜索，并将检索得到的文献结果，选择保存为其他文件格式。可进行：国家文献总量分析；合作关系分析；影响力分析：期刊影响力、作者影响力、机构影响力；关键词分析；引用关系网分析。

(1) 国家文献总量分析

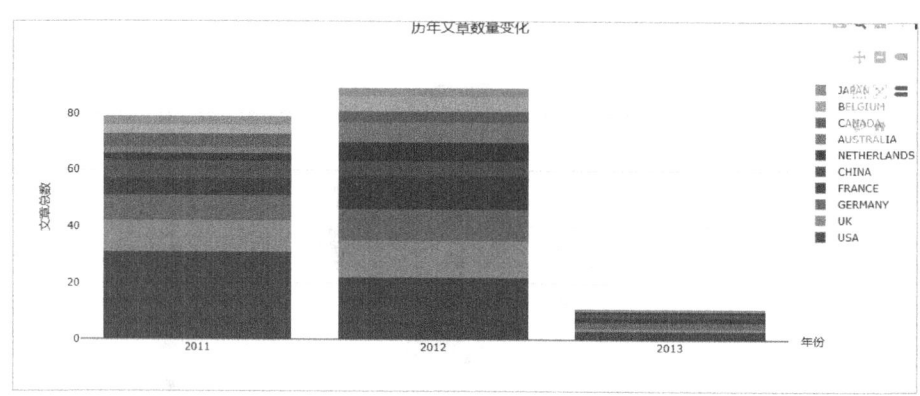

(2) 合作关系分析

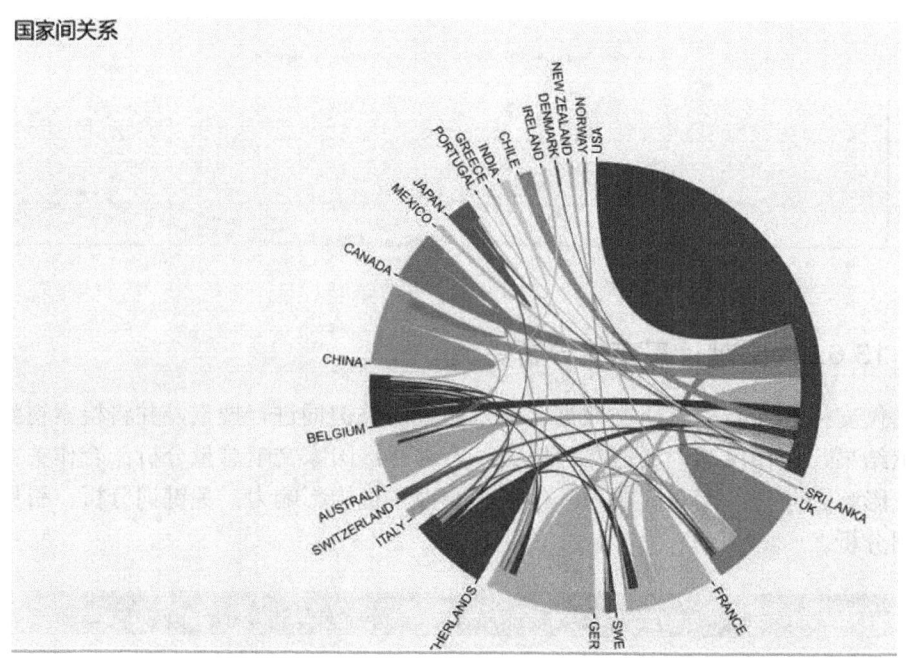

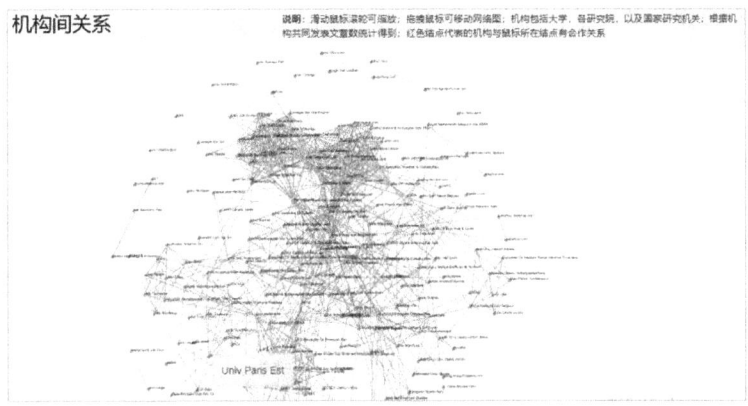

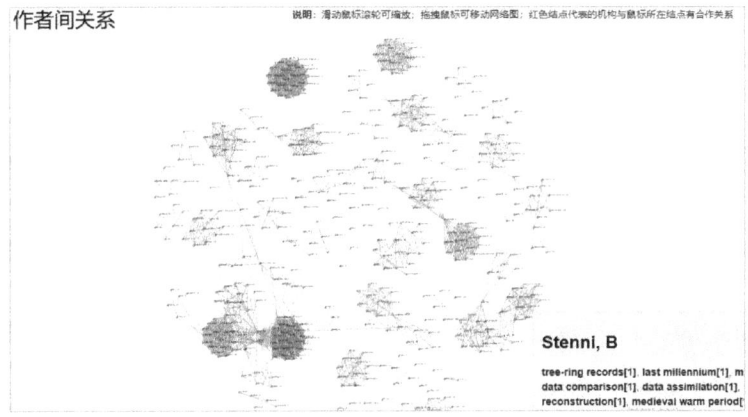

(3) 影响力分析

影响力包括期刊影响力、作者影响力、机构影响力。

（4）关键词分析

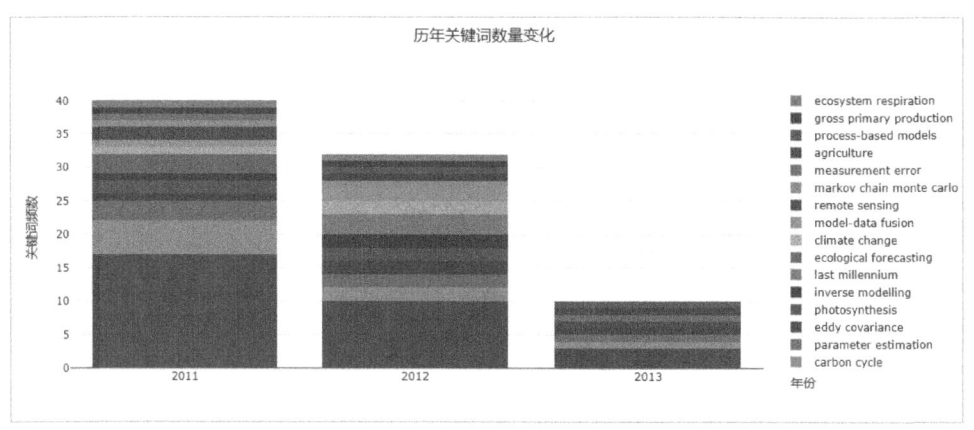

（5）引用关系网分析

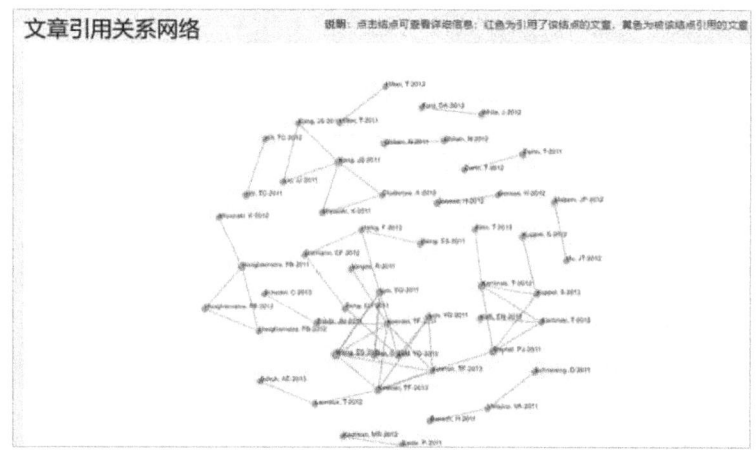

13.6.3 Bibexcel

Bibexcel 是辅助用户分析书目数据或者格式相近的自然语言文本，最终产生的数据可导出至 Excel 或者其他采用 tab 键隔开数据的程序中，主要用于文献计量分析，并可为 PAJEK、NETDRAW 软件提供绘图所用的数据。分析可得到的结果形式包括：

①导出数据；
②PAJEK 可视化图形。

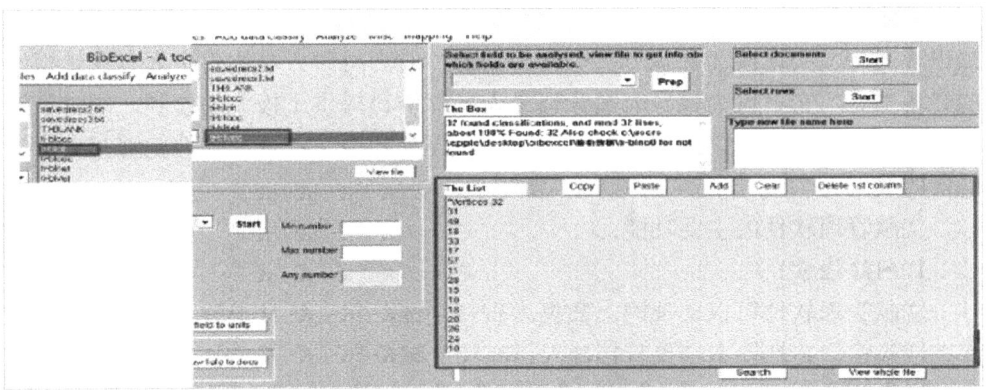

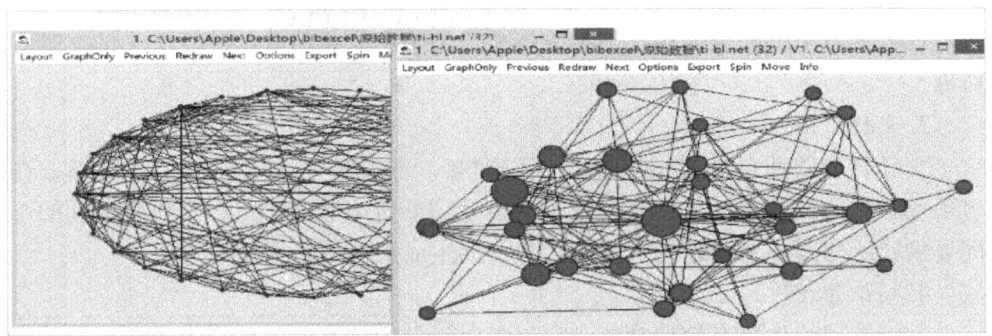

13.7 文献管理工具

科研人员在进行科学研究的过程中要查找、阅读、保存大量的文献资料，在写作时又要经常参考引用这些文献。收集和整理文献资料是科研工作的一个重要环节，传统的方法是手工摘录有关文献的信息，并按照一定的格式进行加工整理，这种非常低效而烦琐的处理过程已经无法适用于大量的文献处理，而且在写作论文时按照定的格式手工输入文中引文和文后参考文献既烦琐又容易出错，从而影响论文的质量。

随着网络信息技术的发展，各种数字信息资源急速增长，传统的文献管理方式已经无法适应目前科技的发展速度。科研人员迫切需要一种能够高效、方便、准确地管理文献的工具，文献管理软件应运而生。文献管理软件产生的初衷是为论文写作提供参考文献管理。随着数字文献资源的日益丰富和用户需求的不断深化,文献管理软件的功能逐步增强,涵盖了网络检索、文献管理、参考文献引用、知识管理、文稿模板和文献分析等众多功能,成为科研人员构建个人专业知识库的必备工具。它不仅为科研人员管理个人文献资料提供了极大的便利,同时也提供了一条建立个人数字图书馆的有效途径。充分利用文献管理软件能够起到事半功倍的效果。

文献管理软件的主要功能:

1. 网络检索

文献管理软件可以实现网上数据库查找功能,它支持几十种甚至上百种数据库在线检索,并把检索结果直接导入已有的文献数据库中来。

2. 文献管理

文献管理软件可以构建个人知识库,可按分类或专题设立子库,支持绝大多数流行的参考文献的导入格式,并支持自己编辑的文献格式;建立个人的文献资料库。

3. 文献引用

文献管理软件可以与 MS Word 无缝对接,在 MS Word 中嵌入功能菜单,在引用文献时能按要求插入参考文献,并自动调整引用顺序,可根据投稿期刊的不同要求快速修改参考文献的引用格式并自动生成规范的参考文献索引。

4. 知识管理

文献管理软件具有笔记功能,可以随时记录阅读文献时的思考,参考文献资料和笔记相关联,方便查阅、引用。检索结果可以长期保存,并自动推送符合特定条件的相关文献,便于长期跟踪某一专业学科的研究动态。

5. 文稿模板

文献管理软件能提供合乎各种杂志要求的稿件模板,写文章时选择合适的模板可大大简化写作过程。

6. 文献分析

文献管理软件能对文献进行分类并且根据关键词相交情况,整理出所有文献的分布情况,对于课题选择、文献分析很有帮助。

13.7.1 EndNote 文献管理软件

EndNote 文献管理软件是科睿唯安公司开发的旗舰型文献管理系统,至今已有二十余年历史,最新版本为 XX(第二十版)。遍布世界各地的研究人员、学生以及图书馆馆员都在利用 Web of Science 检索和分析研究文献,并且使用文献信息管理与写作工具 EndNote 来查找、组织、管理他们的文献数据以及格式化参考文献。

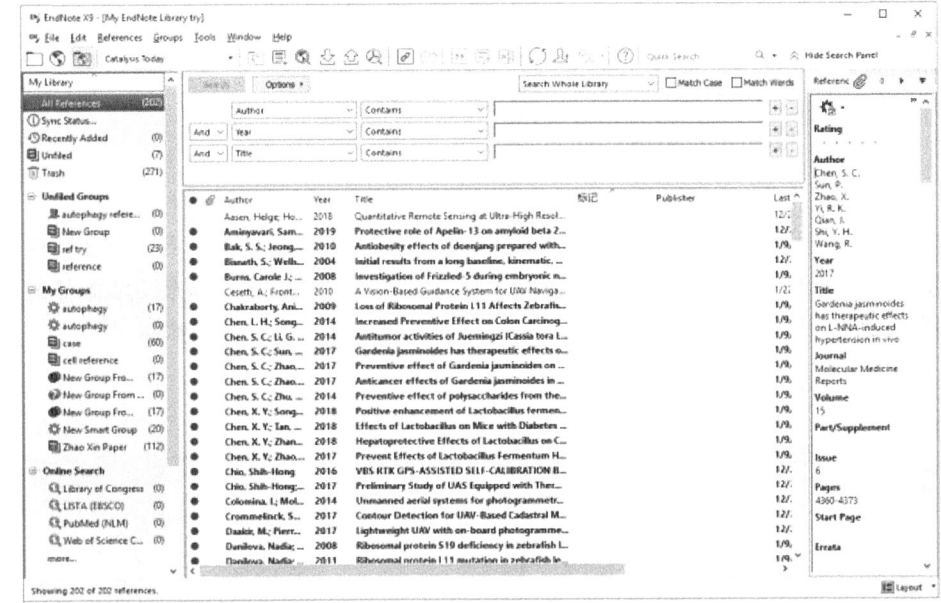

EndNote 主要功能：

1. 组织、建立个人文献数据库（数据库建立在个人电脑中）。

2. 可以与网络版软件 EndNote Basic（原名 EndNote Web）建立在服务器端的数据库进行数据同步。

3. 与其他人共享数据库（包括记录、附件、注释和笔记），支持多人对数据库的协同管理。

4. 通过在数据库中建立文献组集合及文献组，实现二级目录管理。

5. 文献组数量及其中的文献记录数量不受限制。

6. 多种添加记录方式：借助相应的过滤器，将在多种检索系统得到的检索结果，以及利用其他个人文献管理软件所建数据库中的记录，导入 EndNote 个人文献数据库；手工键入文献题录信息，在 EndNote 个人文献数据库中生成新记录；从已有文献全文生成题录信息。

7. 对数据库中的记录可以进行编辑、删除、映射到其他文献组、复制到其他数据库等操作。

8. 下载与记录对应的文献全文（前提条件是具有全文访问权限，目前该功能常无法正常运行）。

9. 在论著写作过程中快速插入特定出版社要求样式的参考文献。

10. 单机版 EndNote 提供逾 300 种常见期刊论文写作模版（Manuscript Templates）。

13.7.2 NoteExpress

NoteExpress 是目前流行的参考文献管理工具系统，其核心功能是帮助读者在整个科研流程中高效利用电子资源；检索并管理得到的文献摘要、全文；在撰写学术论文、学位论文、专著或报告时，可在正文中的指定位置方便地添加文中注释，然后按照不同的期刊，学位论文格式要求自动生成参考文献索引。

其核心功能如下：

1. 多平台客户端：Windows、macOS、Android、iOS，具备 MS Word 写作插件，支持 macOS 和 Windows 双平台；

2. 数据通过云端同步和备份；

3. 文献种类覆盖期刊论文、会议论文、学位论文、图书章节、图书、专利等常见文献类型；

4. 从 PDF 格式的全文文献中识别文献的核心信息，并通过智能更新功能补全文献的其他信息；

5. 导入自动识别格式化文献元数据信息（NoteExpress、Medline、RIS、Endnote、Refworks、BibTEX、Web of Science 等）；

6. CNKI 中国知网、万方数据、维普经纶、WoS、PubMed、ScienceDirect 等主流中外数据库的检索功能；

7. Chromium 内核浏览器插件，帮助用户在通过浏览器使用专业数据库或一般网页时，保存题录及全文到桌面端；

8. 更新补全文献元数据信息；

9. 自动查重；

10. 载全文；

11. 阅读的文献进行个性化推荐；

12. DF 阅读器，支持边看全文边记笔记；

13. 持 Markdown 格式；

14. 账户漫游至集团版 IP 地址范围外使用；

15. 超过 4000 种期刊、协会、出版社和国家标准的参考文献样式，方便用户进行参考文献样式的一键转换，并提供个性化定制服务；

16. 能指出参考文献中存在的必填字段信息缺失。

13.7.3 RefWorks

RefWorks 是基于网络浏览器的个人文献管理应用程序，用于帮助用户有效管理和利用文献信息。用 RefWorks 需要注册个人账号。

RefWorks 的功能和特点：

1. 创建位于远程服务器端的个人文献数据库；

2. 通过网络浏览器访问个人文献数据库；

3. 可以将个人文献数据库中的内容以压缩文件的形式备份到个人电脑，或利用已备份的文件恢复个人文献数据库中的内容；

4. 在个人文献数据库中建立文件夹的数目不受限制；

5. 在个人文献数据库中存放文献的数目不受限制；

6. 快速从个人数据库中查找特定文献；

7. 在写作文档中快速、准确插入符合出版社要求格式的参考文献；

8. 程序在服务器上升级，用户始终使用最新版本程序；

9. 用户可以在任何时间从任何地方访问个人的文献数据库；

10. 可将个人的文献记录与他人共享；

11. 支持不同语种文字，包括英文、中文简体或繁体、法文、日文、韩文等。

13.7.4 知网研学平台

知网研学平台是在提供传统文献服务的基础上，以云服务的模式，提供集文献检索、阅读学习、笔记、摘录、笔记汇编、论文写作、个人知识管理等功能为一体的个人学习平台。平台提供网页端、桌面端（原 E-Study，Windows 和 Mac）、移动端（iOS 和安卓）、微信小程序，多端数据云同步，满足学习者在不同场景下的学习需求。

知网研学平台的功能和特点：

1. 中外文献资源轻松获取，统一管理，提供多种阅读模式；

2. 在线阅读全文，无须下载，流媒阅读辅助文章透视，关键词、作者、参考文献一键链接；

3. 一键添加写作素材，自动生成规范的参考文献；

4. 笔记便捷管理在线汇编整理，阅读笔记动态嵌入原文，支持笔记编辑、分类、排序、汇编、检索；

5. 实时工具书检索，实时查找词汇的学术释义和翻译；

6. 官网投稿渠道模板整理，提供多种期刊写作模板，辅助格式规范，CNKI 合作期刊渠道，官方正式网站；

7. 多终端同步。

知网研学平台使用详解（PC 端）：

一、注册与登录

知网研学（原 E-Study）提供账号使用和单机使用两种方式：

1. 在线使用：需要输入 CNKI 个人账号和密码进行登录。若没有 CNKI 个人账号的用户可点击界面上的"用户注册"进行账号注册。登录成功后再次启动知网研学（原 E-Study）时会以当前的账号自动登录，无须用户反复登录。忘记密码，请点击界面上的"忘记密码"找回个人密码。

机构用户可在注册登录个人账后，关联机构账号。

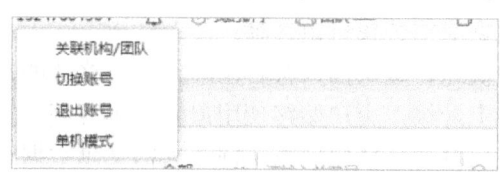

2. 单机使用：在账号使用状态下，切换账号，点击下拉列表中的"单机"，即可直接进入主界面使用（注意：单机使用不会同步到个人账号，仅限本台机器）。

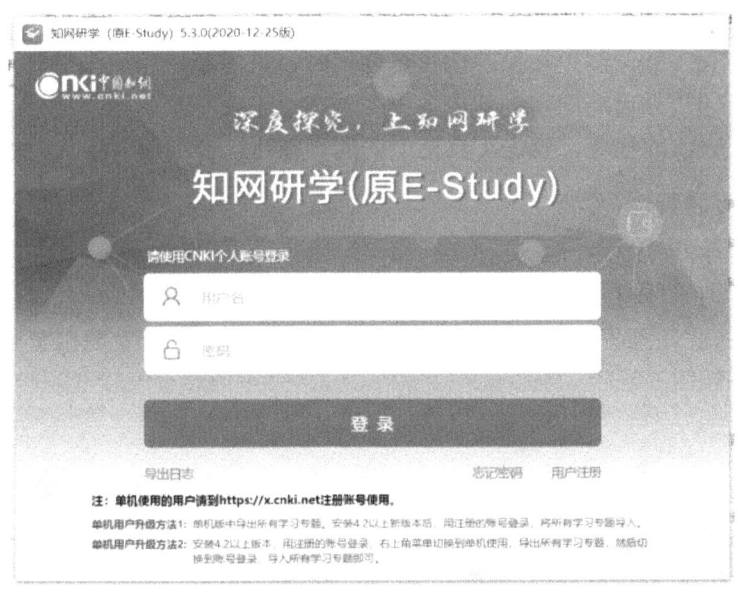

用户登录界面

3. 知网研学界面主要分为五个部分：

（1）菜单栏：主要包含知网研学（原 E-Study）中的功能操作，选择点击菜单栏下拉框中具体菜单项，执行相关操作。

（2）工具栏：随主界面的变化而变化，提供主界面中需要的一些常用操作，方便用户快捷找到相关操作。

（3）导航栏：导航栏主要包括"功能导航""检索"及当前打开文献的标题，可以点击切换主界面。

（4）主界面：主要分为"功能导航"界面、"检索"界面及打开文献阅读界面，其中"功能导航"为用户提供一站式阅读和管理平台；"检索"便于用户文献检索和下载；文献阅读界面提供用户笔记记录及研读功能。

（5）底边栏：底边栏包括题录信息、文献推送、引文预览、摘要、属性、附件和备注，文献推送可获取当前文献的参考文献、引证文献、相似文献和读者推荐文献，题录信息可查看当前题录的详细信息，并编辑题录信息，引文预览可查看将要插入 Word 中的引文信息，摘要即浏览当前文献的摘要，可编辑摘要，属性可查看文献的大小、创建时间、保存位置等信息，附件可查看当前题录的附件信息，备注是对题录或文献添加的解释说明或读后感等。

二、学习专题管理

知网研学（原 E-Study）登录成功后，新建的学习专题，管理的文献和笔记会自动同步到云端，用户在换一台设备使用时，只需要以相同账号登录，就能将之前电脑上的数据自动同步到新设备上，当在"工具"菜单的"文件同步失败记录"中发现失败的任务，点击工具栏上的同步按钮，会继续同步失败的任务。

（一）专题管理

1. 新建学习专题

新建学习专题有三种方式：

工具栏："新建专题"创建（必须在导航树上双击学习专题根节点，工具栏才会显示该按钮）。

主界面：单击学习专题根节点，右键 > "新建专题"创建。

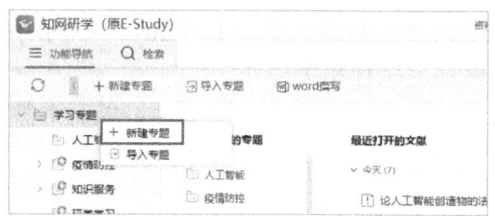

主界面：单击学习专题节点，在右侧界面中点击"新建专题"创建，如图所示。

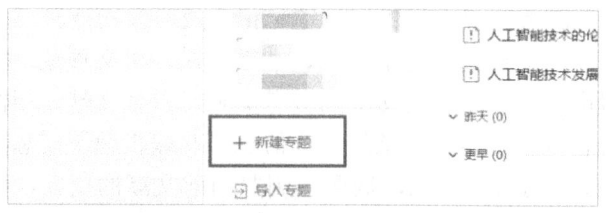

2. 导入学习专题

导入学习专题有三种方式：

工具栏："导入专题"按钮（必须在导航树上双击学习专题根节点，工具栏才会显示该按钮）。

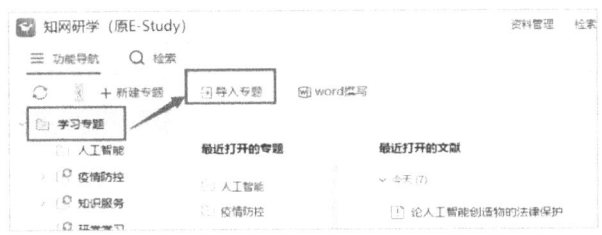

主界面：单击学习专题根节点，右键＞"导入专题"创建。

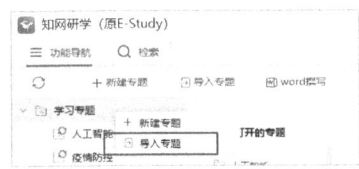

主界面：单击学习专题根节点，在右侧界面中点击"导入专题……"创建，如图。

3. 导出学习专题

学习专题导出操作，方便用户将知网研学（原 E-Study）已有学习专题导出到本地文件夹，导出格式为 .cel 文件。

右键单击将要导出的学习专题，菜单选项中选择"导出专题"。

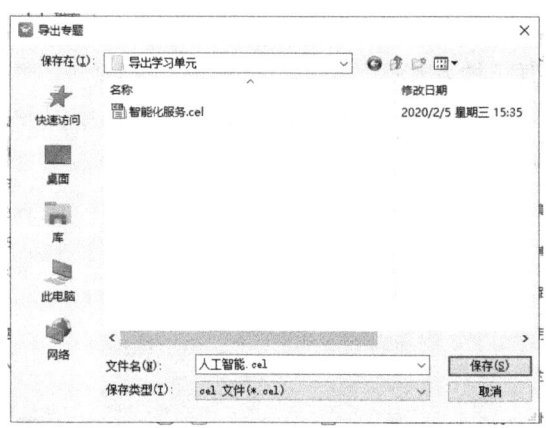

点击保存，导出的路径下会有人工智能 .cel 和人工智能 .contents 文件，导出的学习专题导入其他账号时，须保证 .cel 文件和 .contents 文件夹在同一路径下，原学习专题中的文献和笔记才能全部导入新的账号下。

4. 新建子专题

每个学习专题下，用户可以新建多个子专题对该学习专题进一步管理。当然，子专题下面仍可以新建子专题。

新建子专题有三种方式：

（1）右键快捷菜单选项"新建子专题"。

（2）工具栏选项"新建子专题"。

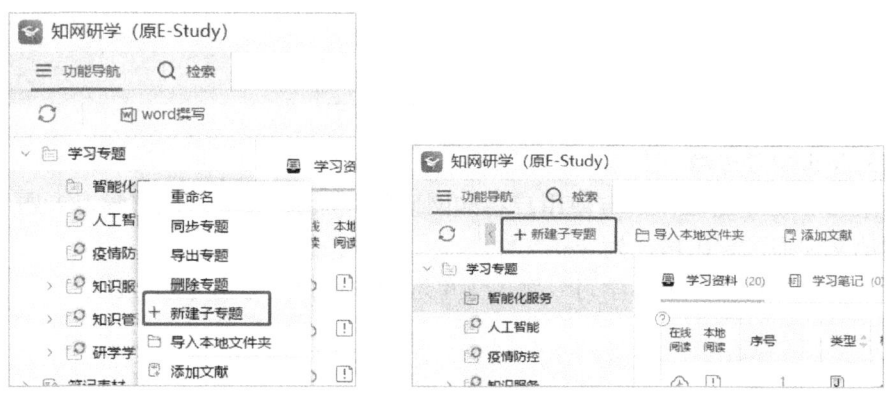

（3）在 Web 等其他各端新建子专题，登录 E-Study，点击"同步"按钮，将显示新建的子专题。

注意：只有一级专题才能勾选是否同步，子专题同步权限与所属父专题一致。

5. 导入本地文件夹

除了新建子专题，如果本地计算机上的文件夹内包含多篇文献，可以将该文件夹直接导入知网研学（原 E-Study）的学习专题或子专题中，软件会自动创建与文件夹同名的子专题，同时会将文件夹内的文献一起导入该子专题中，首选要单击选择要导入文件夹的学习专题或子专题。

导入本地文件夹有两种方式：

右键快捷菜单选项"导入本地文件夹"。

工具栏选项"导入本地文件夹"。

弹出窗口"浏览文件夹"，选择一个本地文件夹，点击"确定"，进行文件夹导入。

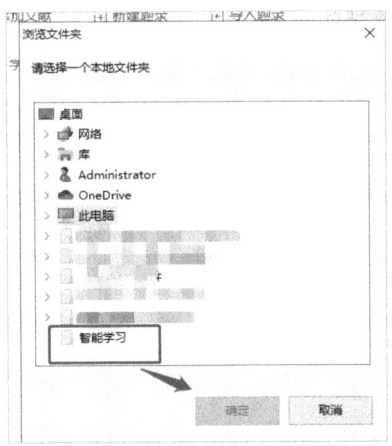

点击确定按钮后，"人工智能"专题下将出现"智能学习"子专题，智能学习文件夹下的文献也导入该子专题下，其他各端也可查看"智能学习"子专题。

6. 添加本地文献

文献必须存在自己的学习专题或子专题，如果没有自己的学习专题或子专题，需要先新建自己的学习专题，然后添加本地文献到知网研学（原E-Study），进一步体验知识管理。

添加文献有三种方法：

（1）右键快捷菜单栏选择"添加文献"（注意：添加文献支持所有类型文件，不会将 word、ppt、txt 等文件转换成 pdf 后添加，因此 E-Study 无法阅读的文件将会以默认应用程序打开。能在 E-Study 中打开的文件类型有：pdf、caj、kdh、nh、teb 格式）。

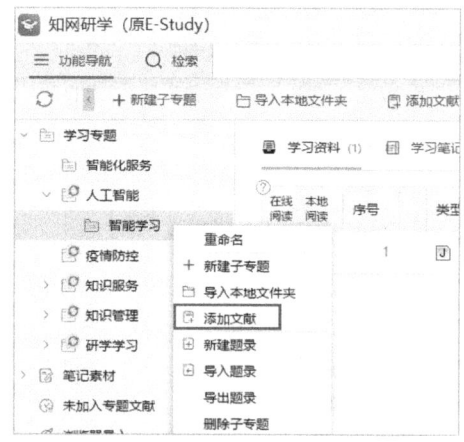

（2）工具栏点击"添加文献"。

（3）直接拖拽文献至知网研学。可以直接将本地文献或者文件夹拖拽至知网研学（原 E-Study）。可在 Web 等其他各端添加文献，同步后可在桌面端查看。

7. 文献阅读

文献阅读分本地阅读和在线阅读，在文献列表中第一列有两列图标，第一列图标亮表示该文献支持在线阅读，第二列图标亮表示该文献可以本地阅读。可以在系统设置—阅读设置中修改双击题录时的默认打开方式。另外还可单击题录信息前的图标，选择在线阅读，或本地阅读。

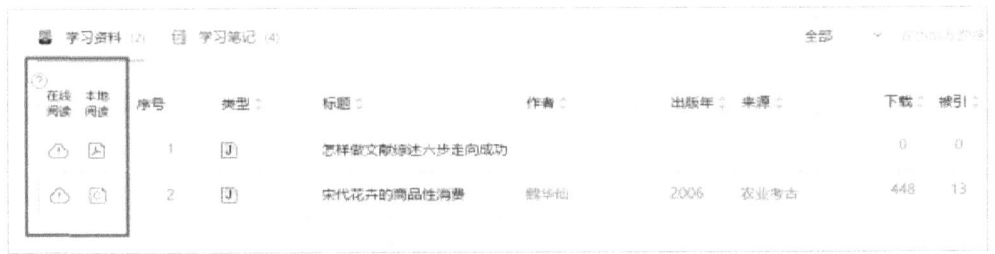

（1）本地阅读

文献全文是指附件中类型为"全文"的附件。打开文献全文有三种方式：右键单击文献题录，单击快捷菜单上的"打开全文"。

双击主界面中的文献题录。

注意：若当前题录不存在全文时，打开全文显示界面如图所示，可点击添加全文添加本地已经存在的全文，或者点击下载全文直接从 CNKI 总库下载全文。

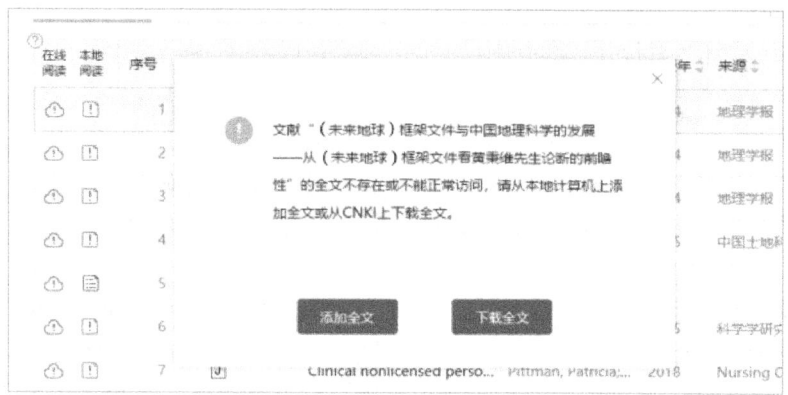

点击文献列表前的图标。

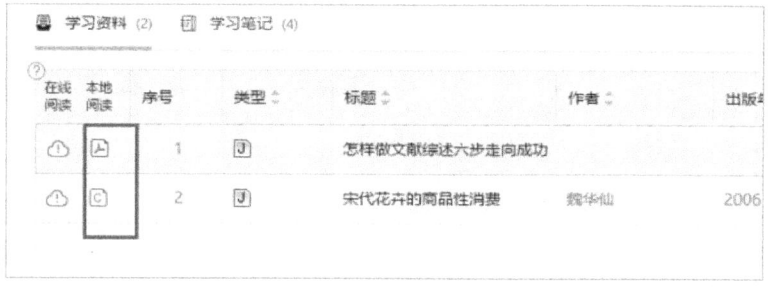

（2）在线阅读

在线阅读分两种形式，xml 在线阅读 以及 PDF 版式在线阅读 。

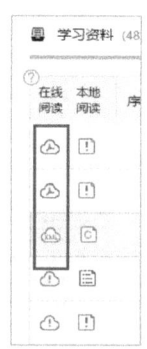

XML 文献阅读：

点击在线阅读图标，开始阅读文献。若当前的账号没有权限阅读该文献，页面会给出相应的提示，可以根据提示开通会员或者单篇购买该文献后继续阅读。

若具有阅读权限，在阅读过程中，可以完成：查看章节目录/参考文献/图表/知网节。平台完成了对大量文献的篇、章、节、图、表、公式的碎片化加工。点击左侧栏章节名称，可实现内容的自动跳转定位。点击图表名称，可以实现文中图表的快速定位。并且当鼠标定位在图表的时候，可以放大或缩小图表，也支持对图表进行"笔记、摘录、涂鸦"的操作，具体如图所示。

点击作者姓名，可自动跳转到该作者的知网节，了解该学者的基本信息、研究方向、主要成果等，如图所示。

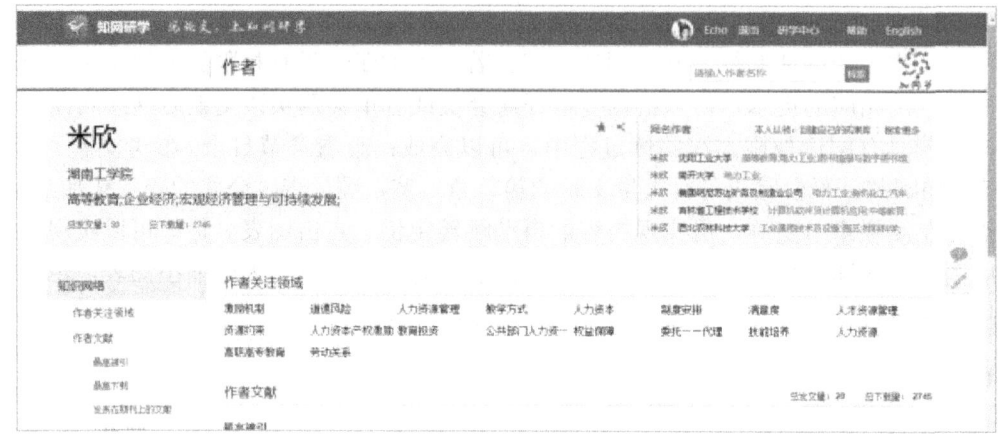

点击单位名称、关键词、基金等，也可自动跳转到对应的知网节，了解相关文献、关注度指数分析等。

在阅读的过程中，单击参考文献角标，在右侧"参考文献"标签下，将自动定位到该参考文献（如图所示）。点击参考文献，即可直接打开该参考文献进行阅读。

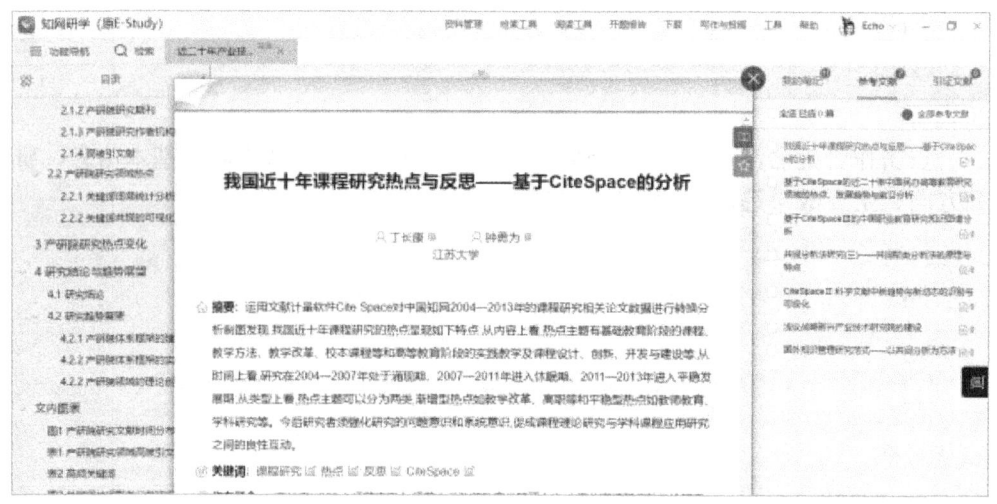

PDF 文献阅读：

PDF 文献可以通过目录导航，查看文章内容。

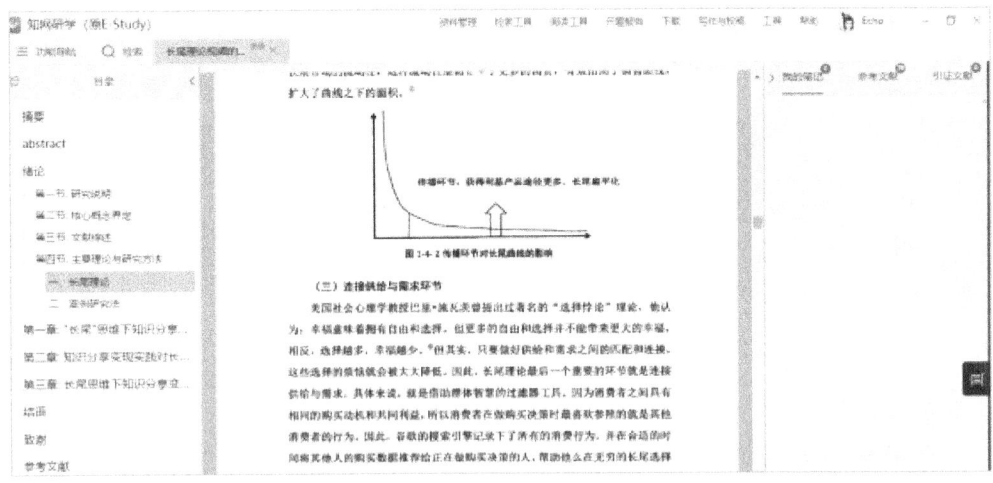

8. 笔记管理

用户阅读过程中，支持记录笔记，同时知网研学（原 E-Study）也提供用户自定义笔记内容，帮助您更好地深入研读，将文献越读越少，越读越精。

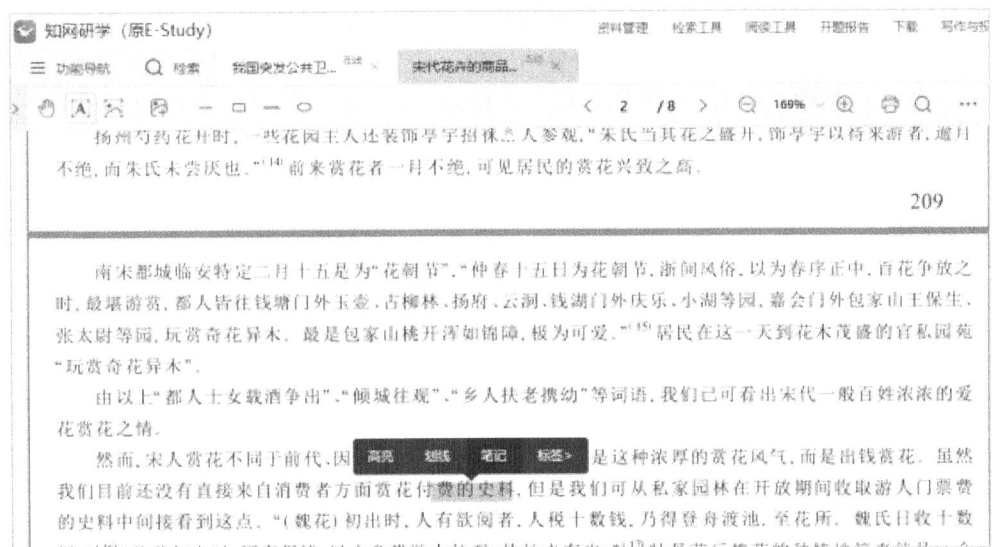

插入笔记素材到 Word：

步骤 1：笔记列表中单击选中一条笔记，右键快捷菜单选"插入笔记素材到 word"。

步骤 2：在当前活动 Word 文档中鼠标所在的位置插入笔记内容，并且笔记的来源作为参考文献插入 Word 中。

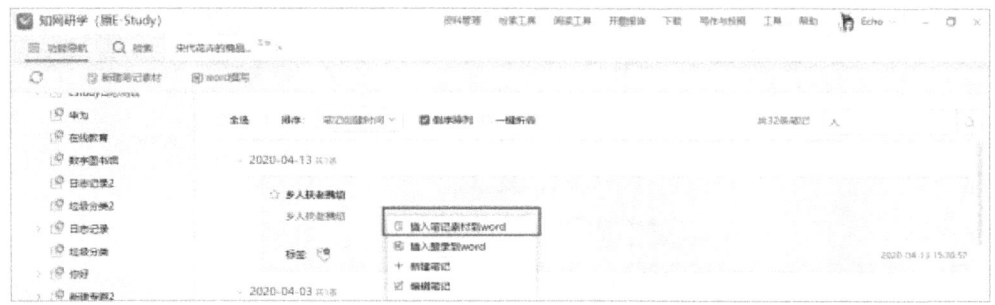

9. 开题报告

生成开题报告：

步骤 1：在研读过程中添加各种笔记，其中系统标签笔记，即笔记添加了"背景及意义""国内发展现状"或"国外发展现状"的标签；

步骤 2：点击主菜单上的"开题报告">"生成开题报告"，将会打开 CNKI 开题报告模板，并将这些带报告模板标签的笔记内容添加到对应的"背景及意义""国内发展现状"或"国外发展现状"位置，笔记来源的文章作为参考文献插入文章中。文后对应生成相应的参考文献。

参考文献中有些字段缺失，可在 E-Study 中更新下题录，题录更新成功后 Word 中再更新引文，题录未更新成功，Word 中可编辑引文。

菜单栏点击"开题报告">"CNKI 开题报告模板"，将会打开 CNKI 开题报告模板。

10. 写作和投稿

（1）选择出版物撰写论文

在菜单栏"写作与投稿">"选择出版物撰写论文"。选择一种出版物，点击"开始撰写"，即可打开该出版物的模板。

（2）选择出版物投稿

步骤 1：菜单栏选中"写作与投稿">"选择出版物投稿"，进行在线选刊投稿；

步骤2：选择一种出版物后，点击"投稿"，即可跳转到该期刊的作者投稿系统；

步骤3：输入您在该期刊作者投稿系统的用户名和密码，即可跳转到投稿主页。您也可以在 Word 文档知网研学（原 E-Study）插件中，选择"投稿"。

第十四章 专业网站

14.1 数值类信息资源的检索

数据是定量分析的基础。一般来说，数值型的信息检索针对的是某种事实、知识的数字数据集合，如统计数据、科学验数据、科学测量数据等。对于进行定量研究的同学来说，能否准确地找到所需要的数据，是课题研究能否顺利开展的关键。掌握数据源和数据检索的工具以及方法，能在大家的学习研究和工作中助一臂之力。

14.1.1 数值类信息资源的类型

数值类信息资源可以从不同角度进行划分。

从收藏载体来看，数值类信息资源包括印刷本、数据库以及网络信息等。除了专门的统计资料，一些其他的工具书也附有数据信息，如年鉴、手册、百科全书和地图集等。

从本质属性来看，可以分为定性数据和定量数据，且前者包含了后者。如在人口统计数据中，统计的年代、省、地、县、乡、职业、民族、性别等都属于定性数据，而相应的人口值则属于定量数据。

从说明范围来看，可分为宏观型和微观型的统计资料，微观数据主要是统计调查数据，包括企业调查统计数据、住户调查统计数据，主要是针对某些特定的需求，在一定范围内，通过实地走访采访、问卷调查的形式获取的有关不同微观主体（企业、居民住户）的第一手数据资料；而宏观数据则主要是针对经济总量的相关统计数据和指标、行业部门相关指标数据等。

从出版形式来看，又可分为统计年鉴、统计手册、统计图表、统计期刊以及统计资料汇编等。

从统计资料的来源来看，可分为官方统计数据、商业数据以及民间调查统计数据等。

数值类信息资源的数据量一般很大。

(一)数值类印刷本资源

传统的印刷本数值类信息资源包括统计月报、统计年鉴、统计索引、统计摘要等。随着数字媒体的飞速发展,数值类的纸质印刷本使用频率明显下降。但是个别权威的统计资料,仍然还是作为重要的信息来源,如:

(1)宏观型统计资料

《联合国统计年鉴》(*Statistical Yearbook*)。该年鉴1949年开始由联合国经济和社会事务部(Department of Economic and Social Affairs)出版,英法文对照。该年鉴是当前编制水平较高的综合性国际统计资料,广为世界各国引用。其内容包括280个国家和地区的人口、工矿业、农业、制造业、财政、贸易、社会、文教等各方面的情况,按类分成28章。书中涉及的统计数字一般回溯几年甚至几十年,每项统计都注明了材料来源。书中的资料分中央计划经济国家、发达和发展中市场经济国家、欧共体和欧洲自由贸易联盟几个类型。多数统计表按洲、地区和国别排列,不再细分到比国家单位更小的地区。该年鉴为综合性年鉴,但有相应的更详尽的出版物如《人口年鉴》(*Demographic Yearbook*)等作为补充。近年又发行磁带版、CD-ROM版。

(2)全国性统计年鉴、全国性统计摘要、地区性统计年鉴

《中国统计年鉴》系统收录了前一年全国和各省、自治区、直辖市经济、社会各方面的统计数据,以及三十多年和其他历史重要年份的全国主要统计数据,是一部全面反映中华人民共和国经济和社会发展情况的资料性年刊。

《中国统计摘要》是为及时反映我国国民经济与社会发展情况而编辑的一本综合性简明统计资料年刊。《中国统计摘要》收录了前一年社会经济主要指标数据,同时简要列示了1978年以来的历史资料。正文内容具体分为综合,国民经济核算,人口、就业和职工工资,固定资产投资,财政和金融,物价指数,人民生活,农业,工业和能源,建筑业,运输和邮电,国内贸易,对外贸易和旅游,教育、科技、文化、卫生、体育和环境保护,中国香港和澳门特别行政区主要社会经济指标,中国台湾省主要社会经济指标及国际比较共17个部分。正文之后还附有主要统计指标解释。

《北京统计年鉴》是一部按连续出版的大型区域性统计资料,通过大量的统计数据,真实地记录了北京市一年来社会经济和科技方面的发展变化情况,是国内外各界人士了解北京、认识北京的重要资料工具书。

《美国统计摘要》(*Statistical Abstract of the U.S.*)。该年鉴是美国社会、政治和经济机构的标准统计摘要,由美国商务部人口调查局和经济分析局负责整理发布。1878年首次出版,它也是其他统计刊物和资源的范本。选取的内容丰富,

包括政府和民间。资料来源往往详加说明定义和范围,若是未经出版单位刊行的资料,则标明互联网上取得或未出刊记录的来源。虽然强调是全国性的统计资料,但对区域、个别州或少数都会区和城市也有所罗列。

美国商务部统计局出版的《美国统计概要》(*Statistical Abstract of the United States*),相当一部分数据可以免费下载。内容涉及美经济、社会各领域,十分庞杂。分类编排各类图表,并给出资料来源。有印刷版和网络版。登陆网址:http://www.census.gov/compendia/statab/。

《世界竞争力年鉴》(*World Competitiveness Yearbook*)。该年鉴自1989年开始出版发行,根据331项指标对55个经济体的竞争力进行比较,是全球较富盛名的研究报告之一。该年鉴被视为对竞争力表现进行对标的宝贵研究工具。该年鉴以从国际性及地区性机构和私人机构获得的统计数据为主,并辅以企业高管年度意见调查的结果。与52家机构的合作确保了数据的可靠性和实时性。瑞士洛桑国际管理学院(IMD)于2003年推出该年鉴数据库的网上互动版,其中包括10年来的排名指标等。登录网址:http://www.imd.ch/research/publications/wcy/。

(3)专业统计资料

《中国劳动统计年鉴》。该年鉴是一部全面反映中华人民共和国劳动经济情况的资料性年刊,收集了全年全国和各省、自治区、直辖市、中国香港特别行政区、中国澳门特别行政区的有关劳动统计数据。主要指标还编有历年统计数据。涵盖的范围包括:工会工作;就业与失业;城镇单位就业人员和劳动报酬;国有单位就业人员和劳动报酬;城镇集体单位就业人员和劳动报酬;其他单位就业人员和劳动报酬;乡镇企业就业人员;职业培训与技能鉴定;劳动关系;劳动保障监察;社会保障;中国香港资料;中国澳门资料。书末还附有国外有关资料和主要指标解释。

《中国城市(镇)生活与价格年鉴》。《中国城市(镇)生活与物价年鉴-2009》在《城镇居民家庭收支调查资料》与《中国物价统计年鉴》的基础上,对资料进行了充实和重新编排,增加了英文对照。本年鉴系统收录了年度城镇居民家庭收支调查资料、城市发展基本情况资料、价格调查资料,是一部比较全面地反映中国城市(镇)人民生活水平和各类价格指数的专业性综合年鉴。年鉴分四个主要部分,第一部分,城镇居民家庭收入和消费;第二部分,城市资源与经济;第三部分,城市生活质量与环境;第四部分,价格指数。篇末附有统计指标解释。本年鉴所涉及的全国性统计数据,均未包括中国香港、中国澳门特别行政区和中国台湾省数据。年鉴资料中所使用的度量单位均采用国际统一标准计量单位。资料中的城市为地级及以上城市。城市统计数据由各市统计部门或调查队采集。

《中华人民共和国全国分县市人口统计资料》。它是由公安部治安管理局编印的人口统计年报汇编资料，是一本人口信息密集的资料工具书，内容系统翔实，比较全面、真实地反映了全国的人口状况。自1986年起，本资料已连续公开出版发行，不仅为各级人民政府及有关部门制订国民经济和社会发展计划提供了重要依据，而且为人口学界和其他社会各界人士进行人口研究提供了宝贵参考资料。本书反映了年度全国的人口状况，书中内容包括全国人口主要数据；全国市、县人口分组情况；各省、自治区、直辖市分区、市、县人口；以及各省、自治区、直辖市镇人口四大部分。

《中国区域经济统计年鉴》。该年鉴是一部全面、系统反映中国区域经济与社会发展状况的大型统计资料书。全书收集了年度全国及其9个经济区域、31个省级行政单位、330多个地级行政单位和2000多个县级行政单位的主要社会经济统计指标。主要内容涵盖自然状况、人口与就业、国民核算、固定资产投资、财政、物价、人民生活、农业、工业、建筑业、运输邮电业、国内贸易、对外经济贸易、旅游、金融保险、教育、科技、文化、卫生、社会福利、环境保护和市政建设等社会经济发展的各个方面。本书包括中国香港、中国澳门特别行政区和中国台湾地区资料。

《入境游客抽样调查资料》。它是一本以反映年度入境游客在华花费为主的资料性年刊。该书由综合分析报告和调查分类数据两部分组成，分类数据包括：入境游客的主要特征，入境外国人，港澳台同胞的花费水平和花费构成，在境内的停留时间以及入境资料，流向，对住宿设施的选择，入境游客对旅游服务质量，旅游接待设施的评价以及对旅游资源和旅游商品的兴趣等。本书是根据抽样调查取得的数据和资料，经过汇总、审核、整理、汇编出来的作者和旅游行业的实际工作者参考使用。

（4）行业统计资料

《中国工业年鉴》由国家发改委经济运行局主办，《中国工业年鉴》囊括综合情况、主要行业、地区工业、城市工业、重点企业、名牌战略、工业论坛、政策法规、大事辑要等方面的内容。

《中国海关统计年鉴》1990年创刊，由中华人民共和国海关总署编制，按年度发表中国对外贸易最详细的统计资料。海关统计包括实际进出中华人民共和国关境的货物、保税仓库、保税区或经济特区进出境的货物、加工贸易进出口的货物、租赁期一年及以上的租赁贸易货物、外商投资企业进出口的货物、国际间无偿援助的物资以及捐赠品等均列入海关统计。海关统计不包括暂时进出口货物、租赁期一年以下的租赁进出境货物、进出境旅客的自用物品（汽车除外）、进出境运输工具在境外添装的燃料、物料和食品以及经过中国领土的直接过境货物。

《中国商务年鉴》由中华人民共和国商务部主持编纂，是我国商务信息服务体系的重要组成部分，是一部全面记述中国商务事业发展情况的大型实用性工具书和史料性参考书。《中国商务年鉴》创刊于1984年，每年出版一期，每期用中文、英文两种文字分册出版，面向全世界发行。

《中国对外经济贸易年鉴》记述了年度中国对外经济贸易发展的基本情况。主要内容：文献、专文、货物贸易、服务贸易、对外经济合作、经贸法规、地方经贸、国别地区、统计和附录等。

《中国保险年鉴》是中国保险监督管理委员会主管、保监会办公室主办的年刊，是一部全面反映中国保险市场发展历程的大型资料性工具书，是全面记录年度中国保险市场现状的资料库。

（二）数值型数据库

数值型数据库是指管理统计数据的数据库系统。这类数据库包含有大量的数据记录，但其目的是向用户提供各种统计汇总信息，而不是提供单个记录的信息。当前的数据运用中，数据库已经成为主导的载体。而数据库技术也是应数值资源整合的需求，而迅速发展起来的主流计算机技术。数值型数据库根据数据反映的内容不同也可以分为不同的类型，包括经济金融数据库、市场调查数据库以及各类宏观指标数据库等。这部分在14.3检索工具中将重点介绍。

（三）数值类网站

除了印刷本和数据库，一些官方的网站、商业机构也会发布一些数据信息。这些数据通常时效性较强，且数据量不大，旨在说明经济、社会或其他各领域的问题。常用的一些数值类网站包括：

《当代商业纵览》（Survey of Current Business）。如果想获得最近数据的详细资料，一个不错的选择是，美国商务经济分析局每月出版的《当代商业纵览》。登录网址：www.bea.doc.gov。

《总统经济报告》（Economic Report of President）。由位于华盛顿的美国政府印刷办公室出版、经济顾问委员会撰写，提供了有关美国当前经济形势的描述和主要宏观经济变量数据。相当多的数据都可以追溯到1959年，甚至个别的可追溯到1929年。好多有关美国的图形，都是采用《总统经济报告》（2005）所附数据生成的，这些数据可以免费下载。登录网址：www.access.gpo.gov/eop/。

Nation Master。利用统计数据制作图标进行比较服务的网站，被称为大规模的中央数据库。资料包括世界银行、不同联合国的实体、经济合作发展组织

（OECD）、WTO 等。Nation Master 提供一个很简单的表格，你可以通过柱状图、扇形图和地图来浏览这些压缩数据，同时还会显示两种数据之间的相互关系。登录网址：http://www.nationmaster.com/index.php。

中国电信黄页由中国电信集团黄页信息有限公司负责开发、运营和维护，是中国电信最具专业性和权威性的黄页信息查询网站。人性化检索功能强大、分类科学，提供城市黄页、全球黄页、黄页书店等服务。登录网址：http://www.yellowpage.com.cn/。

中国网上114，通过网站不但能够查询全国乃至全世界各单位的电话号码，而且能够查询单位的名称、联系人、传真、邮编、职工人数、主要产品（或服务）、电子邮件地址及网站地址等详细资料。登录网址：http://search.114chn.com/。

国家统计局。由中华人民共和国国家统计局和中国统计信息网共同制作。包括统计动态、数据经纬、分析预测、法规制度等栏目，提供了国际统计年鉴1997—2000 年和中国统计年鉴1997—2000 年的年度数据、普查数据、经济快讯、地方统计数据、统计法规、统计制度、统计标准、统计指标等信息。该站点提供链接和检索功能。登录网址：http://www.stats.gov.cn。

14.1.2 数值型信息检索工具介绍

（一）宏观经济数据

（1）中文数据库资源

中经网。其特点是：数据、资料均来自专业或权威机构；形式多样，有视频、文字、图片、数据、图表等；提供浏览和检索两种使用方式，支持全文检索，支持全文和标题两种检索途径，支持二次检索，但不支持"或"和"非"逻辑检索。针对中经专网教育版，所提供的数据均来自权威机构发布的各类经济统计数据、报表、年鉴等。

国研网（又名国务院发展研究中心信息网）。以国务院发展研究中心的信息资源和专家阵容为依托，整合中国宏观经济、金融研究和行业经济领域的专家资源及其研究成果，并与海内外众多著名的经济研究机构和经济资讯提供商紧密合作，提供经济信息资源。面向各级政府官员、经济研究者、企业家和海内外投资者，提供决策支持信息产品。国研网统计数据库包括宏观经济数据库（仅反映国内统计数据）、世界经济数据库、金融数据、重点行业数据库、企业排行榜、对外贸易数据库、工业统计数据、金融统计数据库、产品产量数据库等，集合了中国经济运行的各种权威数据指标，并对国内整体经济形势的发展趋势进行分析。

(2) 外文数据库资源

世界银行在线图书馆 E-Library。世界银行在线图书馆汇集世界银行的电子出版物，包括自 1988 年以来出版的 4500 种图书、所有世界银行政策研究工作报告和各种文件的全文内容（1800 本图书、2800 个工作报告和文件），每年新增 150～185 本图书，新增 250～300 个工作报告，提供索引及全文检索。旗下有世界发展指数（在线数据库）：World Development Indicators，全球金融发展（在线数据库）：Global Development Finance，全球经济监控（在线数据库）：Global Economic Monitor，非洲发展指数（在线数据库）：Africa Development Indicators 四个子库。

OECD（经济合作发展组织）数据库。统计数据库包括 25 个在线统计数据库，包括从 1970 年至今的统计资料。内容涉及 OECD 加盟国与主要非加盟国经济最新动向的综合性统计资料。主要有 OECD 加盟国在对外贸易方面的统计数据、农业政策相关统计数据、OECD 加盟国的国民经济核算，包括 GDP、附加价值、总资本形成等，同时还详细收录来自 OECD 地区和流向 OECD 地区的直接投资统计资料等方面。此外还有国际能源组织的 8 个数据库。

（二）微观经济数据

（1）中文数据库资源

搜数网。"搜数网"是由北京精讯云顿数据软件有限公司推出的专门面向统计和调查数据的专业垂直搜索网站。汇集了中国资讯行自 1992 年以来收集的所有统计和调查数据，搜数收录的统计资料包括国际统计资料、中国/区域统计资料、调查报告类资料、合作统计类资料、行业统计资料、中国各省市（直辖市）自治区统计资料、省会统计资料、经济普查资料、计划单列市统计资料、地级城市统计资料及港澳台统计资料、统计月报等。截至 2021 年 6 月 15 日，已加载到搜数网站的统计资料达到 10768 本，涵盖 2539992 张统计表格和 500521578 个统计数据。

（2）CCER 经济金融研究数据库

CCER 色诺芬中国证券市场数据库：提供各类经济统计类数据，CCER 经济金融数据库从研究者的研究需求出发，在原始数据的基础上提供大量计算后的衍生数据，使之更方便地为研究者所使用。

（3）英文数据库资源

BVD-Osiris 全球上市公司分析库。向专业用户提供了深入分析各国上市公司所需的详细财务经营报表与分析比率、股权结构、企业评级数据、历年股价系列、企业行业分析报告等（含已下市公司数据）。

(三) 附加经济数据

(1) 中文数据库资源

中国资讯行（China InfoBank）。是香港专门收集、处理及传播中国商业信息的高科技企业，其数据库 China InfoBank（中文）建于1995年，内容包括：实时财经新闻、权威机构经贸报告、法律法规、商业数据及证券消息等。该数据库系统适合经济、工商管理、财经、金融、法律、政治等专业使用，包含有各类报告、统计数据、法律法规、动态信息等内容。China InfoBank 包括的主要数据库：中国法律法规库、中国统计数据库、中国科学技术成果库、中国医疗健康库、中国上市公司文献库、中国上市公司资料库（中文）、中国企业产品库、中国高新技术企业数据库、中国中央及地方政府机构库、中国科研机构库、中国科技信息机构库、中国人物库、中国科技名人库等。

(2) 外文数据库资源

EMIS 全球新兴市场商业资讯数据库。提供亚太、欧洲、中东、非洲和南北美洲的80多个新兴市场国家和地区的全方位的市场动态和商务信息、全球一流研究机构的研究报告。也附带企业的部分财务数据。

14.2 资讯—事实类信息检索

随着信息的日益膨胀，面对 Internet 网络信息的纷繁庞杂，用户需要越来越准确、真实、适用、具体地找到能够直接回答问题、针对性强的信息。因此以一次信息（包括全文、事实、图形、数值信息）为主的源数据库已经成为数据库发展的主流。

我们在学习、科学实验和经济活动中，都会碰到各种各样的资讯和事实问题。在研究问题、查找资料时，很多时候往往不需要整篇的论述或观点，而只是需要某一个信息、一个知识点或背景材料。比如说,某个英文缩写或代码表示什么含义，某种物质的物理化学特性是怎样的，马丁·路德的著名演说"I have a dream"发表在何时何地，什么场合，钱学森有哪些重要的论著和贡献，上海和深圳股票市场每日变化，纽约和伦敦的黄金市场近段有什么波动等，这些都是具体的数据和事实问题。从有关的工具书、网络数据库或有关报纸、期刊等不同载体的文献集合中找出这些具体的事实和数据，都属于资讯—事实性信息检索。

14.2.1 事实—资讯类信息检索的类型

事实—资讯类的信息，类型与数量繁多，本部分内容仅从信息检索需求入手介绍事实—资讯类信息检索的类型,包括:字、词;数值、公式、规格、条例、专业知识;人物、机构信息;地名、地图信息;图像资料信息;百科知识;历史事件、年代和日期;产品资料信息;就业信息;考试信息等。

(一)字、词

查字是为了解或核实其字的正确书写方法、读音或确切的释义;查词是为了解专业术语、学科概念等专用名词的意义。查汉语字、词,利用字典、词典。字典,是主要用来解释汉字形、音、义的工具书;词(辞)典,是主要用来解释词语的意义、概念、用法的工具书。我国字典、词典统称为辞书。

查找汉语字、词的电子字(词)典。目前,国内光盘载体的汉语电子词典主要是印刷版词典的光盘化产品。如《汉语大词典》1.0 光盘版、《康熙字典》、中国台湾编撰的电子版《国语词典》等。此外,还有造型小巧的电子字(词)典,如 PDA(即掌上电脑)、铅笔型电子词典等。目前,许多字典、词典都可以直接从网上查询。

名词术语。查考名词术语,包括概念、术语和学科语词的知识性解释等。名词术语数据库较多,举例如下:

中国百科全书网(www.ecph.com.cn),该系统包括百科术语数据库。

中国术语网(www.cnterm.org)。

国际术语信息中心(http://www.infoterm.info/)。

TechWeb Technology Encyclopedi(www.techweb.com/encyclopedia/defineterm.cgi)包含大量技术术语和概念的解释。

《生命科学字典》(biotech.icmb.utexas.edu/search/dict-search.html)。

还可以利用印刷本科技类的辞典查找,如《现代科学技术辞典》《综合英汉文科大辞典》《英汉双向计算机大辞典》《中国农业百科全书》《中国经济百科全书》等。

(二)数值、公式、规格、条例、专业知识

查找数值、公式、规格、条例、专业知识的数据库主要有如下几种:

《中国科学数据库》(www.sdb.ac.cn)。由中国科学院创建,内容涵盖了多种学科,提供了大量具有重要科学价值和实用意义的科学数据和资料。

全库网 123 查(123cha.com)提供在线科学计算器和度量衡换算器、网虫查询、生活查询(主要城市和气象观测点 5 天天气预报、邮编和长途区号查询、国内列车时刻表)查询、其他生活使用查询等。

在线科学计算器(www.cemsg.com/#calculator)查找此类信息的印刷本参考

工具书宜采用手册、表册。手册也叫"指南""便签""须知""大全",如综合性《读者百科词典》、《世界知识手册》等和专科性《农业技术实用手册》、《世界经济手册》等。此外还有表册,如《常用数学公式大全》《电子学数据表与公式手册》等。

(三)人物、机构信息

1. 查找人物、机构信息的数据库

《万方科研机构数据库》,中国科技信息研究所、万方数据集团公司开发。

《Gale 参考性资料数据库》(galenet.Galegroup.com)。其内容覆盖人文社会科学、商业经济、国际市场、人物传记和机构名录等范畴。如"社团大权"(Associations Unlimited)等。

《新华社多媒体信息数据库》(www.info.xinhua.org 或 info.xinhuanet.com)。新华社多媒体信息数据库的中文数据库有人物库、组织机构库、企业库等。

《LexisNexis 参考资料数据库》。

2. 查找人物、机构资料信息网站

传记字典(www.s9.com)收录古今 28000 多位杰出人物的生平资料。

传记中心(英文)(www.biography-center.com)。

历史人物名录(英文)(www.history.org)包含较为丰富的历史资料,按人名字母顺序收录著名历史人物。

世界各大学经济学系(Academic Economics Departments)网址为 castle.uvic.ca/econ/depts.html,包括美国和非美国的,按照国家和学校排名。

中国机构网(www.chinaorg.com)为客户提供全方位、专业的商业分类信息及市场推广服务的信息。

中华大黄页(www.Chinabig.com)为客户提供全方位、专业的商业分类信息及市场推广服务的信息。

查考人物、机构信息的印刷本工具书,采用人名录和机构名录,如《世界农业名人录》(who's who in world agriculture)、《全国农业机构名录》等。

(四)地名、地图信息

查找地名、地图信息的网站,主要有以下几个:

百度地图(http://map.baidu.com/)。百度提供的网络地图搜索服务,覆盖了国内近 400 个城市、数千个区县。在百度地图里,可以查询街道、商场、楼盘的地理位置,也可以找到离您最近的所有餐馆、学校、银行、公园等。百度地图提供了丰富的公交换乘、驾车导航的查询功能,为您提供最适合的路线规划。不仅知道要找的地点在哪，还可以知道如何前往。

地名大词典（www.getty.edu/research/tools/vocabulary/tgn/index.html）：提供术语、名字和人物、地方等相关信息。

Topozone（www.Topozone.com）：自然地形地图网站，由美国 Maps a la carte 公司开发。

Google Maps（www.mapblast.com）：google maps 的功能强大，包括：结合卫星图片，地图，以及强大的 Google 搜索技术，全球地理信息就在眼前；从卫星太空漫游（Google Earth）到邻居一瞥；目的地输入，直接放大；搜索学校，公园，餐馆，酒店；获取驾车指南；提供 3D 地形和建筑物，其浏览视角支持倾斜或旋转；保存和共享搜索和收藏夹；添加自己的注释。

中国旅游信息网（www.cthy.com）收录了我国星级酒店、国内和国际旅行社、旅游景点、旅游机构等最新名录信息数十万条。

除了上述网络信息，还可查询印刷本信息，包括地名词典、地名录、方志、地理志、地图、地名索引，如《中华人民共和国地名词典》《最新世界地名录》等，有时也可查询百科全书。

（五）图像资料信息

查考图像资料，辨别种类，利用图谱，又称图鉴。它以图片为主，以文字说明为辅。目前的图谱数据库主要有如下几种：

《中国植物图谱数据库》（www.plantpic.csdb.cn），由中国科学院武汉植物园网络信息中心创建。其中有十余个植物图谱数据库，全部数据实现网络共享。

《蛋白质组图谱数据库》（www.bioon.com/biology/class422/200407/48334.html）。

常用的印刷本图谱有《中国高等植物图鉴》《中华人民共和国土壤图》《中华人民共和国植被图》《世界农业地图集》《中国农作物病虫图谱》《中国动物图谱》等。此外中外文大型综合性百科全书、专业百科全书中往往附有大量图像资料。

除上述以外，还有历史图谱、文物图谱、人物图录，如《中国近代史参考图片集》《中国历史参考图谱》《新中国出土文物》《中国历代名图谱》等。

（六）百科知识

查考百科知识，包括检索综合学科或专门学科知识，以及对各类社会资源的调查报告、统计资料和历史记载等，可利用百科全书、百科辞典或者古代的类书。

（1）综合性百科全书网络数据库

中国百科全书数据库。1997年出版了《中国大百科全书》图书数据光盘，它将全书84卷集于24张光盘内，在网上提供服务。

网上百科辞典（www.encyclopedia.com）互联网上优秀的免费百科全书之一。

国家百科全书（countries-book.db77.com）。

LexisNexis academic（http://www.lexisnexis.com/ap/academic/?lang=cn） 该信息资源收录了7100多种全文资源，包括新闻、报纸、期刊、出版物、特色数据库系统和来自其他大型信息供应商的信息资源，涉及全球新闻、商业、法律、医学以及参考资料等领域。

大不列颠百科全书电子版（www.eb.com）。

中国工具书集锦在线（refbook.cnki.net）。目前收录了1990年至今近200家出版社出版的语言词典、专科词典、百科全书、国监（谱）年表共2000多种，以及作者直接向该网投稿的辞书约20种，词条近千万，图片70余万张。

维基百科（wikipedia.org）是一个自由、免费、内容开放的网络百科全书，提供新闻动态、历史上的今天及各主题相关资源，包括人文、社会、自然、文化等。

（2）专业类网络版百科全书

简明气象百科全书（njim.edu.cn/cjmqwbks.htm）

斯坦福哲学百科全书（plato.stanford.edu）。

上述百科全书除了网络版和光盘数据库，还有各自的印刷本。另外，古代一些称作"类书"的工具书具有百科全书性质，如《古今图书集成》《十通》《北堂书钞》《艺术类聚》等。

（七）历史事件、年代和日期

查找历史事件就是了解某一学科的历史沿革，某一重大事件的缘由和结果等。可利用百科全书、辞海、年鉴、年谱等工具书。查年代、日期主要利用年表、年鉴、年度大事记、历表等。

电子版有中国历代纪年表（www.guoxue .com/tools/tool.htm），中国历代帝王纪年表和历代帝王年号索引。印刷本有《世界历代词典》《中国历史大辞典》《中华人民共和国大事纪（1949—1989）》《二十世纪世界各国大事全书》，不同历法的年月日的换算利用历表（如《二百年历表》《中西回史日历》《两千年中西历对照》等）。

（八）产品资料信息

查考产品资料信息：主要指查找网络上的产品资料信息数据库，如产品样本、产品目录和产品说明书。

（1）中国产品信息检索

利用搜索引擎查找各种行业网站、公司企业网站，可查找产品的价格、型号、规格、品种等信息。

利用行业或学科专业数据库，如《中国企业产品库》、《全国科技成果交易信息数据库》（CGK）、《中国企业、公司及产品数据库》（CECDB）、《电子产品价格数据库》等。

利用印刷本产品年鉴、产品手册、样本集合企业名录，如《中国产品信息年鉴》《产品科技信息》《机械产品目录》，有些广告资料也包括产品资料等。

（2）外国产品信息的检索

利用外国产品信息的三大检索工具：

托马斯美国制造商名录（Thomas Register of American Manufacturers）（www.thomasregister.com），收录了约15万家企业和12万余种产品的信息。

产品总目录（Master Catalog Service，McS）是以检索美国为主，兼顾加拿大、英国、日本工业产品及其有关公司信息的重要工具，以缩微资料形式发行。

商品年鉴（Commodity Year Book）是美国商品研究局的出版物，每年出一期。

（3）国内产品价格信息检索

利用国家信息中心开发的"物价信息系统"、中国价格信息网（Commodity Research Bureau）的出版社，每年出一册。

（九）查找考试信息

收录考试信息的网站较多，也可以从网址库查询相关的考试信息网站。

中国网址库（www.5127.net）。

网址库（wangzhiku.com）。

Kaplan教育考试中心（www.kaplan.com）为高中生、大学生、研究生的各个专业提供考试信息。

印刷型检索工具有全国各地的硕士生、博士生招生专业目录。

（十）查找就业信息

互联网上有很多的就业信息和专门为求职者提供的站点，善于利用这些信息将为我们求职和职业规划带来帮助。

中国高校毕业生就业服务信息网（www.ncss.org.cn），是由教育部直管、全国高等学校学生信息咨询与就业指导中心主办的就业招聘网站，主要面向大学毕业生提供就业信息。

中国人才热线（www.cjol.com），老牌网站，信息多，大公司多。

中华英才网（www.chinahr.com），为全国人才提供最新的工作机会，提供搜索职位、求职指导、职业测评、校园招聘等求职服务。

智联招聘（www.zhaopin.com），为个人用户提供职位搜索，简历管理，职位定制，人才测评，培训信息等。

前程无忧招聘（www.51job.com），最大特色就是由传统报纸的求职招聘板块和配套宣传，很多经理不一定非得上网招人，基本走了网络加传统的线路。

如果你是专业比较特殊或者不是大众职位的，可以上一些分类招聘网站，如"行业招聘网"（www.job37.com）。

14.3 事实—资讯类信息检索工具介绍

14.3.1 综合性检索工具

1. 中文类

《中国大百科全书》是中国第一部大型现代综合性百科全书，是我国最权威，最专业，影响最大的百科全书。中国大百科全书的网络版（http://202.112.118.40:918/web/index.htm），共收条目88203条，计12578万字，图表5万余幅。内容涵盖了哲学、社会科学、文学艺术、文化教育、自然科学、工程技术等77个学科领域，提供分卷检索、全文检索、条目顺序、组合检索等。中国知网的中国工具书网络出版总库（http://gongjushu.cnki.net/refbook/BasicSearch.aspx）也可以对《中国大百科全书》进行检索。

《四库全书》是清代乾隆年间官修的规模庞大的百科全书。它汇集了从先秦到清代前期的历代主要典籍37000余册，约8亿字，分为经、史、子、集四部，被誉为中华文化的瑰宝。目前出版了全文网络版《文苑阁四库全书电子版》。

2. 外文类

《美国百科全书》（*The Encyclopedia American*，*EA*），全30卷，是标准型的综合百科全书，是ABC三大百科全书之A。全书条目按字顺编排，主要读者是普通成年人至高级知识分子。《美国百科全书》在选收内容上的特点是：虽称"国际版"，但内容仍不免偏重美国和加拿大的历史、人物和地理资料；人物条目和科技内容条目篇幅较大；历史分世纪设条，给读者以全世界政治、社会和文化的世纪总览，提供完整的历史背景情况。网络版为《在线美国百科全书》（*Encyclopedia Americana Online*，*ea.grolier.com*）。

《不列颠百科全书》（www.britannica.com），被认为是最具有权威的大型综合性百科全书，是 ABC 三大百科全书之 B，已有 210 多年的历史。我国知识界过去习惯称为《大英百科全书》。

《不列颠百科全书》收有相当多的专业性材料，但大多数条目仍可供中学生查阅。《不列颠百科全书》初版于 1978 年，1984 年经过重新设计，彻底改编，成为所谓"三合一"的第 15 版。所谓"三合一"，就是内容包括以坚持大条目传统的《百科详编》为主体，另加上一部试图弥补大条目传统的《百科简编》和为加强百科全书教育作用而设的《百科类目》三个部分。

《科里尔百科全书》（*The Collier's Encyclopedia*，*CE*），（共 24 卷）是 20 世纪新编的大型英语综合性百科全书。《科里尔百科全书》的特点是：适用对象广泛，释文通俗流畅，可读性高；材料更新及时，内容较新而且可靠；参考书目的编选为各家百科全书之冠；分析索引范围深广，索引条目为正文条目的 17 倍；该书编辑意图强调教育性。

14.3.2 专用检索工具

1. 年鉴

年鉴是一种全面记述事物的年度发展，系统汇集年度重要时事文献信息，逐年编辑，连续出版的资料工具书，最具代表性的年鉴数据库有《中国年鉴资源全文数据库》。年鉴的特征如下：

连续出版，有重要的史料价值。英文中的年鉴有 yearbook、annual、almanac 等名称，almanac 兼有现期和回溯性的内容，yearbook、annual 不一定有回溯性的内容。年鉴按年出版，提供反映事物发展趋势的可比性资料。人们可以利用不同年度的资料进行纵向对比，从中发现事物的发展趋势。许多国家把年鉴作为史料的第一手资料，受到研究人员的特别重视。

内容新颖。由于年鉴按年出版，能及时反映上一年的最新信息。可供查阅一年的大事要闻、新动态，以及提供某一学科主要论著（论文）和某些问题的争鸣情况。其主要内容不断更新，其间虽然有回溯性资料，但所占比重很小。因此，年鉴时效性强，信息价值高。很多著名的百科全书出版社都逐年出版年鉴作为其补编，以弥补百科全书不能经常修订、最新信息内容不易收入的不足。

信息量大。年鉴"集万卷为一册，缩一年为一瞬"，收录资料广泛而集中。它既概括单个学科新知识、新进展、新成果，又反映各学科各行业的事件、人物、综述、概览、动态、大事记、统计资料、书目、索引、文摘、名录、便览、指南等栏目，容纳了丰富的信息量。年鉴集多种工具书之功能于一身，可从不同角度满足读者的各种需求。可以提供阶段性的总结和说明资料。

选材具有一定的权威性。年鉴选材严格，其学术性条目多由专家撰写或审定，均有本学科、本部门、本行业特色的栏目，熟悉年鉴的基本栏目及主要特色十分必要。其资料多取材于当年政府发布的各种公报、文件及重要报刊，许多年鉴的主要资料都注明出处。因此，年鉴在内容上具有一定的权威性，可直接引用。

2. 商业信息数据库

万方数据资源系统——商务信息。面向企业用户推出工商资讯、经贸信息、咨询服务、商贸活动等项服务内容。其主要产品《中国企业、公司及产品数据库》（CECDB）至今已收录 97 个行业 18 万家企业的详尽信息，成为中国最具权威的企业综合信息库。

3. 国际术语信息中心（Facts and Information）TechWeb Technology Encyclopedia (www.techweb.com/encyclopedia/defineterm.cgi)，包含大量技术术语和概念的解释《生命科学字典》（www.biotech.icmb.utexas.edu/search/dict-search.html）。

还可利用印刷本科技类的辞（词）典查找，如《现代科学技术词典》《综合英汉文科大词典》《英汉双向计算机大词典》《中国农业百科全书》《中国经济百科全书》等。

4. 专题类检索工具

主要是门户网站。学科信息门户是图书馆员和学科专家收集、整理同学科和科技热点有关问题的常用网站资料，包括最新咨询、电子期刊、数据库、实验室信息等。图书馆建立门户主要是面对用户，对可利用的资源和服务做整体性、深层次的揭示。

目前，在我国学科信息门户建立的较成功者，是中国科学院中国国家科学图书馆所创建的五个学科信息门户网站。

事实型的信息通常比较分散，或者原本并没有很强的逻辑性，需要我们按照由浅入深，由泛到精的原则，对收集的信息逐步精确化。通常来说，检索的一般流程是，首先分析检索目的，找到检索词；其次选择检索工具；最后对检索结果进行二次整理，针对还需要进一步检索的，重新调整检索式，调整检索范围。

参考文献

[1] 教育部教师工作司、高等教育教学评估中心负责人就《普通高等学校师范类专业认证实施办法（暂行）》答记者问 [EB/OL].http://www.moe.gov.cn/jyb_xwfb/s271/201711/t20171108_318641.html.2017.

[2] 陈加宇.师范专业认证背景下小学教师职前培养实践课程体系问题审视与改进策略[J].科教文汇（上旬刊），2021（1）：126-127.

[3] 教育部关于印发《幼儿园教师专业标准（试行）》、《小学教师专业标准（试行）》和《中学教师专业标准（试行）》的通知 [EB/OL].http://www.moe.gov.cn/srcsite/A10/s6991/201209/t20120913_145603.html，2012.

[4] 教育部关于印发《中小学教师教育技术能力标准（试行）》的通知 [EB/OL].http://www.moe.gov.cn/srcsite/A10/s6991/200412/t20041215_145623.html，2004.

[5] 教育部关于实施全国中小学教师信息技术应用能力提升工程2.0的意见 [EB/OL].http://www.moe.gov.cn/srcsite/A10/s7034/201904/t20190402_376493.html，2019.

[6] 光明网.新冠疫情期间全国中小学教师的在线教育认可度调查报告 [R/OL]. https://edu.gmw.cn/2020-04/13/content_33736912.htm.2020.

[7] 陈卓.新冠肺炎疫情防控背景下江苏高职网络教学工具调查与分析 [J].南京广播电视大学学报，2020（1）：13-17.

[8] 姜安琪，孔凡贵，梁宇晨，李建新.中小学教师信息素养：问题与策略 [J].世界教育信息，2020，33（8）：57-63.

[9] 郭柏林.师范生信息素养培养的价值、构成及策略 [J].教育评论，2019（6）：115-121.

[10] 教育部关于印发《教育信息化2.0行动计划》的通知 [EB/OL].http://www.moe.gov.cn/srcsite/A16/s3342/201804/t20180425_334188.html，2018.

[11] 李兆义."互联网+"背景下农村中小学教师信息素养现状及对策研究——以固原市农村中小学教师为例 [J].无锡职业技术学院学报,2019,18（6）：59-65.

[12] 于海英，关洪海，李树平.地方高校信息技术教育如何能促进师范生信息素养的提

升?——基于价值认知、支持资源、文化氛围的多重中介效应分析[J].教育与经济，2020，36（4）：90-96.

[13] 王龚.师范生信息素养课程体系建构研究[D].上海：上海师范大学，2017.

[14] 伍海波.大数据时代师范生数据素养教育创新策略研究[J].大学图书情报学刊，2020，38（3）：18-20+124.

[15] 吴松.泛在知识环境下高校图书馆信息素养教育体系构建策略探索[J].产业与科技论坛，2020，19（22）：242-243.

[16] 赵志辉.高校师生信息素养缺失问题及对策研究[A].中国计算机用户协会网络应用分会.中国计算机用户协会网络应用分会2020年第二十四届网络新技术与应用年会论文集[C].中国计算机用户协会网络应用分会：北京联合大学北京市信息服务工程重点实验室，2020：5.

[17] 王雪莲，陈红岩，孙波，吴北丹，周秀霞."2019年教育部高校图工委信息素质培训研讨会"综述[J].大学图书馆学报，2020，38（1）：13-17.

[18] 杜少霞."学院——图书馆"协同式大学生信息素养教育实践探索[J].四川图书馆学报，2020（5）：47-50.

[19] 王秀兰，谢辉，梁建荣，宋占茹.图书馆员与专业教师合作下的师范生信息素养教育模式研究[J].江苏科技信息，2018，35（34）：13-16+24.

[20] 董岳珂.MOOC视角的信息素养教育探析[J].现代情报，2016，36（1）.

[21] 贾晓彦，微课理念下的信息素养教育实践方案设计[J].图书情报导刊，2016，1（6）.

[22] 陈爱秋.翻转课堂在信息素养教育中的实践研究[J].科技风，2020（14）：97-98.

[23] 周建芳，刘桂芳，沙玉萍."互联网+"视角下基于微视频的信息素养教育创新研究[J].图书情报工作，2016（1）.

[24] 任化梅，胡以涛.泛在知识环境下高校图书馆信息素养培训探索与实践[J].江苏科技信息，2020，37（15）：9-12.

[25] 李琪.地方院校师范生信息素养调查研究[J].赤峰学院学报（自然科学版），2021，37（3）：111-113.

[26] 韦素莹，熊冬春，黄勋，刘大主.广西地方本科院校师范生信息素养现状调查研究[J].中国教育信息化，2019（24）：72-76.

[27] 陈永光.地方师范院校师范生信息素养提升的实践探索[J].郑州师范教育，2016，5（5）：35-42.

[28] 宋丰.我国科技信息机构科研现状分析[J].科技广场，2020（1）：53-60.

[29] 教育部关于印发《普通高等学校图书馆规程》的通知 [EB/OL].http://www.moe.gov.cn/srcsite/A08/moe_736/s3886/201601/t20160120_228487.html，2016.

[30] 秦微，刘树春，刘军凤，杜晓峰.基于专业核心能力培养的文献检索课堂教学改革研究 [J].医学信息学杂志，2021，42（3）：91-93.

[31] 李毅，何莎薇，邱兰欢.教育信息化2.0时代下师范生信息素养评价指标体系研究 [J].中国电化教育，2020（6）：104-111.

[32] 陈晓华.师范院校信息检索课课程目标、内容构建及教学模式研究 [D].呼和浩特：内蒙古师范大学，2003.

[33] 伍芳芳.地方高校信息检索课应用型教学改革研究 [J].教育现代化，2019，6（87）：71-72+85.

[34] 国家科技图书文献中心重点领域信息门户正式开通服务——中国科学院文献情报中心.http://www.las.cas.cn/xwzx/fwcx/201501/t20150105_4293883.html.

[35] 邓均华，王汉桥.信息检索基础教程 [M].北京：电子科技大学出版社，2010.

[36] 黄如花.信息检索（第二版）[M].武汉：武汉大学出版社，2010.

[37] 彭奇志.信息检索与利用教程 [M].北京：中国轻工业出版社，2010.

[38] 梁国杰.文献信息资源检索与利用 [M].北京：海洋出版社，2011.

[39] 袁曦临.信息检索：从学习到研究 [M].南京：东南大学出版社，2011.

[40] 卢小宾，李景峰.信息检索（第二版）[M].北京：科学出版社，2009.

[41] 刘俊熙，盛宇.计算机信息检索（第三版）[M].北京：电子工业出版社，2012.

[42] 索引擎发展史 [EB/OL].[2019-07-30].http://www.douban.com/group/topic/4548626/.

[43] 搜索引擎的过去时、现在时和将来时 [J].兰台世界，2008（6）：65.

[44] 岳鹏飞.搜索引擎的发展历程 [EB/OL].[2019-07-30].http://www.wm23.com/wiki/42181.htm.

[45] 第47次《中国互联网络发展状况统计报告》.http://www.cnnic.net.cn/hlwfzyj/hlwxzbg/hlwtjbg/202102/P020210203334633480104.pdf.

[46] 中国高等教育文献保障系统.http://www.calis.edu.cn/.

[47] 国家科技图书文献中心（NSTL）.https://www.nstl.gov.cn/index.html.

[48] CNKI中国知网.https://www.cnki.net/.

[49] 知网研学.https://x.cnki.net/.

[50] 万方数据知识服务平台.https://g.wanfangdata.com.cn/index.html.

[51] 维普经纶知识组织服务平台.http://k.vipslib.com/.

[52] 大学数字图书馆国际合作计划.https://cadal.edu.cn/index/home.
[53] 北京大学图书馆.数据库导航.https://dbnav.lib.pku.edu.cn/node/12722.
[54] 清华大学图书馆.RefWorks 简介.http://lib.tsinghua.edu.cn/index.htm.
[55] 清华大学图书馆.ProQuest 数据库平台.http://lib.tsinghua.edu.cn/info/1184/3741.htm.
[56] 清华大学图书馆.Web of Science 数据库说明.http://lib.tsinghua.edu.cn/info/1184/3548.htm.
[57] 吉林大学图书馆.Scopus. http://lib.jlu.edu.cn/portal/database2/2/244.aspx.
[58] 康桂英,明道福,吴晓兵.大数据时代信息检索与分析[M].北京:北京理工大学出版社,2019.
[59] 肖亚明,尹志清,王涛.信息检索与利用[M].天津:天津大学出版社,2009.
[60] 张林龙.实用信息检索[M].上海:上海中医药大学出版社,2004.
[61] 罗源.大学生信息素养教程[M].北京:光明日报出版社,2019.
[62] 李兴国.信息管理学[M].北京:高等教育出版社,2007.
[63] 孟璇.高校读者对图书馆馆际互借与文献传递服务使用意愿影响因素的实证研究[D].北京:北京外国语大学,2018.
[64] 吉家凡,王小会.文献信息检索与利用[M].高等教育出版社,2019.
[65] 郭依群.应用图书馆学教程(第3版)[M].北京:清华大学出版社,2012.